ハーバーマス理論の変換

批判理論のパラダイム的基礎

横田榮一 著

梓出版社

ハーバーマス理論の変換　目次

――批判理論のパラダイム的基礎――

凡　例

アドルノ、ホルクハイマー、ハーバーマス、ルーマン、ホネット、マールクシュ、マルクス、ウェーバー、ウィトゲンシュタインの著作の指示に際しては、以下の略記号を用いる。

Th. W. Adorno

ND: *Negative Dialektik, Gesammelte Schriften* 6, Suhrkamp, Fünfte Auflage, 1996.

MM: *Minima Moralia, Gesammelte Schriften* 4, Shurkamp, Zweite Auflage, 1996.

M. Horkheimer/Th. W. Adorno

DA: *Dialektik der Aufklärung*, Fischer Verlag, 1969.

J. Habermas

TkH: *Theorie des kommunikativen Handelns*, Suhrkamp, 1981.

PDM: *Der philosophische Diskurs der Moderne*, Suhrkamp, 1985.

SO: *Strukturwandel der Öffentlichkeit – Untersuchungen zu einer Kategorie der bürgerlichen Gesellschaft*, Luchterhand, 1962.

LS: *Zur Logik der Sozialwissenschaften*, Suhrkamp, 1982.

TGS: Theorie der Gesellschaft oder Sozialtechnologie ? Eine Auseinandersetzung mit Niklas Luhman. J. Habermas/N. Luhman, *Theorie der Gesellschaft oder Sozialtechnologie, Theorie-Diskussion*, Suhrkamp, 1971.

A. Honneth

KdM: *Kritik der Macht*, Suhrkamp, 1985.

N. Luhmann

SS: *Soziale Systeme: Grundriss einer allgemainen Theorie*, Suhrkamp Verlag, 1984.

G. Márkus

LP: *Language and Production A Critique of Paragims*, D. Reidel Publishing Company, 1986.

K. Marx

OpM: Ökonomisch-philosophische Manuskripte （1844）, *Marx/Engels Werk, Ergänzungensband, Erster Teil*, Dietz Verlag Verlin, 1968.

Das Kapital: *Das Kapital, Kritik der politischen Ökonomie*, Diez Verlag Berlin. 1971.

.M. Weber

WG: *Wirtschaft und Gesellschaft*, Studienausgabe, J. C. M. Mohr （Paul Siebeck）, Tübingen, 1972.

GAW: *Gesammelte Aufsätze zur Wissenschaftslehre*, J. C. B. Mohr （Paul Siebeck）, Tübingen, 1988.

GAR1: *Gesammelte Aufsätze zur Religionssoziologie* 1,. J. C. B. Mohr （Paul Siebeck） Tübingen, 1988.

L. Wittgenstein

TLP: *Tractatus logico-philosohics*.

PU: *Philosophische Untersuchungen*.

UG: *Über Gewissheit*.

Z: *Zettel vermichte Bemerkungen.*

PB: *Philosophische Bemerkungen.*

BlB: *Das Blaue Buch.*（Werkausgabe Band 5. Shurkamp, 1984.）

BrB: *Das Braune Buch.*（Werkausgabe Band 5. Shurkamp, 1984.）

BPP1: *Bemerkungen über die Philosophie der Psychologie*, Band 1.

BPP2: *Bemerkungen über die Philosophie der Psychologie*, Band 2.

BGM: *Bemerkungen über die Grundlagen der Mathematik.*（Werkausgabe, Band 6, Suhrkamp, 1984.）

ハーバーマス理論の変換

――批判理論のパラダイム的基礎――

第一章　システムと生活世界

――ハーバーマスの社会理論の概念的基礎

一　はじめに

J・ハーバーマスは『コミュニケーション的行為の理論』（一九八一）で、彼の言う後期資本主義社会の現状分析に際して、システムと生活世界による社会の二層的把握を提出した。ここに言われる後期資本主義社会について、ハーバーマスはこれを自由主義的資本主義の後の資本主義段階と位置づけているが、それはとりわけ戦後先進資本主義社会、レギュラシオン学派言うところのフォード主義的蓄積体制を持つ社会であって、大量生産と大量消費の結合、生産第一主義と快楽主義の結合を原理とする社会である。この社会では、生産性上昇と比例する実質賃金の上昇が労資の交渉によって行なわれ、この労資交渉が制度化されるという形で階級妥協が成立する。フォーディズムの成立という点で、戦後資本主義は資本主義の新たな段階に突入し、この点から見てもとりわけ第二次世界大戦後世界史は新たな事態に移行した。

このフォーディズムが全面的に展開した「黄金の三〇年間」、及びフォーディズムが危機に陥った一九七〇年代初頭以降の世界史の動きの中で様々な戦後思想も展開する。他の思考と同様、ハーバーマスの理論活動もまたこの時代的趨勢の中で行なわれている。如何なる思想・理論も、それが自らの時代を思考した思考者の思考の産物であるかぎり、時代的刻印を帯びている。ホルクハイマーであれアドルノであれ、ハーバーマスであれフーコーであれ、あるいは他のどんな巨人であれ、これらの思考者達は自らの時代を全力を挙げて思考したのであり、もっぱら自己の存在証明に、自分の自分による自分の為の存在証明に現を抜かしていたわけではなかった。こうした思考者から学ぼうとすることは、しかし、いったい何らこれらの思考者達の思考を批判の及び得ぬものとすることを意味していない[1]。如何なる手段によってであれ、理論的に洗練されたものであれそうでないものであれ、思考者の思考を批判の及び得ぬものとすることは、自らの時代を全力を挙げて思考した思考者の思考に対する不当な行為である。思考の連続性は、思考の枠組みを不変な形で維持することにあるのではなく、ベンヤミンの言葉を用いれば、その絶えざる翻訳にある。

私は『コミュニケーション的行為の理論』で提出されたハーバーマスの理論は彼の言う後期資本主義社会、とりわけ資本主義のフォーディズムの時代に即応していたと見なす。（もっとも、グローバリゼーションの時代に、ハーバーマスはグローバリゼーションというこの事態に応答した[2]。）アドルノとホルクハイマーの批判理論の再定式化をハーバーマスに動機づけたのは、歴史過程、即ち二〇世紀資本主義、特に戦後資本主義の変容である。国家が介入主義国家に変容して経済システムの機能障害回避の戦略を追求するようになるとともに、政治は経済システムの危機回避という反応形態をとるようになり、こうして技術主義的・道具主義的形態をとることになる[3]。かくて技術至上主義のイデオロギーが人々の意識を独占し、これが人々の生活を支配するに至り、自らの生活形式の文法への批判的反省といった、言語に関わる類の関心を侵食する。『コミュニケーション的行為の理論』での「システム」と「生活世界」という概念対による社会把握は、私には未だフォーディズムの時代的刻印を帯びているように思われる。ここでシステムとは、経済や政治といった、ハーバーマスの言うには貨幣や権力という脱言語化されたコミュニケーション媒体によって規制される行為領域、すなわち、システム統合が支配する社会の行為領域であり、生活世界とはコミュニケーション的行為を媒介にして再生産される社会の行為領域である。技術至上主義のイデオロギーが生活世界の諸領域を支配するに至るという先に言及した事態は、『コミュニケーション的行為の理論』では、システム論理による生活世界の植民地化として理論化される。『コミュニケーション的行為の理論』において提出されたこのような社会理論の概念的枠組は、ハーバーマスの初期からの、一つには確かに彼のアドルノの批判的克服と関連しつつ遂行された思考経過の一つの結実を示すものであるが、私はハーバーマスのこの思考経過に立ち入ることはしない。(4) 私にとっての関心事は、既に現実がハーバーマスの理論枠組を出し抜いている、ないし出し抜いてしまったのではないかという点にある。

一九六〇年代末にはアメリカで（ベトナム戦争の影響もあるが）、一九七〇年代初頭には日本や西ヨーロッパ先進諸国で、資本の過剰蓄積と利潤率の低下という形でフォーディズム的蓄積体制の危機が忍び寄って来ていた。フォーディズムは確立され、展開し、そしてその展開のうちで、意図せざる結果としてそのうちに危機が生み出された。戦後資本主義がフォーディズムの確立という意味で、この点で世界史の新しい段階を画したとすれば、フォーディズムの危機は世界史が別の状況に立ち至って来たことを意味する。そしてこの間、様々な面、とりわけ経済生活の国際的相互依存関係が拡大し、一国内部での政府の経済政策の有効性が減じてきたばかりではなく、企業が多国籍化し、個別資本相互の激しい全地球的な競争戦が激化した。(5) つまり、新自由主義が登場して、戦後の社会国家（福祉国家）を解体し始めるとともに、一九九〇年代には新自由主義的グローバリゼーションが展開する。以上の、フォーディズムの危機と国際的な競争の激化が各国内部での一層の効率化、競争化を誘引する。一切の無駄を省くこと、国際的競争において有利な地点を占めるように、自国の生活世界の構造的再編を図ること、すなわち新自由主義が政策目標となり、これが世界を席巻する。世界資本主義は不確実性の時代に入る。アメリカ経済の明らかな弱化、冷戦構造のもとで漁夫の利を得た日本、そして西ドイツの経済力の伸長はパクス・アメリカーナを弱化させたが、先進資本主義諸国は新自由主義を追求することになる。とりわけ日本は過酷な人減らし・合理化、続くME合理化を通して急速に経済大国化する。新自由主義はフォーディズムの危機と国際競争の激化に対する反応形態である。市場万能のこのイデオロギーは生活世界を弱肉強食の場に変換し、一層資本の生活の場に変換する。フォーディズムとともに形成された戦後世界の様々な枠組、システムが変容しつつある。冷戦構造のもとで軍事的抑圧国家化していたソ連・東欧諸国は技術革新と言われたところの「生産力の解放」さえ成し得ず、一党独裁の東欧諸国は軍事的警察国家の内部重力そのものをもはや支えられなくなって崩壊した。また、新自由主義の市場万能のイデオロギーはまた累積債務国の民衆の生活世界に襲いかかり、民衆の生活を破壊していた。

こうした状況が私にはハーバーマスの社会理論的枠組の変換を要求しているように思われるのである。とりわけシステム論理による生活世界の植民地化のテーゼによる物象化概念のハーバーマスの再定義の試みは、以下に見ることになるが、修正を余儀なくされるように思われる。

先に述べたように、システムと生活世界による社会把握は、なるほど危機に陥っていたとしても、まだフォーディズム、フォード主義的蓄積体制を基本とする戦後社会国家の構造を対象としていた。ここで問題であったのは、システムの機能論理によるコミュニケーションを基本とする生活世界への拡大（植民地化）であり、それへの抵抗であった。けれども、新自由主義及び新自由主義的グローバリゼーションとともに、以上のようなハーバーマスの問題設定は出し抜かれてしまう。今や、システム（政治及び経済システム）それ自体の（政治）的変換が問題とされるのであって、ハーバーマスの問題設定、そしてシステムと生活世界による社会理解はそうした変換を（少なくとも十分に）主題化させないのである。新自由主義及び新自由主義的グローバリゼーションそれ自身が戦後社会国家を解体せんとしている。それは、戦後社会国家（と開発主義国家）の内部編成を、その政治と経済組織を含めて、政治的変換の主題に組み込み、戦後社会国家をその総体性において、構造改革によって新自由主義国家へと変換しようとする。この動き、つまりは、新自由主義と新自由主義的グローバリゼーションの過程自身が、私見では、システムによる生活世界の植民地化と生活世界からのそれへの抵抗という論理を追い抜いてしまった。ウルリッヒ・ベックによれば、（国民国家における）機能的分化の自己進行とそれから生じる諸問題に如何にブレーキをかけるかは、問題ではなくなったのであり、むしろ固有の論理を持つ部分領域への機能的分化という表象世界自体が疑わしくなっている。(6)そして、過程進行しつつある新自由主義的世界体制は、それが孕む野放図な運動原理によって、それ自身の破局の条件を生み出す。

ホルクハイマーやアドルノらのフランクフルト学派の批判理論はハーバーマスによって更新されたが、この更新された批判理論は再び変換されなくてはならない。

以下、論述は批判的社会理論の基本パラダイムの変換を巡って行なわれ、ハーバーマスの「システム」と「生活世界」という思考枠組を別のパラダイムによって、すなわち、言語のパラダイムと（マルクスの）産出のパラダイムとの統合という別のパラダイム的基礎によって置換することが主題となる。目指されるのは、システムと生活世界というハーバーマス流の社会把握の廃棄である。ハーバーマスの用語を用いるなら、ハーバーマスが言うシステムはそれ自身で生活世界であり、生活世界はシステムでもあることが示されよう。そして、同時にシステムでもある生活世界の変換が問題になる。

パラダイム的基礎の変換に際してなによりも先ず要求されるのは批判であり、基本パラダイムそのものを反省的に主題化する批判である。もとより、こうした批判に対して、基本パラダイムそのものに触れることのない、批判されているもののうちにはあれもあるのだ、これもあるのだといった応答は、とりわけ、批判があれもない、これもないとは言っていない時のそうした応答は、批判をあらぬものないしはつまらぬものへと同一化・還元することによって答えたつもりになるのと同様、旧来のパラダイムを温存しこれに安住するに最適のやり方である。なるほど、批判が誤解に基づくことはしばしばであり、それ故、そうした応答に正当性があることもしばしばであるが（この場合、批判は現にあるものを見損じ、ないと言っていることになる）、しかしまたその応答が克服されるべき、思考を固定させる思考・固定したカテゴリーをさぐる思考の一形態であることもしばしばである。こうした思考の本質であるのは、事実上思考の自己批判の禁止である。けれども、思考の自己批判の（時には、理論的に洗練された、時にはあからさまな）禁止の勧告は、他方、知が徐々に変容し転換する時代の客観的兆候でもある。

はじめに、私は「システム」と「生活世界」概念による社会の二層的分析が様々な理論的難点を孕んでおり、先進資本主義社会の現状分析にとっても不十分である次第に立ち入り、先に言及したように、ハーバーマスの「システム」と「生活世界」という社会理論の概念枠組を別の枠組にとって代える必要性を示すように試みる。そのためには、先ずシステムと生活世界に関してハーバーマスが言うところを見ておかなくてはならない。

二　近代における生活世界とシステムの分離・差異化

ハーバーマスは社会進化理論に依拠しながら、近代に至るやシステム差異化の新しい水準が出現してくると言う。

社会の構造的構成諸部分は相互に分化するのであるが、この分化は単に生活世界、システムそれぞれの内部で生じるだけではなく、生活世界と（政治及び経済）システムが相互に分化するとされる。私見では、まさしくこのシステムと生活世界との相互分化というハーバーマスの構想が彼の思考にある緊張を、解決し難いように私には思われる理論的困難を惹起する。私は、この困難が如何なるものでありまた、如何なる経緯から惹起されるのかを見定めておくことにしたい。この困難の論定を通して、私は、生活世界とシステムというハーバーマスの社会の二層的把握を廃棄し、代りに後期ウィトゲンシュタインに依拠した言語のパラダイムと（マルクスの）産出のパラダイムの統合を試みる。この変換から導かれるのは、なるほど近代にいたって、社会諸領域が分化するが、この分化は、ハーバーマス流のシステムと生活世界の分化ではなく、生活世界の構造変動であり、生活世界内部での分化だということである。

さて、ハーバーマスの理論構想では、近代において生活世界とシステムとが相互に分化し、経済と政治システムは生活世界から自立した行為領域を形成する。実際、「資本の近代的生活史」（マルクス）の展開とともに、それまでは親族関係、政治的・宗教的及び人格的諸関係のうちに埋めこまれていた物質的生産の領域は、そうした伝統的・人格的依存関係の制約を打破し、自立的な活動の領域として制度化されてくる。「資本主義は地方的であるとともに伝統的である社会的限界を破壊する。資本主義は生産、人間と自然との質量転換を活動の独立の領域として分離する。その目的は恒常的に成長するレベルで富を産出することである。このことによって資本主義は、人間と自然との能動的な質量転換を生産過程に対して外から課せられる制限から解放する」(7)。が、この物質的生産の自立的な行為領域としての制度化は、新たに国家の近代国家としての再編を促す。これは、M・ウェーバーが世界の脱魔術化とともに進行する世界の合理化として分析した過程でもある。

さて、近代において、ハーバーマスの言うように、生活世界とシステムとが相互に分化してくるのだとすると、前近代社会の社会構造では生活世界とシステムとが融合していたのでなくてはならない。換言すれば、部族社会や伝統的社会といった前近代社会は、システム理論的概念によって記述可能であると同時に生活世界概念によっても記述可能でなければならない。前近代社会は同時に生活世界であるとともにシステムでもなければならず、それ故、前近代社会の分析は、システム的概念と生活世界的概念がいわば融合している社会概念を必要とする。ハーバーマスはこのような社会概念として「社会文化的生活世界の保存条件を満たさなければならないシステムとしての社会」[8]（という暫定的概念）を提出している。ハーバーマスによれば、前近代社会にあっては、システム的連関、即ちシステム理論の概念を使用しつつ記述可能な連関は生活世界的連関と分断されてはおらず、生活世界の諸連関と結び付いており、社会内でのシステム分化のメカニズムはそのまま生活世界パースペクティヴから知覚可能である。そのかぎり、社会の機能的・システム的分化は生活世界の構造変換として現象し、行為システムの制度的変換として現象する。諸行為の機能的システム的連関は生活世界内の制度的枠組と融合している。

生活世界的制度の統一を特徴づける社会統合とシステム的連関の統一を特徴づけるシステム統合とのこの融合は、前近代社会たる部族社会や伝統的社会では以下のような具体的形態を取る。

（a）部族社会――これは言語によって媒介され、規範に導かれた相互行為が主要な社会構造をなしている社会である。世界像は制度的秩序に意味統一を付与し、個人の自伝に彼の直接的状況を越える意味を付与するが、しかし社会構造は単純な相互行為を越えていくことができない。相互行為のすべては社会成員達に共通に体験された社会的世界の中で遂行され、彼らの相互行為の意味は彼らに共通に了解されている。部族社会では、生産物交換はいまだ経済的意味を持っておらず、それ故、生産物の交換行為は経済的に動機づけられていない。価値対象は儀礼交換としての交換を通して交換され、そしてそれは社会統合に寄与している。部族社会をシステムという観点から見ると、それは親族システムとして現われ、性や世代による役割分化のシステム的連関として現われる。ここに作用するシステムメカニズムは環節的分化であり、この環節的分化のメカニズムは親族システムという形態をとって、直接的に生活世界として制度化されている。権力もまだ政治的ゲバルトという形態を持たず、それはもっぱら人望という形態をとって制度化される。

（b）伝統的社会――伝統的社会では、交換関係を通してシステムメカニズムとしての分節的差異化が出現し、また権力関係を介して同じくシステムメカニズムである階層化が生じる。政治的ゲバルトは、今や部族集団の威信からではなく、市場手段を用いるものとして形成され、これとともに権力システムが親族システムから解放されて国家が組織権力の新たな制度として出現する。システム分化の面から見ると、階層化は一つのシステムメカニズムであって、これは生活世界のパースペクティヴから見ると身分秩序として制度化される。さて、国家的に組織された社会空間の内部で貨幣媒体を介して商品市場が展開するが、しかし、生産諸関係はまだ基本的に政治的秩序と合体しており、宗教的世界像が社会統合的、イデオロギー的機能を引き受けている。親族の代りに国家が社会構造を規定し、官職権威が出現する。商品市場はかなりの展開を見せるとはいえ、それはまだ国家的秩序の枠内を越えていくことができない。

このように、前近代社会では、システムメカニズムと生活世界的制度とは直接的に融合しており、システムメカニズムは制度として生活世界に係留されている。あるいはシステム分化のメカニズムは、生活世界内に直接的に制度化されている。それは、例えば、部族社会では、「女性交換や威信形成の機制によって、現存する相互行為の構造と直接つながっている。(9)」システムメカニズムは現存の相互行為の制度として制度化されるわけである。より高度なシステム分化の機制の出現とともに、それ故、生活世界内の制度的秩序として、新たな相互行為秩序が形成される。

ところが、システムメカニズムと生活世界とのこの直接的融合、つまりシステムメカニズムがまだ生活世界の構造に寄生しつつそれと融合しているというこの事態は、社会の近代社会への移行とともに解体してしまう。というのは、近代においては、政治及び経済システムが生活世界から自立化して独自の運動を開始し、システムと生活世界が、従ってシステム統合と社会統合とが相互に分断されるとされるからである。そして、私見では、まさしく近代における生活世界とシステムの分断という把握こそが、ハーバーマスの思考に解き難い矛盾・二つの思考方向との間の矛盾・抗争が入りこんでくる分岐点なのである。

三　二つの思考線

近代におけるシステム差異化及び社会形成の動力は物質的生産の領域から生じてくる。ここで、進化的に社会形成を指導するメカニズムはハーバーマスが脱言語化されたコミュニケーション媒体と呼ぶ貨幣であり、この交換媒体によって規制される行為領域が経済システムとして生活世界の規範的統合から解除され、生活世界から自立してくるとともに権力媒体を介して近代国家という政治システムもまた生活世界の規範的文脈から解除されてくるとされる。経済システムは、このようなものとして、生活世界から分断され、事象化（Versachlichung）された行為連関として形成される。近代におけるシステム差異化の水準をこのように把握する時、ハーバーマスの思考のうちに、A・ホネットが指摘していることであるが、(10) 道具的行為ないし目的合理的行為とコミュニケーション的行為という行為の論理レベルにおける区別をシステム（経済及び政治システム）と生活世界（私的領域とマス・メディアを媒介とした公共性）という社会レベルに、社会存在論的区別として投影するという思考様式が侵入してくる。つまり、コミュニケーション的行為という行為類型が生活世界に対応づけられ、道具的行為がシステムに対応づけられる。（けれども、実のところは、ハーバーマスの言う生活世界もシステムのいずれも、行為類型複合（コミュニケーション的行為＋道具的ないし戦略的行為類型複合）のそれぞれのしかたでの制度化である。生活世界とシステムというリジッドな区別は以下において廃棄される。）そのかぎり、システムと生活世界は全社会空間のうちで相互の外に存在する行為領域でなければならないことになる。[11]そしてこれが、ハーバーマスの後期資本主義社会の分析モデルとなるのである。

実際、ハーバーマスはこの思考方向に従いつつ、システムと生活世界、即ち、一方で経済及び政治システムと他方で私的領域（小家族、近隣関係）及び公共性（文化経営、出版、マスメディアによって組織化されるコミュニケーション網）との間の交換モデルを提出している。[12]これを簡単に見ておこう。先ず、経済システムは私的領域から労働の提供を受け取り、これに対して私的領域は経済システムから貨幣を受け取る。しかし、こうした生活世界とシステムとの交換が可能となるためには、具体的労働はそれ自身で抽象的労働へと変換されなければならない。具体的労働の抽象的労働への転化が以上の交換が成立する上での可能性の条件をなす。他方、経済システムは私的領域に対して消費財貨を提供し、私的領域は経済システムに対し使用価値志向を提供する。が、使用価値志向が消費財貨と交換可能であるためには、使用価値志向は需要の選択性へと変換されなくてはならない。ここで経済システムの成員――これは私的領域から出てくる――の役割は被雇用者としての役割であり、私的生活領域の成員の役割は消費者としてのそれである。次に、政治・行政システムと公共性という生活世界領域との間には以下の交換関係が成立する。即ち、政治・行政システムは公共性から税をインプットとして受け取り、その代りに公共性に組織役務をアウトプットとして提供する。他方公共性と政治・行政システムは相互に政策決定と大衆の忠誠心を交換する。なるほど、政治・行政システムの遂行する業務がますます形式的手続に依存するようになってきているのだとしても、政治・行政システム（支配秩序）は、最終的にはその正統性を持たなくてはならないのであり、この正統性は大衆の忠誠心という形で、形式民主主義制度を通して、調達される。

ハーバーマスはこの交換モデルを手にして、後期資本主義社会の様々な現象、例えば、国家の経済領域で生じてくる危機回避戦略や大衆民主主義、福祉国家の構造的ディレンマ、つまり資本蓄積の要請と労働者の生活水準の一定の上昇・安定化との間のディレンマを説明するが、これに私はここでは立ち入らない。ここで確認したいのは、ハーバーマスが道具的行為とコミュニケーション的行為の区別を社会次元に、経済・政治システム及び生活世界として投影し、両者を全社会空間内で相互に「外」にある行為領域として把握しているという点である。そうとすれば、この場合、ハーバーマスはシステムは生活世界にその同化圧力を及ぼし、生活世界の生活世界たる固有の論理、即ち、コミュニケーション的行為を媒介にする諸主体間の行為調整を破壊して、生活世界を己のもとに包摂する作用を及ぼすと主張する（生活世界の植民地化のテーゼ）のであるが、システムのこの同化作用は、生活世界の（社会空間的意味で）「外」から生活世界に行使されると理解されなければならないであろう。

ところが、ハーバーマスには以上の思考方向とは矛盾するように思われる今一つの思考方向がある。それがシステム分化のメカニズムは生活世界の中で制度化されなければならないという彼の主張である。ハーバーマスは次のように主張している。「社会組成は、さまざまな制度の複合によって規定されているのであり、この制度複合が、そのつど進化的に新たに登場するシステム分化の機制を、生活世界に係留する。したがって、環節的分化は親族関係のかたちで制度化され、階層化は身分秩序のかたちで制度化され、国家組織は政治的支配のかたちで制度化され、最初の制御媒介は私的な法人格相互の関係というかたちで制度化される。この四つのシステム分化にそれぞれ対応する制度は、性や世代による役割、血統集団の身分、政治的官職、および市民の私法である。(13)」こうして、貨幣や権力といった脱コミュニケーション化された制御媒体は、それに対応する制度として生活世界のうちで制度化されなければならない。

制度は生活世界に属する。してみると、ちょうど、部族社会において環節的分化というシステムメカニズムが親族構造という形態で制度化されるように、最初の制御媒体たる貨幣は市民的私法という形態で生活世界内において制度化されなければならないわけである。すると、例えば貨幣という脱言語化されたコミュニケーション媒体によって制御されるシステム、即ちシステム統合によって規制されるシステム（経済システム）は、それが制度化されているかぎりでは、生活世界に属していなくてはならないことになろう。即ち、私的な法人格相互の関係（態）は、生活世界内的関係（態）でなければならないことになろう。システムメカニズムの生活世界内的制度化という思考方向を、先に言及された思考方向（これを私は第一の思考方向と呼ぶ）との区別において、第二の思考方向（ないし思考様式）と呼ぼう。この思考様式の下では、例えば、貨幣という制御媒体によって規制される行為領域としての（経済）システムは、同時に私的法人格相互の関係（態）、つまりこうした制度として、生活世界にいわば頭を出しているのでなければならない。それゆえ、経済システムそれ自身が一方ではシステムであるとともに、他方では生活世界でもあるというその二重性において把握されなければならなくなる。実際のところ、ハーバーマスは、この第二の思考方向に従っているのであって、このことはハーバーマスが、近代社会では、制御媒体によって規制されるシステムが生活世界の規範的統合から解除されて、生活世界から独立した目的合理的経済行為と行政行為という部分システムが形成されるとした後で、「それとともに、生活世界は社会システム全体の存続を規定する部分システムでありつづける。それゆえ様々なシステム機制は、生活世界に係留される必要がある――つまり、それらは制度化されなければならない」[14]と述べていることから窺うことができる。近代社会では、目的合理的行為システムが、いわば第二の自然として、没規範的な交換過程と権力過程によって制御された形式的に組織化された行為領域として、〈事象化された連関〉として凝固し、生活世界的文脈から解除されるとすれば、生活世界はそうしたシステムと並ぶ一つのシステムへと縮小せざるを得なくなるが、しかし同時に生活世界は、ある意味で社会全体であり続けている。というのは、システムメカニズムが生活世界内に制度化されるということによって、システムは、先に述べたように、いわば生活世界内にその頭を出していることになるからである。しかしながら、第一の思考方向と第二の思考方向とは相互に矛盾しており、相互に無化しあう。第一の思考方向に沿って思考するならば、近代における生活世界とシステムとの、従って社会統合とシステム統合との分断によって、生活世界とシステムは社会空間内で相互に外にある行為領域として表象される。即ち、一方で経済及び政治・行政システムと他方で、私的領域（小家族や近隣諸関係）と公共性とである。この時、貨幣や権力といった制御媒体、そしてまたシステムメカニズムの生活世界内的制度化は理解不能になるように思われる。というのは、例えば、貨幣という制御媒体、交換というシステムメカニズムが生活世界、即ち、小家族や近隣諸関係、公共性の領域において私的法人格相互の関係として制度化されるというのはどういうことなのだろうか。この「事態」は私には意味をなさないように思われる。それというのも、市民的私法という形態をとって、つまり私的法人格相互の関係としてあるのは、つまり制度化されているのは、経済システムそれ自体でなければならないはずだからである。こうして、第一の思考方向は第二の思考方向を無化し、廃棄する。

同様に、第二の思考方向は第一の思考方向を無効にし、これを廃棄する。第二の思考方向を採って思考するとしよう。この時、脱言語化されたコミュニケーション媒体たる貨幣を通して規制されるシステム連関は、市民的私法という形態で生活世界において制度化されるということになり、経済システムは、一方で貨幣という操縦媒体によって制御されるシステムでありながら、他方で同時に、私的法人格相互の関係として、即ちこのような制度として、生活世界の社会として、生活世界内的存在となる。ハーバーマスが、近代において「法は表面上いかめしい外面的な威力になっていくので、国家的な制裁力にもとづく近代の強制法は、法仲間の倫理的動機から分離されて、法に対する抽象的な服従を命じる制度になってしまう。こうした発展は、生活世界の構造的分化の一部である――生活世界の中の社会という構成要素の自立化、つまり文化や人格に対する制度システムの自立化や、また正統的な秩序が、規範定立や規範根拠づけの形式的な手続にますます依存するようになっていくという趨勢が、そうした発展に反映している」(15)と述べていることからすれば、同一のことが政治・行政システムにも当てはまることが分かる。経済システム自体がその二重性において見られるのと同様、政治・行政システム、ウェーバーが近代における官僚制的合理化の典型的局面として分析したこのシステムが、権力という制御媒体によって規制され、制御されるシステムでありながら、同時に、生活世界内的制度として定立される。生活世界内の社会という構成要素は、我々が第二の思考方向を取って思考するかぎり、あくまで制度として、生活世界の構造的分化の結果として、生活世界内的行為領域でなくてはならない。してみれば、システム自体が同時に生活世界に所属するのであるから、全社会空間内での、一方で政治及び経済システム、他方で私的領域と公共性という、システムと生活世界の分断の表象は廃棄される。私見では、ハーバーマスでは、以上二つの、相互に矛盾し、無効にしあう二つの思考方向がそれと意識されずに混在しているのである。

四　ハーバーマスに対する二つの解釈

さて、ハーバーマスの思考に内在している以上の相互に無効にしあう二つの思考方向のいずれか一方に止目するということよって、システムと生活世界の関係に関するハーバーマスの所論に対し、二つの相互に異なる解釈が生まれてくる。私は、ここで、こうした二つの解釈として、Ａ・ホネットとＤ・イングラムの解釈を見ておくことにする。

ホネットの解釈

ホネットは、第一の思考方向に従ってハーバーマスの所論の解釈している。即ち彼は、既に言及したように、ハーバーマスは道具的行為とコミュニケーション的行為という行為の類型的区別を、つまりこれら二つの行為類型をいわば「物象化」して、社会的再生産の具体的領域に投影したものと見ている。すると、社会内において、道具的行為が投影された行為領域、即ち政治及び経済システムとコミュニケーション的行為が投影された生活世界が相対することになる。システム、つまり目的合理的に組織化されたシステムでは、道具的行為・目的合理的行為が支配的な行為領域であり、これに対して生活世界はコミュニケーション的行為が支配的な社会領域である。こうして、システム、目的行為システムは規範から解除された行為領域として現われる。経済及び政治システムと生活世界は、この解釈のもとでは、社会的再生産の相互に異なる領域、全社会空間内で相互の「外」にある行為領域である。しかし、このことによって、ホネットによれば、ハーバーマスの所論にあるフィクションが生まれてくる。即ち、目的合理的行為システムに固有な社会闘争の次元が、つまり「目的合理的行為の組織形態を巡る社会集団の闘争」[16]という社会的相互行為の特有の次元・規範的統合をめぐる社会抗争の次元が抜きさられてしまう。というのは、システムは規範的に中性化された行為領域とされるからである。確かに、『コミュニケーション的行為の理論』では、労働と相互行為という二つの行為類型が直接に対置されているわけではない。これらの社会的行為は、それが社会的に調整されるメカニズムを手掛かりにして区別される。けれども、ハーバーマスが記号的再生産と物質的再生産を頑なに対置することによって、「実際にはそれに対応するものを殆ど見つけることのできないような区別」[17]が社会的再生産の領域に持ちこまれる。ここに言われる区別とは、規範から自由な行為領域と権力から自由な行為領域というフィクショ的区別である。これは以下のホネットの批判を呼び起こす。即ち、記号的再生産と物質的再生産のいずれの再生産領域も「個々のコミュニケーション過程あるいは共同過程を一つの網へと結合することで、それらが全体として記号的再生産あるいは物質的再生産のそれぞれの機能を充たすことができるようなメカニズムを必要としている。だが、この種のメカニズムは、いずれの場合にも制度を表わしており、そこでは、その都度の行為の遂行が、それぞれ社会の自立化の度合に応じて民主的な取り決めに基き、または支配に支えられた指図のもとでサンクションを受けることで、規範的に、つまり生活世界に貯蔵されている主体の行為志向と結び付いて、長期的なものとして定立されているのである。[18]」どちらの場合にも「制度の形成は、社会集団の間で了解あるいは闘争という形で行われるコミュニケーション過程の結果である[19]」という批判である[20]。

イングラムの解釈

以上のホネットの解釈に対して、D・イングラムはそれと対照的な解釈をしている。システム統合と社会統合、それ故にまたシステムと生活世界の近代における分断というハーバーマスの主張を、イングラムは同一の社会領域に対する二つの見方として理解するという方法論的解釈を提出している。ハーバーマスは、例えば前近代社会たる部族社会では、環節的分化というシステムメカニズムは、親族構造という形態で、社会文化的生活世界として制度化されていると述べていた。してみれば、同一の社会、ここでは部族社会がシステムメカニズムによって制御されるシステムとしても社会的規範によって統合されている（社会―文化的）生活世界としても把握できることになる。イングラムは次のように言っている。「彼［ハーバーマス］の読み方では、システムは生活世界の内部で、行為の意図されない結果として生みだされ、規範的意味で生活世界に係留される。それで、生活世界とシステムを制度内でオーバーラップする論理的に区別された機能に関係するものと見なすのが最もよいであろう。[21][22]」この方法論的読み方では、如何なる行為も二つのパースペクティヴから見られることができるということになり、また如何なる行為領域もシステムとしても生活世界とも見られることになる。してみると、ハーバーマスが経済システム、政治・行政システムと呼ぶ行為領域も二つのパースペクティヴから、即ち貨幣や権力という制御媒体によって統合されるシステムとしても、また一定の規範、法規範によって統合（これは社会統合ということになろう）される生活世界とも見られることになる。これは、ハーバーマスの第二の思考方向と合致する。というのは、例えば貨幣という脱言語化されたコミュニケーション媒体によって制御されるシステムは私的法人格相互間の関係として生活世界内において制度化されなければならないとされていたからである。この方法論的読み方にハーバーマスにおいて対応しているのが、意味と規範のコミュニケーション網に参与するコミュニケーション参加者のパースペクティヴと行為連関を意図されない結果という視点からみる観察者のパースペクティヴとの区別である。そしてこの生活世界とシステムとの方法論的区別は、生活世界とシステムの存在論的区別を伴立しないはずである。

とはいえ、イングラムはこの方法論的読み方がハーバーマスの見解に直接一致しないことを意識している。というのは、ハーバーマスには第一の思考方向、即ち、生活世界とシステムの社会内での分離、存在論的分配という理解もあるからである。イングラムは第一の思考方向と第二の思考方向とは、イングラムの用語では生活世界とシステムとの存在論的区別と方法論的区別とは少なくとも調和するであろうとして次のように述べている。「経済的管理システムを生活世界の民主的エートスへと再統合するというハーバーマスの望みが与えられるならば、……生活世界とシステムとの差異化は、……すべての社会によって遂行されるべき統合機能間の論理的な区別を指示するばかりではなく、同様に、その可能性が最初に生活世界の合理化によって確立される進化的達成——行為の異なる領域への存在論的分配——に言及するものと解してよい。[23]」

これはハーバーマスの思考に内在する上記の矛盾・抗争を調停する試み、あるいはむしろ、イングラムの用語で言えば、方法論的区別と存在論的区別を相互に矛盾しないものとして把握する試みであるが、しかしこのことによって、イングラムの視野から先に述べられた矛盾の意識が消失する。

五　「生活世界」概念と「システム」概念の二義性

私見では、近代におけるシステムと生活世界の分断ないし生活世界からのシステムの自立化（この際、生活世界とシステムは、近代において、社会空間内で相互の外にある社会領域として分化するという表象が採用されている）というテーゼ（第一の思考方向）とシステムないしシステムメカニズムは生活世界内的制度として生活世界において制度化されるというテーゼ（第二の思考方向）とは相互に矛盾し、相互に無化し合う。もし人がここで、実際ハーバーマスがそうしているように、上記二つのテーゼを維持し、なおかつ矛盾を回避しようとすれば、このことはある代償を払う。即ち、それは「生活世界」概念と「システム」概念の両者が二義的になるという結果をもたらす。この時、かの矛盾は両概念の二義性となって現象するのであって、実際、ハーバーマスは両概念を明示的に言及せずに二義的に用いているのである。次のこの経緯を見よう。

ハーバーマスは言う。「社会統合にとって欠くことのできない言語による了解のメカニズムは、形式的に組織された行為領域においては一部効力を失い、制御媒体がその肩がわりをする。この制御媒体はいうまでもなく、形式的な法という手段を用いて生活世界に定着していなければならない。[24]」システムの制御媒体が形式法を手段として生活世界において制度化されるということは、貨幣媒体の制度化は、市民的私法による私的法人格の関係態として、それ故、法を通して形式的に組織された行為領域として確立されるということを意味する。このことは国家についても同様である。近代において法は私法と公法に分離する。国家は公法による権力媒体の制度化として生活世界内的制度として形成される。すると、生活世界は、一方で、一つの意味では、このように形式的に組織された行為領域の外なる世界であるとともに、別の意味では、形式的に組織化された行為領域はまさしく貨幣や権力といった制御媒体の生活世界内的制度化である故、生活世界は形式的に組織化された行為領域を包括する。前者の意味での生活世界を「生活世界Ⅰ」と呼び、後者の意味での生活世界を「生活世界Ⅱ」と呼ぼう。

「システム概念」もまた二義化される。システムは、一つの意味では、制御媒体によって制御される行為の機能的連関であり（その制度化は生活世界に所属する）、他の意味では、制御媒体によって制御されながら、法を通して形式的に組織化された行為領域がシステムと呼ばれる。（このシステムは生活世界の外にある社会領域である。）前者の意味でのシステムを「システムⅠ」、後者の意味でのシステムを「システムⅡ」と呼ぼう。

生活世界Ⅱ並びにシステムⅠを見てみるならば、法、即ち（市民的）私法や公法を通して形式的に組織された社会領域は、生活世界内制度であり、これに対してシステムⅡ並びに生活世界Ⅰを見てみるならば、形式的に組織された行為領域（ないし社会領域）は、生活世界外の行為領域である。こうして、「生活世界」と「システム」のそれぞれの二義性は「形式的に組織された社会」という概念の二義性として反映する。というのは、それは一方では、生活世界内制度であるが、しかし他方では生活世界外的システム（経済及び政治・行政システム）でなければならないからである。

この点からすると、ハーバーマスの社会理論において、「法」の理論的な位置が、システムと生活世界とを媒介する「メディア」の位置を占めているのか、それとも生活世界の規範的価値領域が制度化したものなのか明確でなく、そのため、ハーバーマスはシステムを経済と政治に限定しているが、こうして「法システム」がその固有な理論的位置価を失ってしまうように見えるという中野敏雄氏の発言[25]は興味深いものとなろう。確かに、システムを経済と政治システムに限定してしまえば、「法システム」はその固有な位置価を喪失してしまう。とはいえ、私がここで問題とするのは、「法」ないし「法システム」の理論的位置価ではない。私がここで問題としたいのは、このような法（実定法）に則して組織化された行為領域ないし社会、私的法人格相互の関係態、こうした場の理論的位置価であり、ハーバーマスが「形式的に組織されている、とわたしが言う場合、それは媒体に制御されたサブシステムの中に現れてくる社会関係――しかも実定法を通して初めて創出されるような――のすべてをふくむ。従ってその範囲は、組織の境界を越えて広がった私法・公法上の交換関係や権力関係にまで及ぶ[26]」と語る際に言及している形式的に組織された行為領域ないし社会である。この行為領域ないし社会は、ハーバーマスにおいて二義的性格を持っており、それ故、それがシステムなのか生活世界なのかが分からなくなるという事態を惹起するのである。システムと生活世界との媒介という点に関して言えば、形式的に組織された行為領域、即ち法的に構成された行為領域は、その二義性によってシステムと生活世界とを媒介する位置価をもたらされている。（とはいえ、このような「媒介」は理論的不整合と称されるべきものであるが。）即ち、この形式的に組織された行為領域は、一方で、貨幣や権力という制御媒体の生活世界的制度化として生活世界に所属するとともに、他方では、制御媒体によって制御されたシステムであると同時に実定法を通して形式的に組織された社会であるという両面性を持ちつつ生活世界外のシステムとされるからである。

以上見たように、「生活世界」概念と「システム」概念の、それ故にまた「（実定法を通して）形式的に組織された社会」概念の二義的性格は、私見では、ハーバーマスの生活世界とシステムによる彼の二層的把握の基本概念レベルにおける混乱を示すものである。そしてもし人が「システム」概念と「生活世界」概念のハーバーマスの使用は二義的ではなく、一義的なのだと仮定するならば、このことは即座に第一の思考方向と第二の思考方向との間の矛盾＝相互に無化しあう関係を顕在化させるであろう。以下に見るように、マルクスの物象化概念のハーバーマスによる再定式化、即ち、システムによる生活世界の植民地化のテーゼによる再定式化は、その出発点において、この矛盾の現象形態たる先述の概念の二意義的使用に依拠しているのである。

六　物象化概念のハーバーマスによる再定式化及び生活世界の植民地化のテーゼ

ハーバーマスは、近代において、二つの行為調整メカニズムが、従ってシステム統合と社会統合が、それ故にまたシステムと生活世界が相互に分断され、分化すると述べていた。この時、システムは生活世界的な規範的、倫理的、文化的意味連関から解除され、没規範的な、いわば第二の自然として、事象化（Versachlichung）された行為連関として現われるとされる。「社会システムは、生活世界的地平を決定的に粉砕し、コミュニケーション的日常実践の先行理解から遠ざかる[27]」。けれども、この事象化された行為連関は、いまだ物象化（Verdinglichung）された行為連関ではない。ハーバーマスは事象化と物象化とを概念上区別しているのであって、生活世界とシステムとの分断という事態はそれだけではまだ物象化ではないのである。むしろ、この分断は近代そのものに内在する二つの可能性を示している。即ち、「たしかに、システム統合と社会統合とが著しく分断されているというこの事実だけからしては、いずれかの方向での直線的な従属関係は帰結しない。いずれの方向での従属関係も考えることができよう。つまり、貨幣や権力のような制御機制を生活世界に係留する制度は、形式的に組織化された行為領域に対して生活世界が影響を与える道を切り拓くと考えることができようし、あるいは逆に、コミュニケーション的に構造化された行為連関に対してシステムが影響を与える道を切り拓くと考えることができよう。前者の場合には、そうした制度は、システム保存を生活世界の規範的制限に従わせる制度的枠組として機能し、また後者の場合には、生活世界を物質的再生産のシステム的強制に従属させ、かくしてそれを併合するような土台として機能するのである。」[28] ハーバーマスの考えでは、近代以降の社会的合理化の過程は、この近代そのものに内在した可能性の一面的・選択的実現だったのであり、システム維持の強制命令が生活世界の内的論理を浸食し、生活世界を己の元に併合した過程だったのである。これを別様に言えば、認知的・道具的合理性の一元的貫徹、それがコミュニケーション的合理性を破壊するに至るということである。この事態が生活世界の植民地化のテーゼで意味されることであり、物象化とはシステムによる生活世界の浸食という事態である。マルクスの物象化概念のハーバーマスによる再定式化に内在する問題性については以下において立ち入るが、ここでまず注意したいのは、近代に生み出された可能性としての、生活世界のシステムへの、あるいはシステムの生活世界への従属の論定は、中野氏が指摘した「法」の理論的位置価の曖昧性と「形式的に組織された行為領域」の既に言及した二義的使用に基いているということである。確かに、上のハーバーマスからの引用を見ると、「市民法」（という土台的制度）はシステムと生活世界とを媒介する位置を占めている。しかし、この法、実定法という制度がシステムと生活世界とを媒介することが可能とされるのは、「貨幣や権力のような制御機制を生活世界に係留する制度」[29] たる法（＝実定法）を通して形式的に組織された行為領域が、制御メカニズムの生活世界内的制度化として生活世界に属しているとされると同時に、他方では、制御媒体たる貨幣や権力によって制御される機能的連関でありつつ法的に、つまり形式的に組織された行為領域がシステムとされているからである。ハーバーマスは、「システム」や「生活世界」、「形式的に組織された行為領域」といった概念の二義性に明示的に言及せず、このことによって、私の見るところ、この二義性をいわば強引に隠蔽している。

しかし、ハーバーマスが（後期資本主義社会における）システムと生活世界との間の交換モデルを提出し、システムによる生活世界の植民地化が如何なる事態であるかを解明する時、彼が「［近代において］これまで伝統的になれ親しまれてきた、了解に方向づけられた行為のコンテクストは、システムの境界世界へ追い出されてしまう。こうした規準に従うと、システムと生活世界を画する境界線は、大まかに言えば、一方における経済と官僚制的な国家行政というサブシステムと、他方における（家族、近隣関係、自由結社に支えられた）私的な生活領域と、（私人と公人とに支えられた）公共性の間に引かれることになる」[30]と述べていることから理解されるように、システムは制御媒体によって制御される行為の機能的連関と法を通するその形式的な組織化の全体（経済及び政治・行政システム）とされ、生活世界は社会空間的にシステムの外なる私的生活領域と公共性とされている。これがハーバーマスが後期資本主義社会を分析する際の構造モデルとなる。そしてまさしくこのことによって、ハーバーマスは道具的行為とコミュニケーション的行為という行為の論理上の区別を異なる社会次元に投影し（イングラムの言葉では、これは存在論的分配を意味する）、このようにしてシステムそれ自体から社会抗争の固有の次元を捨象したというホネットの批判がやはりハーバーマスに適中してくる。実際、システム複合性の増大も生活世界とシステムとの分断もそれ自体では何ら病理現象を、つまりは物象化を意味せず、物象化はこれまで行為調整メカニズムとしての了解に依存してきたために苦痛を伴わずには貨幣や権力の媒体に電極を切り替えられることができない生活世界領域に経済的合理性の諸形態が侵入する時生じるという理論構成を採用するかぎり、システムそれ自体には、なるほどそれが事象化された行為領域ではあっても、物象化現象は措定されなくなる。R・ダンネマンは、ハーバーマスは経済的・管理的行為領域に目的合理性を、生活世界にコミュニケーション的合理性を割り当てることによって、必然的な目的合理性と病理的な副次的作用とを区別したいのだ、と言っている[31]。ダンネマンのこの指摘を念頭に置いて言えば、ハーバーマスは道具的行為をシステムへ、コミュニケーション的行為を生活世界に関係づけることで、近代におけるシステムと生活世界の分断を進化的に必然的と見なし、システムの生活世界の植民地化を病理的な副次作用と見なしているということになろう。それ故、ハーバーマスでは道具的行為（目的合理的行為）それ自体は概念上物象化と関連はないのである。この点で、それは例えばホルクハイマーの道具的行為ないし道具的理性とは意味が相違する。ホルクハイマーでは、理性の道具的理性、即ち主観的理性への転化こそが物象化に他ならない[32]。

ハーバーマスが提出する生活世界とシステムとの交換モデルは、これは後期資本主義社会における生活世界の植民地化や階級妥協の状態を説明するべく意図されているものであるが、ハーバーマスの言う物象化が如何なるものであるかを明らかにしてくれる。彼の分析では、既に触れたように、生活世界の諸個人は経済システムとの関係では、被雇用者と消費者の役割を引き受け、国家システムとの関係では、国家に形式民主主義的制度を通して正統性認証を付与するということと引き換えに、クライアントの役割を引き受ける。諸個人がこうした役割を引き受けるということを介してシステムと生活世界との間に交換関係が成立し、さらにこの交換関係の成立を介してシステム論理が生活世界を浸食して行く。即ち、目標やサービス、生活時間や生活空間の貨幣化、責任・依存関係の官僚制化、生活態度の一面化、官僚制化による政治的公共性の枯渇が進行する。こうした現象をかつてウェーバーは意味喪失のテーゼによって把握し、その原因を実体的理性の解体に帰したのであるが、ハーバーマスはこれらの現象を生活世界の植民地化のテーゼによって説明する。ハーバーマスの見るところでは、生活世界の植民地化は、私的生活態度からばかりではなく、政治的公共性からも道徳的＝実践的要素を排除していくとともに、日常的生活態度が功利主義的、専門主義的に一面化され、「儲けに依存した職業労働の道具化、市場に依存した労働力の現金化……、競争や成績による締めつけが小学校にまで及んでいる[33]」といった事態を惹起する。のみならず、生活世界の植民地化のテーゼは、フーコーが発見した政治・経済・文化的権力的効果の網細血管をも、即ち、環境操作、環境廃棄物の官僚的管理、教育の規範化と層化的特徴、システム集中と情報コントロールの内で働く権力効果をも、またレジャー時間や文化の商品生産の法則への包摂化、あるいは大衆消費の法則への包摂化、家族の大企業命令への恒常的適合、さらにはもっぱら生活設計のために学校を使用することをも包括している。[34] だからまた、アドルノとホルクハイマーが「文化産業」という概念によって捉えようとした現象をも。(『啓蒙の弁証法』において、社会化された諸個人の人格性の崩壊、全体主義的国家群の形成、個人の欲求を操作する文化産業の発展という歴史的趨勢の中で、「何故に人類は、真に人間的な状態に踏み入っていく代りに、一種の新しい野蛮状態へと落ち込んでいくのか[35]」という問いが発せられる。西洋文明総体の過程たる啓蒙の弁証法は、文化産業とともに今や大衆欺瞞の状態に入りこむのである。[36]) これらの現象がハーバーマスによれば物象化(ないし生活世界の病理)現象である。ルーマンのシステム理論は、近代社会を生活世界と関連をつけることなくもっぱらシステム複雑性という観点から把握するために、コミュニケーション的に構成された行為領域の構造的諸特性から読み取られるはずの病理現象に対して理論上鈍感となり、こうしてこの理論では生活世界の病理的歪曲、即ち物象化現象が視野から脱落してしまう、とハーバーマスは言う。確かに、システムによる生活世界の植民地化のテーゼに基づく物象化現象の理解は、物象化現象を単に経済システムにのみ論定することに比べれば、物象化を(差し当たって)一層広い領域に論定し、それ故にまた経験的研究の主題にできるという利点を持っている。その上、ハーバーマスの物象化概念、即ちシステム維持の強制命令による生活世界の植民地化による物象化の説明は、生活世界の病理現象をシステムによる生活世界の浸食という一つの論理で説明できるのかどうかという問題はあるとはいえ、直接に階級問題に還元できるわけではない、現代社会における諸々の社会問題を視野に登らせる。実際、ハーバーマスが生活世界の植民地化のテーゼによって論定する社会病理・社会問題は、後期資本主義社会に特有の、直接に階級に特殊的ではない物象化現象、新しいタイプの社会問題であり、新しい社会運動はこうした新しいタイプの社会問題に対する批判的応答として生活世界の物象化の表現なのである[37]。けれども、システムと生活世界という社会の二層的把握、加えてシステムによる生活世界の浸食による物象化の説明は、論理必然的にハーバーマスの思考にある強制を課する。即ち、このような理論構成を採る限り、システムそれ自体には物象化という事態は決して措定されないということである。それ故、物象化概念のハーバーマスの再定式化は、物象化概念を差し当たってマルクスの概念よりも一層広い社会領域に拡大するように見えながら、他方では、それの適用領域に制限を加えている。こうして、ハーバーマスは次のように言う。階級闘争は社会国家的妥協の中で鎮静化されてしまったがために、社会抗争はもはや物質的再生産の領域では発生せず、「新たな抗争は、システムと生活世界の接点のところで発生している[38]」のであり、それは「分配の問題ではなく、生活形式の文法が火種となって燃え上がるのである[39]。」今日においても確かに抗争は決して単に分配の問題だけをめぐって生じているのではない。とはいえ、新しい抗争がシステムと生活世界の接点において生じるとされているために、システムそれ自体に関して生活形式の文法への問いが論定されなくなってしまう。こうして、システムと生活世界の二層的把握及び物象化のシステムによる生活世界の歪曲による説明という理論構想それ事態が、当然にも、「彼〔ハーバーマス〕は、その二元論のために、経済及び政治的領域を物象化論から引き離した」のであり、「近世の抵抗運動の内容に耳を貸さ」ず、それ故、ハーバーマスの理論では「労働者自主管理や協議民主主義は放棄されざるを得な」くなり、この点で批判理論の伝統におけるラディカルな性格を放棄した、即ち脱ラディカル化した[40]」という批判を呼び起こす。ここですぐに考えつく代案は経済システムそれ自体が物象化的存立構造を有しているのだという観点であろう。実際、ダンネマンも（経済システムにおける）「生産手段と制度の分離ないし自立化がそれ事態で物象化的効果を有しているのだ[41]」と主張している。だが、この点については後に立ち入ろう。次に、私は社会の二層的把握を基礎にする物象化のハーバーマスの説明が物象化（即ちシステムによる生活世界の植民地化）の推進メカニズムの解明に際して理論的困難に遭遇するという点に論及する。

七　物象化の推進メカニズム

ハーバーマスは何故にシステムがその限界点を越えて制止不能な固有の力学を発揮し、社会統合に依拠していた生活世界諸領域を浸食するに至るのかという物象化の推進メカニズムに関する問いを提出している。というのも、実際、何が物象化現象として認定されるのかという問いについての回答は、物象化を推進するメカニズムの説明ではないからである。

ハーバーマスによると、大衆民主主義は階級闘争を鎮静化する調整に他ならない。疎外された労働と疎外された共同決定がこれを通して体制変革の起爆力を発揮できないようにされるわけである。経済システムは政治・行政システムの介入を受けて、ここに生じる危機傾向は予め緩和されるが、そうしても経済システムの複合性はますます増大していく。これは形式的に組織化された行為領域の拡大並びに濃密化を意味する。この拡大は生活世界に、とりわけ大量消費に切り替えられた私的家計に影響を与えてくる。疎外された労働と疎外された共同決定の社会国家からの代償は、消費者とクライアントという役割を通して行なわれる。これらの役割を通して、生活世界の諸連関が機能転換を起こし、システム的に統合された行為領域、即ち形式的に組織された行為領域に同化されていくのである。とすれば、生活世界の物象化は、社会国家的調整の中で進行するわけである。

これは生活世界の物象化の推進メカニズムの説明であろうか。そうではないように私には思われる。むしろこれは、システムが生活世界を浸食していく経路、道筋の説明である。私見では、ハーバーマスの上述の説明は、結局、かの推進メカニズムの作動の結果を叙述しているにすぎず、推進メカニズムそれ自体の説明ではない。もし先のハーバーマスの説明がかの推進メカニズムの説明としての意義を持ち得るとすれば、その際効いてくる唯一の点は、経済システムは、その固有の力学によって不断にその複合性を増大させていくという点である。すると、まだ説明されておらず、また説明されなくてはならないのはこの固有の力学である。では、この固有の力学、経済システムが不断に複合性を増大させていくその衝撃力はどのように説明されるのであろうか。近代の過程は、ハーバーマスによれば近代そのものに内在した、他の可能性を抑圧した一つの可能性の一面的実現、即ち、システムによる生活世界の植民地化の過程だったのであるが、この物象化の推進力学をハーバーマスは説明することができるであろうか。

ハーバーマスは経済システムのこの固有の力学・衝撃力を物象化の概念に依拠して、即ち、資本主義的経済システムにおける、自己増殖的本性を有する資本物神の定立という事態によって説明することはできない。というのも、ハーバーマスの思考枠組からすれば、物象化は経済システムそのものにおいては措定されず、システムの複合性増大それ自体も決して物象化現象ではなく、むしろ経済システムの固有力学こそがシステム論理の生活世界への制止不能な浸食を、それ故に（生活世界）の物象化を説明しなければならないからである。しかも、ハーバーマスはマルクスが解明した物象化の概念を自身の物象化概念の一特殊ケースとして把握している。

［マルクスの］価値論の、……決定的な欠陥は、生活世界のシステム命令への包摂の一つの特殊なケースを過度に一般化している点にある。(42)

マルクスは、自らの生産物だけではなく、自らの本質諸力を発展させる可能性までも奪われた目的活動的な行為者のモデルからスタートしているので、具体的労働から抽象的なそれへの転化を、システムによって誘導されて起こった社会関係の物象化現象の特殊ケースとして理解することができなかったのである。(43)

このように、ハーバーマスはマルクスの言う実在抽象を物象化の一形態、即ち、生活世界のコミュニケーション的構造が貨幣や権力という脱コミュニケーション化された媒体によって制御されたシステムの強制命令に服するという生活世界の物象化の一特殊形態として理解している。もちろん、実在抽象は即座に資本物神の定立と同一ではなく、その前提条件であるが、ともあれ、ハーバーマスは如上の理解のために、具体的労働の抽象的労働への転化たる実在抽象によって、それ故にまた剰余労働を吸収することによって自己増殖する資本の定立によって、制止不能な力学を展開して生活世界を植民地化する資本主義的経済システムの自己推進力を説明することはできなくなる。何故なら、実在抽象は、むしろシステム論理による生活世界侵食の結果生じる物象化の一特殊形態とされるからである。この時資本主義的経済システムの自己推進力は所与として前提されており、ハーバーマスはこの自己推進力を物象化の概念に依拠せずに説明しなければならないはずであるが、しかしこの説明は与えられていない。むしろそれは所与として前提されているだけである。

さて、ハーバーマスがマルクスの実在抽象をシステムによる生活世界の浸食によって誘発される物象化の一特殊形態とすることによって、「生活世界」と「システム」概念に再び二義性が生じてくる。後期資本主義社会におけるシステムと生活世界の交換モデルを展開するに際して、ハーバーマスは貨幣及び権力媒体によって制御される行為の機能的連関でありながら同時に実定法を通して形式的に組織された社会領域をシステム（経済及び政治・行政システム）とし、その社会存在論的に外にある行為領域をコミュニケーション的に構造化された行為領域（私的生活領域及び公共性）としての生活世界とする表象に従っていた。けれども、資本主義社会の労働の二重性、即ち具体的労働がそれ自身で同時に抽象的労働に転化するという事態をシステムによる生活世界の植民地化の一特殊形態とするならば、具体的労働の抽象的労働への転化がそこで遂行される労働世界は経済システムに含まれているのであるから、経済システムそれ自体に物象化された生活世界としての生活世界が措定されざるを得ない。物象化がシステムによる生活世界の浸食に起因するとすれば、物象化は生活世界の病理現象として論定されることになるが、この物象化の一特殊形態がかの実在抽象であるために、そしてこの実在抽象は（経済）システムそれ事態の内部で生起するはずであるために、システムによる生活世界の植民地化によって生活世界においてと同様システムそれ事態に物象化が措定されることになるからである。一言で言えば、システムによる生活世界の侵食によってシステムそれ自体に生活世界の病理現象が措定される。それ故、物象化・病理現象は、システムによって浸食された生活世界に生じるはずであるのに、この現象は生活世界を浸食するシステムにおいて生じる。この「矛盾」は、ここでハーバーマスが先述の第一のではなく、第二の思考方向に沿って思考していると考えなければ、解消不能であると思われる。即ち、ここでは、資本主義社会の労働は具体的な、換言すれば使用価値を産出する労働としては生産者の生活世界に属しており、資本の命令に従って組織された抽象的遂行としては、換言すれば価値を産出する労働としてはそれはシステムに属している。[44]即ち、同一の社会領域（第一の思考方向のもとで考えられた経済システム）が一つの観点（参加者のパースペクティヴ）からすれば、生活世界として、他の観点（観察者のパースペクティヴ）から見れば、行為の機能的・システム的連関であるシステムとして見られている。こうして、（経済）システムとは、ここでは、抽象的労働の機能的連関に他ならず、それ故、ウェーバーの言葉で言えば、経済的秩序界（経済システム）に二つの側面が措定される。（見られるように、「システム」概念も二義化される。）ここで生産者の生活世界の物象化は、システムによる生活世界の浸食の結果というテーゼが維持されるかぎり、具体的労働の抽象化として、即ち、抽象的労働の機能連関への具体的労働の同化として理解される。しかし、注意すべきなのは、この場合、具体的労働がそれ自身で同時に抽象的労働へと転化していることが物象化とされるというより、具体的労働の抽象的労働への同化が物象化とされざるを得ないという点である。以上二つのことの間には、微妙だが、本質的な差異がある。ハーバーマスの場合、システム論理の生活世界への浸食によって、生活世界がシステム論理の下に従属するということによって物象化が説明されるために、抽象的労働の機能連関は、それ自体では物象化的存立構造を有するものとは決して捉えられない。物象化は、むしろ抽象的労働のそうした機能的連関が具体的労働を己のもとに服属させることによって生じる。すると、再び物象化の推進メカニズムの説明に際して困難が生じるように思われる。それ自体では何ら物象化的存立構造を有しない抽象的労働の機能的連関としてのシステムは何故にますます（生産者の）生活世界を浸食するという制止不能な固有の力学を展開するのであろうか。ハーバーマスの思考枠組（システムと生活世界という社会の二層的把握及びシステムによる生活世界の植民地化のテーゼ）の下では、剰余価値を吸収することで増殖する資本物神の定立は、むしろ、システムによる生活世界の浸食の結果として把握されざるを得ないであろうし、物象化の説明のために経済システムの自己推進力は所与として前提されざるを得ないであろう。ハーバーマスの考えでは、この自己推進力のおかげで、経済システムは、政治・行政システムたる国家の介入主義的調整を媒介としつつ、諸個人の消費者及びクライアント役割を通路として生活世界を植民地化するに至るのである。

以上に見た物象化の推進メカニズムの説明上の如上の困難並びに「生活世界」と「システム」概念の絶えず現われてくる二義性というハーバーマスの基本概念レベルにおける混乱は、私見では、体系的に生みだされたものである。

即ち、それはシステムと生活世界による社会の二層的把握という採用された枠組に由来するのである。特に重大なのは、この枠組はシステムから社会抗争の固有の次元を抜き去るように思考に体系的な圧力を加えるという点であり、それ故にまたシステム自体に物象化的存立構造を認めないように圧力を加えるという点である。

八　「システム」と「生活世界」による社会の二層的把握の現代世界の認識にとっての意味

システムと生活世界というこの思考枠組が現代世界の認識にとって持つ意味は二重である。とりわけシステムと生活世界の存在論的分配の表象は、第一に、戦後資本主義世界におけるケインズ型政策の一定の成功による高度成長とともに生まれてきた資本主義社会の実状を把握している。国家は財政・金融政策その他を通して積極的に経済過程に介入するに至り、資本蓄積の諸条件を計画的に整備するとともに、完全雇用と社会補償政策、特に賃上げをめぐる労使の団体交渉の制度化によって勤労・労働階級を体制内化する。資本蓄積の要請と勤労国民の生活向上という二律背反的命題は資本主義的成長の中でそれなりに解決される。戦後資本主義の高度経済成長は、完全雇用と社会保障を柱としたが、これを通して勤労国民の政治的支配機構に対する合意調達が行なわれた。もちろん、生産第一主義と快楽主義の結合を原理とするフォーディズムの原理的確立を通して資本の論理が生活世界の隅々にまで浸透し、生活形式の文法への批判的問いがフォード主義的蓄積体制を持つ諸社会で生じた。（飽くことのない環境・自然破壊は直接にはフォード主義的蓄積様式に由来する。ただ労働者階級が生産第一主義という点で経営側と同盟を結んでしまったために、そして階級妥協のため自然・環境破壊が労働運動の主題とならなくなってしまったのである。）ハーバーマスの理論はこの事態を考慮に入れている。ハーバーマスの後期資本主義社会とは成長型の、あるいは福祉国家型の社会である。ハーバーマスは、［現代資本主義国では］一方で、生産過程に直接参加している階層があり、これが社会の中核を成していると言う。[45] この階層は、資本主義経済成長を労資の妥協の基盤としてこれを擁護する階層である。他方で、この階層の周辺に多様な集団があって、この周辺部に入る人々は、生産業績主義の周辺部に位置しているがために、経済成長が惹起する破壊的作用に対して極敏感な人々である。ハーバーマスにおいて、システムによる生活世界の植民地化に対して抵抗する批判的主体は誰か。それは、この周辺部にいる人々である。「『古い政治』がどちらかと言うと、企業家や労働者、商工業を営む中間層に支持されているのに対して、『新しい政治』は新中間層や若い世代、そして専門的知識を身につける高等教育を受けたさまざまな集団にかなり強い支持を持っている。[46]」抵抗運動を突き動かしているのは、都市環境の破壊、環境破壊、破滅的な工業発展、風土の汚染、等であるが、抵抗運動の主体を形成しているのは、決して社会の中核をなしている、即ち生産過程に直接参加している労働者ではなく、かの周辺部に属する人々である。「アルタナティーヴェたちが実践の矛先を向けているのは……職業労働の道具化、市場に依存した労働力の現金化であり、競争や成績による締め付けが小学校にまで及んでいる事態である。[47]」こうした批判的諸主体が目指しているのは、政治的及び経済的システムの固有の力学の一部を取り外して、それを生活世界化するという「反制度」であるとされる。この反制度の主張において、しかし、現代に特有のあるアンビヴァレントな性格が現われてくる。即ち、批判と抵抗の主体はもはや社会の中核部を形成しているとされる人々ではなく、それ故、批判的諸主体はいわば「外」から経済的及び政治的システム固有の力学を一部解除し、それを生活世界化すると主張するということにならざるを得ない。ハーバーマスは言う。

発展段階にある資本主義社会の特徴となっていた階級闘争が、社会国家的大衆デモクラシーのなかで制度化され、そのことによって鎮静化されたという事実は、抵抗の潜在力そのものが鎮静化されたことを必ずしも意味しない。抵抗の潜在力は実は、別の抗争ラインで、もし生活世界の植民地化というテーゼが正しいとすれば、そこでは今日でも、抵抗運動は起こりうるのである。(48)

これはちょうどフォーディズムが確立された戦後資本主義社会で生じたことである。抵抗の潜在力が今日においても枯渇していないということは、しかし、物質的再生産の領域では枯渇してしまったということと矛盾するものではない。もちろん、枯渇してしまったと言えば、それは言い過ぎになるだろうが、労働者階級の体制内化、生産第一主義での労資の同盟という状況は、ドイツのみならず世界資本主義システムの中核を成すヨーロッパ先進工業諸国家と同様、この中核の一翼を担う日本とで共通の現象であった。日本でも高度経済成長の過程で、そしてまさしく革新自治体の時代、一九六五年ころ以降民間大企業で企業主義的労働組合が台頭した。ここでハーバーマスが描いている後期資本主義社会の状況は、高度成長期に現出してきた日本社会の状況に平行している。確かに、日本における労働者の状況については、企業統合の側面が強く、(49)ヨーロッパ先進諸国では福祉国家型調整が基本であるとしても、その共通性もまた看過できないものである。(とはいえ、この国民的軌道の違いはとりわけ七五年以降から現在に至る日本の状況を見る際には決定的である。)以上の点からすれば、システムと生活世界という社会の二層的把握が理論上招来する、システムからの社会抗争の固有の次元の捨象は、戦後に高度成長を経験した先進資本主義諸国で現出した社会状況に正確に照応していると言うことができよう。この意味で、ハーバーマスの理論はケインズ主義的政策を遂行する介入主義国家の戦後期における(一定の)成功＝急速な資本蓄積＝経済成長という一つの歴史時代に密着し、それを反映している。とはいえ、この理論は同時に、その基本概念レベルでの先行的決定を通して、この歴史状況を理論的に固定している。この理論は、一定の歴史状況を所与として受け止め、それを理論化しているが、しかし、この歴史状況が解体する可能性を組み込んではいないように思われる。高度成長が終息し、ケインズ的政策遂行が破綻する時、もはや経済成長を通して労働者の生活向上要求の充足と企業システムの資本蓄積要求という二律背反的命題を解決することが困難になる時、国家が公共事業を民営化し、賃金抑制と高額所得者への減税・新たな大衆課税を強行しようとする時、様々な商品が織り成す商品世界の華やかな現象形態の下で、とりわけ日本でそうであるが、企業システムが過労死を頻発させるほどの長時間・過密労働、労働強化を通して資本蓄積を強行しようとする時、企業システムそれ自体の中に批判と抵抗の潜在力も蓄積されざるをえない。(もちろん、この抵抗の潜在力が批判の現実の運動として生じてくるのかどうか、あるいはどの程度生じてくるかは、諸主体の力量や歴史的に形成された主体類型を含めてその都度の様々の諸条件によって規定されている。)

けれども、ハーバーマスの理論はまさしくその生活世界とシステムという社会の二層的把握を通して、システム自体から社会抗争の次元を捨象することによってこの可能性をあらかじめ理論から除去してしまうように思われる。

実際、ケインズ主義的政策に依拠する介入主義国家の政策は、一九七三年の石油危機とともに破綻し、高度成長は終息するに至った。これに続く一九七四—五年の世界同時不況の中で、ケインズ主義的政策の破綻は、不況とインフレーションの同時進行という形で目に見えるものとなった。日本では、この不況時以後、一九七〇年代末に大合理化及び生産点での機械化・情報化・ME化が進行する時代がやってくるが、その際、高度成長の過程で形成された労使一体を旗印にする労働組合といわゆる日本型労使関係は積極的にこの傾向を促進する役割を果たす。そして、資本主義国家は若干の模索の後、企業の事業再編と連動しつつ経済構造再編と国家機構の再編に乗り出すのである。それは、資本の高蓄積の諸条件を維持しながら、社会保障、福祉等を切り捨てていくことであり、公共事業を民営化し、いわゆる小さな政府を標榜するものである。新自由主義は、生活世界（これはハーバーマスが言う意味での生活世界ではない。私は、最初の規定では、経済生活・労働生活、政治的生活を含む人間生活一切、人間の一切の生活実践総体を生活世界と呼ぶのである。）を従来よりも一層資本の生活の場に変換し、それ故、人間達の生活世界のこの転倒を促進する。これは勤労国民との矛盾を一層蓄積せざるを得ないし、またこのために生じてくるであろう社会運動をあらかじめ押え込むために警察力は強化され、国家は「危機管理国家」として権威主義化される傾向が生じてくる。[50]

しかし、このことは一層危機管理国家化した国家と国民との矛盾を激化せざるを得ないものである。また経済構造調整の名による賃金抑制、生産基地の海外移転に伴う労働雇用の流動化等、並びに長時間過密労働の強化は企業システムそのものの内部で一層矛盾を蓄積する。それは資本による人間の生きる時間の飽くことのない吸収であり、過労死は人間生命そのものの吸収である。企業・経済システム内部に批判と抵抗の潜在力がまた蓄積する。このような趨勢は一九八〇年代以降先進資本主義諸国で顕著になってくるのであって、一九八一年に出版されたハーバーマスの『コミュニケーション的行為の理論』がそうした趨勢を考慮に入れていないのは当然である。けれども、理論の基本概念レベルで、以上の趨勢を概念把握する手段が予め排除されてしまったことが問題なのである。（矛盾が蓄積するか、緩和するかはその都度の歴史的状況の諸条件に依存している。）というのも、システムと生活世界という二重の基本概念の選択は、物象化をシステムによって誘引された生活世界の病理現象と論定することによって、批判と抵抗の潜在力をもっぱらシステムと生活世界が交差する前線（Front）に設定し、かくてシステムそれ自体から物象化概念を引き離し、またこうすることでシステム自体から社会抗争の次元を捨象させるからである。しかし、一九八〇年代以降における先進資本主義諸国での先述の如き傾向・趨勢は、社会理論の基本概念レベルで、システムからそれに固有な社会抗争の次元をいわばア・プリオリに捨象することを許さなくなっている。この点からすれば、「ハーバーマスは、技術の自立化という時代診断的観念及び階級的葛藤の解消という社会学的診断にあまりに強く影響されているために、後期資本主義の現代社会において尚道徳的な『階級対立の弁証法』の痕跡が存在することを発見することができなかったのだ。[51]」というホネットのハーバーマス批判は経験的であるとともに理論的な意義を持ってくる。理論的な意義というのは、それが「システム」と「生活世界」という対立概念の採用という理論の基本概念レベルでの選択の修正・廃棄を迫るからである。このように語るホネットの理論枠組はハーバーマスのそれとは違っている。ハーバーマスとホネットを同一視することはとてもできない。[52]私見では、システム論理による生活世界の植民地化をもって生活世界の物象化を論定し、このことを通して物象化概念をシステムから引き離し、かくてまた社会抗争をシステムと生活世界の接点にのみ設定することはもはや十分ではないのである。

私は以上、ハーバーマス理論における諸困難、即ち「生活世界」と「システム」概念に絶えず二義性にまといつくこと、物象化の推進メカニズムの説明に際して経済システムの自己推進力をハーバーマスは所与として前提せざるを得ず、この経済システムの自己推進力の説明に際して困難に遭遇するということ、さらにシステムから物象化と社会抗争を引き離し、このことによって一九八〇年代以降の先進資本主義諸国での歴史的趨勢の概念把握を予め遮断しているということ、こうした諸困難が体系的に生みだされたものであると述べた。即ち、それは、「システム」と「生活世界」という（対立）概念の基本概念レベルでの採用とシステムによって誘引された生活世界の物象化という理論構想に由来するのである。確かに、ハーバーマスが社会抗争をもっぱら目的合理的に組織された行為領域とコミュニケーション的に構造化された行為領域との間の葛藤として描くのは、一方でコミュニケーション的行為を生活世界に投影し、他方で道具的行為をシステムに投影したことの結果として、単に、首尾一貫性の問題にすぎないのである。[53]（とはいえ、このことはハーバーマスが記述している様々な新しいタイプの社会運動、即ち、反核と環境保護、平和運動、対案提出者の運動、税制意義申し立て運動、父母による学校批判運動、女性解放運動といった新社会運動の意義を否定することではない。）以上の理由から私は、社会理論の構成に際して、システムと生活世界という（対立）概念の採用という先行的選択を廃棄し、別の概念枠組の探求を提案したい。

九　言語のパラダイムと産出のパラダイムとの統合

では、ハーバーマスの基本概念枠組の選択に代えるに、どのような基本概念枠組を選択したらよいだろうか。既に見たように、第一の思考方向、即ちシステムと生活世界の（イングラムの用語で言うと）「存在論的分配」（＝区別）と第二の思考方向、即ち、システムメカニズムの生活世界内的制度化（この場合には、同一の社会＝行為領域が二つの観点から、つまりシステムとも生活世界とも見られることになる）とは相互に無効にし合う関係にある。それ故、この矛盾を解消する一つの方途はいずれかの思考方向を廃棄して、いずれか一方の思考方向のみを採用することである。そこで、先ず、第一の思考方向のみを採用すると仮定してみよう。この時、システムと生活世界は社会存在論的に異なる行為領域とされるが、この場合、既述のように、システムメカニズムが生活世界内制度として制度化されるというテーゼは無意味化される。このテーゼを外せばかの不整合はもはや生じないが、しかし生活世界がコミュニケーション的に構成された世界であり、システムが貨幣ないし権力によって制御されたシステムとされるかぎり、コミュニケーション的行為と道具的行為のそれぞれ投影したものというホネットの批判が妥当してくる。その上、これまで述べてきたように、システムによる生活世界の浸食という理論構想を採用すれば、システムから社会抗争の次元が捨象されることになり、またシステムから物象化概念が遠ざけられることになる。それでは、物象化の説明に際して、システムによる生活世界の浸食という構想を捨て、媒体に制御されたシステム自身が物象化的存立構造を有するると考えてみたらどうだろう。けれども、この場合にも、確かにシステムが物象化的存立構造を有するものとして論定されるとしても、生活世界とシステムが前者はコミュニケーション的に構造化された世界であり、後者が媒体によって制御される行為領域であるとされるために、システムそれ自体における、目的合理的行為システムの組織化のあり方を巡る、従ってそうした組織の規範的統合を巡る、批判的言説を含む社会闘争という次元、ホネットが「当事主体が共通の実践の組織様式を巡ってくりひろげる闘争」[54]と呼ぶ批判的実践という言語ゲーム、この意味でのコミュニケーション的行為過程を主題化することができなくなる。このことはハーバーマスが生活世界と呼ぶ行為領域とシステムと呼ぶ行為領域両者にコミュニケーション的行為の概念を関係づけなければならないということを意味しており、それ故また、一方で媒体によって制御された行為の機能的連関としての（あるいは同時にまた実定法を通して形式的に組織された）システムと他方で、コミュニケーション的に構造化された生活世界という相対立する「システム」と「生活世界」概念の採用は、これを廃棄しなければならないということを意味する。こうして、第一の思考方向をのみ採用することにしても、ハーバーマスの「生活世界」と「システム」の区別を投棄しなくてはならないということになる。

次に、第二の思考方向のみ採用するとしたらどうであろうか。この場合、同一の社会領域が観察者の観点からはシステムと見られ、参加者のパースペクティヴからは生活世界と見られることになる。すると、生活世界はある意味で社会の全体であり続ける。というのは、媒体によって制御されたシステムの生活世界内的制度化として、（実定法を通して）形式的に組織された行為領域は生活世界に所属するはずであるからである。（私は今第二の思考方向にのみ従って思考しているのであるから、媒体によって制御された行為の機能的連関でありながら同時に法を通して形式的に組織化された行為領域の総体をシステムとし、その外にある行為領域をコミュニケーション的に構造化されている生活世界と考えてはならないのである。）ここで経済領域を例に考えれば、同一の社会領域が一方で貨幣媒体によって制御されたシステムでありながら、同時に他方では私的法人格の相互行為関係としてあることになる。この相互関係態は、生活世界内存在であるから、生活世界をコミュニケーション的構造化された世界とするハーバーマスの観点を採用し続けるとすれば、私的法人格の相互関係態についても、その制度的枠組に関する批判的言説を含む社会闘争の次元を措定することは不可能でないということになり得る。しかし、この場合でも、システムによる生活世界の植民地化のテーゼによる物象化の説明は、システムから論理必然的に物象化概念を遠ざけざるを得ない。即ち、媒体を介して制御される行為システムは、それ自体では、何ら物象化的存立構造を持たないのである。

こうして、第二の思考方向のみを採って思考する場合、システム論理による生活世界の植民地化のテーゼによる物象化の説明を廃棄しなければならないことになる。以上から第一、第二の思考方向のいずれをとっても、我々はシステムと生活世界のハーバーマスの対置を廃棄し、ハーバーマスの言う経済及び政治・行政システムと私的生活領域並びに公共性すべてにコミュニケーション的行為を関係づけなければならないこと、またシステムそれ自体に物象化概念を関係づける、換言すれば、システム自体が物象化的存立構造を有するものと考えなくてはならないということが結果する。この後者のことについて言えば、それは「生産手段と制度の分離ないし自立化がそれ自身で物象化的効果を有しているのである。社会的な自然過程はいつもまた生活世界の組織化的形成を示すからである。(55)」というダンネマンの批判が妥当する。一定の社会領域へのシステム概念の適用は、その社会領域が物象化的存立構造を有している場合、その物象化的存立構造を捨象させないかぎりにおいて正当である。即ち、一定の社会領域へのシステム概念の適用は、一定の社会領域を「システム」と呼ぶ時、その適用様式には基本的に二つの場合が区別される。一つには、社会の、例えば、経済領域の物象化的存立構造を論定し、しかる後「システム」概念を適用する場合、人はその領域の物象化的存立構造を見失うことはない。けれども、先行的に物象化的論理構造を認定することなく、始めからある社会領域にシステム概念を適用し、その領域を構成する諸要素間のシステム的連関をシステム理論の援用によって付ける場合、人の視野からその物象化的存立構造が脱落する。しかし、そうなれば、そしてハーバーマスの「生活世界」と「システム」の二元論的やり方――即ち、システム論理による生活世界の侵食・生活世界の植民地化をもって物象化を説明するというやり方――を別にすれば、物象化という事態がシステム内在的原理によって何ら説明されず、それ故、このことによって、物象化という事態を理論レベルから放置することによってそのままに追認するということになるか、あるいはそうでなければ、どこか別のところから「物象化」概念を密輸入しなければならないということになる。こうした密輸入の危険は、社会システムに張り巡らされた権力構造を扱う場合にも生じている。あらかじめ、システムに権力構造なき状態が想定されると、そのシステムの内部に権力構造が張り巡らされたシステムへの転化が如何にして起こるかという問題に思考は誘われることになる。しかし、この場合、権力を産出するシステムメカニズムが解明されず、視野の外に放置されているなら、先の問題は純然たる一つの偽–問題になる。偽–問題には答えは存在しない。偽–問題に関して重要であることは、それが偽–問題であることを認識することである。けれども、もしこの認識が行なわれないならば、思考はこの偽–問題をめぐって循環することになるだろうし、すったもんだした挙句、我々がそのうちで現に生を営んでいるシステムに張り巡らされている権力構造を密輸入する誘惑に身を任せてしまう結果になる。もとより、ハーバーマスは、近代において生成した、例えば政治システムは権力をはじめから制御媒体としていると述べているのであるから、以上のような偽–問題に陥ってはいない。以下に述べることであるが、本書で、私が言語のパラダイムと産出のパラダイムの統合を企てるという時、現代世界における社会システムというものを考察する――これまた、例えば章を設けてというように、主題的に扱うことはしないが――際のパラダイム的基礎を得ることも意図している。少なくとも、私には、ハーバーマスが「システム」概念をルーマンから継承した時、「システム」概念の平板化が起こっているように思われる。

さて、こうして、ここに解決されるべき二つの課題が生じている、即ち、第一に、システムと生活世界のハーバーマス的対置、「システム」概念と「生活世界」概念を、一方はコミュニケーション的に構成された世界、他方は、制御媒体によって規制される（あるいはそれとともに、実定法を通して形式的に組織された）社会領域という両概念の対置を廃棄し、ハーバーマスの言う経済及び政治・行政システムと生活世界（私的生活公共性）すべてにコミュニケーション的行為を関係づけること、第二にその上で、ハーバーマスの言うシステムそれ自体を物象化的存立構造を有するものとして把握するということである。

第一の課題を私は後期ウィトゲンシュタインの言語ゲームの哲学に依拠して解決するように試みる。ウィトゲンシュタインの言語ゲームとは単に言語行為に尽きるのではない。それは、言語及び非言語的行為と世界像の織り合わされたものであり、それは生活行為に他ならない。さらに言えば、「一つの言語を想像するということは、一つの生活形式を想像するということに他ならない。」(56)というウィトゲンシュタインの言明が示唆しているように、言語ゲームを遂行するということは、要するに生活行為・生活実践を遂行するということであり、言語を話すという行為それ自身がまた一つの生活行為である。言語は、ここでは、単に実在を模写するに過ぎないのではなく、言語ゲームという形で社会的実在となり、社会を構成しもするものとなるのである。私は言語ゲームを含めて人間生活の一切、すべての生活行為の総体を生活世界と呼ぶ。「人間達の一切の日々の生活行為を通して再生産される世界」という意味での生活世界概念はハーバーマスの生活世界概念とは意味が異なっている。というのは、経済及び政治・行政システムもまたそうした生活世界の一構成部分であるからである。私は人間達の一切の生活行為を通して再生産される世界を生活世界と呼ぶのであるから、経済及び政治システム自体が一つの生活世界をなす。このように理解するとき、「生活世界」概念と「システム」概念は、もはやハーバーマスのように対置されはしない。私は諸言語ゲーム・生活実践が相互に織り合わされて構造化された生活世界をシステムと呼ぶのである。もとより、こうした意味での生活世界（システム）では、少なくとも可能性からして、その組織形態をめぐる社会抗争、規範的統合をめぐる社会運動も生じ得る。

しかし、生活世界がすべての諸個人がそのすべての生活行為（生活するとは生活表明であり、人間としての実を示すことである）によって日々再生産している世界であるとすれば、人は誰でも生活世界の「外」に抜け出していくことはできないことになろう。特定の世界像と行為様式を有する言語ゲームから構成される一定の制度、例えば、異他的なもの・差異＝非同一性を隠蔽し、抑圧する同一性として確立されている制度的枠組の批判的解体の行為というそれ自身一つの言語ゲームの遂行を媒介にして人々は既存の制度（一定の規範によって統合され、構造化された言語ゲーム）を超出することになるが、しかしこの場合、人は言語ゲーム・生活実践一般から抜け出ていくのではなく、従って生活世界から抜け出てその外に立つのではなく、新たな言語ゲーム・生活諸実践、それ故に新たな生活世界に入りこんでいく。この事態は、G・フレーゲが、彼が『概念記法』（一八七九）を構成するに際して依拠していた基本的原理、概念に対する判断の先行性に関する比喩的説明として述べた「一つの原子はそれだけでは決して現われず、他者との結合においてのみ現われるのであり、それらの原子はその結合から即座にある他の関係へと入りこむためにのみ、離れるのである。」[57]という事態と論理上類似する。原子は、この説明では、それだけで存在することはできず、それはただいつも他の原子との結合においてのみ存在するのである。上の事態はまた前期ウィトゲンシュタインが「論理が世界の限界をもう一方の側から眺めえたとき、論理がその限界をとび超えているはずであるから」[58]ということによって言い当てようとした事態と類似する。論理は世界に充満しており、世界の限界は論理の限界でもある。[59] してみれば、人は彼が世界のいわば外に出て世界について語ることはできないはずである。というのは、その場合には彼は論理の外に飛び出ているであろうから。しかし、これは、ウィトゲンシュタインによれば、できない相談である。ただし、生活世界への反省はただ生活世界内でのみ行なわれる。前期ウィトゲンシュタインとは違って、人は世界について語るために、世界の外に出る必要はないのである。

しかし、そうすると、人は再び、ハーバーマスが批判していたあの解釈学観念論[60]に落ち込むのではないだろうか。生活世界のパースペクティヴからは知覚されず、それ故、言語ゲームの文法には記述されない、いわば生活世界の「外」から作用を及ぼして生活世界の歪みを惹起する匿名の作用を見失ってしまうのではないだろうか。ハーバーマスは次のように言う。「『理解社会学』は、社会を生活世界に編入させるのであるから、そのつどの研究対象である文化の自己解釈という視座に拘束される。この内的視座は、社会文化的生活世界に外部から影響を与えるすべてのものを無視する。とりわけ文化主義的な生活世界概念から出発する理論的発想は、『解釈学的観念論』（ヴェルマー）という虚偽に陥る。[61]」この解釈学的観念論の視野の下では、社会過程は自律的な行為主体達が共に意識的に実現しつつある社会過程という仮象のもとに現われてくる。そう、理性的主体達が理性的に実現しつつある社会過程という仮象のもとに立ち現われてくる。けれども、ハーバーマスによれば、行為者は行為状況を完全に支配することも彼の了解可能性や紛争を完全に支配することもできるわけでもなく、一言で言えば、歴史に巻き込まれているのである。（理性的主体達の理性的討議にあっても、知らずに社会的権力が浸透することだってあるのだというような、時に見られるハーバーマス批判はほとんど見当外れである。）

さて、私は既にシステムと生活世界のハーバーマス的対置は棄却した。とすれば、もはや生活世界に作用を及ぼし、それに病理的な歪みを加える「外」をハーバーマスの意味でシステムとすることはできない。しかしそれでも、生活世界を（差し当たって）言語ゲーム・生活実践――これは人間諸個人の営みである。それ故、その意味については彼らは少なくともある程度了解している――総体として把握することによって、これは社会理解に際してウィトゲンシュタインの後期哲学に依拠するということを意味するが（詳しくは後に立ち入る）、そうであればこの修正された「生活世界」概念において、再びあの解釈学的観念論に人は落ち込んでしまうのではないか、という疑念が生まれてくる。この問題は、第二の課題へと人を導いていく。既にシステムによる生活世界の植民地化というテーゼによる物象化の説明は否定されている。私は生活行為・諸言語ゲームから織り成されている経済（及び政治・行政）システムが物象化的存立構造を有するものと考えなくてはならない。この第二の課題を解決するために、私は再びマルクスの産出のパラダイムに立ち戻る。というのは、マルクスの産出のパラダイムは、私見では、生活世界の内的視座からは隠されてしまう人間行為の作用連関を把握するからである。

ところで、私が「マルクスの生産のパラダイム」とは言わずに、「マルクスの産出のパラダイム」と言うのは、私はマルクスの理論を、基本として、生活世界の人間行為による（動的な）産出（これはいわゆる生産（Produktion）ではない）の理論として捉えるからである。そして生活世界の物象化、人間達の生活世界が資本の生活の場となっていくというこの転倒は、「生産のパラダイム」ならぬ「産出のパラダイム」と言語のパラダイムとの統合に基づいて論じられるであろう。そしてこのことが言語のパラダイムと産出のパラダイムを統合するというさらなる課題を定義する。こうして、私はシステムと生活世界というハーバーマスの社会の二層的把握の概念枠組を言語のパラダイムと産出のパラダイムとの統合ないし接合という枠組によって取り替える。換言すれば、私は社会を言語のパラダイムと産出のパラダイムとの統合という視点から把握しようとする。予め、誤解を回避するために言えば、先ず第一に、言語のパラダイムと産出のパラダイムとを統合しようと試みるという場合、物質的再生産の領域の理解についてはマルクスの生産のパラダイムに依拠し、その他の行為領域については言語のパラダイムに依拠するというのではない。物質的再生産の領域自体がウィトゲンシュタインの言語ゲームとマルクスの産出という二重の視点から見られる。また第二に、ハーバーマスは、生産のパラダイムを時代遅れとして批判するのであるが[62]、言語のパラダイムと産出のパラダイムとを統合すると言う場合、ここに念頭に置かれている産出のパラダイムは、ハーバーマスがそう理解し批判する「生産のパラダイム」とは意味が違っている。それ故、私は、如上の第三の課題を遂行するに当って、ハーバーマスが理解する意味での「生産のパラダイム」を予め棄却しておかなければならない。

さて、私は以上、課題をスケッチしただけである。以下はその具体化の試みである。

註

（1）批判は全面否定ではない。批判を全面否定へと還元するのはその一例である。対象への批判を対象の全面否定へと同一化することも全面否定そのものについても、その奥にある衝動はしばしば憤怒であり、憤怒は批判と全面否定の違いを忘れさせる。そして憤怒こそ、あらゆる観念論の印である。餌食にされる生物は邪悪でなくてはならないのだ。そしてこの時「解釈」は「捏造」と同義である。それはあらゆる差異を抹消するのである。

（2）Vgl. Jürgen Habermas, *Die postnationale Konstellation Politische Essays*, edition suhrkamp, SV, 1998.

（3）Cf. D. Held, *Introduction to Critical Theory Horkheimer to Habermas*, University of California Press, 1980. pp. 250–1.

（4）Cf. A. Honneth/H. Joas, *Social Action and Human Natur*, Cambridge Uni. Press, 1988. Chap. 3. Moral evolution and domination of nature. Habermas's theory of socio-cultural evolution. A. Honneth, Habermas' erkenntnisanthropologischer

Ansatz: Die Lehre von den Erkenntnisinteresse, Habermas' Theorie der Gesellschaft: Eine kommunikations theoretische Transformation der Dialektik der Aufklärung, KdM.

（5）山口正之『資本主義はどこまできたか』大月書店、一九九〇年、一〇六頁。

（6）ウルリッヒ・ベック『グローバル化の社会学』木前利秋・中村健吾監訳、国文社、二〇〇五年、二〇六頁参照。

（7）G. Márkus, "Entfremdung und Verdinglichung bei Marx und Lukács", *Georg Lukács -Jenseits der Polemiken*, Sendler, 1986. S. 89.

（8）J. Habermas, TkH, Band 2. Suhrkamp, 1981. S. 228.（丸山高司ほか訳『コミュニケイション的行為の理論』（下）、未來社、一九八七年、六一頁。）

（9）J. Habermas, TkH Band 2, S. 259（同上（下）、九一頁。）

（10）Vgl. A. Honneth, KdM, S. 323.

（11）ハーバーマスは社会的行為を大きく、コミュニケーション的行為と戦略的行為に分類している。（J. Habermas: TkH, Band 2. S. 446. 藤沢賢一郎ほか訳『コミュニケイション的行為の理論』（中）、七八頁。）また、J. Habermas, "Was heißt Universalpragmatik?", *Vorstudien und Ergänzungen zur Theorie des kommunikativen Handelns*, Suhrkamp, 1984, S. 405. および Aspekte der Handlungsrationalität, ibid., S. 462.）言うまでもないが、ハーバーマスの理論の行為理論的基礎はコミュニケーション的行為に尽きるわけではなく、ましてや理想的コミュニケーション状況の概念に尽きるわけでもない。それ故にまたハーバーマスの理論は討議倫理に尽きるものでもない。ハーバーマスは、ルーマンがそのシステム論をもってそうするように、『コミュニケーション的行為の理論』で提出された理論の全体でもって、つまりは「システム」と「生活世界」をもって現代社会の諸現象を説明しようとするのである。問題なのは、この説明が妥当かどうか、あるいはどのくらい妥当かということである。

(12) これはハーバーマスにとって、後期資本主義社会の分析モデルをなすものである。

(13) J. Habermas, TkH, Band 2, S. 249.（丸山ほか、前掲訳（下）、八四頁。）

(14) J. Habermas, TkH, Band 2, S. 230.（同上（下）、六七頁。）

(15) J. Habermas, TkH, Band 2, S. 261.（同上（下）、九四頁。）

(16) A. Honneth, KdM, S. 296.

(17) A. Honneth, KdM, S. 323.

(18) A. Honneth, KdM, S. 323.

(19) A. Honneth, KdM, S. 323.

(20) とはいえ、もちろん、ホネットはハーバーマスに今一つの思考線があることを知らないわけではない。ホネットは方法論的読み方が、ハーバーマスにおいて生活世界とシステムの事実的二元論に変わってしまうのだと言っている。Vgl. A. Honneth: KdM, S. 324.

(21) D. Ingram, *Habermas and the Dialectic of Reason*, Yale Uni. Press, 1987, p. 116.

(22) T・マッカーシーも同様の解釈をしている。T. McCarthy による TkH Band 1の英訳（*The Theory of Communicative Action*, Volume One, Boston Press, 1984.）への introductin を参照。

(23) D. Ingram, ibid., p. 117.

(24) J. Habermas, TkH, Band 2, S. 458.（丸山ほか、前掲訳（下）、二九五頁。）

(25) 中野敏雄「法秩序形成の社会学とその批判的潜在力」、『思想』七六七、一九八八年、一一九頁。

(26) J. Habermas, TkH, Band 2, S. 458.（丸山ほか、前掲訳（下）、二九五頁。）

(27) J. Habermas, TkH, Band 2. S. 258.（同上（下）、九二頁。）

(28) J. Habermas, TkH, Band 2. S. 275.（同上（下）、一〇八—九頁。）
(29) J. Habermas, TkH, Band 2. S. 275.（同上（下）、一〇八頁。）
(30) J. Habermas, TkH, Band 2. S. 458.（同上（下）、二九六頁。）
(31) Vgl. R. Danneman, "Das Verdinglichungsproblem und Habermas' Versuch einer Reformulierung", *Georg Lukács*, hrsg. von R. Danneman, Sendler, 1986. S. 113.
(32) Vgl. M. Horkheimer, *Kritik der Instrumentalen Vernunft*, 1977, 1. Mittel und Zwecke.
(33) J. Habermas, TkH, Band 2. 581.（丸山ほか、前掲訳（下）、四一七頁。）
(34) Cf. D. Ingram, ibid., p. 162.
(35) M. Horkheimer/T. Adorno, DA, S. 1.（マックス・ホルクハイマー・テオドール・W・アドルノ『啓蒙の弁証法』徳永恂訳、一九九〇年、岩波書店、ix頁。）
(36) なお、Z・タールは「[文化産業に関する]彼らの議論がテレビ時代に先行していたという事実を考慮すると、我々は著者達［ホルクハイマーとアドルノ］の洞察と予見を承認しなければならない」（Z. Tar, *The Frankfurt Schule The Critical Theories of Max Horkheimer And Theodor Adorno*, Schocken Books, 1985, p. 83.）と言っている。
(37) Cf. A. Giddens, "Reason without Revolution?", *Habermas's Theorie des kommunikativen Handelns*, ed. R. J. Bernstein. Basil Blackwell, 1985, p. 111.
(38) J. Habermas, TkH, Band 2. S. 581.（丸山ほか、前掲訳（下）、四一七頁。）
(39) J. Habermas, TkH, Band 2. S. 576.（同上（下）、四一二頁。）
(40) R. Danneman, ibid., p. 117.
(41) R. Danneman, ibid., p. 113.

(42) J. Habermas, TkH, Band 2. S. 503.（同上（下）、三四〇頁。）

(43) J. Habermas, TkH, Band 2. S. 503–4.（同上（下）、三四一頁。）

(44) Vgl. J. Habermas, TkH, Band 2. S. 494.（同上（下）、三三一頁。）

(45) Vgl. J. Habermas, TkH, Band 2. S. 577.（同上（下）、四一三頁。）

(46) J. Habermas, TkH, Band 2. S. 577.（同上（下）、四一三頁。）

(47) J. Habermas, TkH, Band 2. S. 581.（同上（下）、四一七頁。）

(48) J. Habermas, TkH, Babd 2. S. 576.（同上（下）、四一二頁。）

(49) 渡辺治「現代日本社会の権威的構造と国家」、藤田勇編『権威的秩序と国家』所収、東京大学出版会、一九八七年参照。

(50) 加藤哲郎「現代資本主義の国家形態」、同上。

(51) A. Honneth, KdM, S. 306.

(52) 確かに、ホネットのアドルノ・ホルクハイマーに対する批判の言葉には厳しいものがあるが、その批判に厳しさだけを見るのは皮相である。ホネットの議論枠組のもとでは、ハーバーマスでは消え去ってしまったアドルノの思考の諸要素が、もとより全く違った枠組（パラダイム）の下で再帰してくる可能性がある。

(53) A. Honneth, KdM, S. 289.

(54) A. Honneth, KdM, S. 298.

(55) R. Danneman, “Das Verdinglichungsproblem und Habermas’ Versuch einer Reformlierung”, S. 11 3.

(56) L. Wittgenstein, *Philosophische Untersuchungen*, 19.

(57) G. Frege, “Bools rechnende Logik und die Begriffsschrift”, *Nachgelassene Schriften*, hrsg. von H. Hermes, F. Kambartel, V. E. Kaulbach. Hamburg, 1969. S. 19.

（58） L. Wittgenstein, *TLP*, 5. 61.

（59） Vgl. L. Wittgenstein, ibid., 5. 61.

（60） かつて行なわれたダガマー・ハーバーマス論争において、ハーバーマスの側からガダマーに向けられた批判は、この解釈学的観念論というものである。Vgl. J. Habermas, Zu Gadamers 〉Wahrheit und Methode〈 Der Universalitätsanspruch der Hermeneutik, Hans-Georg Gadamer, Rhetorik, Hermeneutik und Ideologiekritik. Metakritische Erörterungen zu 〉Wahrheit und Methode〈, *Replik, Hermeneutik und Ideologiekritik*, Suhrkamp, 1980. また、J. Habermas, LS. S. 311–325.

（61） J. Habermas, TkH, Band 2. S. 223.（丸山ほか、前掲訳（下）、五七頁。）

（62） Vgl. J. Habermas, PDM, S. 95–103.（J・ハーバーマス『近代の哲学的ディスクルス』I　三島憲一ほか訳、一九九〇年、岩波書店、一二二—一三四頁。）

第二章　産出のパラダイム

一　G・マールクシュの所論

G・マールクシュは現代の哲学的及び社会学的思考にとって基本的である二つのパラダイム——理論の基本的概念枠——を分節化する。それは言語のパラダイムとマルクスの生産のパラダイム（後に言及するが、マールクシュの理解するマルクスのパラダイムは、私が理解するマルクスの産出のパラダイムとは少しく意味が相違しており、それ故、マールクシュの理解するパラダイムに言及する時には、ハーバーマスが理解するそれに言及する時にも、「生産のパラダイム」と言うことにする）であり、後者はマルクスによって始めて定式化されたものである。これら両パラダイムは、人間行為の可能性並びにその限界を解明し、「諸個人の可能な諸関係及び匿名の歴史的変化過程に対する彼ら集団の可能な諸関係を解明する」(1)二つの根本的に異なる仕方である。人間的自由とその可能性の条件は、人間達の相互行為の実在的状況に条件づけられているが、言語のパラダイムと生産のパラダイムはこの実在的状況をそれぞれ異なる仕方で究明する。言語のパラダイムは言語を媒介にした相互行為ないしコミュニケーション的相互行為を人間達の間の相互行為、従って社会的諸関係の範例と見なし、言語を媒介にした相互行為の場において主観性の間主観的構成の問題に答えようとするが、これに対して生産のパラダイムは、物質的生活の制度化された再生産過程に止目し、先ずは物質的生産の場において主観性の間主観的構成を解明しようとする。

さて、現代の哲学的、及び社会学的思考を規定している以上の二つのパラダイムは、マールクシュの見るところでは、それぞれ文化的近代とともに生じてきた状況に対する応答である。啓蒙の偉大な哲学は理性を人間諸個人に内在する特性ないし能力と見なし、人間の諸行為に意味を付与するという機能を果たしてきた形而上学を破壊して、これを理性によって置き換えようとしたのであった。この理性を通して人類はその完成に向って進歩していくことができるはずであった。けれども、啓蒙のこのプロジェクトは失敗してしまった。(2)(3)

しかしながら、マールクシュの考えでは、啓蒙のこうした挫折は、その逆説的結果を前にして、我々の前にはもはや断念の道しか残されていないということを意味しているわけではなく、社会と人間の歴史を主観的理性としての啓蒙的理性のアルキメデスの点から解釈することはできないということを意味しているのである。しかも、今日もはや絶対的・無限的理性の概念（ヘーゲル）を引きあいに出すことができないのであってみれば、啓蒙のこの失敗の根源を解明し、人間的自由の可能性の諸条件を解明するためには、啓蒙の主観的理性でもヘーゲルの絶対精神でもない新たな思考のパラダイムを探求しなければならない。マールクシュのパースペクティヴからすれば、言語のパラダイムと生産のパラダイムはそうした努力の結果として生みだされたのである。

以上は、言語及び生産のパラダイムが哲学的、社会学的思考の基本パラダイムとして生みだされた経緯についての（マールクシュの）言及である。しかしもちろん、そうした歴史的機縁に関する言及は、両パラダイムの生成の一定の歴史的必然性を明らかにしてはいても、まだ何故社会理論にとって一方のパラダイムだけでは十分ではないのか、何故両パラダイムのある仕方の接合・統合が要請されるのかの説明ではない。私は、第一章でハーバーマスの社会理論を検討しつつ述べたこと、即ち、ハーバーマスの言う意味でのシステムそれ自身に批判的言説を含む社会抗争が措定されなくてはならず、またシステムそれ自体が物象化的存立構造を有するものとして把握されなければならないという二点からして、言語のパラダイムと産出のパラダイムとの接合・統合が要請されるということをここでは所与とする。

マールクシュも、両パラダイムは決して相互に排他的ではないということ、両者とも社会的諸主体の相互行為——「相互行為」の意味は両パラダイムにおいて異なるが——を介して遂行される主観性の間主観的構成の問題に関与しているばかりではなく、人は皆日々の生活過程において制度化された社会の物質的再生産、即ち労働の社会的分業に組み込まれていると同時に、言語を媒介にした相互行為過程に参与してもいるのだと述べている[4]。この点からだけでも、言語のパラダイムと産出のパラダイムとの統合という課題が社会理論にとって生じよう。マールクシュは、両パラダイムの統合の試み、即ち、「両者を整合的に包みこむ思考の統合的なシステムを創造する試み[5]」は、これまでのところ、ハーバーマスのそれを含めて、成功していないと言っている[6]。

では、マールクシュ自身はどうかと言えば、実は彼は言語のパラダイムと生産のパラダイムとの統合という課題を主題的に追求してはいない。むしろ、彼は言語と生産の両パラダイムを批判的社会理論の構成という課題にとっての十分性という視点からそれぞれ吟味し、最終的にはマルクスの生産のパラダイムに依拠しつつ、これに修正を施して批判的社会理論の基礎的な概念的枠組を獲得しようと努めている。次に、彼のそうした議論を見てみることにしよう。そうすれば、マールクシュが自らに設定した課題と私が本書で扱う課題との違いに照明が与えられるはずである。

二　言語のパラダイム

マールクシュはレヴィ＝ストロース、ガダマー、（後期）ウィトゲンシュタインの理説を、それら相互の無視し得ない相違にも拘らず、社会的対象化の[7]、即ち、人々の相互関係の産出の形式ないし媒体として言語を採っていると見なしている。これらの思想家に共通であるのは、世界及び仲間の人間達に対する人間の関係を言語をモデルにして考える点である。私的言語の不可能性のウィトゲンシュタインの論証は人間生活ないし社会的生活に対する一つの解釈を含んでいる。私は規則に私的に従うことはできず、また「私的規則」については「私は規則に従っている」という観念は崩壊してしまうことの彼の論証[8]は、規則というものが間主観的であり、繰り返し可能な社会的行為についてのみ言明可能であることを明らかにする[9]。ウィトゲンシュタインにおいて、言語を話すということは、社会的行為以外ではあり得ず、それ故、この点からマールクシュは「言語は、……『世界』と『人間活動』の双方が特定のもの、同定可能なものとして始めて構成されることになる対象化の形式である[10]」と言っている。ここで「対象化の形式」は、人間達の間の社会的諸関係の産出を意味している。言語が社会的対象化の形式であるということは、言語を話すという行為を通して社会[11]（的諸関係）が構成的に産出されるということであり、それ故、言語は社会の産出の媒体だということである。

レヴィ＝ストロースの構造人類学は、マールクシュによれば、確かにこれもまた後期ウィトゲンシュタインと同様、その理論の基礎枠組として言語のパラダイムを採用しているのであるが、それ自体において後期ウィトゲンシュタイン哲学に対する批判をなしている。というのは、ウィトゲンシュタインの場合、言語ゲームは己のうちにその適用の規準を含んでおり、この理由で言語ゲーム規則は所定の言語ゲームにおいて——ということは、つまり、言語を想像することは一つの生活形式を想像することである故(12)、人々が現に生きている生活の形式において——何が正しくまた正しいかの規準を与えるものであり、このために各言語ゲームは自己完結性をもって現われ、こうしてまた相互の還元不能な多様性において現われるのであるが、レヴィ＝ストロースは、様々な言語ゲームに共通であり、それ故特殊な言語ゲームの内的視座を超える、様々の言語ゲームに共通な構造を発見するからである。この共通の構造とは相互に異質な諸文化に共通の普遍的、抽象的かつ無意識的な構造である。

ところで、レヴィ＝ストロースは、この無意識的構造を人間の文化的普遍として、「精神」の無意識的活動の産物及びその投影として把握するが、この点にマールクシュはレヴィ＝ストロースの構造人類学の限界を認めている。即ち、レヴィ＝ストロースはかの無意識的構造を、自然主義的な流儀で、結局、人間の脳の普遍的構造的特性と関係づける。そうなれば、確かに、この構造に関して（歴史）的発展ないし変容の概念を適用することは不可能となろう。

レヴィ＝ストロースにとってと同様、ガダマーにとっても、言語は社会的相互行為の、それ故、マールクシュが言う意味での社会的対象化の、普遍的媒体である。ここで言語によってガダマーが念頭に置いているのは、対話的コミュニケーションである。対話的コミュニケーションとは、話し手と聞き手との間の間人格的関係に他ならない。ガダマーは、マールクシュの見るところでは、ウィトゲンシュタインの言語相対主義とレヴィ＝ストロースの非歴史的性格を有する抽象的構造の存在要請の両者を超えていく。先ず、言語は、ガダマーにとって、世界構成的な、あるいは社会構成的な機能を持っている。対話的コミュニケーションは決して完結することはないが、このことは人間の有限性と歴史性の印である。人々は理解において汝としての他者に関係するのであり、彼は先ず自らの伝統の先入見を働かせることによって他者の伝統の意味世界を、自らの伝統の諸真理を背景にテストするのである。もちろん、この際、他者の伝統の理解は己れの伝統の意味地平を他者のそれに押し付けてことが終る訳ではない。よりよき理解においては、自らの伝統の意味地平と他者のそれとの間に、伝統の更新と新たな意味地平の形成という形で、地平の融合が生じる。こうして見れば、ガダマーにおいて、それぞれが自己完結的な言語ゲームの多元論と抽象的、非歴史的な構造の想定とは、批判的に止揚・統一されていると見ることができよう。即ち、マールクシュの叙述はいわば弁証法的構成を採っている。

さて、しかしながら、言語を、あるいは言語共同体を社会的相互行為、従って社会的諸関係の把握のための基本パラダイムとすることは、どの程度妥当なのであろうか。ここで人は例えば次のような議論を行なうことができよう。即ち、言語のパラダイムのみをもってしては、人間社会の歴史的変化がそれによって引き起こされる匿名の連関を解明することはできないのではないか。言語的コミュニケーションに、あるいは言語的コミュニケーション的に構成されている社会的諸主体間の関係にそのいわば背後から作用を及ぼしてくる非言語的機構は我々の視野から抜けおちてしまうのではないか。言語のパラダイムに対するこうした批判は、言語のパラダイムに依拠するのみでは我々の視野に入ってこないある作用連関、それ故、言語のパラダイムの目からは隠されてしまうような作用連関の存在することを前提している。ウィトゲンシュタインの言語ゲームは言語（行為）、非言語的行為及び世界像の織り合わされているものであり、非言語的行為はそれが非言語的であっても、社会の諸成員によって少なくとも部分的に了解されており、また了解可能なものである。そこでもし社会をそうした言語ゲーム総体として把握するならば、（そしてもし、私が以下においてそうするように、我々の生活世界を先ずは言語ゲーム（生活行為としての）と生活行為の総体として把握するならば）社会の諸成員の了解知には入りこまないような、この入りこまないような意味で生活世界的パースペクティヴからは隠されてしまっている作用連関は視野から外されてしまわざるを得ないのではないか。（我々はヴェルマーが語ったあの解釈学的観念論に落ち込んでしまうのではないか。[13]）けれども、もしそうした隠された作用連関を概念的に把握することができるならば、このことによって言語のパラダイムの不十分性を明らかにすることができるようになるであろう。マールクシュによれば、（マルクスの）生産のパラダイムはまさしくこうした作用連関を明らかにすることを意図しているのである。それ故、マールクシュは言語のパラダイムに対する上述の如き批判がある意味で正しいことを認めている。[14]

とはいえ、そうした類の批判は、マールクシュによれば、いまだ十分ではなく、マルクスの生産のパラダイムの本質的意図をまだ捉えていない。それは単に理論的批判であるにすぎないのである。マルクスの生産のパラダイムは、人間社会とその歴史を言語のパラダイムとは違った仕方で分節化するのであり、一言で言えば、物質的生産の領域の社会理解にとっての範例的性格を強調するのである。この物質的生産の領域で作用する客観的連関は、日常的意識には隠されており、あるいは単に転倒した姿で意識されているにすぎない。生産のパラダイムが物質的生産の領域の社会理解にとっての範例的性格を強調し、そうした日常的意識には隠されている作用連関に遡及しようとするのは、現代社会における人間の受苦の経験に基づいてである。（アドルノ的に言えば、同一的なものに還元され得ない非同一的なものの経験にである。）即ち、生産のパラダイムは人間達の受苦の根源へと遡及し、それからの解放を求めるという実践的意図と結び付いている。[15]

こうして、生産のパラダイムに依拠する（社会）理論は、自らを人間解放の理論として、それ故にまた解放の実践的エレメントとして規定する。人間解放という実践的パースペクティヴの下でのみ、先の言語のパラダイムに対する理論的批判はその十全な意味を獲得することができるのである。以上の実践的意図と結び付いた理論的批判の下で、言語のパラダイムの不十分性が明らかになる。こうして、マールクシュは生産のパラダイムに移行するのであり、基本的にはマルクスの生産のパラダイムに基づきつつ批判的社会理論の概念的基礎を獲得しようとするのである。

三　生産のパラダイム

マルクスの生産のパラダイムはある実践的意図のもとで提出されたと言われる。即ち、生産のパラダイムに依拠する社会理論は、人間を支配する社会的力・威力をそれから人間が自己を解放できるようにするために意識させ、社会的再生産の過程で再帰してくる諸抗争とアンチノミーの源泉を説明できなくてはならない。人間達が自分達の存在を再生産し、また変化させるのは、彼らの社会的諸行為を通してであるが、生産のパラダイムは、諸抗争とアンチノミーの源泉への遡及において、物質的再生産の領域を人間の社会的行為の範例と見なす。というのは、マルクスの生産のパラダイムは、近代以降の世界においてラディカルな諸要求の出現並びにまたその充足可能性を巡る社会闘争にとって最も決定的意義を有するのは社会の経済的前提であると認定するからである。

生産のパラダイムは社会的世界を人間達の諸行為の結果と見なす。歴史の唯一の主体とは、もはや世界史における神としての、歴史過程において自己を産出し、自己を自己に対立させ、再び自己統一に至るあの世界精神でも、あるいはまた絶対理念でもなく、この、生きている現実の諸個人、受苦的な、つまり社会的に条件づけられた有限な存在者たる現実的諸個人である。(16) 彼らは自分達の「本質」を彼らの「外」に持っているが、しかしこの「外」とは彼らの世界、彼らの社会的世界である。

生産のパラダイムは、物質的生産を人間達の自然に対する関係と彼らの間の相互行為過程との統一において把握する。それ故、生産のパラダイムに依拠するということは、物質的生産（の領域）をもっぱら人間と自然との関係次元においてのみ見るということを意味しているわけではない。マールクシュによれば、生産諸力と生産諸関係との区別は以下の如き実践的パースペクティヴからなされている。即ち、第一に、その区別は歴史における連続性と非連続性との区別をつけることを可能にする。歴史は、たとえ疎外され客体化された形式においてではあれ、社会的必要及び能力の蓄積及び普遍化と解される。第二に、人類の歴史全体における今日の諸抗争の意味の規定と位置の測定を可能にする。

生産のパラダイムは、生産諸力と生産諸関係をその統一において把握する。この統一的把握は、さらに、技術的なものと社会的なものとの統一の把握へと導く。ここで技術的なものとは人間の対自然関係における技術的習得物のことであり、技術的なものは生産諸関係に媒介されることによってある社会的形式を受取る。技術的なものと社会的なものとは相互に分離不可能である。

ところで、マールクシュは、特に『資本論』のマルクスに「終末論的傾向」という名のある心配種を見出し（この見解の妥当性を問うことは私のここでの関心事ではない）、こうした傾向の回避を通して、換言すれば、マルクスの生産のパラダイムの批判的改作を通して批判的社会理論の概念的基礎を獲得しようとしている。その際、技術的なものと社会的なもの（社会的形式）との相互分離不可能性のテーゼは、彼の議論にとって中心的な位置価を持っている故、ここで立ち入っておくことにする。

マールクシュは次のように議論する。前資本主義社会では、道具のうちに対象化された人格的諸能力は社会的性格を有し、社会的動機づけに対応していた。労働はもっぱら成果志向的であったわけではなかった。即ち、自然に対する、ひたすら効果に定位する道具的行為としてあったわけではなかった。むしろ、労働は道徳的な生活形式・生活様式と密接に結合していた。「生産領域はここではまだ、活動の自立的に制度化された領域としては確立されていない。

それ故、生産の客観的目的は諸個人の共同体に対する関係として確定されている。……技術的なものはここでは人格的な性格を持つ。それは社会関係の特定の形式のうちに埋めこまれ、それに包摂化されている。[17]」しかるに、資本主義が始めて労働行為を純粋に技術的な活動へと純化し、労働を（伝統的な）社会的規制から解放してその無差別的性格を展開する。「資本主義は生産、人間と自然との質量転換を活動の独立の領域として分離する。[18]」とはいえ、このことは技術的なものが社会的形式から解き放たれてしまったことを意味するわけではない。資本主義世界の展開とともに、自然は人間が操作遂行を通して介入すべき客体に転化されると同時に、人間によって産出された対象はすべて商品であるという普遍的・社会的性格を受け取る。人間の対自然関係で言及される技術的なもの、そしてまた技術的能力は、それらがそのうちに位置している生産様式に照応して資本主義に特有の社会的形式を身にまとう他はない。技術的なものと社会的形式との相互融合関係は全歴史を貫通する。ところが、マールクシュは、『資本論』のマルクスのうちに、技術的なものと社会的形式が相互に（理論上）分離されていく傾向を認定している。これがマールクシュの言う、マルクスの理論における終末論的ないし目的論的傾向と関連しているのである。この目的論的傾向とは、前史にあっては制限され、疎外された形式で現象する諸規定が実現されるべき目的として生産（の行為）それ自身のうちに定立される傾向のことである。即ち、もし資本主義的生産からその資本主義的外皮を除去するという抽象行為を遂行するならば、生産の一切の社会的形式に共通なある抽象物が残存することになる。この抽象物、つまり社会的形式の一分子も含まぬ純粋に技術的なものはかくて社会的形式から解除されて中性化される。この中性的なものが今や歴史の目的として、その純粋な形態を歴史の中で実現すべき歴史の目的として定立されるが、この思考経過とともに技術的なもの、従ってまた技術的諸能力といつも融合している社会的形式は、かの目的のその都度の疎外された現象形態へと還元される。物質的内容（技術的なもの）の中性化には社会形式の現象化が対応する。すると、資本主義の克服とは、生産過程がその現象形態として身にまとっている神秘的性格を脱ぎ捨て、目的として定立されたかの抽象物をそれ自身として実現することを意味することになる。マールクシュはここに終末論的傾向を認定している。マールクシュは、この傾向のために、マルクスは彼の著作の幾つかの箇所で生産諸力を直接にテクノロジーと同一視していると言う。[19]しかし、それだけではない。『資本論』のマルクスは、資本主義的生産過程が脱機能化されていく必然性を科学的客観性の主張をもって論定している。このことが意味しているのは、理論の実践的目標が理論的決定論の言語へと翻訳されるということである。しかしそうなると、その純粋な形態において、即ち疎外の外皮を脱ぎ捨てた形態においてそれ自体として実現されるべき抽象物（これをマールクシュは「物質的内容」とも呼んでいる）のその当の歴史的実現は、自然科学の正確性をもって確認可能な必然性として立ち現われてくる。

マールクシュが『資本論』のマルクスに潜んでいると論定する終末論的ないし目的論的傾向のハイライトであるのは、必然性の国と自由の国との制度的分離のマルクスの構想である。マルクスは技術的なものの領域、即ち人間の対自然関係の次元において成立する領域と主体―主体関係の次元において成立する領域をそれぞれ制度的に分離することによって資本主義世界の物象化的連関を克服することを意図している。純粋に、ということはつまり最も目的合理的に組織化される必然性の国は依然として実現されるべき目的であり続けている。けれども、必然性の国及びこの国の上に花開く自由の国との制度的分離は、ただ、絶対的剰余の社会においてのみ可能である、とマールクシュは言う。そして必然性の国は最大の技術的合理性の、及び計算可能性の国であろう。

さて、以上に見た、マルクスの生産のパラダイムに潜む目的論的ないし終末論的傾向の清算、これからマールクシュが自らに設定する課題、即ち、批判的社会理論の概念的基礎の獲得という課題の追求が始まるのである。その際、マールクシュにとって無論マルクスの生産のパラダイムの清算は問題ではあり得ない。問題なのはその修正ないし改造である。というのは、マールクシュはマルクスの生産のパラダイムに内包されている実践的意図を決して捨てないからである。

四　批判的社会理論の概念的基礎——マルクスの生産のパラダイムの修正

必然性の国と自由の国との相互に分離された制度化は、絶対的剰余の社会においてのみ可能であると言われた。けれども、如何なる社会も、マールクシュは明言しているが[20]、そのすべての成員のすべての必要を充足することができるものではない。そうとすれば、人々は如何なる必要が充足されるべきであり、また如何なる必要が充足されるべきではないのかを自ら決定しなければならない。マールクシュがマルクスの生産のパラダイムに依拠しながらもそれを修正して批判的社会理論の概念的基礎を探ろうとする時、彼は以上の観点の十全な展開を可能にする理論的枠組を探求するのである。その際の彼の戦略であるのは、生産のパラダイム（に基づく批判的社会理論）がそれによって分節化される諸区別——物質的内容（技術的なもの）対社会的形式、生産諸力対生産諸関係——を色々な要求を持つ歴史的当事主体の実践的生活世界のパースペクティヴに相対的なものとして理解することである。即ち、如上の諸区別は、具体的・実践的な生活世界のうちで生きている社会的行為者達の関心と要求によって浸透され、そうした関心から分節化された区別として把握される。歴史的当事主体達が自分達の受苦の根源へと遡及し、そのよって来る所持を探求する時、彼らは生産のパラダイムがそれによって分節化される諸区別に到達するのである。こうして、マールクシュは歴史的当事主体の実践的生活世界にそのまなざしを向ける。生産のパラダイムにおいて想定されている歴史の唯一の主体とは、生きている現実的諸個人であった。彼らは彼らの「本質」を自分たちの「外」に持つが、その「本質」

とは実は彼らの社会的世界、彼らの諸行為によって産出されている彼らの実践的歴史的生活世界である。生産のパラダイムの設定それ自身が現実的諸個人の諸要求と関心に由来するとされる。生活世界のどの要素が受容されるべきであるか、また何が変革され何が創造されるべきかは、マールクシュが生きている現実の諸個人（即ちもはや世界精神でも民族精神でもない、観念の上ででっち挙げられた人間なるものではない生きている現実的諸個人）の実践的生活世界へと帰還するとともに、他ならぬこの生きている現実の諸個人にとっての課題となる。彼ら自身がどの程度自分達が再生産的であるべきか、あるいは創造的であるべきかを決定するのである。生きている現実的諸個人が織なすそうした過程をマールクシュは「対象化とその獲得」というカテゴリーで捉えようとしている。「対象化と獲得は、歴史過程を人間の物質的実践活動を通して遂行される伝統の未解決の伝播として特徴づける。この過程を通して以前の諸世代の産物は再び諸個人の主観的な必要と能力のうちに再生産される。そしてこの場合、その遂行は人間の本質的諸力の対象化された世界の生産ないし変化を帰結する。[21]」

以上の観点からすると、歴史の進歩は単にある種の経験的連続性あるいは経験的指標によって把握されるある量の増大としては理解されることができなくなる。歴史の進歩の理論は、歴史の実証科学ではあり得ない。歴史の進歩とは、むしろ、過去と未来との間の一定の力動的な関係としての一定の価値選択にあるのである。とはいえ、そうした価値選択は、確かに選択ではあっても恣意的な選択でも非合理的な選択でもないのであって、それというのも、現実的諸個人が行なう価値選択は、マールクシュによれば、彼らの現実世界における受苦の（主観的）経験に基づいているからである。「歴史の進歩」という観念は、よりよく生きんとする人々の実践的関心のパースペクティヴから始めてその意味を受取るのである。

歴史の目的論的思考の中では、生産行為それ自身の中に実現されるべき目的が設定されると言われた。しかもその歴史的実現が自然科学の確実性をもって認定可能であるとすれば、諸個人達は彼らの生活世界において、生活世界の何が実現されるべきであり、また何が廃棄されるべきであるかについて意志決定を行なうには及ばない。マールクシュはそうした目的論的思考を投げ捨てる。生産のパラダイムは、諸個人を支配する社会的力からの諸個人の（自己）解放という実践的関心から、彼らの受苦の根源への遡及において提出され、またそうしたものとして自らを理解する。『資本論』のマルクスに潜むとされる終末論的思考という傾向の回避とこれに伴う生きた現実的諸個人の実践的生活世界への回帰を介する、以上のマールクシュのマルクスの生産のパラダイムの修正によって、マールクシュは批判的社会理論の概念的基礎を得ようとする。この批判的社会理論の根本的要求は実践的である。即ち、それは特定の社会抗争を「自己意識」にもたらし、諸個人の現実的利害関心と要求からそれ自身の状況の理解をもたらすのである。(22)

五　マールクシュのプログラムのさらなる修正

私は以上、マールクシュの、マルクスの生産のパラダイムを修正しつつ提出された批判的社会理論のプログラムを見てきた。次に、私はこのマールクシュのプログラムを、以下三点に渡ってさらに修正するように試みる。これらはすべて、マールクシュのプログラムに関わっているが、そのうち二つは特に、マールクシュによって修正されたマルクスの生産のパラダイムのさらなる修正に関係し、そしてこの二つのうちの一つはマールクシュが論述している事柄に含まれていないながら彼が明示的には述べていない論点に関係している。この修正の後には、私は「マルクスの生産のパラダイム」とは言わずに、明示的に「マルクスの産出のパラダイム」と言うであろう。

言語のパラダイムと生産のパラダイム

既述のように、マールクシュはマルクスの生産のパラダイムをそれに潜む終末論的傾向の清算の作業を通して実践的な生活世界に帰還し、この実践的生活世界のパースペクティヴからしてマルクスの生産のパラダイムを解釈し直し、言語のパラダイムではなく、こうして修正された生産のパラダイムに基づいて批判的社会理論を構成するよう試みていた。しかし、実践的生活世界とは何か。それは、抽象的に言えば、社会的諸関係及びそうした諸関係のもとで遂行されるとともにその諸関係を再生産しもする諸行為の総体に他ならないが、それらの諸行為及び諸関係には言語が介在しており、否、言語（ないし言語行為）を媒介にして構成されてもいる。学校、図書館、政府機関、大学、地域社会、多様な仕方で営まれ固有の文化を持つ民衆の生活世界、いずれもそうである。マールクシュによれば、言語のパラダイムと生産のパラダイムは社会的諸関係と人間諸行為をそれぞれ違った仕方で主題化する。生産のパラダイムは、マールクシュの修正案では、資本主義的生産過程の脱機能化を自然科学的客観性をもって論定するというのではなく、実践的生活世界のうちでの社会的諸主体の（主観的な）受苦の経験から出発して主体達にとって外的必然性として現われ、彼らを支配するものとして現われる非人格的な力を概念把握しようとする。が、もしこの非人格的な力、生産のパラダイムが論定する間主体的諸関係が言語の一分子も含んでいないとすれば、ハーバーマスの用語で言えば、言語を媒介とする相互行為とかの非人格的な力は何ら関わりを持たなくなり、相互に無縁な場において併存するにすぎないことになろう。

さらに、もし資本主義的生産様式の脱機能化が自然科学の客観性をもって論定可能であるとすれば、社会的諸主体のなすべきことと言えば、それは単に、そうした客観的必然性を認識している唯一の理論の学習にすぎないことになろう。けれども、マールクシュは、もし批判的社会理論の要求が実践的であるならば、即ち様々な社会集団の要求と関心から分節化されるとすれば、批判理論が複数あっても不思議ではない、と言う。そうした複数性は「イデオロギー的生活の事実である。[23]」諸々の批判理論の統一は、むしろ、「実践的共同性と様々な文化及び生活形式の間の創造的な、……対話の連続的過程と解されなければならない。[24]」しかし、そうとすれば、言語を媒介にした相互行為の一形態としての対話は、生産のパラダイムが認定するかの非人格的な力と何らかの仕方で関わることができなくてはならないし、マールクシュが構想する批判的社会理論は言語のパラダイムを考慮に入れなくてはならないはずである。このことは、マールクシュはマルクスの生産のパラダイムの修正を通して批判的社会理論の概念的基礎（パラダイム）を得ようとして、言語のパラダイムと生産のパラダイムとの統合という課題には向かわないのであるが、改めて言語のパラダイムと生産のパラダイムとの統合という課題を要請するように思われる。[25]

さて、私は、この課題を解決しようとする際に、さらに、マールクシュが念頭に置いている生産のパラダイム——マルクスの生産のパラダイムのマールクシュによる修正案——に二つの修正を加えておかなければならない。

生産のパラダイムの規範的要求

生産のパラダイムは、マールクシュによれば、人間的解放という実践的意図のもとで提出され、そうしたものとして批判的社会理論の概念的基礎的枠組をなす。このことは、私見では——後に立ち入るように、ハーバーマスは生産のパラダイムを時代遅れとし、解放的パースペクティヴは生産のパラダイムからは出てこず、それはむしろ了解に志向した行為のパラダイムから出てくると言っているが、[26]——生産のパラダイムはある規範的要求を内包しているということを意味している。マールクシュのマルクスの生産のパラダイムに対する修正案に対するさらなる修正の第一は、マールクシュが明示的には言及していないこの規範的要求に関係している。では、この規範的要求とは何か。人間的解放の理念がこの規範的要求なのであろうか。

人間的解放とは、人間の自由を束縛し、抑圧している社会的諸条件からの人間の解放を意味する。具体的には、疎外からの人間の解放であり、ここで疎外とは、人間達は、個人としても集団としても、彼らの一定の社会的活動の結果に対する制御を失い、彼ら自身の産物が彼らにとって普遍的で客観的な生活諸条件として彼らに対立し、これらの生活条件は彼らの運命を、個人の意図から独立に規定するという事態を意味する。人間の活動の産物が人間を支配するとすれば、彼は自らの活動の産物によって支配されるのである。こうした疎外から人間の解放とは、人間が自らの活動の産物によってもはや支配されず、人間が主体であるということを達成するということである。あるいは人間が自らを対象的に展開することによって自らを喪失するのではなくて、対象化において自らを確証し、彼が彼の活動の主体であるということである。疎外という事態の確認から紡ぎだされたこの自由の理念が、私見では、マルクスにおいて同時に人間的解放の衝動力をなしている。それ故、先の規範的要求、即ちマルクスの生産のパラダイムに内包されている規範的要求とは、人間的解放の理念それ自身というよりは、人間的解放の理念に生命と衝動力を与える、疎外の主観的経験から生じる、対象化において同時に自らを、自らの力を確証するという、この意味での自己実現の理念である。もちろん、労働疎外は一定の歴史的条件の下で生起するのであるが、もしこうした歴史的諸条件が廃棄されるならば、そして、真なる人間達の共同体が創設されるならば、そう、あの「自由に社会化された人間達」が形成されるならば、労働の疎外は止揚されるであろう。これがかの対象化と疎外の区別が意味するところである。

しかし、この対象化とは、従ってまた対象化する主体とは何であろうか。その対象化とは人間主体の自然支配を、それ故に対象化の主体とは自然をその活動の、その自己対象化の、その支配の客体とする主体ではなかったであろうか。してみれば、この主体とは、自然をもっぱら自己実現の手段に落しめる主体ではないであろうか。自然をそのように道具視することによって自らを実現する主体ではなかったであろうか。すると、自然とは人間による支配の完全な客体ではないであろうか。してみれば、この主体とは、フォイエルバッハの言う「自分の本質を根源的な事象としての存在者・第一の存在者・世界に先行している存在者として措定する」[27]主体、「自分以外の存在者および自分以下の存在者を自分の実存の単なる手段に引き下げる」[28]悟性、その自律的な運動を行なう悟性と同質の主体ではないであろうか。[29]確かにマルクスの生産のパラダイムは、歴史の唯一の主体をもはや、ヘーゲルのように、世界精神という、現実的諸個人の活動と情熱を己の目的のための手段として利用するようなあの歴史における神という類的主体とはせず、生きてある現実の諸個人とする。しかし、マルクスが『資本論』の第三巻で、「未開人は、自分の欲望を充たすために、自分の生活を維持し再生産するために、自然と格闘しなければならないが、同じように文明人もそうしなければならないのであり、しかもどんな社会形態のなかでも、考えられるかぎりのどんな生産様式のもとでも、そうしなければならないのである。彼の発展につれて、この自然必然性の国は拡大される。というのは、欲望が拡大されるからである。しかしまた同時に、この欲望を充たす生産力も拡大される。自由はこの領域のなかではただ次のことにありうるだけである。すなわち、社会化された人間、結合された生産者たちが、盲目的な力によって支配されるように自分たちと自然との物質代謝によって支配されることをやめて、この物質的代謝を合理的に規制し自分たちの共同的統制のもとに置くということ、つまり、力の最少の消費によって、自分たちの人間性に最もふさわしく最も適合した条件のもとでこの物質代謝を行なうということである。しかし、これはやはりまだ必然性の国である。」[30]と述べた時、この必然性の国は、最も目的合理的な自然支配の国、システムであり、それ故にこの国の主体は最も合理的な自然支配の主体ではないであろうか。この国では自然はそうした主体による支配の完全な客体と化しているのではないか。もしそうとすれば、なるほど必然性の国と自由の国とが、マールクシュがそう理解したように、二つの領域の制度的分離をマルクスが意図したのではなく、人間の自然必然性たる労働それ自身で同時に真に自己目的であるような人間の生命活動であると解されるとしても、即ち自由の国が制度的に必然性の国の外にあるのではなく、必然性の国それ自体が同時に人間の本質的諸力の実現の場であると解されるとしても、この己の生命活動を行なう主体は、自然を己の自己実現の手段とし、それ故もっぱら自然を彼の支配の客体と見る主体ではないのであろうか。一言で言えば、マルクスは「ブルジョワ的人間観のレヴェルを本当にこえきっていなかったのではないか。[31]」

とはいえ、私はマルクスがそのように考えたと主張したいのではない。しかし、少なくとも、マルクスにおいては、「対象化」の二つの意味の区別が明示的になされていないのである。即ち第一に、自然素材のうちに己の目的を実現する人間主体による対象化が自然支配として、自然をもっぱら主体の自己実現の手段と見なし、あるいはその支配の客体と見なしつつ行なわれる、という意味での対象化。この場合、自然はもっぱら人間主体による自然改造の客体であり、自然はただ改造されるものとしてのみ、その意味を受け取る。自然の唯一の意味は、人間による支配と介入を受けるということに還元される。人間と自然との交流は、この時には、ただ、人間による自然支配という形態をのみ採る。人間の本質諸力の確証は、自然を支配し、制御するものとしての能力の確証である。

第二に、人間の対象化的活動が、もっぱら自然支配ではなく、それが同時に、自然の豊かな質の一層の展開・発展であるような、従って自然の生態系の破壊ではなく、自然の生態系の一層の豊富な発展であるような、対象化。人間と自然との融和の理念が語るのは、人間が自然に対して何らの働き掛けも行なわないような無為の状態ではない。未開人と同様文明人も自然と格闘しなければならず、そしてまた如何なる生産様式のもとにおいてもそうしなければならないという命題[32]は依然として真であり続けている。しかし、人間の自然への働き掛け、対象化の活動がもはや自然支配・人間による自然の一方的な改造ではなく、それ自身自然存在である人間が自然存在であることを一層確証するような、だからまた、自然に対する人間の相互交流と矛盾しないような、こうした意味での対象化。『経済学・哲学草稿』第三手稿のマルクスは、世界に対する人間の全面的な関係について語っている。即ち、見る、聞く、かぐ、味わう、触感する、感覚する、活動する、愛する、といった世界に対する人間の全面的な関係が同時に対象を我が物とする獲得である。(33) しかし、この対象の獲得が対象に対する支配ではなく、いわば対象との同等な相互交流であるということは可能ではないか。

してみれば、マルクスはここから上の二つの意味での対象化を区別することもできたはずである。「対象化」に上述のような二つの意味を区別するということは、「対象化」の意味をもっぱら第一の意味に限定し、もって対象化一般の止揚を主張するということをしないということを意味する。問題なのは対象化の質、対象化の在り方である。

疎外された労働において、人間の生命活動が、即ち彼の類的存在が彼の個人的存在の単なる手段にされているとすれば、疎外の止揚とは彼の類的生活が、即ち彼の生命活動がそのものとして、発現することである。しかしもしこの類的存在が、まさしく近代的自我の投影たる類的主体と同質であれば、疎外の止揚としての彼の生命活動は、自然をもっぱら支配し、それを改造し、自然を支配と制御の客体とする自然に対する志向的態度のもとでの自己実現となる他はないであろう。すると、自然は依然として人間による支配の客体でしかないのである。私は『経済学・哲学草稿』第三手稿や「ヘーゲル弁証法および哲学一般の批判」のマルクスがこのように考えたと言いたいのではない。だが、マルクスは自然諸力に対する人間の支配の完全な発達の観念に依拠していく。それは、私見では、先の二つの意味での「対象化」の区別が明示的になされていないからであろう。

さて、私が「対象化」の意味を区別するのは、生産のパラダイムがそのもとで提出される一つの規範的要求を第二の意味での対象化と矛盾しない人間の生命活動として、明示したいからである。どのような理論もそれを提出する人間の規範的要求のもと提出されるのであって、理論自体がこの要求を明示的に語らなくとも、あるいはこの理論が規範的要求を語ることを自らに禁じていたとしてもそうなのである。マルクスの生産のパラダイムに対するマールクシュの修正案に対する第一のさらなる修正は、これである。

社会的対象化の論理

既に引用したように、マールクシュは、対象化と獲得を歴史過程を人間の物質的実践的活動を通して遂行される伝統の未解決の伝播として特徴づけた。この過程を通して以前の諸世代の産物は再び諸個人の主観的な必要と能力のうちに再生産される。そしてこの場合、その遂行は人間的諸力の対象化された世界の生産ないし変化を帰結する。要するに、マールクシュは対自然関係における人間の行為についてばかりではなく、社会的諸関係の再生産についても対象化として把握するのである。即ち、マールクシュによれば、生産のパラダイムは生産力と生産諸関係をその統一において把握する。前者は人間と自然との物質代謝過程に関係し、その際、人間行為は生産の技術的規則並びに生産物とその消費の円環過程を支配する使用規則に従う。他方後者は、権力と富に関する不平等な配置を正統化する社会的規範によって導かれる。マールクシュはこれら両者における人間行為を対象化として把握し、だから社会的規範に導かれた社会的諸関係の再生産をも対象化として把握している。マールクシュは、言語のパラダイムを論じる時にも、言語を社会的対象化の形式ないし媒体として捉えていた。ところが、まさしくこの点がハーバーマスが生産のパラダイムを（それ故にマールクシュの所論を）時代遅れとして批判している点なのである。その上、私見では、社会の産出と再生産の論理を対象化の論理によって把握することは、対象化の論理によっては捕えられ得ない人間行為のある論理――私は後にそれを非志向能作と呼ぶ――を見失う危険性を有している。これがマールクシュの生産のパラダイムの修正案に対する第二の修正と関係する。この点を明らかにするために、次に私はハーバーマスの生産のパラダイム批判を検討することにする。

六　ハーバーマスの生産（Produktion）のパラダイム批判

超越論哲学の概念戦略からすれば、社会的世界は可能的経験の対象からなる世界として把握される、とハーバーマスは言う[34]。確かに、社会の考察に際して、こうした理論構成ないし思考枠組を採用することはもはやできないのであるが、超越論哲学の概念戦略、例えば、カントの『純粋理性批判』で採用されている概念戦略、つまり世界認識ではなく、その認識の能力への反省としての認識と可能的経験の対象を構成する主観（即ち、世界構成的主観）という理論構成のうちの後者は、ドイツ古典哲学の展開の中で、精神の労働にまで、即ち、世界史の主体として世界史の中で己を産出しながら自己を実現する世界精神という理論構想にまで展開する。他方、可能的経験の対象を構成する主観性という構想は、フッサールにおいては、生活世界の意味と妥当性を産出する超越論的主観性となって現われる。この時、生活世界総体に一つの主観が、即ち、能作的主観が配置される。しかし、この主観が生活世界総体に対してそれを産出する主観として配置されるとすれば、この主観は生活世界のあらゆる行為、実践を包括する一つの主観でなければならず、こうしてそれ自体としては、（『論理・哲学論考』のウィトゲンシュタインの哲学的自我ないし形而上学的自我と同様に）絶対的に孤独な主観である他はない――というのは、それは自らの他者としての仲間の主観を持たないから――のであるが、それは世界史のうちで己を展開する世界精神がそれ自体としてはやはり絶対的に孤独である他はないのと同様である。これは超越論的哲学の概念戦略（これによって意味されているのは、主体－客体の思考枠組のもとでの世界構成的主観性という構想である）が思考に及ぼす強制の一つである。しかし、ハーバーマスによれば、相互行為の集合的単位である集団とこの集団における諸個人の間主観的関係は、モノローグ的な超越論的自我の諸性質によっては解明できるものではない。経験世界の超越論的主観による構成という超越論哲学の思考枠組を、ハーバーマスも『認識と関心』の中で実証主義批判を行なう際に採用していた。即ち、実証主義は可能的経験の対象世界の構成問題を忘却するのだ、と。[35]だが、ハーバーマスは、『認識と関心』以後、超越論的主観の諸特性の類的主体という大型の主体への投影を、後期ウィトゲンシュタインに依拠しつつ、言語のコミュニケーション理論を展開することを通して止揚しようとするのである。[36]

ところで、ハーバーマスは生産のパラダイムを基本的に以上の、世界構成的主観性という超越論的哲学の概念戦略に従うものと見ている。ヘーゲルの精神の労働、即ち世界史の中で己を産出する世界精神の労働は、それが唯物論的に転換されると、生産的実践に翻訳され、かくて主観性の活動は労働力の消費に、生産物の獲得はこの生産物の消費に変形される。それ故、ハーバーマスによれば、生産のパラダイムは人間の実践の概念を初発から労働ないし生産の範型に従って解釈するのであり、生産を介する人間の本質的諸力の対象化（外化）とその獲得は円環過程として表象される。こうして、ハーバーマスが理解する生産のパラダイムでは、人間の実践は労働の論理、人間と自然との間の物質代謝過程としての労働、即ち対象化された自然に対する認知的－道具的構えで遂行される生産に限定される。[37]してみれば、生産のパラダイムは言語及び行為能力ある主体の様々な文化的発現形式を扱うことができなくなろう。

しかし、（マルクスの）生産のパラダイムのこのような理解は正しいのであろうか。マールクシュは生産のパラダイムは生産諸力と生産諸関係をその統一において捉えると言っていた。ハーバーマスはここで生産のパラダイムを人間と自然との関係次元のみを扱うものに還元しているのではないであろうか。実際、マールクシュは次のように言っている。ハーバーマスが「マルクスの生産のパラダイムを単に目的合理的道具的行為としての労働によって解釈するとき、彼自身がマルクスに帰せられることができず、基本的レベルにおいてさえ帰せられることのできない技術主義的還元を行っている。というのは、生産のマルクスのパラダイムは、人間と自然との間の、及び人間と人間との間の相互行為過程の統一に依存しているからである」[38]。けれども、マールクシュのハーバーマスに対するこの反批判は妥当なわけではない。というのは、マールクシュは社会的諸関係の、つまり人間達の間の相互行為過程をも人間達による対象化と獲得の論理によって把握するからである。してみれば、マールクシュは人間の対自然関係次元で成立する労働ばかりではなく間主観的諸関係の再生産をも生産の論理で捉えようとしていることになる。ハーバーマスが問題とするのはまさしくこの点である。労働力の生産的支出の論理に従っては、規範に導かれた相互行為は十分に分析され得ない。ハーバーマスは、彼の以前の用語で言えば、労働と相互行為を区別するが、マールクシュにこの区別がないわけではない。というのも、マールクシュは生産のパラダイムを人間と自然との間の関係次元と人間達の間の相互行為過程との統一として把握するからである。けれども、マールクシュにおいては、これら両者の、もちろん統一としてあるとされる行為類型が同一の対象化の論理に包摂されることによって再び両者の区別が曖昧にされ、了解に志向した行為の独自性、生産という労働行為とは論理的に区別される言語を媒介にした相互行為の独自の意味が稀薄化する。これがハーバーマスの論点である。ここから、生産のパラダイムのもとでは、批判的社会理論の規範的基礎を展開できないというハーバーマスの主張が生じてくる。マールクシュは、マルクスの生産のパラダイムの彼の修正案によって批判的社会理論の概念的基礎を獲得しようとしていた。しかし、人間の対自然過程ばかりではなく、社会の再生産それ自身をも対象化と獲得という生産の論理で把握する理論は、この生産の論理からどのようにしてなお批判的社会理論の規範的基礎を引きだすことができるのであろうか。「人間達が、自分達の生活状況にともなう強制や制限を自覚し、自分達の欲求を表明するとともに、それぞれが自分の欲求を対話において対決させあうことを通じて、彼らの行動の社会的、集団的な価値を規定するならば、……彼らの生活は理性的なものとなる」というマールクシュの発言に対して、ハーバーマスは生産のパラダイムはこのような実践的理念については本来何も述べることができないはずなのである、と言う(39)。

ハーバーマスの生産のパラダイム批判は、マールクシュのみならず、マールクシュが依拠するマルクスその人にまで及ぶ。ハーバーマスは、生産のパラダイムに基づくマルクスの理論をヘーゲルの世界史の主体としての世界精神の物質的労働への唯物論的転換に拠るものと見なす。ここで一方では、実践概念は生産・労働の論理に従って把握されるが、しかし、他方では、マルクスの理論は、やはりどうしても革命的実践を、即ち連合した生産者が、つまりはあの「自由に社会化された人間」が生きた労働に対する死んだ労働の資本主義的魔力を打ち破り、物神として定立された資本の力を廃棄する自己意識的な、革命的政治的行為をも包括しなければならない。しかるに、ハーバーマスの見るところでは、まさしくここでマルクスはヘーゲルと同じ理論的困難に巻き込まれていく。即ち、もっぱら生産の論理に依拠する実践哲学は、死んだ労働の生きた労働に対する支配を破壊された間主観性として捉え、さらにまた死んだ労働の生きた労働に対する支配の打破を破壊された間主観性の再興として、この意味での解放的実践として捉えるための概念的基礎を持ち合せていないのである。というのは、この実践哲学の基本枠組では理性の潜在力は認識主観の反省の論理のうちに閉じ込められており、それ故、ここでは単に、認知的道具的合理性だけが主題化可能であるからである。もちろん、これは目的合理的行為（ないし道具的行為）とコミュニケーション的行為との区別のパースペクティヴからの発言であるが、この目的合理性は解放的実践を言い当てることは決して出来ないとされる。

以上のハーバーマスの論難に対して、言語のパラダイムと私が理解する産出のパラダイムを統合しようとする立場は答えることができよう。（だが、この場合、既にシステムと生活世界という、対置的概念による社会の二層的把握は廃棄されているために、生きた労働に対する死んだ労働の支配を破壊された間主観性として捉えるという場合、破壊された間主観性を、もはやハーバーマス流に、システム論理による生活世界の浸食によって説明することはできなくなっている。そのためには別の説明が要求されよう。）しかし、あくまで生産のパラダイムに依拠するマールクシュはかの論難に答えることができないはずではないか。実際、マールクシュのかの理性的生活の理念を展開し得るためには、彼は批判理論の概念的基礎のうちに言語のパラダイムを組み込んでおかなければならなかったはずである。というのは、対話とは言語を媒介にした相互行為の一形態に他ならないからである。ハーバーマスの理解では、解放的パースペクティヴは生産のパラダイムからは十分に出てこないのであって、それは了解に志向した行為のパラダイムから出てくるのである。とはいえ、ハーバーマスの見るところでは、マルクスの生産のパラダイムに規範的内容が全く欠如しているというわけではない。彼によれば、生産のパラダイムは、人間の本質的諸力の対象化及びその獲得という表示主義的モデルをその規範的内容として含んでいる。このモデルでは、諸個人はその本質諸力を彼の生産活動を通じて展開し、主観性が外的形態を取る対象化は意識的な創造行為である。このモデルは、芸術的天才の生産性に、彼の対象化の活動が同時に自己実現であるというこの芸術的天才の生産性に依拠している。「若きマルクスは労働を芸術家の創造的生産と同化する。芸術家は、彼の仕事において、自らの本質的諸力を自分自身から外へと措定し、そしてただ直観において生産を再び我が物とするのである。ヘルダーとフンボルトは自己を全面的に展開する個人の理想を提出し、シラーとロマン主義者、シェリングとヘーゲルはこの表示的教養理念を生産美学によって基礎づけた。さて、マルクスはこの美的生産性を活動的な類の生活のうちに移すことによって、歴史的な労働を生産者の集団的自己実現として把握することができる」(40)。もちろん、ここでハーバーマスは上述の対象化の二つの意味を区別しておらず、それ故に、労働による自己実現が人間にとっての他者たる自然に対する（徹底）した支配・収奪として行なわれるのではないかという疑念、自己実現が自然に対する支配者たる自己の確証――支配され、収奪される自然の復讐に対する恐れを潜在的に抱き、だからそれを抑圧し隠蔽しなくてはならないそうした主体の自己確証として行なわれるのではないかという疑念――は決して提出されていない。この区別の意識の欠如のままに、ハーバーマスは生産のパラダイムに芸術家の生産性をモデルに考えられた自己実現という規範的内容を認定している。人間の労働の産物が彼から自立し、逆に彼に対立する威力として現われる時、この規範的内容は批判として上の事態に突き刺さる。この表示主義的モデルの規範的内容は、ハーバーマスの見るところでは、ベルガーとルックマンによって、フッサールの超越論的主観性の世界構成的生産性と結び付けられている。確かに、もし人間が自ら産出した世界を自らに外的なもの、自らから自立したものとして経験するとすれば、同様に、ここに批判の規範的内容が突き刺さるわけである。

しかし、ハーバーマスにとって、生産のパラダイムに組み込まれた如上の規範的内容は、今日、解放的パースペクティヴの主題化にとっては十分ではない。というのは、それは、例えば、言語を媒介にした相互行為という形態をとる解放的実践を決して理論的に把捉することはできないからである。そして生産のパラダイムがその把捉をなし得ないのは、それが人間の対自然関係の次元においてばかりではなく、社会的再生産の領域においてもそれをもっぱら生産的労働の論理たる対象化の論理で理解するからである。そしてここからハーバーマスは、生産のパラダイム一般を時代遅れのものとして投げ捨ててしまう。そしてこれに取って代るのは、一方において「コミュニケーション的行為を介して構造化されている生活世界」概念と目的合理的行為領域の機能的制度化たる、それ自体からは物象化概念が遠ざけられた、この意味で平板化された「システム」概念である。これまで述べてきたように、私は生産のパラダイムを投げ捨てない。そうではなく、その修正を行ない、もってそれを「産出のパラダイム」と呼ぶのである。マルクスの産出のパラダイムは「資本の近代的生活史」（マルクス）を把握することを意図している。ハーバーマス流のシステム概念はこの生活史を捉えるには十分ではないのである。私は、今日の時点で、産出のパラダイムを主題化する際の規範的要求の一つとして、第二の意味での対象化の理念をとる。即ち、産出のパラダイムは人間の対自然関係の次元を組み込んでいるが、この次元の対象化活動が何故に、いつも第一の意味での対象化として実現するのか、同時にこの事態と人間活動の産物の人間からの自立化とはどのように関わっているのかを説明しなくてはならない。

ところで、私見では、産出のパラダイムは資本の近代的生活史を把握する際に、対象化という人間行為の論理では決して把捉できない、非志向的な産出の論理を使用する。私はこれを非志向能作と呼ぶのであるが、この非志向能作は、ハーバーマスの視圏からもマールクシュの視圏からも抜けおちている。というのは、彼ら両者とも、生産のパラダイムをもっぱら対象化の論理に依拠するものと見なし、この点では彼らは同一だからである。マールクシュは社会の再生産及びその変化をも対象化と獲得の論理で捉えようとするが、ハーバーマスは、彼が生産のパラダイムを同じように理解するが故に、それを棄却するのである。私は産出のパラダイムを、むしろ、社会の再生産とその運動、つまりは資本の近代的生活史の解明に際して、これから述べる非志向能作の論理に依拠するものとして理解する。これがマルクスのパラダイムに対するマールクシュの修正案に対する第二のさらなる修正をなす。用語法上の混乱が生じるのを危惧するので繰り返すが、私はマールクシュやハーバーマスが理解するかぎりでのマルクスのパラダイムを「生産のパラダイム」と呼んでいる。私はそれを修正しようとする。そして、その修正案を私は「産出のパラダイム」と呼ぶのである。この修正案には、非志向能作の概念が明示的に組み込まれており、この点から、私はマルクスの理論を人間諸行為を介する生活世界の産出の理論として、とりわけ非志向能作による産出の理論として捉えるのである。

七　非志向能作

非志向能作の概念を解明するために、「主体」、「客体」「対象化」、「客体化」の幾つかの意味を分節化しよう。

主体―対象　対象化

一―一　主体―対象　対象化（Ⅰ）

「対象（Gegenstand）」という語をここでは、文字通り、それが事態であれ、過程であれ事物であれ、主体の前に立ち現われているもの、主体に対して立っているもの（gegen-stand）を意味するものとして使用する。最も基本的な意味での対象化（Ⅰ）とは主体の態度ないし構えに関わるものであり、主体があるものを自らの前にあるものとして見出すということのうちに、主体がそのものを対象として定立するという主体の構えが働いている。ここで「定立」という語は、主体が彼の現実的行為を通してあるものを世界のうちに産出するということを意味していない。それはあくまで主体の志向的態度に関わる。主体はこうした志向的態度の中で始めて志向する主体である。即ち主体として構成される。それ故、この志向的態度の中で主体は主体として、対象は対象として始めて構成される。それ故、ここでの主体とは相互主体的関係の中での主体とは意味が異なっている。というのは、ここでの主体とは彼の対象との相関の中で始めて構成される主体であるからである。

対象化（Ⅰ）を即座に対象に対する支配の態度、対象を制御・収奪の対象と見なす態度と同一視してはならない。

対象はそれ自体では無なのであって、主体にとってその活動の、その目的の手段たるにすぎないという見方、構えは、後に客体化として分節化される。これは対象化（Ⅰ）の一つの種差にすぎない。もう一つの種差は対象を単に己の手段として見なすのではなく、それ固有の尊厳を有する対象として見なすという主体の態度であり、この主体の第一の格率は、生態系を構成するすべての自然を単に手段としてのみ扱うのではなくて、同時に目的そのものとして扱え、という自然尊厳公理である。(41)

一―二　主体―対象　対象化（Ⅱ）

対象化（Ⅱ）は主体の基本的構えとしての対象化（Ⅰ）を前提としているが、これとは意味が異なっている。対象化（Ⅱ）は、対象化（Ⅰ）において主体に立ち現われる対象のうちに、イデー、テロスあるいはその他何と呼ばれようと、目的を主体の現実の行為を通して現実化させることである。この意味での対象化（Ⅱ）を私は対象化的産出行為と呼ぶ。目的、テロスは、理念型的に言えば、主体に知られたものとしてある。この場合にも、主体の産出行為には二つの種差が考えられ得る。一つは、対象（要するに自然）をもっぱら主体の目的実現のための手段と見なす主体の態度のもとでの対象化的産出行為であり、この時、この産出行為は主体の対象に対する支配、収奪に化する。他は主体の産出行為が、自然尊厳公理のもとでの自然の生態系の一層豊かな発展であるような、自然の潜在的な豊かさの一層の展開であるような場合。この後者の一つの事例は、人間による自然的世界への干渉、あるいはそれへの操作が自然に対する畏敬と矛盾しない場合、むしろこの畏敬の態度の表現であるような場合、例えば汚染された河川や湖などを浄化する場合である。(42)

一—三　主体—対象　対象化（Ⅲ）本質諸力の対象化

対象化（Ⅰ）は対象化（Ⅱ）の論理的前提であるとともに、対象化（Ⅱ）と同時に遂行されている。対象化（Ⅲ）は、対象化（Ⅱ）の遂行とともに遂行される対象化である。それは人間の本質諸力の対象化であって、これは人間が彼の本質諸力を彼の対象のうちに対象化することである。マルクスは言う。「社会における人間にとって、いたるところで対象的現実が人間の本質的諸力の現実となり、人間的現実となり、それゆえに彼自身の本質的諸力の現実となることによって、彼にとってすべての対象は彼自身の対象化、彼の個性を確証し、実現する諸対象、彼の諸対象となる。[43]」パリ草稿のマルクスによれば、人間はその対象的振る舞いにおいてその本質諸力を確証するのであり、また本質諸力が対象化されているその当の対象に対する振る舞いにおいてその本質諸力を獲得する。（マールクシュの対象化と獲得の論理はこのマルクスの思考に由来する。）こうして、「人間的本質の対象的に展開された富をとおしてはじめて、主体的人間的な感性の富、音楽的な耳や形態の美にたいする目や、要するに人間的享受を能くする諸々の感覚、すなわち人間的な本質的諸力として確証される諸々の感覚が、はじめて発達させられたり、はじめて産出されたりするのである。[44]」

もちろん、本質諸力の対象化のこの場合にも、上述のことに平行して原理的には二つの場合が区別可能である。というのは、主体の本質諸力の対象化が主体の自然に対する支配、収奪の能力の対象化であるならば、対象の支配され収奪されたあり方が彼の本質諸力の確証であるからである。

一—四　主体—対象　対象化（Ⅳ）

マールクシュは言語のパラダイムを扱う際に、言語を社会の再生産の、つまりは人間による対象化の媒体として捉えていた。彼はK・ポパーの哲学をも、これを彼は「実証主義」と呼ぶのであるが、対象化の理論であると言う。

ポパーは世界を三つに分類する。即ち、個人の内面的意識・個人の感情的主観的世界、物理的外的世界及び書物、論文、討議、問題状況の客観的内容をなす客観的知識の準－プラトン主義的世界、つまり第三世界である。[45] ここに「準」と言うのは、第三世界の内容をなす客観的知識は、G・フレーゲの言う客観的存在者、例えば、数や文が表現する文の意義（Sinn）としての思想（Gedanke）[46] とは違ってあくまで人間達の諸行為の産物であり、それを創造するのは人間諸個人であるからである。客観的知識の第三世界は人間諸個人の相互批判的討議を介して進化する。とはいえ、このように第三世界が人間諸個人によって創造されるのだとしても、知識が言語的に定式化されるということによって、客観的知識は彼らから独立であるという性格を受取る。[47] 即ち、例えば数もその住人であるこの客観的知識の世界――第三世界――は個人の決断や主観的決断によっては廃棄され得ず、個人の主観的決断から独立した性格を持っている。ポパーのこの第三世界論のうちに、対象化（Ⅳ）の概念が含まれている。即ち、例えばそれ自体としては現実世界（ポパーのタームでは「物理的外的世界」）には存在しない数は、第三世界の構成部分であり、それが人間諸個人によって創造されたにも拘らず、人がいまだ認識していない諸関係や諸性質を持っている。フェルマーの定理の真偽は、その解決への接近が行なわれているとしても、確定されていないし、ポパーが挙げている例ではないが、実数濃度がどの位の大きさであるかということも知られていない。かつては、G・カントルが証明しようとして果たせなかった、それ故仮説に留まる（一般）連続体仮説のZF集合論との整合性も独立性も知られていなかった。（一般）連続体仮説のZF集合論との整合性の証明（K・ゲーデル）もこの仮説のZFからの独立性の証明（P・コーヘン）も行なわれるに至ったが、このことはまだ実数連続体の濃度決定を意味していない。こうした諸関係、諸法則は人間認識の対象となるのである。それどころか、ポパーは人間諸個人によって創造された数の如き対象は、恐らくは我々が認識できないような論理的諸結果をも含んでいると言っている。このことが意味しているのは、人の産みだしたものは、彼が産みだしたと考えているものより以上のものであり得るということ、彼の産みだしたものは意図もされず、知られてもおらず、あるいはひょっとしたら人が決して知るに至らないような諸結果を含んでいるかもしれないということである。これは意図せざる産出結果である。この産出は明らかに、対象化（Ⅱ）とは相違している。というのは、対象化的産出行為（対象化（Ⅱ））は主体に知られたものとしての目的の現実化であるが、ここでは産出された当のものは、主体に知られてもおらず、また意図されたものでもないからである。むしろ、人間は対象化（Ⅱ）の遂行において同時にこの意図せざる産出を遂行してしまうのである。この点において、ポパーの客観的知識の理論のうちには、「行為主体と彼あるいは彼女の行為の客観的結果との間には大きな分裂が存在し得るという事実（マルクスの社会理論の出発点の一つ）[48]」の観点が含まれている。

とはいえ、意図せざる産出のポパーの如上のモデル――私はこれをも一つの対象化と呼ぶ（対象化Ⅳ）が、これは人間行為の意図せざる結果である――は、しかしながら、マルクスが分析した物象化という事態を扱うには十分ではない。というのは、確かに物象化は、後に見るように、それも同様主体の意図せざる産出であるとしても、人間が創造した対象のうちに彼が知らない属性が含まれるということではなく、それは先ずは人間的諸関係自体の人間に対する自立化であるからである。（人間によって創造された客観的知識の世界が人間から独立化する――とはいえそれは人間達の相互批判的討議を介して進化する――ということについてはどうか。しかし、それは物象化でもなんでもないのである。）

以上私は対象化Ⅰ、Ⅱ、Ⅲ、Ⅳを区別した。これらはすべて主体―対象という図式の下で考えられている。それぞれはさらに二つの種差をもって見られた。しかし対象化のこれらの形式は、それだけではまだ、一定の歴史社会（資本主義社会）の中で人間行為が受け取る形態を十分に言い当てることはできない。そのためには主体－対象とは別系統の概念枠が必要とされるように思われる。そのために、先ず、先に言及された対象化の二つの種差の一方を主体－客体枠組として分節化する。

主体－客体

二－一　主体－客体　客体化（Ⅰ）

「客体（Objekt）」という語を、ここでは、自然の事物であれ、過程であれ精神的形象であれ、その他何であれ、人間によって産出されたものであれそうでないものであれ、主体がそれを支配し、制御し、そして主体にとっての手段としてのみ、つまりそれ固有の意義と目的を持たないものと見なすその当のものを意味する。対象とは主体に対して立ち現われているもの、主体に対して相立っているものであったが、客体とは主体による支配の対象である。この時、対象は客体化される。それで、客体化（Ⅰ）とは対象をそうした客体と見なすという主体の志向的態度に関わる。この時、客体は主体にとって、彼の仲間のように親密なものとしてではなく、単なる彼の支配の客体として、だから、疎遠なものとして現われる。ここでは対象は同時に客体となっている。というのは、主体の支配、処理がそれに向けられる客体は同時に主体の前に立ち現われているものでもあるからである。（主体の基本的構えとしての客体化の背景に一つの世界像が潜んでいることに注意されたい。この世界像は、自然尊厳公理の否定を組み込んでいる。）

「主体」と「客体」は、「主体」と「対象」がそうであったように、相補的概念である。主体は客体との相補関係の中で主体として構成され、客体は客体として構成される。即ち、主体は支配の主体、支配されるものに対する主人として、王として、独裁者として、あるいはオデュッセウスとして、形成され、客体は支配される当のものとして構成される。

アドルノとホルクハイマーは、『啓蒙の弁証法』の中で、理性の物象化を世界史的な文明化過程のうちに求め、こうして理性の物象化（つまり、主観中心的理性ないし道具的理性）の起源を文明の発端にまで遡及させている。このような遡及が行なわれる時、実はその発端に近代の自然支配的な、この意味での目的合理的自我が投影されていると私には思われるが、アドルノとホルクハイマーは、このように人類史の発端にまで遡及しつつ啓蒙的理性が辿る行程を再構成する。文明化過程がたどるその行程は、主体と客体の生成史に他ならない。啓蒙が希求した世界の脱魔術化の結果生じるのは、「啓蒙は事物に対して、人間に対し独裁者が振る舞うのと同じ仕方で振る舞う。……科学者は事物をそれが処理し得るものであるかぎりにおいて認知する。それを通して事物の即自は対自的なものになる。こうした変化の中で、事物の本質は常に同一なものとして支配の基体であることが明らかとなる。この同一性が自然の統一性を構成する」(49)という事態である。ここで支配・操作の主体（道具的理性ないし主観的理性）の生成は、同時に支配の単なる客体、支配の基体へと還元された客体の生成である。対象はそれ自身で客体へと転化しており、主体の基本的構えとしての対象化もそれ自身で客体化へと転化しているために、対象と客体、対象化と客体化とは、少なくとも当事主体にとっては区別することが困難になっている。（念の為にいえば、私は人間の自然に対する対象的振る舞いそのもののうちに、自然の客体化の芽が潜んでいるとは考えない。）

二―二　主体―客体　客体化（Ⅱ）

客体化（Ⅱ）は客体化（Ⅰ）において客体と見なされたものに対して現実に支配、操作、処理の行為を遂行し、このことによって客体と見なされたものを現実に客体として定立することである。主体―客体連関内では、対象化（Ⅱ）の一つの種差として既に言及されたが、対象化（Ⅱ）は客体に対する支配・操作として現われ、この場合、主体は対象を客体として定立し、それを改造して己の目的を実現する。

自然のそうした客体化に対して自然は抵抗し、反乱を行なうが、こうした自然の声を聞くことができないということが主観的理性（自然を客体化する主体）の権能である。それどころか、ホルクハイマーによれば、抑圧された自然の反乱（ホルクハイマーは一六世紀の農民反乱も今日の人種暴動も抑圧された自然の反乱として捉える）を道具的理性は、その反乱を惹起する諸条件の永久化のために利用するのである。道具的理性の合理性は、そうした反乱を自己の内に摂取しつつそれを自己の支配のために利用した。ナチスは、ドイツ国民、特に中産階級の職人、小売り商、主婦、小企業主達のうちに抑圧された自然の主役、即ち道具的理性の犠牲者を見出し、その抑圧された自然（欲求）を操作したのであった。(50)

二―三　主体―客体　客体化（Ⅲ）

客体化（Ⅲ）は、主体が自らを支配の客体にしてしまうという主体の自己客体化である。この自己客体化を解明するために、ルカーチの所論を検討しよう。

ルカーチは、資本主義的生産が支配的な社会において始めて、商品形態が社会の一切の生活現象の存在論的、構造的特性として現象し、商品形態がその普遍性をもって立ち現われてくるが、この商品形態のうちにブルジョワ社会の一切の対象性形態及び主体性の形式が根づいていると言う。（私は、後にこの事態を特定の世界像と行為様式を有する言語ゲーム・生活実践の生成として把握するであろう。）ルカーチは、M・ウェーバーが典型的には資本主義的経営及び行政の近代的形態として明らかにした合理化の概念をマルクスの物象化の概念と結合し、このことによって（社会的）合理化が何故に物象化的形態をとって進行するのかを解明することができた。商品形態が一般化し、それが社会の一切の現象の原基的形態となっていること、それ故主体性及び客体性のすべての諸形態が商品形態によって刻印されるということ、この物象化と合理化とは同一の過程の両面に他ならない。とはいえ、ルカーチの場合、物象化は合理化のいわば根拠と考えられており、それ故、彼は物象化の現象に基づいて社会的合理化を説明することができるのである。即ち、商品形態の本質はその物象化的形態のうちにある。資本主義的生産が支配的な社会では、人間と人間との関係、彼らの相互の関わり合いが幻影的な対象性を有するものとして現われ、一つの、完結した、独自の法則に従って運動する準－自然過程として映現する。個々人の意識に対してそれから独立した運動過程として映現するものは、しかし、実は彼ら相互関係、彼ら自身の運動過程に他ならない。かくて、人間主体達は以上のような準－自然過程、即ち彼らに対して疎遠なものとして自律的に運動する過程に対して一定の関係的振る舞いをすることになる。（この意味で主体達はまさしく自分達自身を自分達に疎遠なものとして客体化する訳である。）主体達は自分達の関わり合いを物象の運動として定立するのであって、そうした物象に対して彼らは客体に対してのように振る舞う、即ち結局自分達自身に対して客体に対してのように振る舞う。

主体達の関わり合いのこの物象化の中で、人間の労働力の商品形態への転化という事態が同時に進行する。人格の一契機である労働力は一つの商品として、生きている商品として定立される。すると、主体は彼の人格の一契機たる労働力に対して一つの商品に対するように、換言すれば、彼が自由に売ることができ処理することができる客体に対するものとしての関係態度を取るようになる。主体は、この時、自己の労働力を他者に譲渡できることとなり、だから、彼はこの商品の所有者として現われる。しかし、さらに、人間労働の商品形態への転化は労働（＝具体的労働）

の抽象的労働への転化と一つの過程である。というのは、労働力商品の消費過程は価値の産出過程であり、価値を産出するのは具体的労働がそれ自身でそれへと転化している抽象的労働であるからである。ルカーチは資本主義的生産の支配する社会において、このように人間労働が抽象的労働に転化してしまうこと、それ故、抽象的人間労働に形式的同等性が成立すること、このことによって諸労働は相互に量的比較が可能になるのだが、社会的合理化の可能性の根拠を見出す。人間労働の抽象的労働への転化という前提条件が与えられるならば、労働過程はますます合理的に組織され、部分作業に分割され、こうして労働は「機械的に繰り返される専門的機能に変形される」[51]ことになり、さらには、テーラーシステムのように、「労働者の心理学的特性でさえも、かれの全人格から切り離されて全人格に対立して客体化され、その結果、合理的な専門体系のなかに組み入れられて、そこで計算できるものとして把握されることになる」[52]。労働過程の機械化は、そうした客体化を通して労働力を市場で自由に売却することができる「自由な労働者」の出現をその可能性の条件としている。

以上に見たルカーチの所論から、自己客体化という客体化（Ⅲ）の概念を取り出すことができよう。主体達の相互の関わり合いが彼らから独立する物象の運動として映現するという事態は主体の自己客体化である。というのは、ここでは主体達は自分達の相互の関わり合いを、それ故自分達を彼らから疎遠なものの自己運動過程として、準―自然過程として定立しているからであり、この準―自然過程に対して彼らは客体に対してのように振る舞うからである。つまりその運動法則を認識し、その過程の運動方向を予測し、支配しようとするからである。こうして、主体達の自己客体化は、彼らが上記の準―自然過程に対して客体化する構えを取ることの根拠である。

この主体の自己客体化の中で、しかし同時に人間労働力の客体化というもう一つの客体化が進行する。人格主体の契機たる労働力が全人格に対して客体化され、つまり譲渡可能で処分なものとして定立される。主体は自らの労働力に対して客体に対してのように振る舞うが、これは主体が労働力を客体として定立していることを意味する。以上二つの主体の自己客体化は、客体化（Ⅰ）及び客体化（Ⅱ）とは相違している。何故なら、客体化（Ⅰ）は主体にとってのあるものを自分にとっての客体と見なすという主体の態度に関わるものであり、客体化（Ⅱ）が主体が彼にとってのあるものを現実に操作・支配・処理の行為を遂行することによって、そのあるものを現実に客体として産出する行為であったのに対し、客体化（Ⅲ）は主体が自らを自己にとっての客体として定立することであるからである。とはいえ、客体化（Ⅰ）、客体化（Ⅱ）は客体化（Ⅲ）の中で再び現われてくる。というのは、客体化（Ⅲ）の結果、客体化された自らに対して、主体は客体と見なし、それに予測、計算等を通して現に制御し、支配し、介入しようとするからである。そしてさらに、このような、客体化された自ら（客体化（Ⅲ））に対する客体化的振る舞い（客体化（Ⅰ）及び客体化（Ⅱ））を通して、自己客体化（客体化（Ⅲ））が再生産される。

さて、ルカーチによれば、主体の自己客体化の二重の過程は、資本主義的生産の高度化に伴って、ますます個人の意識態度に食い込んでくる。意識は物象の自己運動に対してその合法則性を認識しようとし、この疑似自然過程に対して目的合理的に介入しようとする。彼の行為はこの疑似自然過程の中で生じてくる偶然性の回避に向けられる。つまり、主体の社会過程に対する関係態度は合法則的過程の認識及び計算、それに対するコントロールに還元される。実証主義、即ち社会過程に対してもっぱら目的合理的な関係態度しか認めることのできない実証主義は、こうして物象化に囚われた一意識形態であるわけである。客体化（Ⅲ）に対して、主体は自己自身に対して客体化的構えを採るのであるが、この自己客体化は近代官僚制においても同時に進行する。近代官僚制にあっては、人間達の諸能力及びその複合体が人格から切断されて客体化され、こうして客体化は人格の内面にまでその影響力を行使する。これが意味しているのは、官僚的誠実性や即物性である。——してみれば、近代国家もまた、伝統的社会からの物質的生産の領域の自立的制度化及びこの領域の物象化的存立構造にそのあり方の根拠を持っているわけである。物質的生産の領域、もっと包括的には経済領域の制度的自立化は、権力システムにその再編を促すのである。

私は客体化（Ⅲ）を主体の非志向能作の一形態と見なす。次に、非志向能作の幾つかの形態を分節化しつつ、この概念の解明を行ないたい。

意図せざる産出としての非志向能作

以上の客体化に関しては、人間達は自分達の関わり合いに対して客体化する構えをもって振る舞うから、彼ら相互の関わり合いを準―自然過程として客体化するのではない。即ち自己を自己にとっての客体として定立するのではない。むしろ逆に、彼ら自身の関わり合いが彼らにとって疎遠な自然過程として定立されるから、彼らはその自然過程に対して客体化する振る舞いをするのである。とすれば、彼ら主体がこの準―自然過程に対する客体化する構えを採り、客体に対してのように振る舞うことは、彼ら相互の関わり合いが彼らに対して自立的な準―自然過程として現われることの理由ないし根拠ではない。彼らの相互の関わり合いの彼らに対する準―自然過程としての定立は、対象ないし客体に対する主体の志向的振る舞いにおいて、対象ないし客体のうちに何らかの変化がもたらされるその変化ではない。だから、私はここで扱っている諸主体の自己客体化を、即ち諸主体が自らのあり方を自らに疎遠な物象の運動として定立してしまう作用を主体の非志向能作と呼ぼう。それは主体達の一定の行為――これは対象ないし客体に対する志向能作であってよい――において、意図せざる産出として、主体達が非志向的に産出してしまう事態なのである。そしてこのような事態の生起は、人間達の間の、歴史的に形成された一定の関係態にその根を持っており、それ故、「自己客体化としての非志向能作」の概念は、主体―対象、ないし主体―客体枠組――ハーバーマスの言う意識哲学、ないし主観哲学のパラダイム――では扱い得ない概念である。換言すれば、この「非志向能作」の概念は、主体－対象ないし主体－客体枠組を突破させるという効果を有している。以下意図せざる産出としての非志向能作の種別化を行なう。

三―一　非志向能作（Ⅰ）

先ず、対象化（Ⅲ）、対象化（Ⅳ）は意図せざる産出としての産出である。これらは厳密に言えば、主体の志向能作ではない。というのは、主体は彼の志向能作において同時に意図せざる産出を行なってしまうからである。即ち、その産出されるものは主体の対象的振る舞いにおいて志向されているものではないからである。それ故、私は、ここでは、上の対象化や客体化を意図せざる産出としての非志向能作の一形態に数えておくことにする。「非志向能作」の概念は、今村仁司氏の言う「非対象化」と通じるところがあろう。しかし、ずれがある。私は、ある種の対象化をも、ここでは、非志向能作に数え入れている。その対象化は非志向能作としての対象化である。これが私が「非対象化」という用語を用いずに、「非志向能作」という用語を用いた理由である。

三―二　非志向能作（Ⅱ）

ウェーバー社会学の課題は社会的行為者あるいは諸行為者の行為を彼／彼らによって主観的に思念された意味を理解しつつ、その行為経過と結果とを因果的に説明することである。[53] ここで、意図せざる産出としての非志向能作の概念の解明にとって重要であるのは、ウェーバーが目的合理性と整合合理性との区別を導入している点であり、この区別は行為者の主観的信念と観察者の客観的観点の区別となって現われる。「主観的に目的合理的に行われる行為と、客観的に『妥当なもの』を基準にして『整合的に』行なわれる（『整合合理性』）行為とは、それ自体としてはまったく別種のものである。[54]」ここで両者の区別の眼目は、人間行為の主観的目的と客観的結果の乖離・ずれである。「人類史のあらゆるところで、こうした問題が絶えず繰り返し現れる。主観的に魂の救済を求めて、宗教的な救済へと向かっていく激しい情熱が、意図せざる形で客観的に、社会的・経済的・政治的な秩序の形成に向かっていく。[55]」主観的には目的合理的な行為が時に行為者の主観的意図とは全く異なる結果を生んでしまうのである。それ故、行為者の主観的意図から離れて生みだされた結果は、意図せざる産出であり、行為者にとっては思いもよらぬものであり得る。行為主体は対象（ないし客体）に対する志向的振る舞いにおいて、彼が意図しなかったもの、即ち志向しなかったものを生みだしてしまうのであるから、私はこれを非志向能作の一形態と見なす。目的合理性と整合合理性との概念対が確定するのは両者のずれである。即ち、確かに主観的には目的合理的と考えられている行為も客観的には整合合理性を欠いていたり、その逆の場合もある。ウェーバーが例として挙げているのは呪術である。実際、例えば雨乞いの儀式は、行為者にとっては主観的に目的合理的であるとしても（現代人から見て、あるいは脱魔術化された世界に住む人にとって）客観的には目的に適っていない。だが、私には、目的合理性と整合合理性とのずれには少なくとも二つの場合があると思われる。

（α）人間の諸行為は行為主体が知らず認識していない様々な客観的連関に組み込まれている。それ故、人間行為はそうした連関に行為主体が予期しなかった作用を及ぼすのであり、それは行為主体にとって意図しなかった結果を生みだすのである。けれども、ここで考察している第一の場合にあっては、主観的に合理的な行為の主体は、この客観的な連関を可能なかぎり認識して彼の行為の条件に組み込むことによってその意図せざる結果の出現を回避するように努めることができる。換言すれば、行為主体は主観的に目的合理的行為と客観的に整合合理的な行為とを可能なかぎり一致させるように試みることができる。例えば、呪術的行為は主観的には目的合理的だが、客観的には整合合理性が欠如しているとされた。主観的に意図された目的は、偶然的一致を別にすれば、意図された結果をもたらさないであろう。だが、人はこの主観的に目的合理的行為を例えば手段を変えることによって整合合理的な行為に変換させることができよう。この時、主観的に目的合理的な行為と客観的に整合合理的な行為とは一致するであろう。(目的自身、例えば雨を降らすことは変化していないことに注意。)

別の例として、現代の空港を挙げよう。空港はそれ自身一つの社会システムであり、複雑な相互依存関係システムに、そしてまた多元的な機能連関のうちに組み込まれている。すなわち、それは燃料輸送手段、航空アクセス交通などの航空交通システムと連関している。こうした関係は累積的・動態的な相互依存関係と呼ばれるが、こうした関係の中では、一つの圏域の作用が他の圏域に様々な「予期せざる随伴結果」を生み出してしまう。[56] そうした随伴現象は、空港が広域的な社会システムをなし他の諸現象と様々な連関を客観的に持っているということから生じてくる。社会システムがより複雑化するにつれて、ますます増えていくであろう様々な要素のシステムの客観的存在によって、様々な要素が様々な客観的連関によって他の諸要素と結び付いているということによって、一つの要素の問題が他の諸要素に影響を与え、それが思わざる結果を生みだし、この結果はさらに先の問題にはね返ってくる。とはいえ、こうした場合、偶然性ないし不確実性は、社会システムの全体連関を可能なかぎり、視野に収めるという努力を通して縮減することは可能である。この場合の主体、例えば運輸省は諸々の副次的結果の回避のために考慮すべき諸要素を計算に入れることができる。それにまた副次的結果が生じることが予め認識されていれば、その副次的結果回避の戦略を立てなくとも、この副次的結果の出現は予期した結果となる。(もっとも、この場合、副次的結果が否定的なものであれば、どんな行為主体のそうした行為も悪質である。) 自然に対する畏敬と尊厳をもって(自然尊厳公理) 自然に働きかける場合も、以上のような副次的結果が生起してしまう可能性いつも考慮に入れておくということは重要なことである。

(β) ウェーバーは、呪術からの解放及び宗教的世界像の合理化とともに生じてくる意識構造の制度的具体化を社会的合理化の過程として追求する。この意識構造の具体化とは目的合理的行為の制度化のことであり、特に資本主義的経営と市場、国家の官僚制的合理化のことである。もちろん、このことは例えばプロテスタンティズムの倫理が資本主義を生みだしたということを直接的に意味しているわけではない。ただ、プロテスタンティズムの倫理は資本主義的生産様式の生成にとって適合的な生活態度を規定する意識構造を有していた。確かに、改革者たちの主観的な意図からすれば、資本主義の生成などということは思いもよらぬことであったに違いない。けれども、プロテスタンティズムの職業倫理は資本主義生成の諸条件を生みだすに適合的な生活態度を規定したのである。これもまた意図せざる、ないし予期せざる結果である。この倫理が規定する生活様式のもとでの行為主体の行為は資本主義発展の諸条件を産出する。これは主体の行為の非志向能作である。もともと、ウェーバーが主観的に目的合理的な行為と客観的に整合的な行為との区別に際して念頭においていた歴史現象とはこれであった。しかし、ここで問題であるのは、そうした歴史現象が目的合理性と整合合理性との区別、あるいは両者のずれによって捉えることができるか否かである。

プロテスタンティズムの倫理とそれに規定された生活様式は信仰者の主観的意図にとっては思わざる結果を伴った。しかし、この例では主観的に合理的な行為と客観的に整合的な行為との一致の努力は問題ではあり得ない。もし一致させようとすれば、信仰者達の主観的に思念された意図・目的が資本主義の産出ということに変化しなければならないであろう。確かに、観察者の立場からすれば、信仰者の主観的に思念された意図及びそれに基づく行為は資本主義の生成という点からして整合合理的であり、これは主観的な目的合理性とは全くかけはなれている。しかし、この場合、このずれの縮減の努力は無意味である。というのは、すぐ上で述べたように、一致させようとする努力は信仰者の主観的に抱かれた目的を棄却する他はないからである。こうして、整合合理性と目的合理性とのずれは、この場合には、三—二で見た整合合理性と目的合理性とのずれとは意味が違っている。それ故、このずれに我々は二つの種差をもうけなくてはならないのであり、このことは単に整合合理性と目的合理性とのずれというだけでは、プロテスタンティズムの信仰者が遭遇する思わざる結果を説明するには十分ではないということを意味する。私は、両者のずれの縮減の努力が無意味である場合を非志向能作（Ⅲ）として分節化する。この非志向能作（Ⅲ）は、行為主体の主観的な意図が何であれ、それが変化しないかぎりは、ウェーバーの用語では、整合合理性と一致させることができない、そうした人間の行為のあり方に関わっている。このことは、実は、後に見るように、行為主体の一定の行為は、彼の主観的に思念された意図には関わりなく、一定の客観的連関を産出してしまうということを意味しているのである。

三—三　非志向能作（Ⅲ）

先に、『歴史と階級意識』におけるルカーチの所論から、主体の自己客体化（客体化（Ⅲ））の概念を取り出した。これを私は非志向能作（Ⅲ）として扱う。主体達は、歴史的に一定の状況の中で、一定の行為を遂行することによって同時に、彼らの主観的に意図された目的が何であれ、自分達の関わり合いを疑似—自然過程として客体化してしまう。これはあるものに向い、それに働きかける志向能作ではなく、この志向能作を遂行しつつ、主体達は自分達相互の関わり合いを客体化するのである。それ故に、私はこの客体化を非志向能作と呼ぶ。実際、これは意図せざる産出であり、主体達は何も自分達相互の関わり合いを自分達にとって疎遠な準—自然過程とするために行為しているわけではないのである。

マールクシュは、ポパーの哲学も言語のパラダイムも産出のパラダイムも対象化の論理によって把握した。それ故、彼は社会の再生産もまた対象化（と獲得）の論理で理解しようとする。しかし、こうした理論的枠組は社会の再生産過程で働いている人間行為の非志向能作を見失う。私見では、『経済学・哲学草稿』のマルクスの労働疎外論のうちに非志向能作の概念が組み込まれている。次に、これを見よう。

　労働疎外とは人間の彼の生産物からの、それ故にまた彼の生命活動、類的存在からの疎外であるが、こうした疎外の「一つの直接的な結果は、人間からの人間の疎外である。もし人間が自分自身に対立しているなら、彼には他の人間が対立しているのである。」[57] 人間からの人間の疎外は労働疎外からの直接的な帰結である。即ち、労働の疎外、人間の彼の生産物、彼の生命活動、彼の類的存在からの疎外、従って人間の自己自身に対するこの対立は、人間の他の人間に対する対立を直接に産出する。人間が自己自身に対して立っている関係は他の人間に対する関係の中で実証され、現実化される。人間の自己からの疎外は人間の他の人間に対する特定の現実的実践的関係を産出する。即ち、「人間は、疎外された労働によって、彼が生産の対象および行為にたいして疎遠なそして彼に敵対的な力にたいするようにふるまう関係を生みだすばかりではなく、彼はまた、彼の生産と彼の生産物に対して他の人間たちが立っている関係をも、そして彼がこれらの他の人間たちにたいして立っている関係をも、生みだす（erzeugen）[58]」。ここに言われる産出は対象化的産出行為（生産）ではない。というのは、人間は彼の対象化的産出行為（対象化（Ⅱ））の遂行において同時に、この生産行為を、それ故に生産物を自らに疎遠なものとして産出し、また彼の他の人間に対する敵対的関係を産出しているからであり、彼は彼の生命活動、生産物を自分から疎外させるために行為しているのでも、彼の他の人間に対する敵対的な関係を生みだすことを意図しているのでもないからである。次のように言われている。人間は「彼自身の生産を彼の現実性剥奪、彼の刑罰にしてしまい、彼自身の生産物を［彼の］喪失、彼に属さない生産物にしてしまうように、同様に彼は、生産しない者のこの生産および生産物に対する支配を生みだす。彼は、彼自身の活動を自己から疎外させるように、同様に彼は、その疎遠な者にその者自身のでない活動を我がものにしてやるのである。[59]」ここで「生み出す（erzeugen）」「我がものとしてやる（aneignen）」というのは、対象化（Ⅱ）を意味していない。それは非志向能作を意味しているのである。人間とその他の人間に対する関係とは、人間と人間を結び付ける力の歴史的形成体であるが、この社会的関係は行為主体の対象化的産出行為という主体の志向能作においてに同時に（非志向的に）産出されている。それ故、非志向能作は、一見すると、奇妙な論理を持っている。対象化的産出行為（対象化（Ⅱ）＝志向能作）はそれ自体において非志向能作であり、この非志向能作によって人間の彼自身に対する疎遠な関係並びに他の人間に対する疎遠な関係が産出ないし再生産される。だから、行為主体は彼の生産行為（志向能作）において非志向的に彼が労働者であることを、また資本家が資本家であることを、つまりことを産出し、（前期ウィトゲンシュタインは、世界はものの総体ではなく、事実の総体であると言った。）従ってまた彼らの間の関係をも産出するのである。それは行為主体にとって思いもよらぬことであってよいのである。この非志向能作を介する産出は、行為主体の思念された意図に関わりなく、遂行される。もちろん、行為主体はこの産出を意図していてもよい。しかし、彼がそれを意図しなくとも、非志向能作は遂行される。「労働者は資本を生産し、資本は労働者を生産する。つまり、労働者は彼自身を生産するのであって、労働者としての、商品としての人間は、この運動全体の生産物である。（Der Arbeiter produziert das Kapital, das Kapital produziert ihr, er also sich selbst, und der Mensch als *Arbeiter*, als *Ware*, ist das Produkt der ganzen Bewegung.）[60]」ここでの生産する（produzieren）とは対象化としての生産のことではない。それは労働者の意図には関わらないのであって、それはむしろ非志向能作としての産出である。

この非志向能作の概念は、私見では、『資本論』においても本質的な役割を果たしている。それは資本の近代的生活史を把握する際に不可欠の概念なのである。私はマルクスの産出のパラダイムは、以上に見た非志向能作の概念を本質的に組み込んでいるものと見なす。これは、マルクスは明示的に分節化しなかったが、資本の近代的生活史を解明するには是非とも必要なものなのである。この点がマールクシュによるマルクスの生産のパラダイムの修正案に対する第二のさらなる修正をなす。とりわけこの概念を明示的に組み込んだものとして再構成される時、私はマルクスのパラダイムを「産出のパラダイム」と呼ぶのである。それは、確かに、この点でマールクシュからマルクスへの帰還をなしている。ハーバーマスも生産のパラダイムをもっぱら対象化の論理に支配されているものと、即ち、ハーバーマスの言う主観哲学ないし意識哲学のパラダイムに依拠するものと見なしていた。非志向能作は、通常言われる主―客図式の下では十分に把握され得ない。マルクスが「人間の疎外、一般に人間が自分自身にたいして立っているあらゆる関係は、人間が他の諸々の人間にたいして立っている関係のなかではじめて現実化されており、表現されるのである。[61]」「人間が自己自身にたいする関係は、彼が他の人間たちにたいする関係をつうじてはじめて、彼に対象的、現実的[62]」であると言っているように、間主体的諸関係に目をやる時にはじめてそれは視野に入って来る。それ故、産出のパラダイム自体が既に、ハーバーマスが理解するところとは違って、ハーバーマスの言う意識哲学の克服なのである。

ところで、もっぱらハーバーマスの言う意識哲学のパラダイムに依拠して思考するかぎり、非志向能作というこの特有の論理が視圏から消失してしまうということは、意識哲学のパラダイムが思考に及ぼす圧力の一つである。フッサールの『危機書』にはこの圧力が働いているのが見られる。次にこの点を見てみよう。

八　フッサールの生活世界及び超越論的現象学

ヨーロッパ的人間性の理念を再興する試みとしての超越論的現象学

フッサールは一九世紀以降の近代人の世界観における実証主義的学問の支配について語る。単なる事実学にすぎないこの実証主義的諸学問はまた単なる事実人を作るにすぎない。実証主義的諸学問はひたすら客観的事実の確定に自己の課題を制限し、そのためにそれらは諸学問が我々人間の生にとって如何なる意義を有しているのかという問いを自らに禁じ、断念してしまっている。それはこの不幸な時代の人間にとっての緊急の問題には何も答えてくれない。ところがこうした問いが基礎措定し、真に希求しているのは自由に自己決定する人間、自己と自己の環境世界を理性的に形成する人間の理念である。とはいえ、この人間とは、ハーバーマスであれば言うであろう意識哲学の基本概念枠組のもとで、即ち、主観－客観図式のもとで世界を産出する主観性として現われるのであるが。さて、フッサールによれば、客観的諸学問はもはやそうした人間性についての問いを提出することはないのである。けれども、自己並びに自己の環境世界を、従って人間の政治的・社会的存在を理性的に形成する自由な人間というこのヨーロッパ的人間の理念がルネッサンスにおいて根源的に創設された時には、学問は古い中世的存在様式を打破して新しい人間性を再興するために決定的な役割を果たすことができたのであった。というのは、新しい人間とは純粋理性、即ち理論哲学から生まれた法則を自らに自由に与え、また彼の環境世界を理性的に形成する人間だからである。だから、もはや伝統には拘束されずに自らの研究から新しい理論哲学が生じなければならなかった。この理論哲学、即ち存在者の全体に関する包括的な学としての理論哲学は自ら実践的自律性を生じさせるであろうことが期待されていた。それ故、こうした新しい哲学の理念とは実は、フッサールにとって同時に新しい人間性の理念なのである。

フッサールが彼の超越論的現象学をもって再興しようとするのは、実証主義的諸学問の支配する時代にあって見失われてしまったこのヨーロッパ的人間性の理念である。この再興は、フッサールにおいて、世界をその存在意味と意味妥当において産出する主観性、即ち超越論的主観性への帰還という形態を取って遂行されるのであり、しかも超越論的主観性への帰還を遂行する彼の現象学的哲学は近代哲学全体の運動の隠された目的論の実現として了解されるのであるが、しかしそのためには先ず以上のヨーロッパ的人間性の理念が実証主義に取って代えられてしまった経緯を再構成しなければならないわけである。それ故、フッサールはガリレイにおける近代自然科学の理念の根源的建設の現場に立ち返る。

客観的学問及び主体と客体の成立

ガリレイの思考において生じたのは、具体的な環境世界のすべてを、質的な出来事に至るまで、たとえそれが間接的にのみ数学化可能であるにしても、数学化された、そして普遍的因果性の支配する世界として示すことが可能であるという思想であった。ガリレイは物理学の理念、即ち世界は普遍的因果性の網の中に捕えられるという理念の創設者となる。世界は今や数学的に合理化された実在の合理的体系として現われる。もし我々が現実にその中で生きており、現実に直観している直観的世界の事物からあらゆる人格的生命、精神的諸規定、文化意味を捨象するならば、純粋に物体的な事物が残されるが、この物体的なものの世界がさらに数学的に合理化されるならば、世界は数学的に、そして因果的に決定されている自然因果性の世界となる。客観的に真なる存在とはだから数学的理念としての性格を持たされた存在である。以後認識、つまりフッサールが客観的諸学問と呼ぶ諸科学は、そこで一切の個別的なものが合理的に決定されている合理的体系、客観的に、そして即自としてある世界への無限の接近可能性を有するものと解釈され、人間はその認識をもって実践的世界に対して、そしてまた人類に対して、だからまた仲間の人間及び自己に対してその支配を一層完全にするのである。ホルクハイマーとアドルノはフッサールから「ガリレイによる自然の数学化においては、ところで、自然そのものが新しい数学の指導の下に理念化される。自然は――近代的表現によれば――それ自身、数学的多様体になる」(63)を引用して後、主体の思考が物化され、数学的方法は思考の儀式になる旨述べているが、しかしフッサールはここで同時に既に述べた意味での主体と客体の生成を告知しているのである。自然ばかりではなく、仲間の人間達や自己もまた支配の客体として現われるのであって、この点に関するかぎりで、以上のフッサールの叙述は主体性の原史を再構成しようとするホルクハイマーとアドルノの『啓蒙の弁証法』に通じている(64)。

とはいえ、フッサールによれば、ガリレイが新しい物理学の理念を根源的に創設した時には、根源的な意味形成の働き、主観性の能作が生き生きとして働いていたのであった。数学的に理念化された世界は、実はそこにおいて一切の事物が文化意味を有するとともに人間すべてが共同的に世界地平を形成する生活世界から、主観性の能作としての理念化作用から生じたのである。ガリレイが利用した幾何学の意味基底としての前学的、実践的測定術は生活世界に属する。生活世界は自然諸科学の意味基底なのである。けれども、ガリレイが理念的世界の構成作用を反省しなかったために、――それはフッサールによればまことに不幸な怠慢だったのであるが――数学的に理念化された世界が学以前的な生活世界にすりかえられ、生活世界に今や理念の衣が着せられることになる。このことが意味するのは自然科学が人々の環境世界としての生活世界から生まれ、その世界の目的に奉仕すべきであるのにその目的が見失われてしまうということばかりではなく、生活世界がその本来の存在様式においては人の視野から消失してしまうということである。しかもその上、ホルクハイマーとアドルノからの引用に見出される思考の技術化のために意味の空洞化が生じ、ガリレイのうちで根源的に生きていたあの意味形成能作が忘却されてしまう。この意味形成は継承されなかったのだ。ここに単なる事実学としての実証主義的諸学問の支配が完成するのである。

しかしながら、実際のところは、フッサールが決して見なかった点であるが、実証主義的諸学問の支配、そしてまた主体―客体の生成は単に根源的な意味形成、あの理念の構成作用が忘却された結果でも生活世界に理念の衣が着せられた結果に尽きるわけでもなかった。そのことの背後にはある社会的根拠があるのであって、それは、ルカーチに依拠して述べた点を再現すれば、資本主義的生産が支配的な社会では、人間と人間との関係、彼らの相互の関わり合いが幻影的な対象性を有するものとして現われ、一つの、完結した、独自の法則に従って運動する準―自然過程として映現する。……かくて、人間主体達は以上のような準―自然過程、即ち彼らに対して疎遠なものとして自律的に運動する過程に対して一定の関係的振る舞いをすることになる。……主体達は自分達の関わり合いを物象の運動として定立するのであって、そうした物象に対して彼らは客体に対してのように振る舞う、即ち結局自分達自身に対して客体に対してのように振る舞う。意識は物象の自己運動、この疑似自然過程に対してその合法則性を認識せんとし、もってこの過程に目的合理的に介入しようとする。つまり、主体の社会過程に対する関係態度は合法則的過程の認識および計算、それに対するコントロールに還元される。実証主義、社会過程に対してもっぱら目的合理的な関係態度しか認めることのできない実証主義はこうして物象化に囚われた一意識形態であるわけである、といった事態である。社会的諸主体が彼らの行為において自分達の関わり合いを客体化して疑似自然過程にしてしまうということが、彼らの社会過程を合理的に支配可能な自然過程と見なさせる、あるいは換言すれば、そうした世界像を持つ生活実践を不断に産出するのであり、それが生活世界にあの理念の衣を着せるように不断に強制するのである。

とはいえ、フッサールが客観的学、即ち精密自然科学に範をとった学の判断を中止して生活世界への帰還を果たす時、このことはある実質的な意義を持っている。即ち客観的学の判断中止は、生活世界を考察する際、数学的に合理化された普遍因果性の世界というあの理念の衣を取り外し、もっぱら理論としてではなく一つの社会制度としての諸科学もまた属している生活世界の考察のためには客観的学とは異なる学問性が要求されるということを明らかにする。

生活世界に関する新しい学問性の必要性

生活世界は一切の客観学的措定に先だって既に妥当している世界、日常的な生活の環境世界である。世界は第一に、いつも、存在する客体の普遍的地平として意識されているとともに我々もまた共に生きるものとしてこの世界に属している。それ故言われていることは二重である。即ち第一に我々は世界を相互に眼前に持っているということ、換言すれば、世界は我々すべてに対してあるということ、第二に我々は一緒に生きるものとしてこの世界に共に属しているということである。しかしさらに生活世界は我々にとってそのうちで事物がその存在意味と妥当性を持つものとしてある自明性の世界、かつ我々にとって予め与えられている先所与性の世界である。生活世界の中で遂行される一切の文化的活動は精神的能作（geistige Leistung）である。

ここでは、フッサールの「生活世界」のいくつかの意味を分節化することは私の関心事ではない。フッサールは先ず一切の客観的学の一切の判断の停止において、客観的学の意味基底としての生活世界への帰還を果たすのであるが、このことは同時に生活世界が客観的学の方法的態度では扱えないことを示している。ここでの私にとっての関心はここにある。というのは、生活世界は学以前的にある存在意味をもって自明的に我々にとって存在しており、生活世界の前理論的妥当性が客観的学をむしろ基礎づけるという事情のために生活世界は客観的学よりも高い価値を有しているからであるし、また学以前的に妥当している存在意味は客観的学の方法的態度を採る、例えば精神物理学的科学の対象ではないからである。

確かに生活世界内的存在者は客観的学が確立する客観的諸真理に比較すれば、相対的・主観的なものとして現われる。しかしこの相対的・主観的なものはドクサという侮蔑的な名称で理解されてきたものと同一視されてはならない。何故なら、それはむしろ確かめられた真理だからである。そして人は、フッサールによれば、あらゆる相対的なものの変異にあって普遍的なものについて語ることができるのであり、このことが生活世界に関する、客観的学とは別種の学問の可能性を基礎づけることになる。即ちここで開かれる新しい学問性とは生活世界の普遍的アプリオリとしての生活世界の普遍的構造を確定するのであり、例えば生活世界はあらゆる客観的学の措定に先だって、空間時間という世界形式に従って配置されている時間空間的存在者の全体である。しかし生活世界の相対的・主観的なものが確かめられた真理だということは、我々は生活世界の存在論という新たな学の形成に際して生活世界内的存在者としての我々にとって自明的なものとして妥当している諸々の存在意味から出発しなければならないということを示している。我々、この我なる我々は生活世界のうちで生きるものとして世界妥当の（素朴な）遂行のうちに生きているが、生活世界の存在論はそうした、精密ないし数学的自然科学の基本的構えのもとでは視野から消失してしまう生活世界的意味了解から出発しなければならないのである。けれども生活世界のアプリオリとしての普遍的形式的構造は単に空間時間的世界形式に尽きるわけではない。さらにフッサールが言及しているのは事物と意識の相関関係であり、生活世界の一切はこの相関関係において見られる。ここにフッサールの思考に対する志向的意識論の支配が顕著になってくる。

フッサールにおいて志向的体験とは意識のそれであり、志向性は意識の本質特徴をなす。人々は皆生活世界のうちで素朴な世界確信のうちに生きている。生活世界の自然的生においては不断に経験、判断、評価、決意がなされるが、それらは何時も世界のある対象に向っている。人は誰でも生活世界を常に環境世界として持つということは、環境世界の中心に人格、主観性あるいは間主観性といった環境世界の志向的根拠があるということを示している。だから例えば「世界」とは相関概念であり、何時も志向的関係を表示している。別言すれば生活世界の一切は意識に対する現われの側面から、意識に対して与えられる仕方の面から考察される。「一般に、現前化（Vergegenwärtigung）の様々な様式が我々がここで関わっている主題のうちに入り込んでくる。即ち、世界をその与えられ方からして首尾一貫して問うということ、その明示的なあるいは暗黙のうちの『志向性』のあり方を首尾一貫して問うという主題である。……客体と世界はこの志向性なしには存在しないであろうし、むしろ客体は、我々にとって、客体が常に主観的諸遂行から生じ、ないしは生じてきた意味と存在様相をもってのみ存在する。[65]」意識生とはこうした意識の志向的生のことである。確かにフッサールは、経験一般の可能性の、換言すれば経験を可能にする対象化の唯一普遍的な様式を再構成しようとするのではない。彼はその都度対象が与えられる相互に相違する様々の様式を記述するのであり、このことによって社会化された諸主体が再三その中で生みだされる典型的な意味連関が記述されるのである。そしてこれがまた生活世界の普遍構造の記述を可能にする。けれども対象が与えられる様々な仕方はすべて志向的関係において、だから対象化の形式というこの意味で唯一の仕方で、結局のところ、主体―対象の枠組で考えられている。既に見たように、フッサールは客観的諸学の認識をもって人間は実践的世界及び人類に対して、従って仲間の人間と自己に対してその支配を一層完全にするのだと述べていた。ここには主体―客体の生成史の把握が潜んでいる。私は以前に主体―対象枠組と主体―客体枠組とを区別したが、主体―対象枠組は主体―客体枠組のうちにその契機として含まれていた。この点からすれば、フッサールが客観的学の諸判断の停止を遂行して生活世界に帰還する時、その生活世界の考察に際して依然として主体―対象枠組が維持されたと言うことができよう。この枠組はさらに超越論的還元が遂行されて生活世界の一切の先行妥当が停止され、生活世界的生において匿名的に機能している超越論的主観性への帰還が果たされ、超越論的意識のノエシス―ノエマの相関関係が分析される時にも継承される。そしてこのことが、私の見るところ、フッサールの思考のうちに困難や謎を生みだすのである。

超越論的主観性とそれに関して生じる逆説

超越論哲学の課題は、フッサールによれば、一切の意味付与及び意味妥当の究極的源泉へ帰還することに存し、そしてこのことがまた「超越論的」という用語の意味を明らかにしている。というのはそれは一切の認識の究極的源泉へと問いを遡らせることを意味するからである。超越論的還元の目的はそうした一切の意味妥当の究極的源泉たる超越論的主観性へと、即ち生活世界の素朴な世界確信のうちに匿名的に機能しているこの主観性の自己意識を獲得することである。超越論的還元において生活世界の一切の先行妥当は停止されるが、生活世界はこのことによって投げ捨てられてしまうのではなく、自我極としての超越論的主観性に対する対象極に、即ち現象に還元される。超越論的主観性とは自我極から対象極へと向う志向的生であるが、生活世界の素朴な世界妥当において生きている意識生は今やこの超越論的主観生によって置き換えられる。そして超越論的主観性は世界妥当を能作している主観性、現象として今やある生活世界、即ち意味と妥当とを構成しつつある絶対的主観性であることが明らかにされる。超越論的還元は世界が眼前に与えられているというこの強固な拘束から我々を解放して、世界を超越論的現象としての世界に還元し、世界の相関者である主観性を超越論的主観性へと還元する。この超越論的主観性の生の中で世界がその一切の存在妥当を獲得する。だから超越論的主観性の能作とは根源的な意味形成能作なのであり、超越論的主観性は意味創造と意味妥当の主体である。生活世界の一切の対象はそうした主観性の能作から生じる存在様相をもって始めて存在するのである。

詳細には立ち入らないが、この超越論的主観性は相互主観性であることが解明される。すると生活世界は今や相互主観性、即ち共同志向的に世界妥当を能作している主観性のノエマとしての現象になっている。妥当性はただ、相互主観性の能作の結果としてのみ可能である。それ故ここで主題化されているのは共同的人間性と現象としての世界の相関である。ところがまさしくここで、主体が共同的人間性として現われていても、主体―対象という思考枠組の論理的強制が己を主張してフッサールの思考のうちにある逆説を生みだすのである。

超越論的還元によって客観的なもの、一切の存在者は今や普遍的な相互主観性に対する多くの対象極の宇宙に還元されている。相互主観性は現象としての世界に対する主観性であるが、しかしこの相互主観性は何といっても人間性に他ならないのではないか。とすれば相互に能作しつつある主観性は現象内の部分的形象だということになろう。かくて主体―対象枠組は一方で相互主観性を現象としての全生活世界に対する主観として定立させるが、他方では、相互主観性もまた人間性であるかぎりそれは現象内に属していなければならない。現象内の一形象としての人間主観性が何故に全世界を構成できるのであろうか。これが人間は世界に対する主観であるとともに世界における客観でもあるという、フッサールが超越論的現象学の企て全体を無にしかねない逆説と呼ぶものである。私見では、この逆説をフッサールの思考のうちに産出しているのは主体―対象枠組である。けれども人間主体性は世界全体を対象化的に産出することはできないのであって、生活世界総体の産出及び再生産は何時も主体達の非志向能作によって媒介されている。このことは志向的意識論の枠組、即ち主体―対象枠組が超克されなければならないということを示している。ところがフッサールがこの逆説を解消するよう試みる時、その枠組は依然として保持され、そしてこのことが再び一つの謎を産出することになる。

フッサールは、超越論的還元から直ちに相互主観性へと移行したことは誤りだったとして、超越論的還元をやり直す。彼は次のように議論する。超越論的判断中止を行なうのはこの私である。この時、私と共に判断中止をしている数人の人が私と共にいたとしても、彼らはすべて私の判断中止によって世界現象へと還元されてしまう。(要するに、二人称の三人称化である。) 彼らは私の現象になってしまった。仲間の一人としての私もまた同様である。では判断中止をしている私とは誰なのか。それをフッサールは根源我(Urich)と呼ぶ。私の一切の環境世界が生活世界内的存在者としての私を含めて今やこの根源我の現象になっているから、この私は絶対的に孤独である。根源我は他の仲間と共にいる自我ではないのである。ここには、私の見るところ、前期ウィトゲンシュタインのあの絶対的に孤独な自我が提出されてくるのと同じ論理が働いている。即ち世界全体を見渡す自我は世界の境界に後退し、世界にいわば外側から接するものとして世界に属することはできないのである。私の超越論的還元の遂行において根源我としての私も同様に世界に属することができない。根源我としての自我、世界が持ち得る一切の存在意味を持つような自我は、どのようにして世界のうちの一主題であることができるのであろうか。

この逆説は根源我としての主観性(私)と世界内現象としての主観性(私)とを区別することによって解消されるわけであるが、このことは、しかし、超越論的自我は現世外的位置を有し、経験的自我は現世内的位置を有するのであるが、そうした両者の位置の媒介は不可能だということを意味している。根源我としての私と現象としての私とは、確かに区別されるにしても、全く関係のないものなのか。フッサールによればそうではない。彼は根源我としてある、従って世界の一現象として主題化することのできない自我、超越論的自我は世界内の私へと自己客観化すると言う。そしてこの根源我が自己の中で他者を他者として構成し、同様にまた相互主観性を自己の中で構成するとされ、ここからまたすべての他者が己のうちに超越論的主観性を担っており、一切の人間はそれぞれ超越論的自我の自己客観化なのだと主張される。換言すれば一切の主体は意味妥当と意味形成の主体であるわけである。しかしここに謎が出現せざるを得ない。世界内存在者ではない自我は何故に己を世界内存在者として時間化し、客観化することになるのか。その必然性は何か。Ｈ・ホールの言うように、人は誰でもただその必然性を形而上学的事実として受け入れる他はないのであろうか。[67]超越論的自我の生が何故に世界生であり得るかの問題は未決のままである。もう一つの問題点をハーバーマスが指摘している。即ちそれは、絶対的孤独において現象学的還元を遂行する根源我の概念は、――それは結局意識哲学のパラダイムに基づいているのであるが――私が志向的対象としての他者に対して入ることのできる関係に、私によって構成された他者が私に対して入ることができるということを排除してしまうということである。[68]

九　意識哲学の克服――二つの方向

私見では、世界史における世界精神の自己産出的創造行為（ヘーゲル）は、社会的主体達の非志向能作の結果・産物が、もっぱら生産の論理（対象化的産出の論理）に依拠して思考することから、思考に対して生みだされる強制・圧力の下での大型の主体の自己産出活動への翻訳である。

ところで、ハーバーマスは、既述のように、（一九七〇年を前後して）超越論的主観性、即ち、モノローグ的超越論的主観性の大型の類的主体への投影という理論構想を棄却して、言語のコミュニケーション理論の構成に、[69]「互いの絶対的な相違の中に自己を認識すると同時に承認し合いもする最低限二人の発話する主体のコミュニケーション」[70]の理論の建設に向うのである。こうしたコミュニケーション理論が建設された暁には、「主観性、つまりはモノローグ的な世界構成の中心的な諸特性を想定する必要なくなるであろう。[71]」こうしてハーバーマスは、今や言語のパラダイムに基づき、彼の言う意識哲学のパラダイムを突破しようとする。ハーバーマスはフッサール批判を媒介にして後期ウィトゲンシュタインに移行するという手続きを採っている。フッサールでは、一切の志向にその志向の直観的充実ないし先取が結び付けられる。けれどもこの志向が充実されない可能性もあり、ここからハーバーマスは一切の志向にはそれが充実され得るという要求が結び付けられていると解釈する。この妥当性要求は自然的態度においては自然的観方の一般定立へと結晶化される。一切の志向には措定が結び付けられているが、この措定とは志向の直観的充実の先取のことである。生活世界はこの措定の質の多様性の中にある。

さてハーバーマスは、絶対的責任における生活というフッサールの理念を批判している。「もし一切の『措定行為』に妥当性要求を認証するという関心が結び付けられれば、何故に生活世界は認証されるのではなく、単に事実的に承認されたにすぎない要求の広い基礎に基づくのかが説明されなくてはならない。素朴に受け入れられ、問題化されず、また明示されない妥当性含意が普遍的に普及していることはこれまでの歴史において社会的生活世界を特徴づける基本的事実であった。[72]」その上、可能な一切の妥当性要求が透明にされ、主題化されるなどということは不可能である。というのは、もしこの要請を立てるならば、そのことは結局のところ歴史を既成の意味のうちに閉じ込め、かくて歴史を停止させることになるからである。実際絶対的自己責任における哲学的生活というかの要請は一切の妥当性要求の完全な明証化という不可能事を要請している。とはいえ、このように「絶対的責任における生活」という理念を批判しつつも、ハーバーマスはフッサールの志向の直観的充実の概念から、それが充実されない可能性もあるという点の考慮とともに、「批判化可能な妥当性要求」という彼のコミュニケーション理論にとって中心的なカテゴリーを取り出してくる。コミュニケーション的過程は、批判化可能な妥当性要求の認証あるいは拒否の相互主体的過程であって、批判化可能な妥当性要求は、如何に多くの主体が合意的にそれを認証するとしても、決して批判化可能という性格を失うことはなく、如何なる合意も常に批判に開かれている。こうして言語の批判機能が取り出される。

アーペルの超越論的語用論もっぱら主―客図式という思考図式（意識哲学のパラダイム）突破の同様の試みをなしている。この理論は認識、イデオロギー批判等の可能性の条件を超越論的言語ゲームとして主題化し、これを反省するが、その際、経験世界を構成する主観性という理論構想は投げ捨てられており、その代りに、解釈共同体が現われる。アーペルの超越論的言語ゲームを即座に異他的なもの、差異を抑圧し、隠蔽することで成立している既存の制度的同一性と同一視すれば、それは事態を逆さまに描くことになる。このような制度、アーペルの用語では実在的コミュニケーション共同体を構成する主体は、アドルノ的に言えば、非同一性を隠蔽することで成り立っている同一的主体であるが、この同一的主体は潜在的に自己分裂を抱えているのである。超越論的言語ゲームは、イデオロギー批判とともに、このような制度的枠組の批判的解体の場でもあることが意図されており、それ故、超越論的言語ゲームは、それが実在的コミュニケーション共同体において前進的に実現されていくとされるかぎり、本当は主体の自己分裂性の絶えざる発現であり、主体が他者性を絶えず自らのうちに内包していることの印なのである。（とはいえ、倫理的規範の究極的根拠づけへのアーペルの志向及びその根拠づけそれ自身は、その可能性に関して疑念を呼び起こす。）以上はハーバーマスのいう意識哲学のパラダイム、即ち、もっぱら主観―客観図式に依拠する思考の突破の試みである。ハーバーマスは意識哲学のパラダイム批判から言語のパラダイムへの移行を果たし、他方、「システム」概念を導入して、『コミュニケーション的行為の理論』において、生活世界とシステムによる社会の二層的把握を試みた。しかし、このことによって同時に、ハーバーマスはマルクスの彼の理解する生産のパラダイムを投げ捨てる。それ故に、諸主体の非志向能作の概念も、彼においては主題化されはしない。ハーバーマスは、マルクスの産出のパラダイムを、主体―客体、主体―対象枠組のもとでの生産（Produktion）の論理にもっぱら依拠するものに還元して理解する傾向を示している。ところが、もっぱらこの論理に依拠するならば、諸主体の非志向能作は、生産の論理に吸収されてしまう、つまりは視野から抜け落ちてしまう。こうした非志向能作は、それは諸主体の意図せざる産出であるのだが、歴史的に形成された間主体的関係の次元に目を止めることなしには、見えてこないのである。それ故に、産出のパラダイム――これを私は、とりわけ非志向能作の概念を組み込んでいるものと見なす。あるいは換言すれば、そのようなものとして明示的に再構成する――は、それ自体で既にハーバーマスの言う意識哲学のパラダイムの克服としてあるのである。以下において立ち入るが、ウィトゲンシュタインの後期哲学、言語ゲームの哲学を継承したものとして構成される言語のパラダイムと産出のパラダイムとの統合という点からすれば、意識哲学のパラダイムの克服は、生産のパラダイムにおいても同時に遂行されなくてはならない。というよりは、マルクスの産出（Erzeugen）のパラダイムをもっぱら生産（Produktion）の論理に基づくものと解してはならないのである。

こうして、ハーバーマスの言う意識哲学のパラダイムの克服は、一つにはハーバーマスが遂行したように、言語のパラダイム（ここでは、言語的コミュニケーションは単に世界のある事についてのコミュニケーションを意味するのではなく、同時に間人格的諸関係を作りあげるものと見られるのである。）への移行によって遂行されるとともに、他方では、マルクスの産出のパラダイムを、産出ではなく、意識哲学的枠組のもとでもっぱら生産の論理に依拠するものと考えることの克服という二重の点から行なわれるのでなくてはならない。

註

（1） G. Márkus, LP, pp. xii–xiii.
（2） G. Márkus, LP, p. xii.

（３）マールクシュを離れて言えば、啓蒙的理性のこの失敗――逆説――を徹底して追求したのはアドルノとホルクハイマーの『啓蒙の弁証法』である。「古来より、進歩的思考の最も広い意味での啓蒙が追求した目標は、人間から恐怖を除去し、人間を支配者に据えることであった。しかるに完全に啓蒙された地表は勝ち誇った凶徴で輝いている。」（M. Horkheimer/Th. W. Adorno, DA, S. 1.『啓蒙の弁証法』徳永恂訳、岩波書店、一九九〇年、三頁。）とは『啓蒙の弁証法』の冒頭の文章であるが、ホルクハイマーとアドルノは、啓蒙（的理性）が世界を脱魔術化し、神話を解体し、空想を知識によって置き換えようとしたのに、それにも拘らず人間が野蛮状態へと回帰していく過程を、啓蒙的理性ないし啓蒙の主体にまで反省の手を延ばして跡づける。人間の文明化の過程で生成してくる自我＝主体は、目的合理的自我＝道具的・主観的理性、即ち、自然をもっぱらその支配の客体とする自我である。啓蒙の過程とは確かに一つにはこうした主体の、それ故に客体の生成史であり、人間の自然支配は社会レベルで人間による人間の支配として繰り返される。この点から興味深いのはフォイエルバッハである。フォイエルバッハは、宗教――キリスト教の本質を人間の本質に還元する。人間が宗教――キリスト教のうちに見るものは人間の本質――類的本質以外の何物でもない。ところがこの類的本質の展開過程において人間は必然的に自己分裂に、自己疎外に落ち込まざるを得ない。というのは、人間の理性が感性から自立したそれ固有の運動を開始するからである。この時、自然は人間の欲求から切断された思考活動の単なる客体、我々にとっての単なる事物に還元される。山之内靖『社会科学の現在』未來社、一九八六年、第三章参照。なお氏は次のように言っている。「フォイエルバッハがここで彼なりの『物象化論』を語っていることに留意すべきである。……人間とそれをとりまく環境世界とが、相互に主体であり相互に客体である依存関係は相貌を変え、いまや世界は悟性・理性のための対象的世界、客体としての世界へと姿を変える。いまや、悟性・理性のみがダイナミックに運動する主体であり、しかも他の何物にも依存することもなく、自己自身と関わりつつ、自己媒介的に増殖してゆく運動体である。」（同上、二一四頁）してみればここに言われる人間の本質――類的本質とは、近代的自我、近代西欧的自己意識の投影されたものに他ならず、そしてこの近代的自我は『啓蒙の弁証法』のあの主体、即ち自然をもっぱらその支配の客体とする主体に他ならない。

（4） G. Márkus, LP, p. xiii.

（5） G. Márkus, LP, p. xiii.

（6） しかし、このマールクシュの発言は正確性を欠いていると思われる。実際のところは、ハーバーマスは言語のパラダイムと生産のパラダイムとを調合しようとしたのではなく、むしろ、生産のパラダイム批判をしつつこれを除去してシステム理論に置き換え、このシステム理論と言語のパラダイムとを統合しようとしたのである。その際に、ハーバーマスに進化理論的構想が入りこんだ。Cf. A. Honneth/H. Joas, *Social Action and Human Nature*, 1988, p. 151ff.）

（7） 「社会的対象化 social objectivation」という用語にはある問題性がある。この点については以下に立ち入る。

（8） Vgl. L. Wittgenstein, PU, 202. なお、私は私的言語の不可能性のウィトゲンシュタインの論証は、我々の言語の原理的な間主観性（以下の註（9）を参照。）を確立することにその眼目があると見なす。これはクリプキの共同体見解とは相違する。

（9） 言語の公共性と言われる場合、「公共性」という語は、政治的公共性と言われる場合の「公共性」でも例えば空港は公共的性格を持っていると言われる際の「公共性」とも意味が違っている。「言語の公共性」と言われる場合の「公共性」は、言語の原理的な間主観性を意味している。ここで言語の原理的な間主観性とは、私に対する他者が私が語ることを原理的に理解可能であるということ、そして言語の人々による共有可能性を意味しているが、しかし、現に理解されているということ、あるいは現に共有されているということではない。原理的な間主観性とは、現に理解されていること、あるいは現に共有されているということが成立し得るための可能性の条件である。この原理的な意味において、我々が遂行している言語ゲームとは異質で非共約である言語ゲームも間主観的である。

（10） G. Marcus, LP, p. 16.

（11） とはいえ、ウィトゲンシュタインの場合、言語ゲームは単に言語を話すという行為に還元されはしない。この点については、Vgl. L. Wittgenstein:PU, 7.

(12) Vgl. L. Wittgenstein, PU, 23.

(13) Vgl. J. Habermas, TkH, Band 2. S. 223.（丸山高司ほか訳『コミュニケイション的行為の理論』（下）、未來社、一九八七年、五七頁。）

(14) G. Márkus, LP, p. 38.

(15) Roderick は次の様に言っている。「生産のパラダイムに基づくマルクスの社会的合理性の概念は、人間の行為と社会生活を理解し、説明するための単なる道具ではなく、またそうではあり得ず、同様に根底的に社会を変換することができるように、このために工夫された武器なのである。これは批判のマルクスの基本的な意味である。」（R. Roderick, *Harbermas and the Foundation of Crirical Theory*, Macmillan, 1986. p. 32.）

(16) Cf. R. Roderick, ibid., pp. 27–8.

(17) G. Márkus, “Entfremdung und Verdinglichung bei Marx und Lukács”, *Georg Lukács-Jenseits der Polemiken*, Sendler, 1986. S. 89.

(18) G. Márkus, ibid., S. 89.

(19) Cf. G. Márkus, LP, p. 79.

(20) マールクシュは次のように言っている。「物象化問題のマルクスの解決は、単に理論的困難以上のものである。一層重要であるのは、それが実践的プロジェクト及びパースペクティヴとして、物象化を『人々の自己管理』と『事物の管理』、『実践的主体－客体（「技術的」）関係』と『実践的主体－主体（社会的」）関係』とを制度的に分離することによって克服するであろう社会の歴史的創造を前提しているということである。けれども、社会主義のこの概念は現在の諸条件のもとで、それを実現できるものの領域から遠ざけ、たかだか遠いユートピアへと変換するであろう。」（G. Márkus, LP, p. 82.）しかしながら、解釈上の問題として、マルクスの「必然性の国」と「自由の国」との区別を、主体―客体関係と主体―主体関係との制度的区別とすることには異論があり得るであろう。物質的生産の領域において確かにそれが依然として必然性の国に留まるのだとはいえ、マルクスがこの領域において社会的・共同的実践的相互行為を考えていたとすることは可能である。（加藤哲朗『国家論のルネサンス』青木書店、一九八六年、三七頁参照。）とはいえ、他方、マールクシュがここで行なっている議論もやはり意義があると思われる。というのは、それは必然性の国の構成員が依然としていわゆる近代的自然支配の主体としてイメージされているのではないかという問題を意識させもするからである。なお、ホルクハイマーとアドルノは次のように言っている。「思考そのものの内部にまで入り込んだ支配を、宥和されざる自然として認識することによって、われわれは、社会主義自身が反動的なコモン・センスに盲従して、早まってその永遠性を承認してしまったあの必然性を和らげることができるであろう。社会主義は、必然性をあらゆる未来の土台へと高めるとともに、他方精神を、けっこう観念論的な仕方で至高の地位に祭り上げ、それによってかえって精神を堕落させる。この点で社会主義は、市民的哲学の遺産をあまりにも硬直的に墨守している。だがそうなると、自由の王国に対する必然性の関係はたんに量的、機械的なものにすぎなくなり、自然は、最初の組織立てられた神話におけると同じく、まったく人間にはよそよそしいものとして全体化され、ひいては自由を、社会主義もろとも呑み込んでしまうことになろう。」（M. Horkheimer/Th. W. Adorno, DA, S. 47.（徳永、前掲訳、五三頁。）

(21) G. Márkus, LP, pp. 102–3.

(22) G. Márkus, LP, p. 106. note.

(23) G. Márkus, LP, p. 106.

(24) G. Márkus, LP, p. 106.

(25) なお、ハーバーマスはマールクシュの生産のパラダイムについて「この生産のパラダイムは実践の概念をきわめて狭く捉えることになる。その結果として労働とか製品の製作とかいった生産のパラダイムに固有の行為が、言語能力および行為能力をもった主体によるそれ以外のすべての文化的表出様式とどのような関係にあるのかという問題が出てこざるを得ない。」（J. Habermas, PDM, S. 99.（『近代の哲学的ディスクルスⅠ』三島憲一ほか訳、岩波書店、一九九〇年、一二八頁。一部訳語を変えてある。）と言う。

(26) Vgl. J. Habermas, PDM, S. 103.（同上、一三三頁。）

(27) フォイエルバッハ『キリスト教の本質』上、船山信一訳、岩波文庫、一九三七年、一一〇頁。

(28) フォイエルバッハ、同上、一一四頁。なお、マルクスが『経済学・哲学草稿』で、ヘーゲルが労働の本質を捉えたと言う時にも、フォイエルバッハテーゼで実践を強調する時にも、フォイエルバッハのこの近代的自我批判の契機は十分に、少なくとも意識的に継承されなかったように思われる。この点からすれば、フォイエルバッハは、『啓蒙の弁証法』に連なる系譜に属するであろう。

(29) 山ノ内、前掲書、二一五頁参照。

(30) K・マルクス『資本論』⑤、大月書店、一九六八年、一〇五一頁。

(31) 山ノ内、前掲書、二一〇頁。

(32) K・マルクス、前掲書、一〇五一頁。

(33) Vgl. K. Marx, OpM, S. 539.（『経済学・哲学草稿』藤野渉訳、国民文庫、大月書店、一九六三年、一五一頁。）

(34) Vgl. J. Habermas, TGS, S. 177.（『批判理論と社会システム理論』佐藤嘉一ほか訳、木鐸社、一九八七年、二一〇頁。）

(35) Vgl. J. Habermas, *Erkenntnis und Interesse*, Suhrkamp, 1968. II Positivism, Pragmatism, Historismus.（『認識と関心』奥山次良ほか訳、未來社、一九八一年、第二章。）

(36) Vgl. J. Habermas, TGS, SS. 179–80.（佐藤ほか、前掲訳、二一三頁。）

(37) Vgl. J. Habermas, PDM, S. 99.（三島ほか、前掲訳、一二八頁。）

(38) G. Márkus, LP, pp. 91–2.

(39) Vgl. J. Habermas, PDM, S. 103.（同上、一三四頁。）

(40) Vgl. J. Habermas, PDM, S. 80.（同上、一〇四頁。訳は私訳。）

(41) 入江重吉「自然尊厳公理からエコトピアへ」、『現代と思想』一四号、一九八八年、四二頁。

(42) 同上、四九頁参照。

(43) K. Marx, OpM, S. 541.（藤野、前掲訳、一五三頁。）

(44) K. Marx, OpM, S. 541.（同上、一五四頁。）

(45) Cf. K. Popper, *Objective Knowledge:An Evolutionary Approach*, Oxford/Clarendon Press, 1972.

(46) G. Frege, "Der Gedanke:eine logische Untersuchung", *Kleine Schriften*, hrsg. von Angelelli, Darmstadt, 1967.

(47) この点に関してはまだ、Cf. I. Lakatos, *Proof and Refutation The Logic of Mathematical Discovery*, eds. J. Worrall/E. Zahar, Cambridge Uni Press, 1976. p. 146

(48) G. Márkus, LP. p. 7.

(49) M. Horkheimer/Th. W. Adorno, DA, S. 15.（『啓蒙の弁証法』徳永恂訳、岩波書店、一九九〇年、一〇—一一頁。訳は私訳。）

(50) M. Horkheimer, *Kritik der instrumentellen Vernunft*, Efm, 1977. S. 118–9.

(51) G・ルカーチ『歴史と階級意識』、城塚登・古田光訳、白水社、一九七五年、一六八頁。

(52) 同上、一六九頁。

(53) Vgl. M. Weber, WG, S. 1.（『社会科学の基礎概念』阿閉吉男・内藤莞爾訳、恒星社厚生閣、一九八七年、七頁。）

(54) M. Weber, "Über einige Kategorien der verstehende Soziologie", GAW, S. 433.（『理解社会学のカテゴリー』林道義訳、岩

波文庫、一九六八年、二二頁。）
(55)　山之内靖『マックス・ヴェーバー入門』岩波新書、一九九七年、七九頁。
(56)　梶田孝道『テクノクラシーと社会運動』東京大学出版会、一九八八年、四一頁参照。
(57)　K. Marx, OpM, S. 517.（藤野、前掲訳、一〇八頁。）
(58)　K. Marx, OpM, S. 519.（同上、一一二―三頁。）
(59)　K. Marx, OPM, S. 519.（同上、一一三頁。）
(60)　K. Marx, OpM, S. 523.（同上、一二一頁。）
(61)　K. Marx, OpM, S. 518.（同上、一〇八―九頁。）
(62)　K. Marx, OpM, S. 519.（同上、一一二頁。）
(63)　M. Horkheimer/Th. W. Adorno, DA, S. 31.（徳永、前掲訳、三一―二頁。なお若干字句を変えてある。）
(64)　Cf. D. Held, *Introduction to Critical Theory*, University of California Press, 1980, p. 166ff.
(65)　E. Husserl, *Die Krisis der Europäischen Wissenschaften und die transzendentale Phänomenologie*, Husserliana, Band 6, Martinus Nijhoff, 1962, S. 163.
(66)　J. Habermas, PDM, S. 347.（『近代の哲学的ディスクルスII』三島憲一ほか訳、岩波書店、五二五頁。）
(67)　H・ホール『生活世界と歴史――フッセル後期哲学の根本特徴』深谷昭三・阿部未来訳、行路社、一九八三年、七三頁参照。
(68)　Vgl. J. Habermas, "Vorlesungen zu einer sprachtheoretischen Grundlegung der Soziologie", *Vorstudien und Ergänzungen zur Theorie des kommunikativen Handelns*, Suhrkamp, 1984, S. 58.
(69)　この転回を促した『認識と関心』の問題点として、R・L・バーンスタインは次の諸点を上げている。①反省概念の二義性。即ち、批判的自己反省と合理的追構成が十分に区別されていなかったこと。②認識関心は、単に偶然的なのではなく、類の再生産構造に深く根づいている。が、その超越論的主張の認識論的身分が問題である。③『認識と関心』では、意識哲学ないし主観哲学との結び付きがあった。これからの脱却が課題である。④『認識と関心』は批判的社会理論の可能性を示した。けれども、批判的社会理論の実現可能性の約束は、まだその現実的実現ではない。(Cf. *Habermas and Modernity*, ed. R. J. Bernstein, Polity Press, 1985, Intoroduction.)

(70) J. Habermas, TGS, S. 179.(佐藤ほか、前掲訳、二二二頁。)

(71) J. Habermas, TGS, S. 180.(同上、二二三頁。)

(72) J. Habermas, "Vorlesungen zu einer sprachtheoretischen Grundlegung der Soziologie"(1970/71) *Vorstudien und Ergänzungen zur Theorie des kommunikativen Handelns*, S. 49.

第三章　言語のパラダイム

——後期ウィトゲンシュタインの言語ゲームの哲学

一　生活への帰還

マールクシュは彼の言う社会的対象化の、即ち、社会の産出・再生産を理論化し得る（批判的）社会理論の概念的基礎の一つとして言語のパラダイムを挙げ、言語のパラダイムに依拠する三人の人——レヴィ＝ストロース、（後期）ウィトゲンシュタイン、ガダマー——を挙げていた。ここで言語のパラダイムとは、言語を社会の再生産の媒体と見なすものであるが、しかし、マールクシュは基本的には、言語のパラダイムではなく、マルクスの生産のパラダイムに依拠して彼の構想する批判的社会理論の概念的基礎を獲得しようとしていた。その際、私見では、マールクシュは、社会的生活世界を解明する際の言語のパラダイムが有する意義・射程を汲み尽くしてはいない。ハーバーマスの生活世界とシステムによる社会の二層的把握とは違い、私は言語のパラダイムと（マルクスの）産出のパラダイムとの統合的把握をもって社会の批判理論の基本パラダイムを獲得しようとするが、私は言語のパラダイムの展開に際し後期ウィトゲンシュタインの言語ゲームの哲学に依拠する。後期ウィトゲンシュタインにおいて、言葉や文といったものはそれだけで独立して意味を持つのではなく、人々の思考と生活の流れにおいてのみ、意味を有するのであり[1]、生活から離れれば、言葉はその意味と生命を喪失する。ウィトゲンシュタインの言語ゲームとはこの人々の生活、言語的実践、もっと広く言えば生活実践の現場のことであり[2]、言語は生活の中にあるものとして生活世界を構成する働きを有し、言語はもはや単に実在の鏡として把握されるのではなく（とはいえ、後期ウィトゲンシュタインは、言語と実在との連結を否定しているのではなく、それは現に遂行される言語ゲームの中で付けられるのである）、それは、実在というなら社会的実在のただ中でこの実在を構成する言語ゲームとして現われるのである。例えば、「『考える』という概念は人間の生活（Leben）に関係している。[3]」痛みの概念もまた生活の中に埋め込まれている。[4]言語は生活に浸透しているのだ。言語は生活と噛み合うものとしてのみそのポイント・生命・意味を持ち、言語的実践の現場としての言語ゲームとは言語と生活とが噛み合う具体的な実践の場、現場のことであり、それ故に、私は先ずは生活世界を多様な諸言語ゲーム、一般的には多様な生活実践・生活行為から織り合わされているそれらの総体として捉える。生活世界とは、先ずは経済的、政治的、精神的、公的、私的等々様々な点において規定される諸生活実践・生活行為の総体である。以上の点からすれば、後期ウィトゲンシュタインの思考が現代の西欧文明、時代の科学主義的な知的流行に対する応答・反対であったとするS. S. Hirmyの見解は興味あるものとなろう。[5]この科学主義的知的流行とは、前期の『論理・哲学論考』に含まれ、後にウィトゲンシュタインが自己批判することになったものであるが、一切の有意味な対話を経験科学的主張と同一視することによって前者を後者に還元し、また記号の意味を内的心理学的な出来事として説明したり、記号の意味を記号が心に対して持つ結果によって説明しようとするような擬–科学的心理学的説明のことであり、あるいはまたさらに、哲学的問題に直面してこれを、我々に隠されているような本質・命題の一般的形式・理想的な純粋な結晶体を発見して解こうとする試み、つまり「説明と仮説を与え、理論を前進させ、哲学的問題を新しい発見、新しい経験的データを発見することによって解こうとする」[6]態度を意味する。（とはいっても、前期ウィトゲンシュタインの本当のモチーフは、語り得ぬもの、倫理、生、価値等を自然科学の命題と同じ仕方で語ることに対する批判、一種の科学主義・実証主義批判にあったのであるが。）後期ウィトゲンシュタインが自己批判した『論理哲学論考』に内包されていた科学主義的態度とは、言語の本質を、還元不可能な化学的要素を発見しようとする如く、還元不可能な単純なものとしての要素命題を想定しようとする態度であった。[7]時代の知的科学主義的流行に対するウィトゲンシュタインの反対は、例えば、「本書は、その精神に友好的に立ち向かってくれる人々のために書かれている。この精神は我々すべてを取り巻いているヨーロッパ及びアメリカ文明の巨大な流れの精神とは別のものである。[8]」という言明のうちに示され、語られている。『哲学探究』における、我々の考察は科学的考察であってはならず、如何なる説明も仮説も立てられてはならず、記述がその代わりに現われなくてはならないというウィトゲンシュタインの言明[9]もこの文脈において理解されるべきものである。「説明」という語を使用するのであれば、ウィトゲンシュタインは言語の、言葉や文の意味に関して、経験科学的な説明、意味の科学的・因果的な説明、ないし心理学的ではない説明、即ち、人々の生活を指示することによる説明を実際には与えているのである。[10]

以上の点からすれば、後期ウィトゲンシュタインが立ち向かった方向性は、西欧の科学を否定して東洋的な神秘主義へ向かったというよりは、むしろ、単なる事実学はまた単なる事実人を作るに過ぎないとしつつ、時代の実証主義的諸学問の支配に抗して客観的学問・精密自然科学の対象には決して還元されることのない生活世界を、むしろ客観的学問の意味規定であり人々が共に生きるものとして共同の世界地平のうちで生きている生活世界を主題化し、この生活世界に対して客観的学問・精密自然科学とは区別される新しい学問性を開こうとした、フッサールが『ヨーロッパ諸学問の危機と超越論的現象学』で向かったのと平行する方向性であると言えよう。[11]この点について、例えば、

「正確性、計算可能性及び予見への関心は、科学に特殊なタイプと形式の知識、即ち予言、それ故技術的制御にとって適切な知識を求めるという性格を付与する。実証主義的哲学によって正統化されて、それは世界をもっぱらこの観点から構成するのである。……こうして、近代科学のプロジェクトは、その諸発見に先立って、固有に道具的な性格を持つものと見られる」[12]という、即ち世界をもっぱら技術的制御の有効性から構成するという実証主義の、D・ヘルドがフッサールとアドルノ並びにホルクハイマーが共有すると述べている特徴づけ、従ってまたその批判のモチーフを考慮に入れるなら、ウィトゲンシュタインの後期哲学とホルクハイマーとアドルノの批判理論の思想動機の間の深い類縁性が看取されるはずである。ウィトゲンシュタインもまた、言語、言葉や文の意味の説明に際し、経験科学的・疑似心理学的説明に抗して生活に、言語的実践・生活実践の現場に、ウィトゲンシュタインの用語ではないが、生活世界に立ち返るのである。とはいえ、ウィトゲンシュタインの場合、フッサールとは違って、生活世界は意味付与的絶対的主観性たる超越論的主観性の対象極として捉えられるのではなく、生活世界の構成は意識一般の総合的規則に従うのでもない。その構成は、生活実践としての言語ゲームの文法的規則に従うのである。言語と行為は同じ言語ゲームモデルの契機であって、両者の連関は生活過程（Lebensprozesse）の中でのみ把握され得る。[13]生活文法である言語ゲーム規則は生活世界の構造を成す。[14]それは生活世界の構成秩序である。

二　実在論的言語観の克服

『論理・哲学論考』では、言語の本質は日常言語の多様性の背後に隠れている何か比類なきもののように思われており、言語に内在する秩序、即ち、言語と実在とが共有し言語が言語であるためには不可欠の秩序は一切の経験的濁りから解放され、それから純化されていなければならず、また経験に先立ち全経験を貫通していなければならなかった。この時、我々を突き動かしていたのは哲学的衝動だったのであり、揺るぎなく固定している理想的諸形式という映像が我々を囚えて離さなかったのだ。この映像が鼻の上に居座っていたのに我々はそれを取り外すことなど思いも寄らなかった。[15] 自分の探究しているものは透明な純粋性でなければならないという映像に囚われているかぎり、我々は語や文が我々の生活の中では果たしている役割――この平凡なもの――では満足できなくなる。語や文の、総じて言語の働きは日々の生活の中で隠されることなく、公然と我々の目の前にある。「あらゆることが公然とそこにあるのだから、説明すべきこともないのである。というのは、隠れているようなものに我々は関心を抱かないからである。[16]」にも拘らず、自らがそうした「平凡なもの」で満足できないのは、あるいは「解決を見出すことではなく、解決の前段階に過ぎないように見えるものを解決として承認すること[17]」が困難であるのは、我々がそうした映像に囚われているからである。後期ウィトゲンシュタインは、今やこうした映像を破壊する。即ち、彼は言語現象を見る見方に反省の手を延ばしてこれを破壊する。この破壊とともに彼が赴くのは生活実践としての言語ゲームであり、言語ゲームのうちでの言語の現実の使用であり、言語的実践の現場である。この移行のうちに、還元不可能な化学的要素を発見しようという、言語に関する科学主義的態度への批判が含まれている。この移行には、しかしまた同時に、『論理・哲学論考』の実在論的言語観の批判的克服もまた含まれている。

ここで、私が「実在論的言語観」というのは、言語をもっぱら実在（世界）との相関において捉え、言語は世界（の事実）を記述する、ないし表出するという、こうした言語観である。言語はもっぱら実在を表現するという、表現的（representative）ないし実在論的（realistic）言語像。[18] ただし、念のために言えば、「実在論的言語観」と私が言う時、先ず実在があって（先ず実在が人に与えられて）、人はそれを言語を用いて表現する、例えば、固有名を用いである対象を指示するという考えを意味していない。『論理・哲学論考』で提出された言語像を私は「実在論的言語観」と呼ぶのであるが、『論理・哲学論考』のウィトゲンシュタインは、G・フレーゲの有名な文脈原理「語の意味は文に文脈のうちで問われなければならず、孤立して問われてはならない」[19]を継承しており、[20]この原理は、先ず実在、例えば、ある対象が人に与えられ、然る後人はそれを言語によって表現する、例えば、名前によって対象を指示するという考えの否定を含意している。[21]ここで私が「実在論的言語観」と言う時、それは言語をもっぱら実在との相関関係においてみる言語観を意味しているが、この言語観は、先ず人に対象が与えられ、人はそれを然る後名前によって指示するといった考えなしにも成立し得るのである。世界ないし実在と言語とを対置するという言語観の下では、言語がもっぱら世界について記述するとされるために、言語を用いつつ営まれる主体の生活は我々の視野から抜け落ちてしまう。主体は世界に属さない。主体とは世界の境界なのだ[22]という言明は、実在論的言語観の首尾一貫した帰結であるように思われる。ここにいわれる実在論的言語観のもとでは、言語を用いつつ営まれる我々の生活は、それが語られれば、世界の事実として現われるであろう。言語的実践の現場としての生活実践は、それが語られる時には実在として、世界の事実として、もっぱら言語がそれについて語るという意味での対象として現われよう。とはいえ、私がそのように語るということ自体が私の生活の少なくとも一部である。私が世界について語る時、そう語るという私の生活はいつも世界の事実には還元されない残余として残る。この残余という点からして、世界とは私の世界であり、そして世界は（私の）生と一つのものである。しかし、この場合、生活のうちに言語がまた組み込まれているという我々の生活のあり方、我々が現に営んでいる生活のあり方は、それとして主題化されることはないのである。それ故、後期ウィトゲンシュタインが言語的実践・生活実践の現場へ赴いたということは、上に述べたような実在論的言語観の克服を含んでいる。言語はもはや世界に相対しているのではなく、社会的生活の中で生きて働き、これを構成しもするのである。言葉はいつも普遍的なものであり、そのかぎり言葉は事物の個別性を表現できないというよく聞かれる不満は、多くの場合に、言語をもっぱら実在との二項的対置に置いて見ていて（この場合、言語の機能はもっぱら世界の記述に還元される）、それが人間生活の中で働く様を忘却している。人は哲学をしている時にはこうした誤謬に陥りがちなもので、この時人は the particular kind of mental cramp[23] を被っているのである。言語ゲームを主題化するということは、この言語観の止揚を主題化することでもある。

言語の意味とは心的体験のことであるという観念も実在論的言語観の一変容と見なすことができよう。というのは、この場合、言語の意味は、言語に先立つ心的体験として、即ち前言語的即自として考えられており、言語は己の外にその意味を持つとされているからである。すると、心的体験、思考するや意志するといった心的体験と並んでその言語的表現が存在すると思われようし、かくて言語の運用過程において二つの過程が平行していると思われよう。

G・フレーゲは表現の意義（Sinn）や意味（Bedeutung）を客観的かつ伝達可能なものとし、主観的かつ伝達不可能な表象のごとき心的内容から峻別することを主張したが、それでも意義の理解は心的行為に他ならないであろう。フレーゲの場合、例えば、文（Satz）は思想（Gedanke）を表現するとされるが、人間にとって思想を把握するためには文という言語的手段を必要とするにしても、思想それ自体はそれが存在するためにはそうした言語的手段、従ってまた文を使用する人間を必要としないとされている。[24]ところが、ウィトゲンシュタインにとって、理解するとは何か表象が心に思い浮かぶといったような仕方では心的出来事ではないのである。[25][26]また、フレーゲでは、思想の把握、思想の思考という作用は人間に属するとはいえ、[27]思想はそれが存在するためには人間を必要としない。ところが、ウィトゲンシュタインは思想、一般に表現の意義（Sinn）のこうしたフレーゲ的理解をも破壊してしまう。即ち、現実の言語使用から離れて思想があるのではもはやなくなる。「私が言語で考えている時、言語表現と並んで更に〈意味〉

が私の念頭に浮かんでいるのではない。言語そのそのものが思考の乗り物である。[28]」思考する、意志する、理解するといういわゆる心的活動について、我々は誤って、先ず考える、希望する、意志するいった心的過程があり、これは思考や希望を表現する過程からは独立だと考えてしまう。一方で心的過程、他方でその表現ないし表出。これは、ウィトゲンシュタインによれば、人を捕らえてしまう映像、しかも強力な映像である。このような映像に我々が囚えられてしまうのは、我々の言語表現の表層的な類似性のためである。例えば、「何かを言う」という表現と「何かを意味する」という表現の外面上の類似性のために、人は何かを言う過程とこの過程によって表現される過程とが別の層で生起する過程だと考えてしまう。実際、日本語とスワヒリ語に属する二つの文はその音声も形態も相違しているのに同一の意味を持ち得るではないか。してみれば、文とその意味とは区別されなければならないはずであり、しかも意味とは感覚的に知覚不能であるために、何か陰の如き存在者である他はないのではないか。意味は言語的過程とは別のレベルで生起しているのだ。こうして意味する、思考する、希望するといった過程も言語的過程とは別の層で、即ち、心的生活において生起し、言語的過程はその外的表出であるにすぎないということになる。一方で心的内的過程、他方でそれに関する言語的過程というのは、言語をもっぱら世界との相関においてのみ見るあの実在論的言語観の構図そのままである。換言すれば、ここでは言語と世界との相関が言語と心的世界との相関として現われているのである。そして、この構図に私的言語の観念が結び付いている。もし例えば、意味が個人つまりは私の心的内的体験・心的内容であり、あるいは私の意識への何らかの現前であるならば、それを真に知ることができるのはただ私のみであり、他人はただそれを推測することができるに過ぎないであろう。「私は、ただ私自身が見ることということを通してのみ、見るとはどういうことかを知るのである[29]」という主張の背後にあるのは私的言語の観念である。ここでは見るという私の行為は私の私的な、前言語的行為とされており、私は「見る」という語の意味をこの私の私的な行為を通して学んだのだとされている。これは「見る」を私的言語に属する語とすることである。ウィトゲンシュタインはこのような一方で言語、他方で心的内的体験という私的言語の観念がまた結び付いている実在論的言語観の構図を破壊する。思考は前言語的な心的作用なのではなくて、それ自身が言語運用、即ち、言語ゲーム遂行であり、それ故、それ自身が生活過程である。思考とはそれ自身が一つの言語的実践なのである。だから、思考というも願望というも、それ自身が言語的実践として人間の生活の一つの形式なのであり、「〈思考〉という概念は」「生活の多様な現象をその内に含んでいる概念である。[30]」望むという現象も、人間の錯綜した生活形式の様態に他ならない。[31]言葉の意味とはある内容の意識への現前ではなく、言葉が人間の生活の中で果たす役割、即ち、言語的実践・生活実践の中で果たすその役割である。言葉は生活から離れて意味を持つのではなく、生活の中で生活の一部として意味を持ち、意味、即ち「言葉に特有な精神」は「その言葉が属する物語の全体に依存している。[32]」ここで「物語」とは言語的実践の現場としての言語ゲームのことである。

こうして、後期ウィトゲンシュタインにおいては、(言葉、一般には言語の) 意味とはもはや如何なる意味でも(ある内容の) 意識への現前ではない。フッサールでは、表現の意味の理論は主観性の能作である意味付与作用としての意味志向とその直感的充実の行為によって基礎づけられている。この主観性の行為・能作は前言語的な行為遂行であり、意味は意味志向の本質・イデアールな本質性・純粋意味ないし理念的意味としての前言語的即自である。言語は主観性の能作及び純粋意味を表示するかぎりにおいて言語なのであるから、言語はその外に己の本質を、そのテロスを持っている。なるほど純粋でイデアールな意味が表示的言語を介してはじめてすべての理性的存在者に伝達可能となり、彼らの理性的意識のうちで反復され得るのだとしても、否むしろ伝達可能性が意味のイデア的統一性に基づいているのだとしても、このイデア的統一性としての純粋意味それ自体は時間的—空間的現象たる言語の経験的性格から純化されていなければならない。このような言語概念、従ってまた意味の概念もウィトゲンシュタインによって否定される。というのは、ウィトゲンシュタインは言語の本質は言語の外にあるのではなく、言語そのもののうちに、即ちその具体的な使用（Gebrauch）にあるとするからである[33]。

以上見たように、ウィトゲンシュタインは実在論的言語観の克服とともに生活実践へと帰還する。とはいえ、このことをもって後期ウィトゲンシュタインが実在と言語との関連という視点を全く放棄したと主張するならば、それは誤りであろう。ウィトゲンシュタインは語の対象指示機能を拒否したというのも正当ではないであろう。第一に、言語は、言語ゲームという形態でそれ自体社会的生活世界を、つまりは社会的現実を、この意味で社会的実在を構成するが、しかし第二に、同時にこの言語ゲームの遂行の中でさらに、諸々の自然的社会的事物と言語の連関が付けられてもいるのである。

誰かが言う、『N氏が午後私に会いに来る』、と。私がそこにいる一人を指差して『君は彼のことを意味しているのか』と尋ねる。彼は『そうだ』と答える。このやり取りの中で『N氏』という語とN氏との間に結び付きが造られたのである[34]。

このやり取りとは一つの言語的実践の現場、即ち、物語・言語ゲームであり、この言語ゲームの遂行の中で、語とある対象との間の結び付きが付けられる、ないし付けられている。この意味でウィトゲンシュタインは言語と実在との連関を決して否定しているのではない。ウィトゲンシュタインが否定しているのは、言語的実践の文脈を離れて語と事物との連関が付けられるという考えであり、このように考えられれば、語と事物は心のある神秘的な働きによって付けられるとされてしまうことであろう。「このことが一部意味したり考えたりするということはある不思議な心的活動であると思わせる一因なのだ。[35]」ウィトゲンシュタインは言っている。「思考と現実との調和ということは言語の文法の中に見出されるべき事柄である。[36]」ここで、文法とは言語ゲーム遂行において付けられる、ないし付けられているものである。[37]いずれによ、語と事物との間の連結は現実の言語ゲームの記述であるか、あるいは言語ゲームそのものである。[38]「あるものを名指しただけではまだ何も成されていない。……ゲームの中でなくてはものは名前を持つことも出来ない。このことはまた、フレーゲが、語は文の文脈の中でのみ意味を持つ、という言い方で考えていたことでもあった。[39]」

ウィトゲンシュタインにおいて、言語の機能は人間生活の多様性に応じて多様であり、それ故、ただ一つの説明で言語の機能を説明することは出来ない。ウィトゲンシュタインは、人は哲学している時には言語の様々に多様な働き・機能を忘れて、一つの説明でことを済ましてしまうと言う。（これは同一性思考に対する批判と解され得る。）この時、この一つの説明に言語現象の一切を合わせようとする傾向が生じ、そうすると彼にはもはやこの説明に適合するものしか見えないのである。この説明は一つの映像になる。人は一つの同一性を言語に押し付け、いわば強引に言語をこの同一性へと押し込める。考えるな、見よである。ウィトゲンシュタインは何も思考するなと勧告しているのではない。具体的生を、具体的生のありようを、さらに私は付け加えるが、人間を一つのカテゴリー、映像で裁断するなと言ったのである。もし人が「道具はすべて何かを変えるのに役立つ」と言ったとすれば、この場合も同様である。これは道具の定義であるが、しかしそれは一切の差異性を一つの同一性へと解消してしまうことである。言語は個別性を捕らえないというのも、生活の現場を離れて一つの映像で言語を裁断してしまったことの結果である。もし同一性に納まらない差異性が一つでもあれば、それは同一性が非真理であることの、概念的に捉えられたものの概念への同化が非真理の印である（アドルノ）。ウィトゲンシュタインは、一切を一つの説明へと、即ち、一つの同一性へと同化するこの強制観念を解体する。人が哲学している時には、このような強迫観念に囚われているのである（もちろん、ウィトゲンシュタインが否定しているのは、このようなあり方をする哲学である。）この強迫観念の解体とともに、人間生活の多様性に相応する言語の多様性にウィトゲンシュタインは帰還する。この時言語の多様な働きが開示される。ウィトゲンシュタインはそうしていないが、認知的機能、規範的文脈で言語使用が担う規範的機能、自己の体験の表示的機能、批判的ないし自己反省機能、間主体的な共同化の機能[40]、あるいはさらに言語の詐欺的、戦略的使用等々を弁別することができよう。

とはいえ、社会が一つの同一性を、例えば、諸成員の企業システムへの統合という形態で同一性を押し付けてくる時、言語の一つの説明による同一化への強制観念を破壊し、言語の多様な機能を開示するのみではもはや十分ではない。この時、同一性は差異を抑圧する同一性として現われ、差異の主張が無意識的に抑圧される限り、同一性は抑圧的同一性として現われるが、このような場面において何はともあれ要求されることは、先ずはこの同一性を視野に納めてそれを批判的に解体する人間の活動を主題化することである。これなにしは、言語の差異性、多様性の主張はかの同一性に触れないということによって、この（抑圧的）同一性をただ再生産するだけである。ちょうど商品世界の意味の過剰と意味の差異的流動化が資本主義的経済システムの再生産に寄与しているように。差異性の主張を抑圧する抑圧的同一性は、ハーバーマスがコミュニケーションの体系的歪曲と呼ぶものであり、アーペルがコミュニケーションの非合理的制限と呼ぶものである。アーペルは何らかの一つの同一性を設定し、この同一性に納まらないもの非合理的なものとしてあらかじめ排除しようとしているのでは決してない。彼はこのように排除することその当のことを非合理的であると、コミュニケーションの非合理的制限であると言っているのである。だから、アーペルにとっては、このようなコミュニケーションの非合理的制限を批判的に解体していくことが課題となるのである。

さて、私はかなり先に行きすぎた。以上の論点については後に立ち入ることにしたい。

三　仮説的言語ゲーム

『青色本』では、言語ゲームは高度に複雑な日常言語より単純な言語使用であり、子供が言葉を学習する際の言語の形態であるとされる。それはウィトゲンシュタインによって案出された極めて単純化された言語的実践の現場である。だから、私はこの単純な言語ゲームを仮説的言語ゲームと呼ぼう。この仮説的言語ゲームにあってはその単純さのために思考の諸形態が混乱なく出現し、思考をもつれさせる如き幻影（映像）は消失しているために、幻影の幻影としての同定を可能にさせるという方法論的位置価を有している。ウィトゲンシュタインは、ある哲学的な見解（つまりウィトゲンシュタインによれば誤った映像に囚われた見解）、例えば、数詞の継続に際して心に浮かんでいる規則がそのつどの前進を正当化しているのだといった見解を、このようなことが何ら生じていない仮設的言語ゲーム（ウィトゲンシュタインは次のように言っている。「規則も規則を記したものも与えられず、ただ実例によってだけ学習が成立するような、〈一連の数字を綴る〉という言語ゲームがあり得る、ということを考えて見なくてはならない。[41]」）を案出することによって論駁する。[42]だが、仮説的言語ゲームは人々を囚えてしまう幻影を退散させるということによって同時に彼らの生活のあり方に、言語的実践の現場に照明を与える役割をも果すのである。この役割との関連で注意すべきであると思われるのは、仮説的言語ゲームの特徴づけは『青色本』と『茶色本』とでは相違しているということである。『青色本』では、ウィトゲンシュタインが「この原始的形態に暫時新しい形態を加えてゆくならば、複雑な形態を作り上げられる」[43]と言っているように、単純な形態の言語ゲームからその複雑化によって日常言語に到達できると考えられていたが、『茶色本』では、仮説的言語ゲームは所与の言語の未完の一部としてではなく、「それ自体で完結した（geschlossen）理解システム」[44]とされている。確かに、ウィトゲンシュタインが案出する仮説的言語ゲームは、その単純さのために、現実の言語的実践・生活実践の中にその純粋な形態では存在しないのだとしても、それが現実の実践に照明を与えるという方法論的性格を持っているかぎり、現実の言語的実践の現場としての言語ゲーム（仮説的言語ゲームだけが言語ゲームなのではない。ウィトゲンシュタインは現実の諸々の言語的実践の現場をも言語ゲームと呼ぶ[45]）に照明を与えるのでなくてはならない。それ故、仮説的言語ゲームの完結性は言語的実践の完結性を告げ知らせているのでなくてはならない。そしてこの完結性は、言語ゲームがそのうちで使用される言語の意味を規定するうえで十分であるという意味で理解されようが、ここでは私達の生活にとっての完結性を意味すると、ウィトゲンシュタイン解釈の文脈から離れて、受け取ることも出来よう。即ち、言語は我々の生活のうちに編み込まれており、言語が生活のうちに編み込まれているあり方が言語ゲームに他ならないが、我々がこの言語ゲーム遂行を通して自らの行ないたいどんなことをも行なうことができるかぎり、その言語ゲームは完結しているのである、と。こうして、ウィトゲンシュタインが明言していないとはいえ、生活過程の複雑上昇と言語ゲームの複雑性上昇とは同じことを言っている。

さて、以上のように、彼が案出する仮説的言語ゲームをそれ自体で完結していると見なすことによって、この仮説的言語ゲームを例えば、原始社会状態にある部族（これもまた仮説的集団であるが）の交信システムと見なすことができるようになるのであり、またこうして言語と生活とが不離である次第を解明することができるのである。ウィトゲンシュタインは『茶色本』において仮説的言語ゲームを順次導入している。それは仮説的言語ゲームの順次的拡大系列をなすが、ただこの拡大系列において先に位置する言語ゲームは後に出現する言語ゲームに比べて単純ではあってもより不完全であるわけではないということは念頭に置いておかなくてはならない。

私は次に『茶色本』における仮説的言語ゲームの順次的拡大系列を検討する。その際、私はここでのウィトゲンシュタインの試みを仮説的集団たるある部族の少なくとも生活世界の一部の解明と見なす。即ち、言語ゲーム遂行はこの仮説的部族の生活世界の一部を成している。この点に既に示唆されるように、私は後に（社会的）生活世界を先ずは（先ずは、だが）諸言語的実践並びに諸生活実践の総体として把握するであろう。言語的実践の現場としての言語ゲームと生活実践との違いについては、後に言及するが、ここで暫定的に述べておけば、生活世界を構成する諸生活実践は、必ずしも言語行為を含んでいない場合があり、それ故、言語行為を明示的に含んでいない生活行為と含んでいる生活行為両者を生活実践とし、言語ゲームによって、とりわけ言語的実践を含む生活実践のことを理解するものとする。もとより、こうしたことはウィトゲンシュタインが明示的に語っていることではない。私は、ウィトゲンシュタインの言語ゲーム概念を拡大して、（社会的）的生活世界を解明する「生活実践」ないし「生活行為」という概念を得ようとするのである。そのために、私はウィトゲンシュタインの言語ゲームがどのようなものであるかを検討するのである。

四　仮説的部族の生活世界

既に本節の標題が弁明を要求する。『茶色本』においてウィトゲンシュタインが順次仮説的言語ゲームを導入する際の彼の目的は、単純な言語ゲームを案出することによって、悟性を混乱させている映像を破壊し、ハエにハエとり壷からの出口を示すことであり、悟性の混乱を除去し、このことによって言語に関して展望する übersehen という治療的言語分析にあって、（社会的）生活世界を解明することではなかった。けれども、ウィトゲンシュタインが我々に隠されているのではなく公然とそこにあるものを展望するために、言語使用が織り込まれている人間生活のあり方に向かったということによって、ウィトゲンシュタインの研究は生活世界のあり方を解明することとなっている。生活世界のあり方を解明するという目的からすれば、治療的言語分析は、思考の病気を癒すという目的からして生活世界の具体相を一層研究するという態度を惹起させない（というのは、それが研究の目的とはならないから）ということによって、限界性を有すると見なされる。この点については後に立ち入ることがある。

以下、私はウィトゲンシュタインが順次導入する仮説的言語ゲームを検討するが、その際、私はウィトゲンシュタインの叙述を生活世界解明の試みとして扱い、ウィトゲンシュタインが明示的に述べていないことでも彼が語ることから引き出すことが可能と思われる事柄を——段を下げて——自由に述べるであろう。（否、それは読み込みでさえある。あるいはそれは翻訳（ベンヤミン）である。）これはウィトゲンシュタインの目的と私の目的との相違に由来するのである。

［A］大工Aとその助手Bの交信システム（言語ゲーム）が導入される。言語はただ「角石」「煉瓦」「板石」「柱」だけから成っており、この言語以外には体系的な言語を持たない社会、部族が想定される。Aは例えば、「煉瓦」と叫ぶ。すると、BはAに煉瓦を手渡す。この活動は一つの言語ゲームである。

さて、この極めて単純な仮説的言語ゲームにおいていくつかの構成契機を分節化することが出来よう。第一に、言語。これは四語だけから成る。この部族はこれ以外に言語を持たないのである。この部族にはこの二人以外に様々な部族成員がいて、この二人を含めて、飲み、食い、怒り、悲しみ、葬式をし、誕生を祝い、喧嘩をし、狩りをし、等々という生活行為を遂行するものと想定することも出来よう。[47]こう想定すると、この部族の言語が四語からのみ成っているという想定はひどく非現実的と思われよう。けれども、ここでは単純化された言語ゲームが問題なのであるから、この非現実性は我慢することとする。葬式に際して、人々は悲しみの表情をする。それは彼等の一つの生活表明である。この生活表明が言語によって行なわれるまでには至っていないのだ。この部族の成員は建築仕事という上の言語ゲーム以外の一切の生活においては、そうした身体言語を用いると想定することも出来よう。さて、彼らの一切の生活行為・生活実践の総体がこの部族の生活世界であり、上の言語ゲームはこの部族の一つの生活行為・生活実践として、この部族の生活世界に埋め込まれている。私が上の言語ゲーム＝この部族の生活世界としていないことに注意されたい。この言語ゲームのそれを遂行する主体にとっての意味は様々あり得る。例えば、それは彼らにとって遊びの意味を持つかも知れない。これらの語の用法はこの部族の成員、少なくともAとBとの間で了解されていなければならない。もしBがこれらの語の使用の仕方を知っていないならば、AとBとのコミュニケーション・意思疎通は途絶え、Aにとってその仕事上不都合が生じるであろう。Aが「煉瓦」と叫んでも、BはAに応えることができないであろう。AとBを大人とし、この部族にはまた子供がいるとしよう。子供は言語を大人から訓練によって学習し、それを身につける。言語の教育は、ウィトゲンシュタインが述べているように、大人（教師）があるものを指差し、子供が対応する言葉を発音するといったことによって行なわれる。このようにして、この部族の言語が、従って文化が次世代へと受け継がれていくわけである。ウィトゲンシュタインは、「この了解（Verständigung）システムだけを、この言語だけを持つ社会を考えて見よ」[48]と言っている。このような社会を想像するということは、しかし、言語学習が恐らくは建築労働に関してのみ行なわれる社会を想像することであろう。言語学習は一つの社会化の過程である。(49) 注意しよう。言語ゲーム遂行の主体は、この主体はまた他の生活形式を遂行する主体でもあろうが、生活空間と生活時間の外に、つまりどこにいるのだか分からないような抽象的な主体ではない。それは感性的に現存する社会化された、歴史化された身体である。彼が社会化された自然身体を持つことなしに上の言語ゲームを遂行することは不可能である。

さて、この社会の生活過程に中でこそ、語を発するという言語行為が遂行されるのであり、この場合、コミュニケーション過程は語のやり取りから成る。彼等の労働という一つの生活形式は言語的過程によって媒介されつつ再生産され、逆に語を発し、これを聞く（聞いて一定の行為を行なう）という言語行為過程は、建築労働という彼等の生活を離れては意味を成さない。否、言語を語るという行為自身（ここでは発語行為）が一つの生活行為、生活の形式である。(50) 言語を想像するということは生活形式を想像するということである。(51)

第二に、非言語的行為。ＢはＡに建築素材を手渡し、Ａはそれを受取る。この行為だけではなく、Ａが行なう労働行為をもこの言語ゲームに含めることも出来よう。その場合、Ａは恐らくは一定の仕方でそれを組み立てることであるものを建築する。これらの行為は非言語的行為であり、にも拘らずウィトゲンシュタインが導入した言語ゲームの構成契機となる。これらの行為意味もまたＡとＢの間で了解されていなければならない。こうして言語ゲームは単に言語行為のみから成っているのではない。非言語的行為は彼等の間のコミュニケーション的言語ゲーム行為によって媒介されることで遂行可能である。

第三に、ＡとＢとの間の一定の社会関係。この社会関係の中でＡは始めて大工であり、Ｂはその助手である。ここに、マルクスが「もともとこうした反省規定は奇妙なものである。例えば、この人が王であるのは他の人々が彼に対して臣下としての態度をとるからにすぎない。ところがこの他の人々は反対に、彼が王であるから自分達は臣下なのだと思うのである。」[52]と語った際に言及された反照規定が現われる。この反照規定の論理は主体―主体間の関係において現われ、この主体―主体関係は先に見た言語的コミュニケーション過程での主体―主体関係とは区別され、ウィトゲンシュタインがここで導入して言語ゲームにあっては主体―主体関係は二重化されている、あるいは二重の主体―主体関係が現われている。二つの主体―主体関係は媒介的に統一されており、それ故、主体―主体関係を言語的コミュニケーション過程における主体―主体関係に還元することは出来ない。しかしまた、二重の主体―主体関係における主体は同一の主体、即ち、Ａであり、Ｂである。ＡのＢに対する「煉瓦」という発語が命令の働きを有するのは、ＡとＢが単に言語的コミュニケーションの主体であるからではなく、同時に一定の社会関係における主体でもあるからである。Ａの「煉瓦」という発語は命令の機能を有すると見なされ得るが、それはただその中でＡが始めて大工であり、Ｂがその助手である一定の社会関係（主体―主体関係）の中においてのことである。ＡとＢはこの二重の主体―主体関係の中で、同時に主体―対象次元において彼等の目的を実現する。即ち、あるものを建築する。ウィトゲンシュタインがここで導入した言語ゲームにおいては、そのうちでＡは大工であり、Ｂはその助手である社会関係がただ一つ現われているに過ぎないが、一般には、そうした社会関係の広大な領域が存在する。言語的コミュニケーション過程における主体―主体関係がその内に埋め込まれている社会関係が言語的コミュニケーションの質を規定しているとともに、この社会関係は言語的行為を通して再生産されてもいるのである。

Ａの「煉瓦」という発語、これは命令であると見なされ得るが[53]、この社会関係の中で認可される正統な言語行為である。もしＢがＡに対して「煉瓦」と叫ぶならば、それは彼らの間に成立している社会関係に照らして正統なものとして認証可能な言語行為ではない。Ｂがそのように振る舞うなら、Ａの労働は中断してしまうであろう。Aは「煉瓦」と発語する（命令する）権限がみずからにあるのだということをBに説得しようとするかもしれない。とはいえ、私はここで先に進みすぎている。もしBの認証されない発語に対して命令の権限は自らにあることをAがBに説得しようとすれば、そのために必要な言語的資源がこの部族の言語の中に用意されていなければならない。けれども、ここで検討されている言語ゲームにあっては言語はただ四語を含んでいるにすぎず、その上この言語ゲームはそれ自体で完結していると仮定されているのであるから、Bの如上の逸脱行為は生じないと想定されていると見なされ得る。ウィトゲンシュタインが導入した言語ゲームはそれ程までに単純なのである。とはいえ、そうした事態が生じた時、一定の表情や身体行為が行なわれるというように身体言語が発動されるかも知れない。これがまた彼らの生活表明である。もしBの度重なる逸脱行為が生じるならば、Aは説得のための言語的資源を自ら生みださなければならなくなろう。この時、この部族の生活のあり方が変わる。[54]とはいえ、たとえBによる逸脱行為の可能性がここでは考慮の外に置かれているとしても、AとBとの間に一定の社会関係が設定されているかぎり、Aの発語（命令）に応答してBはAに例えば煉瓦を手渡すという相互行為（これは、以前のハーバーマスの用語を借用して言えば、言語を媒介にした相互行為とは区別される）があるために、相互振る舞い期待がAとBとの間で共有されていると見なされ得る。相互行為規則は相互振る舞い期待を定立するのであって、相互振る舞い期待は主体の他の主体に対する期待の相互反照性である。尾関周治氏はハーバーマスでは言語的コミュニケーションと労働との内的なつながりの考慮が弱いとし、この両者の内的な連関を解明しつつ、これら両者の人間化・解放は相乗的であるという立場を提起している。[55]確かに、ハーバーマスにおける言語的コミュニケーションと労働との分断の傾向は否定し得ないし、それ故ハーバーマスがコミュニケーション的行為と道具的行為（ハーバーマスの理解する労働）を生活世界とシステムという社会の二層に投影しつつつ物象化現象をシステムによる生活世界の内的植民地化によって再定式化する時、なるほどこのことによっていわゆる新社会運動をシステム論理の侵攻に対する生活世界の側からの反抗として解明することができるとしても、――そして私はこの説明を全面的に否定するものではないが――資本主義的経済システム内部での人間関係と労働のあり方に対する批判的反省及び新たな共同化の模索が希薄化する。これは、ハーバーマスにおいて、基本概念レベルで労働と言語的コミュニケーションの連関が考慮されていないからだと思われる。それ故に、ウィトゲンシュタインが案出した上の仮設的言語ゲームは、それが労働と言語的コミュニケーション過程とが直接的に統一されている実践現場であるために、ハーバーマスの言及された傾向を克服する視点を与えるものと思われる(56)。もっとも、ここではまだ資本主義的企業システムの生産点における、能力主義的競争を軸とした労働者に対する管理的支配のあり方はまだそれとして現われはしないのだが。

第四に、言語ゲームが遂行される空間。それは恐らく建築現場としての場・空間であり、この空間はかの部族の生活空間の一部を成す。生活空間とは自然空間の社会的限定・変容としての空間であり、生活空間のうちに人間生活のあり方が対象化されている。生活空間はこの部族の全生活が創造したものであり、そこに自然空間の社会的生成の記憶とともに、この部族の生活の記憶が埋め込まれている。生活空間は人間生活の実を示すのである。そこには人々の共同生活のあり方が沈殿しており、私は空間において人間に出会う。だから人は、今に残された遺跡から、はるかな時代の人々の生活を、彼らの生活感覚を、宗教的世界像と宗教的祈りを（この部族がある宗教を持っていると想定することができよう）、彼らの生活の彼らにとっての意味をも解読するのである。ウィトゲンシュタインは言及しないが、この部族が一定の時間システムを持っていると想定することができる。

私は以上、ウィトゲンシュタインが大工Ａと助手Ｂとが織り成す仮説的言語ゲームに大きく、言語及び言語行為、一定の社会関係、この社会関係の元で遂行される非言語的行為、生活空間(と生活時間)〔生活世界の時空的構造〕という四つの構成契機を分節化した。なお、G・P・バーカーとP・M・S・ハッカーは文脈(建設現場)、言語共同体、語彙、理解の基準、語彙の使用の五つの契機を分節化している。[57] この分節化では、言語ゲームに含まれる非言語的行為及び社会関係はそれとして分節化されてはおらず、言語共同体の中に分節化されずに含まれているものと見られよう。私が上のような分節化を行なったのは、上に言及された労働と言語的コミュニケーションのハーバーマスにおける分断の傾向を克服し、言語ゲーム概念を生活世界解明のために役立てようという意図からである。

〔B〕〔A〕の仮説的言語ゲームに一から一〇までの数詞の系列を加えて言語ゲームの拡大を行なおう。Aが「石板五つ」と叫ぶと、Bは石板置場に行って、一から五までの語を発語しつつ、石板をとってそれをAのところに持っていく。

この言語ゲームでは、仮説的部族の子供達は数詞の使用法を学習しなければならない。この際の、大人による数詞の教授は石版、煉瓦、等色々な種類のものを指差して行なわれ、あるいはまた異なる数詞も同一の種類のものを指して行なわれる。言語学習のあり方は「煉瓦」や「柱」のような語の学習とは違っている。このことは例えば「煉瓦」という語と「三」という語とが全く種類の違った語であるということを示している。ウィトゲンシュタインが言いたいのは言語というものを一つのカテゴリーで裁断するなということである。単純な言語ゲームを考察しているお蔭で違いが展望(übersehen)できるのである。具体的生の有様を見よ。これが展望するということである。「煉瓦」や「柱」といった語の学習と数詞の学習の共通性はただ、両者が一定の音系列を発することによって行なわれるということだけである。この共通性だけに目を奪われてはいけないのである。そのことを示すにはこの共通性をなくした言語ゲームを導入してやることもできよう。

［C］Aは数詞を発語する代わりに、何本かの指を突き上げる。

［B］でも［C］でも、この部族の生活過程はある意味で合理化されていると考え得る。というのは、Aは一度命令を発するだけで、石版五つを手にすることができるからである。［A］の言語ゲームでは、例えば、煉瓦を三つ、四つ、五つ手渡すという行為はあり得なかった。［A］ではそうした行為の観念すらないのである。またこの部族の生活は「一」、「二」、「沢山」という三つの数詞しか持っていない実際の部族の生活よりも複雑であろう。この実際の部族の生活は三つの数詞があるだけで十分な生活なのである。

［D］［B］の言語にさらに特定のもの、例えば、特定の石材を指示するための固有名が存在しているとする。Aがその固有名を発語すると、Bはそれによって名指される特定のものをAに手渡す行為を遂行する。

ウィトゲンシュタインは固有名の（子供に対する）教授に言及する。この教授は数詞の教授とは違った仕方で行なわれる。固有名の場合は、大人は特定のものを指差して固有名を教える。ウィトゲンシュタインがこうした言語ゲームを導入するのは、意味することや指差しといったことが心の中で生起するある種の心的過程であるという見解を論駁するためである。哲学する時には、人はともするとそのように考えてしまうものだが、問題なのはそれらの語が実際の現場で、どのように用いられているかなのである。

この言語ゲームでは労働過程という生活過程は、特定の石材を恐らくは特定の場所に据えることを要求していると見なすことができる。言語の中に固有名があるということは、部族の生活がそれを必要としているということである。

［E］［C］の言語に「ここ」「そこ」といった語が導入されるとする。Aは「石板、そこ」と叫ぶことができる。Bは石板を「そこ」と指された場所に置く。

ウィトゲンシュタインは、これらの語はある場所に「そこ」「ここ」という名前を与えているのではなく、むしろ指差しの行為はコミュニケーション行為の一部であることを明らかにする。それは言語ゲームの中ではじめて意味を、つまりはそのポイントである役割を持つのである。

だが我々はこの言語ゲームでは、先の言語ゲームと決定的に相違している点を引き出すことができよう。即ち、労働行為に直接参加するのは、今やAではなく、Bであろうということである。BはAの命令に従って労働過程に参加している。Aは命令を発するのみであろう。ウィトゲンシュタインはそうしていないが、ここで助手がBのほかにC、D、……いると想定すると、これらの助手達はAの命令に従って、労働する。大工と助手との間の社会的関係はここで一つの質的転化を遂げている。即ち、この社会関係は、自らは労働せずして命令を発するものとその命令を受けて労働するものとの間の社会関係に転化しているのである。この転化は、実際の歴史では全く違うにしても、ここで導入されている言語ゲームの文脈においては、「ここ」「そこ」といった語なしにはあり得ないのであり、「ここ」「そこ」という語は、特定の言語ゲーム内で特定の場所を指示する（これはこの場所に名前を与えることではない）という役割以上にある社会的意味を、もちろん、どのような社会的場においてこれらの語が使用される言語ゲームが遂行されるかに従って、ある社会的な意義を持ちうる。こうして、この言語ゲームは社会的支配の原型であるということもできよう。ただし、この言語ゲームでは、社会的支配の原型であるといっても、支配者の支配者としての自己同一性形成は明示的に言及されてはいない。この点については、『啓蒙の弁証法』を参照することも出来よう。オデュッセウス、つまり自然との一体性から離脱した人間は自らの理性を働かせることによって自然を支配しようとする。だが、この過程は自然支配の過程であるとともに既に社会的支配を伴っている。自然との一体性からの離脱という船出をしたオデュッセウスは、自然との一体性への復帰を誘う魅惑的なセイレーンの歌に、自らの理性の策略を用いることによって対処する。彼以外の船の乗組員達は彼の命令を受けて耳栓をし、ひたすら舟を漕ぐ労働を行ない、このことによって彼らは没落から救われる。セイレーンの歌を聞くのはオデュッセウスだけであるが、彼は自分自身の命令によってマストに縛り付けられているために、彼はセイレーンのもとに行くことから結局免れる。この策略を通して、ということはつまり内的自然の抑圧を通して彼は自我の同一性を作り上げる。だが、この同一性は支配者としてのそれである。彼のような所有者は牛使いや羊使い、豚使いや召し使いといった使用人を遠くから監督する。[58] もちろん、私がここで立ち入った『啓蒙の弁証法』の有名な物語はウィトゲンシュタインの念頭には全くなかった。ウィトゲンシュタインが明らかにしたいことは、繰り返すと、「ここ」や「そこ」、「これ」というラッセルが本来的個有名と呼んだ語の用法を人が他の人に教授する時、彼は指差しの身振りをしながら、例えば、「ここ」と発語するのであるが、これは一定の場所に名前を与えることではなく、それが交信行為（言語ゲーム）の中にあってこそその役割を果すということであった。上の言語ゲームが社会的支配の原型と見なされ得るということはウィトゲンシュタインの言語ゲームが含むその射程、可能性であると言えよう。オデュッセウスの物語も、（仮説的、あるいは単に仮説的に過ぎないのではない）言語ゲームとして把握すれば、例えば、支配者の支配者としての自己形成の論理を扱うことができるようになろう。もとより、社会的支配は自発的服従の契機を含み、もっぱら主体の客体に対する支配の論理で扱いうるものではない。支配という相互行為の一定のあり方は彼等の間の関係行為が彼等にとってある意味［価値化された世界像］を持っていない限り、長期的なものとして存続することができない。ウェーバーの言うカリスマ的支配についても伝統的支配についても合法的支配についてもこのことは言える。彼等にとっての具体的生の意味の中でのみ支配は貫徹するのであって、この意味が枯渇する時、支配は危機を迎えるのである。「具体的生を見よ」、今の文脈でこの言明が語るのは、社会的支配を主体による客体の支配の論理で裁断するな、ということである。もとより、容易なことではないし、やろうとしてできることでもないが、ラディカルであるとは、具体的生に立ち帰って一切のカテゴリーを再審に付すことである。この意味でフッサールもウィトゲンシュタインもラディカルだった。ともあれ、社会的支配の論理を扱うためには、主体の客体支配の論理には尽きない相互行為の、即ち、支配という相互行為の特有の論理を捉える必要がある。

［F］この部族の言語に数を訪ねる疑問文が導入される。言語ゲーム参加者は今や「石版何枚ある」と尋ねることができる。

言語のうちにこうした疑問文が存在するのは、この部族の生活がそれを必要とするからであると考えることができよう。

［G］仮説的部族の言語にさらに名前を尋ねる疑問文が存在すると想定しよう。すると、［F］やそれ以前の言語ゲームでは可能ではなかったが、言語ゲーム参加者、例えば、Bは新しく持ち込まれた石材を指差し、「これは何」と

問うことができる。Aは「それは……だ」と答える。新しい生活形式の生成である。

この言語ゲームでは、言語ゲーム参加者は名前を尋ねる疑問文の使用法を習得することによって、自分の知識を際限なく、少なくともこの部族が総体として所有している名前を知る可能性を得たことになる。もしこの部族の全生活過程の中で人々が関わる人、事物ないし種がごく少数であり、それ故、部族成員の対面的状況で一切の事物ないし種の名前を知ることができるならば、ことさら疑問文は必要ではなかったであろう。言語の中に名前を尋ねるために使用される疑問文が存在するということは、個人が対面的状況で直接学ぶことが可能なより以上の事物の名前がこの部族の言語の全語彙の中に存在するということを前提としている。彼等の生活世界は彼らの直接的に身近な日常的生活世界（「日常的生活世界」の意味と日常的生活世界と生活世界との関係については後に論及することにする）という現実態と彼らの身近な日常的生活世界に入り込んでくるであろう多くの事物、人、彼らの生活という可能態に分化する。もちろん、現実態と可能態との間の境界は流動的である。人の身近な日常的生活世界に彼が知っていないものが入り込んできた時、彼は問いを発することができる。

ウィトゲンシュタインは『茶色本』において、仮説的言語ゲームをさらに継続して導入しているが、私はその検討をここで打ち切ることにする。しかし、上の例からだけでも、ウィトゲンシュタインの言語ゲームが単に言語行為に還元されるのではなく、むしろ生活と言語がかみ合う仕方なのだということが分かるであろう。言語ゲームでは言語行為と非言語的行為が不可分に織り合わされており、言語の意味とは言語が現に生活の中で生きるその仕方であり、言語と生活との結節点である。ウィトゲンシュタインにおいて、仮説的言語ゲームはいわば物差として現実の言語的生活実践に照明を与える方法論的位置価を持つものであるが、しかし既に見たように、言語ゲームはこの仮説的言語ゲームに還元されるわけではない。それは同様に、現実の言語的生活実践の現場をも意味しているのである。

五　言語行為と非言語行為との織り合わせとしての言語ゲーム

言語ゲームは言語的実践の現場であるが、それは単なる言語行為に還元されるのではなく、それ故もっぱら言語行為だけから構成される言語的コミュニケーションに尽きるのではなかった。言語ゲームの中では記号（言語）使用、行為実践（非言語的行為としての）、世界像が織り合わされており、[59]それは人間生活の還元不能な原現象・始原的事実に他ならない。[60]確かに、ハーバーマスが定式化する理論的・実践的討議にあっては、世界の事態の存立を言明する命題の真理性や諸行為が基づく（社会的）規範の妥当性が主題化され、これらの妥当性の認証や拒否、世界像の転覆さえ行なわれ、この討議においては討議主体達の言語行為以外の行為への強制は停止されている。[61]理論的・実践的討議も一つの言語ゲームであるということができようし、この言語ゲームはもっぱら言語行為から成るであろう。けれども、生活実践のすべてがもっぱら言語行為から成るわけではない。人間の言語的実践・生活実践の現場には様々な要素が入り込み、言葉を発するという言語行為がそれ自身一つの生活の形式であるように、それ以外の生活の形式としての非言語的行為（これには主体間の相互行為も含まれる）を組み込んでいる。世界像については後に言及することにし、ここでは言語ゲームの言語行為と非言語行為との織り合わせとしての側面に注意を当てよう。

さて、この言語ゲームの言語行為と非言語行為との織り会わせという点において、ウィットゲンシュタインの言語ゲームはJ・L・オースティンやJ・R・サールが研究対象とした言語現象とは直接に同一視することのできないものである。オースティンは発話行為の最終的分析において人は発語行為（locutional act）の遂行において例えば約束といった行為・発語内行為（illocutional act）を遂行し、発語内遂行の遂行において他者に何らかの影響・効果を与えるという発語媒介行為（perocutional act）を遂行するのだとし、[62]発語行為、発語内行為、発語媒介行為をその重層性において把握し、サールはオースティンを継承しつつ、発語内行為をコミュニケーションの基礎単位として取り、コミュニケーション状況の再構成を行なっているが、[63]彼らは言語行為としての発話行為に焦点を当てている。このために彼等が主題した言語現象はそれだけでは、ウィトゲンシュタインの言語ゲームとは違って、生活世界の解明のための概念的基礎として使用できないものである。J・ヒンティッカはウィトゲンシュタインの言語ゲームをもっぱら言語使用からなる言語内ゲームに還元する解釈をこれまで受容されてきた解釈とし、「それは後期ウィトゲンシュタインに対するもっとも普及した誤解の一つである」[64]と言う。実際、ウィトゲンシュタインの言語ゲームは「言語と言語の織り込まれた諸活動の総体」[65]であるからである。

もし言語的コミュニケーション過程に止目するならば、それは我と汝という主体間の言語を媒介とした相互行為過程として現われ、これら主体は世界の事物や三人称化された主体たる他者に関して、あるいはまた彼らが生活において従っている一定の社会的規範の主題化＝対象化においてコミュニケーションを行なう。ここでは主体－主体関係と主体－対象ないし主体－客体関係[66]とが統一されている。[67]けれども、この時、「言葉の意味はそれ以外の行為によって与えられる」[68]という点が視野から見失われるという危険が生じる。この点は、一人称現在叙述法において機能する発語内行為を慣習的（conventional）行為とするオースティンに対するP・F・ストローソンの批判に関わっている。ストローソンによれば、確かに非常に多くの場合に、発語内行為が慣習の存在によっているとはいえ、慣習によらない発語内行為もまた存在する。例えば、「向こうの氷はとても薄い」という発言はスケーター対して、慣習なしに、警告を発するという発語内行為を遂行する。[69]この批判が示していることは、私見では、もっぱら言語的コミュニケーション過程にのみ止目するかぎり、「それ以外の行為によって与えられる言語の意味」が視野から脱落するということ、あるいはそうでなければその意味が言語行為それ自体に内在化されてしまうということである。それはちょうど「素朴な哲学は名前の使用の全部を一つの関係の中に押し込めてしまうのであって、その結果、その関係は神秘的なものになる」[70]というのと同じことである。むしろ、発話行為の発語内力は様々な非言語的行為もまた組み込まれている当該の言語ゲームの中で発揮されるのであり、それ故、発語内力、あるいはまた遂行動詞の説明は、その手(move)が主に非言語的であるようなゲームの記述[71]、即ち、文法的記述を要求する。

以上の点からすれば、J・O・アームソンの以下の議論は興味深いものになる。オースティンは第二次世界大戦の間performatoryの理論を展開し、発話行為を事実確認型発話行為と行為遂行的発話行為とに分類した。けれども、後に彼は発話行為のこの二分法を捨て、発語行為と発語内行為をすべての発話行為の二つの契機と見るに至った。これに対して、アームソンはオースティンの初めの分類の方がより適切であったとし、その理由を以下のように述べている。

彼は先ず行為を(α)規則、原理、法律ないし慣習が存在しないと想定される世界で遂行される自然的行為、(β)規約、規則、法律、等の遵守である規則に縛られた行為、(γ)自然的行為であって規則に従う行為であるが、規則に縛られていない慣習的行為とに分類する。歩く、食べる、等は自然的行為であり、規則に縛られた行為においては規則違反は処罰の対象になるが、慣習的行為においては私はある規則に従って行為することに失敗し得るとはいえ、これは規則違反とは見なされずそれ故処罰の対象にはならない。確かに、「法律、慣習ないし宗教的義務を指示することなしには、人がある他の人と結婚するために行なわなければならない事柄に言及することは不可能である」[72]が、しかし私は結婚しないからといってこのことで罰せられることはない。私が結婚の規則に従わないのであれば、それは単に私が結婚という行為(相互行為)を遂行しないということを意味しているに過ぎない。

さて、アームソンによれば、オースティンが初めに提案した遂行的行為は慣習的行為の部文クラスをなす。即ち、遂行的発言は規則に縛られた行為、その規則に違反すれば処罰の対象となる行為ではなく、慣習的行為である。けれども、アームソンによれば、慣習的行為は必ずしも言語行為としての発話行為に制限されるわけではない。例えば、私がトルコ語で「猫がマットの上にいる」と言いたいのであれば、私はトルコ語の言語規約を学習しなければならない。しかしもし私がトルコで結婚したいのであれば、私はトルコの結婚に関する法的、宗教的、社会的慣習を習得しなければならない。結婚は慣習的行為の一つであるが、結婚の規則は発話行為の規則ではなく、一つの社会的行為の規則である。すると、結婚の儀式において、

［Ω］　I, N, take thee, M, to be my lowful weded wife.

という発言によって結婚の行為を遂行する時、私は一定の言語規則にしたがって発話行為を遂行しつつ、言語行為とは区別されるある社会的行為を遂行している。結婚とは一つの社会制度である。アームソンは、このように、オースティンの初めの二分法における遂行的発言を慣習的行為の部分クラスをなすものとし、慣習的行為の従う規則を第一次的に非言語的行為の規則とする。ここで注意すべき点は、アームソンが言語行為のレベルから非言語的行為のレベルへと移行し、第一次的に非言語的である結婚という慣習的行為も発話行為と同じく規則に従う行為であるとしている点である。この例で発語内行為の遂行（［Ω］の発言）が一定の発語内力を持つのは、それが結婚という第一次的には非言語的な行為のうちに埋め込まれているということによって、この慣習的行為からその力を借り受けているからだと言うことができよう。実際、私が野原で一人散歩している時、［Ω］を発言してもそれは何の意義・効力も、

即ち、発語内力も持たない。それはたとえ私の隣に一人の女性がいたとしても同様である。

今一度言えば、［Ω］の発言が発語内力を持つのはそれが結婚という社会制度に基づく行為遂行のうちに埋め込まれているからである。そして結婚という相互行為の遂行は単に言語行為に還元されはしない。してみると、以上のアームソンの分析はウィトゲンシュタインの言語ゲームを、即ち、言語行為と非言語行為との織り合わせとしての言語ゲームを基礎にしたものだということができよう。一般に我々の言語的実践・生活実践の現場においては言語行為は様々な非言語行為、つまり一定の社会的関係の下で遂行される非言語的行為と不可分に結び付いているのである。

もちろん、ある言語行為が一定の発語内力を持つ理由は様々であり得る。上の結婚の例ではある言語行為、例えば、［Ω］の発言が発語内力を持つのは［Ω］がそのうちに埋め込まれている社会的慣習的行為からその力を借り受けたものと見なされた。けれども、ストローソンが上げた「向こうの氷は薄い」が警告という発語内力を持つ場合はそのようには解釈され得ないであろう。一般的には、ある言語行為が一定の発語内力を持つための条件はその言語行為が行なわれる状況、要するに言語ゲームの内に含まれている。このことは言語行為はそれだけではどんな発語内力を持つかということは決定され得ないということを意味している。

こうした事態に対処する一つのやり方は、発話行為を文脈のうちに埋め込まれているものと見なすことである。しかしながら、こうした研究方向はあくまで言語行為に考察の焦点を置いており、様々な非言語行為は、従ってまたそうした非言語行為がそのもとで遂行される、主体間のコミュニケーション関係には還元され得ない様々な社会関係も言語行為の文脈に還元される。このような考察方法は言語行為が如何なる場合に一定の発語内力を持つかを研究する上では適切であるとしても、生活世界のあり方を解明しようとする際にはもはや十分ではない。というのは、言語行為がそれと織り合わされている様々な、多様な社会的行為連関がある発話行為の発語内力を規定する条件としてのみ見られて、それとして主題化されその構造解明が為されるということには直接にはならないからである。それ故、生活世界のあり方を、その構造を解明しようとする時には、言語行為と非言語行為（さらには以下に立ち入る世界像）との織り合わせとしての言語ゲームを考察の対象に据える方が適切である。

六　治療的言語分析の限界とその克服

後期ウィトゲンシュタインの哲学的営みは治療的言語分析にある。この営みにあっては、一切の科学的説明、仮説が捨てられ、その代わりに言語の有様の記述が現われなければならないとされる。[73] では捨てられるべき科学的説明（Erklärung）や仮説（Hipothetisches）とはいったいどのようなものなのか。先ずあるものを他のあるものへ還元することこれがここで意味されている説明であるが、この説明はウィトゲンシュタインの仕事ではない。これから分かるように、「説明」、「仮説」という概念には「還元」という概念が結び付いている。ここで何かを何かへと還元するということは、言語の意味・働きを説明すべきある仮説的なもの、例えば、それによって言語の働きが最終的に説明され得るような純粋形式へと、あるいは前言語的な心的作用や心的随伴物へと還元すること、言い換えればこの純粋形式によって、あるいは前言語的作用によって言語の働きを説明することを意味する。前者の場合には、言語の説明は『論考』のそれとなるであろうし、後者の場合には因果的心理学的説明となるであろう。いずれにしても、これらの考察様式は言語の現実の働きの背後に、その奥に言語の我々に隠された本質なるものを想定しており、科学的説明とはこの隠された本質からの言語の説明である。人はその際、言語的実践の現場を飛び越え、その奥に目をやっている。けれども、ウィトゲンシュタインによれば、そうした想定こそ誤謬であり、悟性を囚えている映像（思考の病）に他ならない。具体的生の疑似科学的説明、これは具体的生の有様の忘却であり、具体的生をある抽象的なカテゴリーに還元することである。ここにウィトゲンシュタインは時代の病を見たのである。

こうして、ウィトゲンシュタインが遂行しようとするのは、見られた、あるいは思考された事態から見る、あるいは思考の枠組のレベル即ち現象を見る了解形式へと遡及しつつ、この了解形式を破壊することである。『論考』の自己批判の中で、ウィトゲンシュタインは、我々は繰り返し事態の本性を追求していると信じていたが、我々はただ事態を観察する際の形式に追従していたにすぎなかったのだ、と言う。(74) してみれば、過てる映像は我々の了解形式のうちにあったのであり、除去されるべきは我々の悟性の混乱であるということになる。「我々が破壊しているのは空中楼閣だけなのであって、我々はそれが立っている言語の地盤を明らかにしているのである。(75)」かくて、ウィトゲンシュタインの哲学的営みの課題は文法上の錯覚から生じる哲学的諸問題を言語の現実の働きを展望する（übersehen）ことよって解消するという治療的言語分析に存し、この点でウィトゲンシュタインの営みは精神分析的治療に類似してくる。「抑圧された無意識が私の思考において明示的な無意識へと変換されるかぎり、それは一種の精神分析的治療である。(76)」ここで、短絡を避けるために敢えて付言すれば、「それは一種の精神分析的治療である」と言うのは、ウィトゲンシュタインの哲学的治療が精神分析と同一である、あるいは前者は後者へと還元されるという意味においてではなく、一定の限界内で両者の間に照応関係があるという意味においてである。それ故にこそ、つまりこの点においてこそ、ウィトゲンシュタインはフロイトの精神分析を高く評価したのである。人々を囚えて離さなかった映像とは一つの神話なのであり、この映像の我々の悟性支配の下で立ち現われている言語の像とは、それ故、偽りの対象性に他ならない。ウィトゲンシュタインが行なうのはこうして神々の破壊である。例えば、言語の表層の背後に、言語の本質たる純粋な理想的形式が支配しているのでなければならないという脅迫観念の下では、我々は言語に一つの映像を押し付けている、つまりは一つの同一性を押し付けているのであり、こうして言語の多様性・時には微妙な差異性が我々の目から隠されてしまう。

それ故に、ウィトゲンシュタインは言語的実践の現場としての言語ゲームに目を遣り、言語の大きな多様性を明らかにしようとするのであり、仮説的言語ゲームを案出することを介して言語の多様性の可能性を開示しようとするのである。そしてこの点に、人は生の岩盤のさらに背後に遡ってはならないという、即ち、言語的実践の現場（言語ゲーム）における言語の現実の使用の背後に遡ってはならないという勧告が結び付いている。かの映像に囚われている時、我々は現象の背後に理想、純粋形式が支配しているはずだと思い込んでおり、日常言語、否言語的実践の現場に踏み止まっていることが、即ち、頭をもたげていることが困難になってしまい、日常言語によっては全く記述できない究極的な精緻さを記述しなくてはならないのだという錯覚に囚われてしまう。[77] その際、我々にとって困難なのは、すべてが記述されたとした時に、さらに何かを言おうとする衝動を、即ち、さらに説明を追い求めるという衝動を抑えることである。[78]「ここで困難なのは留まるということである。[79]」「君はどうしてこのように行為するのか」という問いに対する答えの場合も同様である。人はこの問いに彼の行為の理由を挙げて答えることができるが、この理由の理由を挙げることができる。しかし、理由のこの連鎖はどこかで終りに達しなければならない。この時、人は「ともかく私はこう行為するのだ」としかもはや言えない地点に到達する。ここで人は慣習のレベルにまで下りて来ているのであり、これは根拠なき行為様式だということができるが、人は誤ってさらにその先に、ある種の心的状態を、例えば、前言語的な心的作用としての意図なるものを行為の理由として設定してしまう。それは生の岩盤を飛び越えることに他ならない。

しかし、そうすると、ウィトゲンシュタインの治療的言語分析という思考枠組の下では、我々を囚えて離さなかった映像を解体するために、現実の言語の有様に、即ち、言語的実践としての言語ゲームに目を遣るとされるために、映像・悟性を混乱させる誤謬は言語ゲームそれ自体のうちに組み込まれているというよりは、我々の悟性のうちに設定されるという、少なくともその傾向が生じてくる。とすれば、ウィトゲンシュタインの治療的言語分析にあっては、混乱・誤謬は我々の悟性の混乱・誤謬であって、つまりは悟性が囚われている幻想であって、言語自体、言語ゲームそれ自身のうちに組み込まれているわけではないということになろう。というのは、もし言語ゲームそれ自身のうちに誤謬が組み込まれているとすれば、それは生活それ自体に巣くう病理なのであり、言語ゲームの純粋記述は、その病理を単に反復するに過ぎないために、病理の除去には役立たないということになるはずだからである。それ故、もし誤謬・病理・混乱が我々の悟性のそれに還元されるならば、映像の批判的解体がそれへと帰還することによって遂行されるべき、こうした帰還すべき領域がしつらえられていることになる。実際、ウィトゲンシュタインは次のように言っている。「哲学において、我々は日常言語に対立する理想言語を考察すると言うのはよくない。その場合、我々が日常言語を改良することができると思っているように見えるからである。日常言語はちゃんとしている。(die gewöhnliche Sprache ist in Ordnung.) 我々が理想言語を作り上げるのは、それで日常言語を置き換えるためではない。それはむしろ誰かが普通の言語の正確な使用をつかんだと思い込んだために彼の頭に生まれたごたごたを除去せんがためなのである。」[80] すると、映像に囚われている我々は、我々が現に遂行している言語ゲームを誤って理解しており、治療的言語分析の課題はその誤解を正して我々が現に遂行している言語ゲームの現実の有様を展望することだということになろう。しかし、この時、我々が帰還すべき領域は依然としてしつらえられている。その領域には誤謬は組み込まれていないであろうし、また組み込まれていてはならないであろう。しかしもし具体的生それ自体のうちに、ルカーチが言ったように、生活世界それ自体のうちにカテゴリー上の誤謬が組み込まれているのだとしたら、具体的生がそこで営まれる自明なものと経験される日常的生活世界の深遠に、日常的生活世界を生みだすにも拘らず、そこからは見えない、即ち、隠されている深遠が潜んでいるのだとしたら、衝動と呼ばれようと、虚無と呼ばれようと、意志と呼ばれようと、権力と呼ばれようと、根源と呼ばれようと、そうしたものによって日常的生活世界の具体的生が侵食されているのだとしたら、混乱が悟性のうちにのみあるのではなくて、具体的生そのもののうちに組み込まれているのだとしたら、どうなるのだろうか。我々が帰郷すべき具体的生、しかしそれは私達が帰郷すべきところではないのではないか。

けれども、ウィトゲンシュタインにおいてことはそれほど単純ではない。ここで、人は悟性のうちに過てる映像、そして頭のごたごたを生み出すその当のものは何かを考えてみなければならない。それは、ウィトゲンシュタインによれば、日常言語それ自身、即ち、言語ゲーム遂行において人々が実際に使用している日常言語それ自身である。過てる映像は、日常言語それ自身のうちに含まれているある種の表現形式の表層上の類似性といったことのために、我々の悟性のうちに生み出されてしまうのであり、それ故、日常言語がある種の映像を我々の悟性のうちに産出してしまう根を持っているのである。「我々の言語の諸形式へと取り入れられている直喩が誤った外見を生み出す」[81]のである。ウィトゲンシュタインにとって、哲学は「表現の形式が我々に及ぼす幻惑に対する戦いである。」[82]とすれば、ウィトゲンシュタインにおいて、日常言語（そしてまた現実の言語的実践としての言語ゲーム）が治療的言語分析とともに我々が帰還すべき領域としてしつらえられているというのではなく、日常言語に対する戦いが哲学の課題となるのではないであろうか。Ｈ・Ｐ・リーダーは、日常言語に対する不信のために、ウィトゲンシュタインはいわゆる日常言語哲学者ではないと主張している。[83]すると、「ウィトゲンシュタインの哲学がそれであったところの闘争、即ち時代の知的科学的傾向に対する闘争は、彼によって言語に対する闘争という一層広い地平の内部で考えられた」[84]ということになる。けれども、この言語〔日常言語〕に対する闘争は日常言語それ自身に対する闘争を意味するのだろうか。とすれば、このことは日常言語それ自体に誤謬・幻想・映像が組み込まれているということを意味するのだろうか。そうではないように私には思われる。我々の悟性の惑乱の根が日常言語のうちにあるということは、この混乱・誤謬が日常言語それ自体のうちに組み込まれているということを即座に意味しない。それ故、言語に対する闘争は、正確に言えば、日常言語に対する闘争というよりは、日常言語のうちにある表現形式が我々の悟性に対して生み出す幻惑に対する闘争であるということになろう。ウィトゲンシュタインは、「我々は言語の使用に関し、『表層文法』を『深層文法』から区別することができよう。ある語の使用に際して、我々に直接刻み込まれるのは文構成における語の使用のされ方であり、耳で把握することのできる——といってよいだろうが——語の使用の部分である。そこで、いま例えば、『意味する』という語の表層文法をその深層文法が我々に気づかせるであろうことと比較してみよ。」[85]と言う。「意味する」という語の様々な使用において、この語は類似性とともに様々な差異性を有するのであるが、悟性はその類似性に影響されて同一性のみを見て差異性を看過してしまう。してみれば、語の日常言語的使用は、類似性と差異性を合わせ持ち、それ自身において秩序を持っており（"ordinary language is all right."）、やはり幻惑は我々の悟性の幻惑であって、日常言語それ自体のうちにこの幻惑が組み込まれているわけではないはずである。それ故、悟性の病の根が日常言語にあるということは、我々を囚えている映像を解体するためにそこへと帰還すべき領域・多様な言語ゲームがしつらえられているという治療的言語分析の思考枠組・我々の悟性の治療という思考枠組を越えることにはならない。ところが、既述のように、我々の遂行する言語ゲームそれ自体のうちに、従って生活実践それ自体のうちに病が組み込まれているとなれば、このような治療的言語分析の思考枠組は十分ではなくなる。というのは、この時には、我々が帰還すべき領域はいまだ存在せず、生活のあり方の批判的解体とともにはじめて創出されなくてはならないからである。

とはいえ、ウィトゲンシュタインには、上に見た治療的言語分析の思考枠組とは異なる今一つの思考線があるように思われる。次のウィトゲンシュタインの言明を見よう。

時代の病気は人間の生活形式の変化によって直される。哲学的問題の病気の治療は改編された思考方法と生活形式によってのみ可能であったので、個人が発明した薬剤によってではなかった。(86)

ウィトゲンシュタインの治療的言語分析は、例えば、語の意味に関する誤った映像を破壊するためにその語が現実に用いられている場面、即ち、言語ゲームを主題化する。我々の考察は科学的考察であってはならない、哲学は純粋に記述的でなくてはならない、と言われるのはこの文脈においてである。しかるに、ここでウィトゲンシュタインが語っているのは思考の病のみならず、生活様式の病であり、とすれば、批判は単に言語の実相への帰還ではなく、癒された生活様式の生成である。（もとより、傷ついた生活はその具体相において分析されなくてはならず、この分析なしには、哲学的思考は具体的生から離れた観念の抽象的遊戯と化す。）もし時代が病にかかっているならば、我々の思考と生活形式・生活様式もそうなのである。この批判・治療は生活と行為の中で新たな生活形式・生活様式の生成という形をとらなくてはならない。この思考線は、悟性の幻惑を解体して言語の、混乱した悟性には隠されている、それ故そうした幻想に囚われている人々が容易に看過してしまう諸区別を開示することと、即ち、展望することと同じではない。こうして、ウィトゲンシュタインのうちには、治療的言語分析という思考枠組と生活のあり方の現実的変革という二つの思考線が相互の緊張を伴って存在しているように思われる。そしてもし時代の病が生活実践のうち

向に沿ってそれを越えていかなければならないということが帰結する。

H・ステーテンは、ウィトゲンシュタインのうちに、①哲学の言語の治療としての実人生（real life）への帰還。即ち、「道を誤った不毛な思弁を、事象の真のあり方の認識によって解消する」[87]思考方向、つまり言語をその故郷に帰還させようとする哲学的帰郷と②『論考』が追い求めていたような言語の本質「統一体を破砕するために、言葉の『正常な』使用によって隠蔽されているようなあらゆる偶然性を暴露するような、徹底的に彷徨的なエクリチュールのスタイルを展開する」[88]という思考方向との間に緊張を認定しているが、しかし本当は①と②は同じことを言っているに過ぎない。というのは、帰還されるべき実人生とは、かの統一体という幻想によって人々が囚えられているために、彼らには見えなくなっている人生の有様であり、言葉の「正常な」使用によって隠されているあらゆる偶然性が跳躍する場であるからである。ステーテンは、「日常言語はそのあるがままの秩序をもっており、我々がしなければならないことは、日常言語がどのようにして正常に働いているかを見ることだけだ、という結論が引き出されるであろう。しかし、我々はその正常性に戻る道すがら、当の正常性の確固とした形式が解体し、創作（invention）、フィックション化（fictionalization）、空想（Erdichtung）といった変則的活動が現われるのを見た」[89]と言う。ステーテンは実人生への帰郷も、生活形式を主題化することも正常性に立ち戻ることと理解し、これに対してもう一方の彷徨的エクリチュールを対置する。けれども、ウィトゲンシュタインにとって実人生への帰郷も生活形式を主題化することも正常性に戻ることではない。それは人が誤った映像に囚えられているがためにそう見えるその正常性の解体であり、そして彷徨的エクリチュールもそのためなのである。私見では、ウィトゲンシュタインにおける本当の緊張は①と②とが一つである治療的言語分析という思考方向と病にかかった生活のあり方の現実的変革という別の思考方向との間にあるのである。

だから、我々の生活実践そのもののうちに差異を抑圧する同一性――この同一性は即座に悟性を囚えている映像と同一視され得ない――が支配しているという点からすれば、以上の緊張は、第二の思考方向に沿って治療的言語分析の限界を越えていくということによって解消される必要がある。一度治療的言語分析を通過したならば、我々はそれに留まる必要はなく、今度は生活そのものに、つまりは社会的生活世界のうちに支配している同一性に目を遣らなくてはならない。

ウィトゲンシュタインは言う、言語ゲームには根拠・理由がない、それは理性的でも非理性的でもなく、我々の生活と同じようにそこにある、これが我々の生の岩盤であり、ここでは我々はただ私はこのように行為するのだとしか言うことができない、と。(90) その背後にさらに何か根拠があるわけではないのである。「どのようにして私は規則に従うことができるのか。」もしこれが私が私がしたように行為したことの正当化に関する問いであるならば、私は根拠を挙げて答えるであろう。しかし、私が根拠づけの委細を尽くしたならば、私は確固として基盤に、即ち、私はまさにこのように行為するのだとしか言えない基盤に達する。(91) これは根拠なき行動様式である。言語ゲームはこうした根拠なき行動様式に依拠しているのである。それはさらなる根拠・理由なくそこにあるのだ。人はその背後にさらに何か私の行為を説明すべきもの、例えば、前言語的な意図のごときものを設定してはならない。人は根拠なき行動様式で止まらなくてはならない。ここで困難なのは生の岩盤において立ち止るということである。しかし、人はいかなる意味においても根拠なき行動様式としての生の岩盤の背後に遡及してはならないのか。

ウィトゲンシュタインが「困難なのは解決を見出すことではなく、解決の前段階に過ぎぬように見えるものを解決として承認することだ」(92) と言う時、この言明は治療的言語分析の思考枠組のうちにあり、それ故、治療的言語分析の思考枠組によって制約されている。ここでウィトゲンシュタインが否定するのは、言葉の意味をその意味にとって構成的な言語的実践の現場としての言語ゲームを飛び越えて、そのいわばその外に設定してしまうことである。けれども、こうした治療的言語分析の成果を一度手にしたならば、人はその限界に留まっている必要はない。

ウィトゲンシュタインが言及している理由・根拠とは行為の理由、「君はなぜこのように行為したのか」という問いに対する解答において与えられる理由・根拠である。例えば、私がある裁判官に「君はなぜ判決を下すのか」と問うならば、私はこの問いに対する答えにおいて既に確固とした基盤に到達してしまうであろう。即ち、彼は「それは私が裁判官だからだ」と答える他はないであろう。しかし彼が裁判官であるのは裁判制度が存在しているからであり、判決を下すという行為の歴史的生成のメカニズムついて、即ち、一定の行為様式の歴史的生成について、そのメカニズム・経緯を問うことができる。ウィトゲンシュタインが念頭に置いている「理由・根拠」とは、「君はなぜこのように行為するのか」という問いへの解答において挙げられる理由・根拠であり、これが治療的言語分析の視圏の内部で問題となるのであるが、しかし、この意味での理由・根拠がどこかで終点に達しなくてはならないということは、それ自体では「どのようにして一定の行為様式・制度が生成したのか」の問いを排除するわけではない。治療的言語分析の視圏の内部では、私が確固たる基盤に達してしまえば、私はそれ以上に説明を求めてはならないのであり、一定の行為様式は何らの根拠・理由もなく、我々の生活と同じようにそこにある。けれども、これは治療的言語分析の制約下でのことに過ぎない。一度、私が治療的言語分析の思考枠組の外に出るならば、この時には、一定の行為様式の歴史的生成の経緯・メカニズムについての問いを提出することができるようになるのであり、その歴史的生成に関する説明を求めることができるようになる。こうして、かの確固とした基盤のレベルでは私の生活の仕方は何らの理由・根拠もなくそこにあるということ、それ故、それ以上の説明を求めてはならないということは、あらゆる意味で我々の生活が何の理由・根拠もなくそこにあるということを意味しないし、いわんや根拠なき行為様式とされるものが批判と変革を免れており、そうしたものとして無条件に受け入れられなくてはならないのだということを意味しない(93)。人間生活・言語的実践への帰還という既に述べた治療的言語分析の制約を越える時、根拠なきとされた行為様式の生成のメカニズムに関する説明が話題に上る。この説明が与える意味においては、生活・行為様式もまた根拠を持っているのである。ルカーチが言ったように、生活世界それ自体のうちに（もっとも「生活世界」はルカーチの用語ではないが）カテゴリー上の誤謬が既に組み込まれているとすれば、この誤謬はその生成の根拠を持っているはずである。もちろん、この根拠があらゆる歴史の第一原因でも究極的な根拠でもないということは言うまでもない。

言語の改革、例えば、科学の関心において言語を改良することはウィトゲンシュタインの目的ではない。ウィトゲンシュタインの目的は、言語のうちに根を持っているにしても、言語それ自体というより、言語によって我々の悟性のうちに生み出された混乱を除去することである。言語の表層的形式が、即ち、表層文法が悟性を誤り導くのだ。（このことは言語それ自体のうちに誤謬が組み込まれているということを意味しない。）哲学的誤謬とはこの混乱の産物であり、それは言語が働いている時にではなく、言語が空回りしている時に生じる(94)。言葉は、生活の中で、生活の流れ、つまりは言語ゲームの中においてのみその生命を持つということ、言葉に特有の「精神」は「その言葉の属する物語全体に依存している(95)」ことを明らかにすることは、まさしく悟性の混乱を除去するために、言語的実践の現場に立ち返るということである。ウィトゲンシュタインの目的はこうした治療的言語分析にあり、例えば、社会的生活世界の構造的な成り立ちを把握することにはない。それ故、もし社会的生活世界の構造的な成り立ちを把握しようとするならば、人は治療的言語分析の限界に突き当たるのであり、その限界を越えていかなくてはならないことになる。もし時代の病が言語的実践の現場そのもののうちに組み込まれているとすれば、それは言語が空回りしているのではなく、ちゃんと仕事を行なっている時に生じているはずである。この病を把握するには、人は先ずは社会的生活世界の構造的なあり方を、日々の言語ゲーム遂行・生活実践の遂行の中で再生産されてくるその同一性をこそ把握しなければならないのである。即ち、先ずは、日々の生活行為の中で再生産されてくる社会の制度システムの構造を、規則に従う行為が相互に織り合わされてあるあり方としての秩序、構造、組織の再生産的同一性を把握しなくてはならない。しかし、これはもはやウィトゲンシュタインの目的ではないのである。

七　日常的生活世界と生活世界

先に、大工とその助手が遂行する言語ゲーム（仮設的言語ゲーム）が言及され、それと同時に、この二人を含む仮説的部族の仮説的生活世界について言及された。この生活世界は、大工とその助手が遂行する言語ゲームと同一視されてはいなかった。この部族の生活世界は部族成員の様々な生活行為・生活表明から織り成され、大工とその助手の遂行する言語ゲームは、それ自身一つの生活行為として、生活形式として、この部族の生活世界のうちに埋め込まれている。それ故、生活実践・生活行為は言語ゲームに還元されるわけではない。そしてまた、言語ゲーム自体が単に言語行為に還元されるのではなく、言語行為と非言語行為（と後に言及する世界像）との織り合わせ、網あわせであった。ウィトゲンシュタインは我々が言語の使用を誤解することによって生起する哲学的問題を解消するために、言語ゲームを主題化したのである。しかしこの治療的言語分析に視野が限定されないとなれば、もっぱら言語ゲームにのみ焦点を当てる必要はなくなる。私はここで「言語のパラダイム」によって、以上のような、言語ゲームがまた組み込まれている生活世界を社会を認識する際に基礎に置く立場として提示することにする。それ故、「生活世界」は先ずは言語的実践の現場をも含む生活実践・生活行為の総体として理解される。確かに、「言語のパラダイム」と言えば、もっぱら言語行為、あるいはウィトゲンシュタインの言語ゲームを主題化するものとの印象を人に与えるのであるが、私は、よい言葉が見つからなかったので、「言語のパラダイム」という語を用い続けることにする。（私はいわば「解釈改憲」を行なうのである。）

さて、言語ゲームは言語的実践の現場であると理解された。同じく、私はここで生活実践・生活行為も先ずは生活実践の現場と理解する。換言すれば、それらは生活の具体相、具体的生の場のことである。生活実践とは先ずは、その行為主体にとって、それが彼が現に遂行する生活行為であるから、その具体性、個別性において現われる。個人の日常生活とは彼にとって身近な、彼にとって感性的に現存せる生活であり、この彼の生活は彼の意欲と意志が現に発動する生活行為である。彼の一切の行為は彼の生活表明である。個人の日常的生活とは個人的パースペクティヴから意味づけられた生活のことである。個人的パースペクティヴからすれば、個人の日常生活の現実は、私の身体の〈ここ〉と私の臨在の〈いま〉の回りにおいて組織されている。(96) 確かに私にとっての〈ここ〉は君にとっての〈そこ〉である。こことい ま、ことそこはそのような仕方で私と君に共有されている一つの生活空間、生活時間を成す。生活空間と生活時間とは諸個人間の相互行為にあってそのような形で共有されたこといまである。私は、個人的パースペクティヴからする諸個人の日常生活の交叉としての生活実践の現場のことを日常的生活世界と呼ぶ。日常的生活世界は諸個人が織り成す様々な相互行為の織り合わせ・網であり、私は、君と彼／彼女が私にとって感性的に現存するように、私と彼／彼女が君にとって感性的に現存することを知っている。個人的生活の個人的パースペクティヴの交叉が諸個人の日常的生活世界であった。それは彼らの生活実践の現場であり、それ以外ではない。例えば、家族は諸個人の諸行為が織り成す一つの日常的生活世界である。それは家族成員にとって意味を持つ相互行為の網合わせである。しかし、家族だけが日常的生活世界を成すのではない。サラリーマンは家を出て、通勤電車に乗って出勤する。電車の中での相互に見知らぬ人々の空間的凝集、これがまた彼等の日常的生活世界に入り込む。企業内で彼は残業する。これがまた彼らの日常的生活世界での出来事である。会社では、私は平であり、彼は上司である。私と彼の間の現実に遂行される関係行為が私と彼の日常生活世界に入り込む。ある意味では、諸個人の日常的生活世界ですべてが起こるのである。喧嘩も、闘争も恋愛も、育児も、暴力団の抗争も、取引も、生活過程論の言うところのゾチアルな生活過程も、諸個人の日常的生活世界で生じる。否、諸個人の生活諸行為が彼らの日常的生活世界を産出するのである。日常的生活世界は、それは場合場合に応じて縮小・拡大、伸縮するのであるが（だから厳密な限界などというものではない）、ゾチアルな生活過程とまだ同一ではない。日常的生活世界はこうしたゾチアルな生活過程が解体されてしまう場でもあるのだ。そして、諸個人の様々なヘゲモニーの争いが行なわれる場でもある。もとより諸個人の日常的生活世界はゾチアルな生活過程がそこにおいて発する場でもある。ここで言われている日常的生活世界は、誤解なきように言えば、単に自明性の世界ではない。そうした自明性が崩れる場でもあるのだ。それは諸個人にとって身近な生活実践の現場のことである。生活世界はまず第一にこうした日常的世界である。

諸個人が織り成す日常的生活世界は場合場合に応じて伸縮すると私は言った。五人の人間が集まっていれば、そこに彼らの日常的生活世界が、即ち、彼らの日常生活の織り合わせが生じ、一〇人の人間が集まっていれば、彼らの日常生活の現実が生じる。この時、彼らの日常的生活世界に現に入り込んでいる人々並びに彼等の生活行為・生活空間（現実態）と彼等の日常的生活世界に入り込み得るであろう他の日常的生活世界（可能態）とが分化する。もとより、両者の境界は常に流動的である。従って、生活世界は、第二に、このような仕方で、諸個人の日常的生活世界が相互に現実態―可能態となっている日常的生活世界の総体である。とはいえ、これは私が意図する「生活世界」の意味を尽くしていない。日常的生活世界は、諸個人の生活実践の現場の総体であり、生活はここではその個別的具体性において捉えられている。それ故、これではまだ生活世界が長期的なものとして制度化されているあり方は把握されてはいない。それを捉えるためには、諸個人の生活諸実践において再帰してくる行為の類型性を捉えなくてはならないのである。

「規則」という概念には「同じ」ないし「一致」という概念が結び付ついている。世界の歴史の中でただ一度だけ行なわれるような「行為」については、それがどんな行為なのかを語ることは出来ない。逆に言えば、何とでも言える。してみれば、日々の生活行為によって再生産される類型性とは規則、とりわけ相互行為規則の反復可能性のことである。もちろん、規則は生活実践の現場に特殊なその個別性、特殊性を規定することは出来ない。ウィトゲンシュタインは言っている。「路上での交通整理は運転者と歩行者に対してある行為を認可し、また禁止する。けれどもそれは、彼らの一切の動作を指示することによって導こうとするのではない。そうした〈理想的な〉交通規則について語るのはナンセンスであろう。[97]」規則はある行為を許可し、禁止する。それは行為の一切を規定するのではない。しかし、規則はある時間における行為と続く時間における行為との同一性を保証する。それ故、規則を把握すると言えば、それは行為の類型性を把握するということを意味する。かくて、生活世界の構造化されてあるあり方を把握しようとする時には、諸行為の類型性をまずは押えなくてはならないのである。この類型性のみでは、もちろん、言語的実践の現場としての言語ゲーム・生活実践の現場に我々は達しないのであり、言語ゲームにおける言葉の現実の使用を捉えるにはまだ至らない。治療的言語分析の観点からは、単に「有意味な世界を可能にする我々の生活の網における形式的条件、パターン」に言及するに止まるならば、それは「不十分な特殊性の誤謬」に陥っていると見なされよう。[98]けれども、これは治療的言語分析の視圏内のことである。生活世界の構造化されてあるあり方を把握しようとすれば、むしろこの形式的条件、パターン――私はむしろこれを行為の類型性と言うが――を把握しなくてはならないのである。それにまた、行為の類型性は、それだけではまだ、言語的実践・生活実践の現場に到達せず、それ故、言語ゲーム内での言葉の意味規定にとって十分ではないとしても、言語的実践の現場としての言語ゲームの中に入り込んでくる。だから、この現場を捉えるためにも、諸言語ゲームにおいて再帰してくる類型性を捉える必要がある。

とはいえ、この類型性を様々な言語ゲームにおいて現象する同一性としての本質の如きものと理解する必要はない。ウィトゲンシュタインは「人間行動はどのように記述できるだろうか。それはただ、色々な人間の行為について、それらが互いに入り組んだ仕方で群がっているあり様を描写することによってである。ある人が今為したことや、個々の行為ではなく、人間の行為の群れ全体が、即ち、我々が個々の行為をその下において捉える背景が、我々の判断、概念、反応を決定するのである。[99]」と述べた後で、続けて「生活が織り物であるとすれば、その模様……は常に完結しているのではなく、様々な仕方で形を崩す。それにも拘らず、我々は、我々の概念世界で同じものが形を変えて常に繰り返し立ち現われてくるのを見る。我々の概念的把握とはそうしたものである。概念とは、実際、一回限りの用法に対応するものではないからである[100]」と言う。生活という織り物は絶えず様々に形を崩していく。にも拘らず、人がある同一のものが形を変えて現われてくると考えてしまうのは、我々の概念的把握の本性に規定された見方である。同じものが形を変えて現われてくるというのは、本質と現象というヘーゲル的論理を適用することを意味するが、しかしこれは我々の概念的把握の本性に規定された見方の生活のあり方への投影に他ならない。とはいえ、こうした見方がウィトゲンシュタインにとって誤りであるとしても、その誤謬を生み出す根拠がないわけではない。実際、概念とは一回限りの用法に対応するものではないからである。（とはいえ、言語をもっぱら概念的言語へと同化することは、ウィトゲンシュタインからすれば、言語に関する誤った映像に囚えられた誤謬に他ならないであろう。）私見では、本質としての同一なものが形を変えて現象するというのではなく、むしろ行為の様々な繰り返しの中でまた行為の類型性も再生産されるのである。（もちろん、類型性それ自身が変容し、変革され、また消失することもある。）我々は誤って、この繰り返しの中での類型性の再生産を本質が姿を、形を変えて現象すると考えてしまう。行為の類型性は何も行為の本質、諸行為において現象する本質ではないのである。それ故、本質と現象の論理の採用の拒否は、行為の類型性の把握を拒否することを含意しない。

私は生活世界の構造化されてあるあり方を把握しようとする。が、これはウィトゲンシュタインの目的ではなかったのである。人々の現実の全生活の経済・社会的再生産過程、社会・経済の諸制度が総体として如何なるものかを、孤立した個人ではなく、社会・経済として如何なるものか、構造的に何が生成し、滅びつつあるかを把握するためには、言語的実践・生活実践の現場に目やる際、様々な言語ゲームにおいて再帰してくる類型性をも捉えなくてはならない。そしてこの類型性・同一性こそがまた現場を大きく規定してもいるのである。時代の病はこの同一性のうちにこそ組み込まれているのである。行為の様々な類型性の相互に組み合わされ、構造化されたあり方こそ、生活世界の構造に他ならない。とはいえ、諸言語ゲームにおいて再帰してくる行為の類型性の把握という点でウィトゲンシュタインに手掛かりがないわけではない。実際言語的実践の現場（言語ゲーム）と言っても、それは我々のとり方によって、その範囲・類型度は随意に変化し得るものである。M・バットは「ウィトゲンシュタインは、語、フレイズあるいは文の意味の分析の提示に関わっていたのではなく、単に彼が表現の使用を誤解することによって動機づけられた哲学的問題を解消する上で必要と考えた程度に、表現の文法を指し示すことに関わっていた。[101]」と言う。ところがこの程度はそのつど何が問題になるか、どんな表現が主題化されるかに従って任意に変動し得る。例えば、ウェーバーから例を借用して、伝統的な身分契約と近代的な契約との相違を見てみよう。伝統的な身分契約にあっては、契約当事者の社会的身分は、契約遂行においてある人は他の人の子供となり、家来となり、妻となり、という具合に変化するが、これに対して近代形式主義的法秩序、即ち、形式的に自由な市場交換の可能性を保証する形式主義的法秩序に関連する道具的契約にあっては、社会的身分の変動は生ぜず、ただ量的に無制約的な抽象的一致が問題となる。以上は、伝統的身分契約と近代の道具的契約の種差を述べているものであるが、この種差は類型性において捉えられた契約行為間の種差である。それは特定の時間と空間的場所において遂行される実践現場としての言語ゲームの記述ではなく、個々の契約という言語ゲーム遂行において再帰してくる類型性を捉えたものである。ところが、同じことはウィトゲンシュタイン自身が言語ゲームとして挙げている例についても当てはまる。ウィトゲンシュタインの考えでは、「Aという事象とBという事象には何が共通か」あるいは「Aという事象とBという事象は類似しているか否か」という問いには、この問いが発せられる文脈を離れては答えは存在しない。この問いに対する答えはその都度の言語ゲームに相対的にのみ与えられなければならない。ウィトゲンシュタインによれば、一般タームの諸事例はいわゆる家族的類似性の網を形成するが、しかし、類似性のあり方自身がまた家族をなし、類似性のあり方はその都度の言語ゲームの中で見出されなければならない。しかし、言語ゲームが言語的実践の現場であるとしても、この現場の中には諸実践の中で再帰する類型性が現われ得る。(102) 言語的実践の現場としての言語ゲームと言ってもそれは、その都度の問題に相対的にその類型性のレベルも様々であり得る。けれども、これとて治療的言語分析の枠内でのことである。それにまた、言語的実践の現場はその都度の問題と相対的に様々であり、それは広大な領域をカバーしている、と語ることは、それのみでは現実の生活実践がその多様性の中に拡散してしまう、換言すれば、多様性と拡散としてしか把握されないという危険が生じる。そこで、私は、治療的言語分析の視圏の克服の道において、言語ゲームによって特定の時間と空間において遂行される実践を理解し、その言語ゲーム遂行のうちで再帰してくる普遍的成分を類型性として捉えるという道を採ることにする。こうして、私は先に言及した人々の日常的生活世界はその構造化され、制度化されたあり方から見られるのであって、かくて、第三に、生活世界は、日常的生活世界の再生産とともに再生産される類型性をその契機として持っている。生活世界は人々の日常的生活世界を組み込んでおり、生活世界総体は人々の日常的生活世界での諸行為を通して再生産されているのである。

さて、言語ゲームをも包括している生活実践は日々人々が現に遂行している一切の行為であるために、それは人間の全活動を覆い尽くしている。それは人間の行為つまり生活行為の一切を包括する。それ故、言語ゲームは現実的なものであり、こうして言語は、単に世界の陰のごときもの・実在をその外側から記述するに過ぎないものではなくなった。それは言語ゲームという形で人々が現に生きてある現実そのもの、社会的現実・社会的実在となったのである。生活実践・言語ゲームは生活の多様性に応じて多様である。それは科学、宗教、芸術、政治的世界、経済的世界、貨幣を媒介する売買、契約、投票、暴力団の抗争、政治家のスキャンダル、株売買、企業での仕事、住民運動、環境保護運動、自らの生活のあり方の批判とその変革、その他様々な行為を包括している。こうして生活世界はもはや人の意識に体験されるかぎりでの社会的生活世界としてではなく、実践的な行為世界として現われる。また人々はこれまでには存在しなかった生活実践・言語ゲームをも創造し、そしてこれを創造する行為自身がまた言語ゲーム・生活実践である。

註

（1）Vgl. L. Wittgenstein, Z. 173.

（2）「言語的実践の現場（loci of linguistic practice）」という用語は、S. Stephen Hilmy: *The Later Wittgenstein*, Basil Blackwell,

1987. による。Cf. Chap. 5.

(3) L. Wittgenstein, BPP2, 23.

(4) Vgl. Wittgenstein, BPP2. 150. また 151.

(5) Vgl. S, S. Hirmy, ibid., Chap. 6.

(6) S. S. Hirmy, ibid., p. 204.

(7) S. S. Hirmy, ibid., p. 220.

(8) L. Wittgenstein, PB, Vorwort.

(9) L. Wittgenstein, PU, 109.

(10) G・ハニングスは次のように言っている。「もし我々の世界観が我々の言語ゲームの文法のうちに埋め込まれているとすれば、中性理論―自由記述の可能性は排除される。言語のウィトゲンシュタインの探究において、記述と称されるものは説明であることが明らかになる。即ち、文法の概念によって膨らまされた事実である。言語ゲームと結び付いた活動、色のサンプル、心的活動および投影の方法のアナロジー、ゲーム、道具、意味の後の画像理論の言語ゲームへの編入、これらはすべて言語の記述というより、説明の装置にふさわしい。……彼の哲学は単に破壊するだけであり、決して言語に干渉せず、すべてをあるが侭にしておくという主張は、たかだか宣伝的であり、もっと悪くはナンセンスである。」(G. Hunings, *The Word And Language in Wittgenstein's Philosophy*, Macmillan Press, 1988. pp. 249–50.)

(11) R・F・ベールリンクは次のように言っている。「ウィトゲンシュタインの様々な私的発言から、彼はルネサンス以来展開してきたような近代世界に対する科学的思考の支配を一種のカタストロフィーと見たということが明らかになる。……科学的な思考とその特殊な現実性展望は、他の観点、直感、あるいは洞察に損害を加え、そしてその独占要求によって阻止し、あるいは覆い隠すように脅かしている。……すべてを厳密に規制された自然科学の枠内に押し込める事は出来ないし、同じものに一纏めにすることは出来ない。……科学は文化的産物として比較的後の獲得物と見なされなければならず、それは確かに多様な仕方で新しく例のないパースペクティヴを開いたのではあるが、しかしすべての問いに答えを与え、すべての問題を原理的に解決できると不当に主張している。」（R. F. Beerling, *Sprachspiele und Weltbilder Reflexion zur Wittgenstein*, Verlag Karl Alber, 1980. S. 153–4.）なお、この点に関連する議論として、R. Haller, *Question on Wittgenstein*, *Routledge*, 1988. chap. 5. 参照。

(12) D. Held, *Introduction to Critical Theory Horkheimer to Habermas*, University of California Press, 1980. p. 167.

(13) Vgl J. Habermas, LS, 1982. S. 257–8.

(14) Vgl. J. Habermas, LS, S. 263.

(15) Vgl. L. Wittgenstein, PU, 92, 97, 103, 105, 106.

(16) L. Wittgenstein, PU, 126.

(17) L. Wittgenstein, Z, 314.

(18) S. S. Kripke, *Wittgenstein on Rules and Private Language*, Basil Blackwell, 1982. p. 85.

(19) G. Frege, *Die Grundlagen der Arithmetik, Eine logisch-mathematische Untersuchung über den Begriff der Zahl*, Georg Olms Verlagsbuchhandlung Hildesheim, 1961. XII.

(20) L. Wittgenstein, TLP, 3. 3.

(21) Vgl. Ishiguro Hide, "Die Beziehung zwischen Welt und Sprache: Bemerkurgen im Ausgang von Wittgenstein's tractatus", *Wittgenstein in Focus-im Brennpunkt: Wittgenstein*, eds. B. McGuinness/R. Haller, AMSTERDAM-ATLANTA, GA, 1989. また、M. Dummett, *Truth and Other Enigmas*, Harverd Uni. Press, 1978. p. 38.

(22) L. Wittgenstein, TLP, 5. 632.

(23) Theodore Redpath, *Ludwig Wittgenstein A Student's Memoir*, Duckworth, 1990. p. 18.

(24) Vgl. G. Frege, Der Gedanke, *Kleine Schriften*, S. 350.

(25) L. Wittgenstein, PU, 154.

(26) Cf. M. Dummet, "Frege and Wittgenstein", *Perspective on the Philisophy of Wittgenstein*, ed. by I. Block, Basil Blackwell, 1981. p. 32.

(27) Cf. H. Putnam, "Meaning and Reference", *Naming, Necessity, and Natural Kinds*, ed. by S. P. Schwartz, Cornell Uni. Press, 1977. p. 119.

(28) L. Wittgenstein, PG, 112.

(29) L. Wittgenstein, BlB, S. 96–7.

(30) L. Wittgenstein, Z, 110.

(31) L. Wittgenstein, PU, II. i.

(32) L. Wittgenstein, Z. 176.

(33) Gebrauchとは言語ゲームの中での語の具体的な使用のことである。Vgl. M. Hintikka/J. Hintikka, *Investigating Wittgenstein*, Basil Blackwell, 1986. p. 218.

(34) L. Wittgenstein, BlB, S. 67.

(35) L. Wittgenstein, BlB, S. 67–8.

(36) L. Wittgenstein, Z, 55.

(37) S. S. Hirmyは「ウィトゲンシュタインは、後期の著作において、時々『文法』という語を記号の意味にとって構成的な言語的実践の現場（言語ゲーム）を指示するために用いた。」と言っている。（S. S. Hirmy, ibid. p. 206.）またウィトゲンシユタインは、PU, 496で文法は記号の慣用を記述すると言っている。

(38) 後期ウィトゲンシュタインは語の対象指示機能を軽視したといった見解に対する批判については、M. Hintikka/J. Hintikka, ibid., Chap. 9. また J. Hintikka, Language-Games, *Game-Theoretical Semantics*, ed., E. Saarinen, Reidel, 1979. p. 8ff. を参照。

(39) L. Wittgenstein, PU, 49.

(40) 尾関周二『言語的コミュニケーションと労働の弁証法』、大月書店、一九八九年、一一三頁参照。

(41) Wittgenstein, Z, 295.

(42) S. S. Hirmy は、仮説的言語ゲームの方法論的機能としてもう一つレドクツィオ推論を挙げている。即ち、知るや理解するは心の状態だという如き見解を論駁しようとする際に、ウィトゲンシュタインはこの見解を仮定した上で、心ないし意識状態の時間計測の言語ゲームを案出する。例えば、悲しみがどのくらいの時間継続したかについては時間計測が可能である。しかし、知るや理解すると言ったことについては同じようにして時間計測を行なうことは不可能である。このことから知るや理解するは心の状態なのではないということが結論される。この推論は以下のようにまとめることができる。

[α] 知るや理解するが意識状態であると仮定しよう。

[β] すると、意識状態に対しては時間継続が可能であるように、知るや理解するについても時間計測が可能なはずである。

[γ] しかるに、そうではない。

[δ] よって、知るや理解するは意識状態ではない。S. S. Hirmy, ibid., p. 71.

(43) L, Wittgenstein, BlB, S. 37.

(44) L. Wittgenstein, BrB, S. 121.

(45) Vgl. Wittgenstein, PU, 23.

(46) L. Wittgenstein, PU, 309.

(47) Cf. N. Malcom, "Language Game" (2), *Wittgenstein: Attention to Particulars, Essays in honour of Rush Rhees* (1905–89), Macmillan, 1989.

(48) L. Wittgenstein, BlB, 117.

(49) Vgl. J. Habermas, LS, S. 261.

(50) Vgl. L. Wittgenstein, PG, 29.

(51) Vgl. L. Wittgenstein, PU, 19.

(52) K. Marx, Das Kapital, I. S. 72.

(53) この部族にとっては「煉瓦」が命令の機能を有していても、それが「煉瓦を持ってきてくれ」に翻訳できるかどうかという問いは生じないであろう。それは「煉瓦を持ってきてくれ」という命令形を持っている我々にとって始めて生じる問いである。

(54) このような想定は一つの抽象ではあるが、ウィトゲンシュタインが「子供は一定の仕方で反応する術を学ぶのである、と私は言いたい。今そのように反応するとしても、彼は未だ何も知ったわけではない。知識はもっと後の段階で始まるのだ」(UG, 538) と言ってことに照らして見れば、別に奇妙なことではないであろう。同じように、Bはもっと後に自ら逸脱する術を学ぶということだってあり得よう。

(55) 尾関、前掲書、序論参照。

(56) ホネットのハーバーマス批判、即ち、ハーバーマスはコミュニケーション的行為と道具的行為を生活世界とシステムの二層に投影し、このようにしてシステムから固有の社会闘争の次元を捨象したという批判は、この点においてハーバーマス以後へ向けての一つ動きと私は受け取る。（Vgl. A. Honneth, KdM, S. 307–34.）

（57）Cf. G. P. Baker/P. M. Hacker, *Wittgenstein: Understanding and Meaning*, Oxford, 1980, p. 65.

（58）M. Horkheimer/Th. w. Adorno, DA, Exkurs 1 Odysseus oder Mythos und Aufklärung.

（59）K・O・アーペル「知識の根本的基礎づけ——超越論的遂行論と批判的合理主義」、竹内弘編『哲学の変貌』、岩波現代選書、一九八四年、二〇八頁。

（60）L. Wittgenstein, PU, 654.

（61）Vgl. J. Habermas, "Wahrheitstheorien", *Vorstudien und Ergänzungen zur Theorie des kommunikativen Handelns*, Suhrkamp Verlag, 1984.

（62）J. L. Austin, *How to do things with words*, Oxford, 1975.

（63）J. Seale, *Sperech Acts*, Cambridge, 1969.

（64）M. Hintikka/J. Hintikka, *Investigating Wittgenstein*, 1986, p. 218.

（65）L. Wittgenstein, PU, 7.

（66）詐欺師の言語使用においては、詐欺師は他の主体を支配・制御の客体と見なしていると解され得よう。

（67）ハーバーマスはコミュニケーション過程に二つのレベルを区別している。即ち、「（a）間主観性のレベル。話し手と聞き手はこのレベルにおいておたがいに言葉を交し会う。（b）対象のレベル。彼等はその対象について了解し合う。」（「コミュニケーション的能力の理論のための予備考察」、『批判理論と社会システム理論』上、佐藤嘉一・山口節郎・藤沢賢一郎訳、木鐸社、一九八七年、一二八頁。）

（68）L. Wittgenstein, UG, 239.

（69）Cf., P. F. Strowson, "Intention and Convention in Speech Acts", *Readings in the Philosophy of Language*, ed. by J.

Rosenberg/C. Travis, PRENTICE-HALL, INC 1971.

(70) L. Wittgenstein, BrB, S. 265.

(71) Cf. J. Hintikka, Language-Games, *Game-Theoretical Semantics*, ed., E. Saarinen, Reidel 1979.

(72) A. J. O. Urmson, "Performative Utterance", *Contemporary Perspectives in the Philosophy of Language*, University of Minnesota Press, 1981. p. 264.

(73) L. Wittgenstein, PU, 109.

(74) L. Wittgenstein, PU, 114.

(75) L. Wittgenstein, PU, 118.

(76) A, Kenny, Wittgenstein über Philosophie, *Ludwig Wittgensten Schriften Beiheft 3. Wittgensteins geistige Erscheinung*, Suhrkamp, 1979. S. 12.

(77) Vgl. L. Wittgenstein, PU, 106.

(78) L. Wittgenstein, Z, 313.

(79) L. Wittgenstein, Z, 314.

(80) L. Wittgenstein, BlB, S. 52.

(81) L. Wittgenstein, PU, 112.

(82) L. Wittgenstein, BlB, S. 51.

(83) Cf. Harry P. Reeder, *Language and Experience Descriptions of Living Language in Husserl and Wittgenstein*, Center for Advanced Reserch in Phenomenology & University of Press of America, Washington, D. C. 1984. pp. 11–4.

(84) S. S. Hirmy, *The Later Wittgenstein*, Basil Blackwell, 1987. P. 226.

(85) L. Wittgenstein, PU, 664.
(86) L. Wittgenstein, BGM, II, 23.
(87) H・ステーテン『ウィトゲンシュタインとデリダ』高橋哲哉訳、産業図書、一九八七年、一四四頁。
(88) 同上、一四六頁。
(89) 同上、一六七頁。
(90) Vgl. L. Wittgenstein, UG, 559.
(91) Vgl. L. Wittgenstein, PU, 217.
(92) Vgl. L. Wittgenstein, Z, 314,
(93) Cf. D. Z. Philips, “Wittenstein's Full Stop”, *Perspectives on the Philosophy of Wittgenstein*, ed. I. Block, MIT, 1981. p. 190.
(94) Vgl. L. Wittgenstein, Z. 173.
(95) Vgl. L. Wittgenstein, Z. 176.
(96) バーガー＝ルックマン『日常世界の構成』山口節郎訳、新曜社、一九七七年、三七頁。
(97) L. Wittgenstein, Z, 440.
(98) S. S. Hirmy, op. cit., p. 181.
(99) L. Wittgenstein, Z, 567.
(100) L. Wittgenstein, Z, 568.
(101) M. Budd, op. cit., p. 312.
(102) 例えば、D・ブルアは次のように言っている。

純粋な赤と純粋な緑が確かに共通点を持つ色だと言われるようなゲームだって、たやすく想像することができる。或る言語の使用つまり文化を想像しよう。その言語では赤と緑に共通な名があり、他方黄と青もまた同じ名を持っている。例えば二つのカーストがあって、貴族階級の方は赤と緑の衣を身に着け、他方、平民階級は青と黄の衣を身に着けているとしてみよう（BB, p. 134）

ウィトゲンシュタインは続けて次のように述べる。この文化では、黄色と青はともにいつも平民色と呼ばれ、他方緑と赤は常に貴族色と言われる。……赤と緑が共通に持つものは何かと問われると、この文化の成員であるBは、ためらうことなく両方とも貴族色だと言うだろう。（D・ブルア『ウィトゲンシュタイン――知識の社会理論』戸田山和久訳、勁草書房、一九八八年、六三頁。）

だが、ここに記述された言語ゲームは――それを言語ゲームと呼ぶとして――特定の時間と空間において実践された言語ゲームというより、そうした諸言語ゲームにおいて再帰してくる類型性において把握されたものと見なされ得る。というのは、それは文化であるからである。

第四章　言語のパラダイムの整備

1　How to Wittgenstein a Weber

私は、ハーバーマスの「生活世界」と「システム」による社会の二層的理解を言語のパラダイムと産出のパラダイムの統合による社会把握に置換するよう提案した。その際、ハーバーマスは、近代にいたって、生活世界とシステム（経済及び政治システム）は相互に分化すると考えるのであるが、ハーバーマスのこの理解は、生活世界内部での構造転換として書き換えられることになる。それ故、ハーバーマスの言う生活世界もシステムも、いずれも生活世界として理解される。そして、この生活世界が言語のパラダイムと産出のパラダイムの統合によって把握されることになる。

これは批判的社会理論の基本パラダイムの変換の提案である。以上見てきたように、言語のパラダイムを獲得しようとする際に、私は先ずは後期ウィトゲンシュタインの言語ゲームの哲学に依拠する。言語ゲームとは、言語行為・非言語行為・世界像が織り成されている人々の生活実践の現場のことであった(1)し、「言語ゲーム」概念に依拠して定義された「生活世界」は人々の一切の生活実践を含み込んでいる概念である。生活世界はそうしたあらゆる実践、言語的実践・生活実践の総体として、実践的な行為世界として現われる。このように、ウィトゲンシュタインの「言語ゲーム」に依拠しつつ直接に言語行為を含んでいない生活行為をも含むように拡大された「生活実践」の概念は、それはその行為遂行者にとって少なくとも一定程度その行為意味が了解されているものであるが、単に経済行為に尽きるのでもなく、単に政治的行為に尽きるのでもない、人間の生活総体を覆う概念たりうるものである(2)。

とはいえ、後期ウィトゲンシュタインの哲学は治療的言語分析の視点に制約されており、差し当たって言語ゲーム・生活実践総体として把握された生活世界の構造把握のためには十分ではないものであった。それ故、私は以下ウィトゲンシュタインにウェーバーを出会わせ、こうすることで、ウィトゲンシュタインに依拠した言語のパラダイムを批判的社会理論の基本パラダイムの一つとして整備・豊富化するよう試みる。もちろん、このことはウィトゲンシュタインの後期哲学の治療的言語分析の立場から外れるということを意味する。ウィトゲンシュタインの言語ゲーム概念をウェーバーの社会学の諸概念によって整備するという試みは無根拠の試みではない。というのは、ウェーバー社会学は、経済行為や政治的行為のみならずあらゆる人間行為を対象とする「行為の社会学(3)」であって、この「行為」は、「言語ゲーム」・「生活実践」と同様、そしてまた「生活過程」と同様、総体性概念たり得るからであり、ウェーバーの社会学とウィトゲンシュタインの言語ゲームの哲学との間には一定の親和性があるからである。ウェーバー社会学は人間行為をその主観的意味から理解しようとする。が、言語ゲームの主体はウィトゲンシュタインが否定した「解釈」ではないが、自らの行為について一定の了解を持っているものである。言語ゲーム論の立場からすれば、しかし、行為をその主観的意味理解から理解するというより、言語ゲーム・生活実践をそれとして再構成することが問題となる。両者の間には一定の親和性があるということは、ウェーバーの「行為」とウィトゲンシュタインの「言語ゲーム」とが同じ概念だということを意味するわけではない。ウェーバー社会学の諸概念によるウィトゲンシュタインの言語ゲームの哲学の書き換えは、ウェーバーの「行為」の「言語ゲーム」・「生活実践」による置換によって必然的にウィトゲンシュタインによるウェーバーの書き換えを結果する。(4) ウィトゲンシュタインのウェーバー化はウェーバーのウィトゲンシュタイン化でもある。

さて、ウィトゲンシュタインにおいて明示的になっていないのは、言語ゲーム遂行の主体である。言語ゲームはその遂行の主体を持ち、主体が様々な言語ゲームを遂行するのであるが、しかしこのことは事柄の一面であるに過ぎない。先ず主体があって、この主体が様々な言語ゲームを、従って生活実践を行なうというのではなく、主体がどのような生活実践を行なっているか、彼がどんな生活をしているかがこの主体がどんな主体であるかを構成しもするのである。そしてこの主体は、相互にバラバラなアトム的個人ではなく、一定の生活形式、生活の仕方を共有する一定の社会層を形成している。ところで、まさしくこの「社会層」が世界宗教の経済倫理を考察するウェーバーの基本概念としてウェーバーのうちに出現してくるのである。問題とされるのは、一定の社会層の生活形式・生活態度・生活実践、要するに一定の社会層が営む生活・言語ゲームの質であり、世界宗教の宗教倫理が社会層の生活の質の形成にどのような影響を与えたかということである。ウェーバーにおいて、宗教倫理・宗教的世界像は宗教の固有法則性によって生み出されるが、これは社会層の日常生活の倫理たる実践倫理に影響を与え、この実践倫理がまたこの社会層の経済行為・経済組織の倫理たる経済倫理の中核を成すことになる。もちろん、社会層の経済倫理に影響を与えるのは単に宗教だけではなくて、社会層の自然的・地理的・政治的諸条件によって規定される生活のあり方がまたそうであり、政治的・経済的諸条件がそうなのであるが、ウェーバーは社会層の実践倫理が宗教から刻印を受けたという面に焦点を与えるのである。言語ゲーム論へと以上のウェーバーの見解を翻訳すれば、特定の行為様式と世界像（宗教的世界像）を有する一つの生活形式(5)としての宗教的言語ゲームがある社会層のその他の生活実践たる言語ゲームに深い影響を及ぼし、それに一定の型を刻印するということになろう。とはいえ、ウェーバーはいつも社会層の生活のあり方と宗教的世界像の間の相互規定関係を念頭に置いている。ここで、言語のパラダイムの整備として先ず私が取り出したいのはこの社会（階）層であり、その生活のあり方・生活実践である。このことによって、差し当たっては言語ゲーム・生活実践総体として捉えられた生活世界がより具体的に把握されることになろうし、一種の生活実践たる宗教的言語ゲームと他の生活諸行為との相互規定関係ないし親和関係が視野に登ってくる。

宗教と社会層

ウェーバーは「具体的な宗教の一つ一つについてみると、たいていそこに、その生活様式が［経済倫理の形成にとって］少なくとも主として規定的であったような社会層の存在を指摘することができる」(6)と言っている。例えば、儒教にあっては、その社会層は文書的教養を備えた現世合理主義的な受禄者であり、儒教はその身分倫理であったし、古代ヒンドゥー教の担い手は文書的教養人が形成する世襲カーストであり、イスラム教では、その初期にあっては、騎士団である。もちろん、こうした特定の宗教の担い手は固定的ではなく、例えば、中世イスラム教では瞑想的・神秘主義的なスーフィー派が出現してきて、小市民階級の同胞団組織が形成されるのである。中世では、ユダヤ教独自の書籍的・儀礼的教育を受けた知識人層があり、この層は無産化する合理主義的小市民層を代表する。キリスト教は遍歴平職人達の教説であった(7)。

以上のことは一定の世界像と行為様式を有する一つの生活形式としての宗教的言語ゲームと一定の社会層の他の生活実践のあり方・生活様式との間に親和ないし排斥関係があることを示している。例えば、ウェーバーによれば、軍事貴族や封建的諸勢力は容易には合理的宗教的倫理の担い手にはならないのであるが、それというのは彼らの現世において、あらゆる冒険に満たされている軍人にとっては、政治的支配層にとってと同様、「罪」、「救済」、「謙虚」といった諸観念はまさに縁遠いものであり、軍人の生活形式・生活様式・生活態度にあっては「死と人間的運命のさまざまな非合理を内面的に耐え抜く」[8]のが当然であるからである。また、活気にあふれた現世的生活態度を有する世襲的貴族商人にとっても、まさしく彼らの生活形式・生活様式のために、預言者的な倫理的宗教性とは縁遠い。アルミニウム派信者であるオランダの上流大商人達はその際だった現実政治的生活態度のために、カルビニズムの厳正な倫理性にとって敵対者であった。また、近世初頭に展開した、政治権力と結託した資本主義・植民地資本主義の担い手層も、そうであった[9]。

これに対して、西洋では、プロテスタンティズムの如き厳格な倫理的宗教性は、それは資本主義発展を担う主体類型を創出することになったのであるが、近世初頭の政治的植民地主義的資本主義の担い手から離れた中流市民階級及び小市民階級と結び付いている。これは市民的経済的階級的性格を持つ社会層においてとりわけそうであり、こうしてある種の厳正な禁欲的宗教性と経済合理性とは相互に親和性があるのであって、近代的な合理主義的経済の担い手層たる中流及び小市民的階級が経済的合理主義と厳格な倫理的宗教性との結合の場、母体となったのである。

都市と社会層

もう一つ、世界宗教の経済倫理に関するウェーバーの所論において、言語のパラダイムの整備という点から注目すべきなのは、一定の生活様式・生活様式・居住様式・人間的社会的関係を包括する生活空間としての都市である。都市住民は彼らの共同生活のあり方によって、一つの社会層を形成する。そして都市がある宗教の発酵の母体ともなるのであり、このことには都市的生活形式・生活様式が関係している。例えば、初期キリスト教の組織的教団性は、ウェーバーは言うが、西洋に特殊な都市的生活様式と親和的であった。というのは、西洋的な都市では、氏族・血縁集団が退潮し、氏族的束縛から解放された都市的集団生活・職業集団が形成されおり、これが組織的な教団宗教性の母体となったからである。都市住民は、その共有された都市的集団的生活様式のために、一つの社会層を形成し得るものである。西洋都市のこうした特質がキリスト教の教団的宗教性の受容にとって親和的な環境を成したのであった。これに対して、例えば、中国においては、都市にあっても、個人は氏族的靭帯に縛られ、祖先崇拝に義務づけられかつ郷里村落に結び付けられており、インドにあっても、都市においてのみならずその他のところでもカースト・タブーが都市が一つの教団宗教性へと成長する上での障害となっていたのである。こうして、ウェーバーにおいて、社会層ならびに都市が宗教的世界像・宗教倫理と社会的行為、及び、以下にみる社会層の利害状況が相互に媒介される場となっている。ウィトゲンシュタインの言語ゲームの哲学において現われたのは、単純な案出された言語ゲームにおける仮説的部族であるが、この部族はここではウェーバーの言う社会層という具体的形態をとるのである。とはいえ、もちろん、現実存在たる部族も社会層の一つとして種別化されるし、その内部でも様々な徴表に従って、例えば、社会関係における位置に従って、あるいはその他の仕方で様々な社会層を論定することができよう。如何なる徴表が選択されるかはその都度の社会学的・実証的研究の課題によって規定されるものである。

社会層・宗教的理念・利害状況

以上のように、ウェーバーにおいて、社会層は宗教的理念と生活実践のあり方が結び付いたり背反する場であり、社会層の生活形式・生活様式が宗教的世界像との親和性を示す時には、宗教的理念・世界像が、従って宗教倫理が社会層の生活のあり方を、その生活実践の質を深刻に規定するのであるが、こうした社会層の生活実践と一定の宗教性との媒介のいわば触媒となるのが社会層の生活のあり方に含まれており、生活のあり方によって規定されるとともに逆にまた生活のあり方を規定する社会層の利害状況である。社会層の状況には、富、安定、健康といった物質的利害と恩寵、救済、孤独、病からの解放といった観念的利害があるが、社会層の生活状況の中から産出されてくる利害状況が宗教的世界像と社会層の生活実践とを結合させる触媒の役割を果す。即ち、そうした利害が一定の救済財を諸個人に求めさせたり、独占するよう促したり、といった役割を果すのである。例えば、罪人の懺悔の審問といった機能を職業的に司る教権層が成立している場合には、この社会層は宗教的救済財の独占に自らの利害を持つし、諸個人が、また自由に結成された集団が自らの手段で救済を得ようとする向きに対して教権制的な統制を加えなければならないと考えるのである(10)。ウェーバーの宗教社会学的研究は、固有法則性を持って産出された宗教的世界像・理念が一定の社会層という社会的場において、その利害関心を触媒としつつこの社会層の経済倫理として、その実践的生活世界において具体化される道筋を追うものであるが、このようにして宗教的理念は一定の社会層を見出すことによって、この社会層の生活のうちで経験的実行性を持つことができるのである。しかしながら、こうしたウェーバーの研究戦略を離れて、社会層の生活状況と宗教的世界像との連関性を問題としないとしても、生活状況の中で産出される様々な利害関心は、歴史上何度も繰り返されたであろうように、一方では既存の生活形式・生活様式、制度的枠組を保守する行為を導くとともに、他方では、特に社会の制度的枠組が社会成員・諸個人の物質的であれ観念的であれ諸要求、即ち、利害関心と矛盾し、この制度的枠組を批判的に解体する諸個人の運動を導きもする。このような利害関心が新たな生活のあり方を、生活形式・生活様式を、要するに新たな言語ゲーム・生活実践を産出する原動力である。諸個人によって感じられた受苦の主観的経験は、諸個人の生活の中で生み出される彼らの生活についての具体的な知の中核を成すもので(11)、自分達の受苦の源泉である制度的枠組からの解放という解放的利害関心を生み出す母体である。これは時の宗教的世界像との結び付きにおいて、様々な色合を持つとともに、また既存の宗教的世界像・宗教的理念の変容をも促す要因であるが、しかしまた時にはこうした解放的利害関心は何らかの別の水路に誘導されてその批判的潜在力を喪失することもある。

身分・階級

ウェーバーの「社会層」概念は、さらに種別化すれば、身分と階級を含み込んでいる。身分とは一つの社会集団、即ち、社会層であり、その第一次的徴表はその成員たる諸個人の生活様式・生活態度及びそれらと関連する独自の、また教育とによって形成され、伝承される名誉観である。それ故、身分的に相違する諸社会層の間ではその生活様式と独自の名誉観、教育のあり方が、従って身振りやマナー、総じて生活実践の質とそこに組み込まれている観念が相違し、また通常結婚の相手の選択は結婚する個人の属する身分状況によって制約される。この身分には、多くの場合に、収入ないし営利に関するシャーンスの独占が結び付いており、この独占が法的に保証されている。これが身分ないし身分状況の第二次的徴表である。かくて、身分とは「生活様式と、習律的な独自の名誉観と、法的に独占をみとめられた経済的シャーンスとによって、……結合されているような人間集団である。」[12] 身分が相違すれば、諸個人の生活実践・言語ゲームの質も相違するわけである。身分制社会はこうした諸身分から構成されている社会であり、当然のことながら、そこには支配と従属の関係が存在する。

これに対して、ウェーバーは（社会）階級を、第一次的に、経済的利害関連において生計及び営利への可能性から特徴づけている。中世社会における領主と農民は営利と生計の可能性を異にするということのために、それぞれ階級を形成する。階級はさらに所有階級と営利階級に別れる。所有階級とは財産所有者や地代生活者・賃貸奴隷所有者等を含み、近代以前の諸社会では身分と所有階級とが混合している。つまり、近代以前の社会では、身分がまた同時に階級を成しているわけである。これに対して営利階級とは、近代における市場発展という条件に結び付いた、特殊経済合理主義的生活態度をもって営利を追求する階級のことである。近代社会とはまさしく、身分制社会を打倒しつつ営利階級が社会の中軸となっていく社会であり、この意味で営利階級は身分と最も鋭く対立する階級である[13]。この営利階級こそ、プロテスタンティズムの禁欲的職業倫理という宗教的合理化から派生した資本主義の精神の担い手であったわけである。近代における市場の展開は利害関係の多様化を生み出し、市場交換の拡大は身分的制約を打破する。というのは、人物・身分を問わずというのが市場交換の原理であり、身分や地域によって習律が、そしてまた経済交換の規則が相違するということは円滑な経済的交換の障害となるからである。営利階級とはこうした近代的市場発展という条件に制約されつつ生み出された階級である[14]。

私としては、階級を、先ずは、様々な生活財の生産上の生産手段及び生産物の分配に関わる生産諸関係、そこでの所有と支配関係の点から規定することができよう。この意味での生産諸関係内部の生産手段及び生産物の分配に際する支配関係の位置に従って、社会は異なる社会層即ち階級に区分される。とはいえ、生産諸関係は支配の垂直的な階級関係に尽きるわけではない。「マルクスが社会の『経済的構造』または『実在的土台』と呼んだこの生産諸関係には、上記のような垂直的な階級関係（領主－農民等）ばかりではなく、中世社会では商品交換を媒介としてのひとびとの『平等な』物的諸関係（生産物の商品化をめぐる領主と農民それぞれの対商人関係、商人相互間の交換関係等）から、農村共同体内の農民相互間の生産をめぐる協同や共同体規制など、生産者相互の共同体関係までも含まれる」[15]。してみれば、生産諸関係は社会成員たる諸個人の・生活財の生産における社会的分業と関連しており、社会的分業関係における一定の位置に従って、諸個人は社会層に区分される。商人層や農民層はこうした社会層であり、生産諸関係はこうした社会層内部の、また社会層相互間の様々な相互行為関係を含んでいる。階級とはこうした生産諸関係内部の特殊的に生産手段に対する支配・生産物に対する支配関係によって規定される社会層であって、この意味で例えば、領主と農民層とはそれぞれ階級を形成する。近代以前の社会では、こうした階級関係はウェーバーの言う意味での身分関係として存在し、従ってまた階級社会は身分制社会として存在していた。

ところで、しかしながら、ウェーバーにおいて、支配＝従属の関係は単に物質的生活における支配＝従属関係に尽きるわけではなく、それに還元されるわけではない。ウェーバーによれば、支配とは、一定の内容を持つ命令に一定の人々が服従する機会のことであるが、こうした支配は単に経済生活においてのみならずその他のあらゆる人間生活の場において存在し得るものであり、また支配の形態には、カリスマ的支配、伝統的支配、合法的支配といった諸類型があるのである。例えば、合法的支配にあっては、形式的に正しい手続きに従って定められた規則によって誰が誰に対して支配する権限を有するかが決められ、近代的官僚制の組織構造を持つ官庁では法律、あるいは行政規則によって秩序づけられた官職階層制が存在する。この階層制内部での位置・地位に従って、支配＝服従関係が成立している。（念のために言えば、支配の成立は支配される側が支配されていると感じるということを必ずしも必要としない。日本での企業の労働者支配は自発的服従を強制するメカニズムによっている。）ここでは、支配＝服従関係に照らして、「政治的支配階級・被支配階級」という概念を考察しよう。ハーバーマスの言う前近代社会たる部族社会では、それは親族システムという形態をとるのであるが、権力はいまだ強制装置に支えられた政治的権力という形態をとってはおらず、もっぱら人望という形態で存在する。これに対して、伝統的社会では、社会成員の間に階層化が出現し、親族の代わりに国家が社会構造を規定することになるが、この事態との関連で官職権威が生じ、国家的秩序が身分制社会構造として制度化される。ここに「抵抗に逆らっても自己の意志を貫徹する」(16)シャーンスを独占する政治的支配階級が出現し、従ってまた被支配階級が出現する。先に見た階級は、生活財の生産に関わる生産諸関係内部での特殊的に生産手段に対する支配及び生産物の分配に関する支配の面から規定されたのであるが、ここでは階級は政治的権力・権力手段の独占という面から規定されている。既に、生活財の生産においてみられる生産活動の管理・統御の必要は、伝統的社会において政治的支配階級・被支配階級にまで展開している。それ故、社会的分業は管理・統御のみならず政治的支配の機能を有する社会層の発生をも含んでいるわけである。この点からみれば、社会的分業は、人間生活の様々な生活形式を生み出すことになる。例えば、軍事的機能を有する戦士層、宗教的機能を有する祭司層の生活形式といった具合である。とはいえ、前近代社会たる伝統的社会では、それぞれが社会層である政治的支配階級・被支配階級は、身分という形態で、経済的な意味での、即ち、生活財の生産における生産手段の支配・生産物の分配に関わる支配の面から規定された階級とは、直接的に合体している。

ところが、中世末期から近世初頭にかけての商品流通網の展開、即ち、市場の展開とともに、国家はその中で経済行為が遂行される枠組となり、国家が近代国家として再編成されはじめるとともに、生活財の生産と分配・消費に関わる経済システムと国家を中心とする政治システムは相互に分化・差異化してくる。国家の近代的な国民国家としての、そしてウェーバーの言う官僚制的編成構造を有する国家としての再編を決定的にするものは、資本主義的生産様式の貫徹に伴う物質的生産の領域の自律的・自立行為領域としての制度化である。ハーバーマスはこの過程を、「システム」と「生活世界」による社会の二層的把握に照応して、システム（政治システム及び経済システム）と生活世界との（徹底的な）差異化（Ausdifferenzierung）として捉えるのであるが、私はこの過程を諸個人の生活世界内部の構造的再編の過程として把握する。さて、以上のようにして、物質的生産の行為領域の自立化及びこれに伴う国家の近代国家としての再編によって、政治的支配階級と経済的支配階級とは相互に分離する。なるほど、市民革命を担った社会層が近代市民階級であり、これがなおも政治的支配階級の中核を形成するのだとしても、二つの行為領域は既に制度的に分離されており、そして、その程度は考察される社会とその時代に応じて様々であるが、政治的支配階級は経済的支配階級と直接に同一である必要はなくなり、政治的支配階級は社会の様々な層から補充され得るものとなる。政治的支配階級と経済的支配階級との概念上の分離は近代以降の政治システムと経済システムとの分離・差異化のお蔭である。

以上、私はウィトゲンシュタインの言語ゲームの哲学に依拠した社会理論の基本パラダイムとしての言語のパラダイムの整備として、これに「社会層」の概念を組み入れるよう試みた。社会層は、これは歴史が動く時には再編・解体の過程を経験し、そしてその諸成員の生活がドラマとなり、その経験が彼等の人生ともなるのであるが、生活実践・言語ゲームが遂行される社会的場であるとともに、この場自体が成員の様々な生活行為によって、それを介して再生産されもしているのである。そして成員の色々な利害関心は、この場における色々な意味の、従って宗教的理念を含めて、理念と生活実践のあり方とを媒介する接着剤の役を果たすのである。

二　理念型的言語ゲーム

ウィトゲンシュタインの単純な言語ゲームは、仮設的言語ゲームとして、ウィトゲンシュタインによって案出された言語的実践であって、そこではその単純性によって思考をもつれさせる幻影が消失しているために、現実的言語ゲームに照明を与えるという方法論的位置価を持つものであった。こうした単純な言語ゲーム・仮説的言語ゲームは、例えば、人を捉えて離さなかった映像、人の言語の中にあって、言語がそれを容赦なく繰り返してたように思われる過てる映像を解体するに際して使用される。ウィトゲンシュタインは言う。「我々の明瞭かつ単純な言語ゲームは、……比較の対象として提示されており、それらは類似や相違を通して我々の言語の諸状態に光明を投げかけるべきものなのである。[17]」というのは、我々は自分達が現に行なう言語ゲームを、その根は言語それ自身のうちにあるのだが、誤解してしまうからである。それ故、仮説的言語ゲームは現実の生活実践の記述ではなく、むしろ現実の実践との比較の対象として案出されたものである。さて、私は、ウェーバーの理想型（Idealtypus）を、ここで、ウィトゲンシュタインの仮説的言語ゲームと平行的に、そしてまた言語ゲーム論の立場から、理想型的言語ゲームとして書き直すように試みる。理想型とは、ウェーバーによれば、歴史的現実的な生活のそのままの記述ではなく、「歴史的な生活の一定の諸関係と現象とをむすびつけて、思考によってつくられた連関を総合して、一つの矛盾のない世界にきずきあげたもの」、「一つ、あるいは若干の観点を一面的に高めあげることによって、そして、ばくぜんとばらばらに、ここには多く、かしこには少なく、場所によってはまったく存在しないということもあるというような、個別的諸現象で、上にのべた一面的にとりだされた観点にあわせて考えると、それらが一つの統一ある思想像になるようなものをば、まとめあげることによって、えられる。[18]」してみれば、理想型とは概念構成物であり、人が理解しようとする歴史的・現実的生活の諸連関を、本質的・類型的と思われる諸特性をとりあげて、矛盾なき一つの思想像へとまとめあげたものである。この理念型は、さしあたって既に言語ゲーム・生活実践の総体として捉えられた歴史的現実的生活世界の一定の（行為）領域の、本質的・類型的と思われる諸連関から作り上げられた思想像であるかぎり、理想化された（価値的含意はない）生活連関であり、それ故、ウェーバーの理想型を理想化された言語ゲームとして、言語ゲーム論の立場から理想型的言語ゲームとして捉え直すことができよう。

　ウィトゲンシュタインの仮説的言語ゲームと以上のように把握された理想型的言語ゲームとはいくつかの共通点を

持っている。先ず、いずれも方法論的位置価を持つ思考構成物であり、またいずれも比較の対象としての、即ち、現実的生活過程に対する比較の対象としての性格を持つ。ウェーバーは次のように言っている。「それ〔理想型〕は、ひとつの純粋に理念的な極限概念という意味をもち、現実がもたらす経験的内容のうち、特定の意義ある構成部分をばはっきりさせるために、現実をそれにかけてはかる基準となり、現実を比較してみる基となるものである。[19]」さらに、ウィトゲンシュタインの単純な言語ゲームもここで扱われている理想型言語ゲーム（これはウェーバーの理想型の言語ゲーム論的翻案であることが意図されているが）も、現実にはその純粋な形では存在しないし、あるいはウィトゲンシュタインの単純な言語ゲームの場合には存在する必要はない。とはいえ、同じく方法論的位置価を持つとはいってもその意味合いには違いがある。ウィトゲンシュタインの場合、単純な、彼によって案出された仮設的言語ゲームは、なるほど現実の言語的実践・生活実践との比較によって、言語の現実の働きを誤解しようとする人間の傾向に抗して、つまりは我々を捕らえて離さなかった映像を破壊して現実の実践に照明を与える手段であることが意図されているとしても、それは治療的言語分析の思考枠組内のことであり、仮説的言語ゲームにあっては、思考をもつれさす幻影が除去されているが、経験的現実世界の一定の生活連関のウェーバーの言う意味での理想的極限、言ってみれば極限的モデルを提示することを意図するものではない。ところが、ウェーバーの理想型、従ってその言語ゲーム論的翻案である理想型言語ゲームは、この極限的モデルを提示するという意味で現実認識の手段なのである。確かに歴史的に与えられた一定の生活連関の認識に際して、その様々な特性を、恐らくは無数にある特性を数え上げ、それらを分類し、といった仕方ではことを行なうことはできない。ウェーバーによれば、文化意義を有する、即ち、私達にとって知るに値する現実・生活連関・生活領域をはっきりと明瞭かつ先鋭に意識するためには、当該の生活領域の理想型を構成することが不可欠である。それ故、理想型は、従ってまたその言語ゲーム論的翻案である理想型的言語ゲーム――これは後に見るように、諸生活実践・言語ゲーム遂行において再生産され、諸言語ゲーム遂行において再帰してくる当該生活連関・生活領域・行為領域の類型性を、私達にとって知るに値する生活連関の類型性をそれとして捉えようとする手段であるが――の構成は、それ自体現実認識であるとの要求を掲げる資格を有するものである。理想型的言語ゲームの構成が認識手段であるというのは、これと現実、即ち、我々にとって知るに値する生活連関・生活領域の比較によって、当該の生活領域がどの程度理想型的言語ゲームに接近しているかを先鋭に認識することが可能となるという意味においてであるが、それが可能となるのも、理想型言語ゲームが諸言語ゲームの遂行において再帰する生活連関の類型性を、その本質性において捉えるという要求を掲げ得る概念的構成物だからである。本質性と言っても、それは諸言語ゲームに内在するいわゆる本質、ヘーゲル的な意味で実体化された、そして諸言語ゲーム実践という形態で現象する隠れた、そして実体化された本質などではなく、即ち、現象しなくてはならない本質（ヘーゲル）といったものではなく、諸言語ゲーム遂行に際して再帰してくる生活行為・生活実践の類型性、しかもそれがどんな行為・実践であるかにとって規定的な類型性である。[20] 例えば、人は「手工業に関する上の理想型の対立物として、近代的な大工業のある特色を抽象して資本主義的工場制度に対応する理想型を、それと対立させることもできるし、またこれに関連して『資本主義的な』文化というユートピア、すなわち、個人の資本の価値増殖をはかるという関心のみに支配された、文化のユートピアを描くという試みもできるというものである。そのユートピアは、近代の物質的および精神的な文化生活の特色として、ばらばらに存在している、二、三のものをば、その特性において高めあげ、われわれの観察にたいして矛盾をもたぬひとつの理念像にまで、結合してできたものであったにちがいないであろう。[21]」確かに、こうした理想型はその純粋な形態においては現実に存在しないとはいえ、『資本主義的文化の『理念』のひとつの描写たる要求をかかげる」のであり、「そのおのおののユートピアは、実際上、現在の文化の、その特性において意味の多いある種の特色をば現実からとりあげて、統一的理念像にまでつくりあげたものであるかぎりにおいては、この要求をかかげることができる[22]」のである。それ故に、しかしまた、理想的言語ゲームの構成にとっては、認識にとっての適切性という妥当性要求が絡んでくる。一層の研究によって既に構成されていた理想型的言語ゲームがその適切性を喪失することがあり得るし、そもそも「現実界の無限の豊富さ[23]」を一個の概念構成物で組み尽くすことは不可能であるばかりか、既に構成されていた理想型に対して現実的生活世界自体がその運動においてずれていくということもあるからである。こうした時には理想型的言語ゲームはその妥当性を喪失するであろうし、とりわけ理想型的構成物が実体化されて歴史の本質とされている場合には、批判的に解体しなくてはならない対象に転化する。だから、ウェーバーは次のように言う。「昔のひとが思考による加工によって、すなわち本当をいえば、直接にあたえられた現実界を思考によって変形することによって、そして昔のひとの認識の状態と関心の方向とに対応したところの概念のなかへ、それをくみいれることによって、展開した思想装置は、われわれが認識をあらたにして現実界から獲得することができ、また獲得しようと思う認識と、たえず対決するのである。このたたかいのなかに、文化科学の研究の進歩はとげられる。文化科学の研究は、その成果からみれば、われわれが現実を捉えようと努力するさいに用いる概念をたえずつくりかえるという過程なのである[24]。」

　そのかぎり、理想型言語ゲームの構成は無前提的ではない。換言すれば、理論家の恣意的構成物ではなく、またそうであることはできない。その構成の素材は、現に生活を営んでいる、即ち、生活実践たる言語ゲーム・生活実践を遂行している諸個人の経験のうちに与えられている。一定の生活連関、ウェーバーの言葉では文化事象は、我々にとって意味があり、我々にとって知るに値する生活事象であるが、それは人間の生活の中で、彼らの生活経験として与えられる。言語ゲーム論の観点からは、この事態は「経験的データそれ自身が言語ゲーム連関においてはじめて構成される[25]」ということである。とはいえ、このことは諸個人がその経験的データを言語的に定式化できるということではないし、諸個人がそれを言語的に明瞭に語ることができるというわけでもない。諸個人が一定の社会で生活していく実践的能力を獲得するということ、他の諸個人、特にはじめには子供の両親との相互行為の中で言語ゲームを遂行する能力を身に着けるということは、――それはＴ・クーンのいう見本例の習得を通してなされる[26]――彼らが自ら遂行する行為・言語ゲームの意味を言語的に語ることができるということを意味してるわけではない。確かに彼らは自ら遂行する行為意味について、相互行為に際しては相互に、了解しているとしても、その了解の程度は様々であり得、個人個人に応じて様々なニュアンスを持ち得る。（ウェーバーは「より複雑な思想像が問われるときにはすぐに、ある時代の人間を支配していた、すなわちそのひとたちのなかで力づよく作用していた『理念』というものが問題になるのだが、それすらも、われわれは概念的なするどさをもってとらえることができる。しかし、それはまたしてもある理想像というかたちにおいてだけとらえられるのだ。その理由は、その理念が経験的には、数も決まらないしいれかわりもする多数の個人の頭のなかで、その形や内容からいっても、きわめて多様なニュアンスをもっているということである[27]。」と言っている。）それ故、言語ゲーム連関（一般には生活実践連関）においてはじめて構成される経験的データが極めて直感的で言語的に語ることはなかなか困難であるということもあり得るのである。諸個人が自ら遂行する行為実践の意味についての了解はウィトゲンシュタインが否定したあの「解釈」、あるいは規則に従って行為する際の「このように進め」という内なる声でもなく、ウィトゲンシュタインが「応用の場合場合に応じて、我々が『規則に従う』と呼び、『規則に背く』と読んでいることのうちにおのずと現われてくるような規則の把握の仕方が存在する[28]」と語った際の「規則の把握」のことであろう。「経験的データそれ自身が言語ゲーム連関においてはじめて構成される」（というアーペルの言明）をこの意味で理解することができる。この点は関して興味深いのは、「ある人がある街を知り尽くしている、即ち、その街の各部分からどの場所へも、最短の道を確実に見出す――がしかし、その街の地図を描くとまるでだめである、ということは想像可能である。[29]」というウィトゲンシュタインの言明である。ある部屋で特定の仕事をする、例えば、整頓するといった仕事の能力を我々が習得するということ、即ち、ある言語ゲーム・生活実践の習得はある技術を習得するということ、言語ゲームを学習するということはある実践的能力を習得することであるが、このことは生活することができるということ、例えば、買い物をすることができるということを意味している。けれども、例えば、ある部屋を整頓するという行為を遂行できるとしても、このことはこの部屋の備品の配置を正確に記述することができるということを意味しているわけではない。その部屋を整頓するという言語ゲーム・生活実践はその部屋の備品の配置を記述するという言語ゲームと同じではないのである。[30]「子供は一定の仕方で反応することを学ぶのである。今そのように反応しているとしても、しかし子供はまだ何も知ったわけではない。知識はもっと後の段階で始まる。[31]」ここに言われる「知識」とは、子供が自ら遂行する言語ゲームについてのいわば反省的知のことであろう。子供においてこの反省的知は、彼／彼女一定の仕方で反応する仕方を学んだずっと後の段階において始まる。

こうして一定の生活領域・行為領域の社会学的研究に際しては、従ってまた理想型的言語ゲームの構成に際しては、この領域の類型的本質性を概念的に構成するために自らの実践を反省的に主題化しつつ、思考を働かせるのでなくてはならない。ここに研究という一つの言語ゲームが成立する。その素材は、諸個人の現実の生活の中で、言語ゲーム連関においてはじめて構成されるのではあるが、人はこの素材を言語的に定式化するよう試みなければならないのである。もし言語ゲーム連関において構成される経験的データがはじめから明瞭に言語的に定式化されてあるとすれば、ことさらに研究という言語ゲームは必要なかったであろう。[32]けれども、ウェーバーとともに言えば、何が知るに値する現実であるかの観点、即ち、認識関心がまた、——単に研究の素材がばかりではなく——言語ゲーム・生活実践連関において形成されるのである。理想型言語ゲームの構成もまたこの認識関心によって導かれているのであって、認識関心は諸個人の生活連関の中での様々な経験、苦悩や喜びや闘争や戦いや挫折や、あるいは個人の跳ね返りがそれに出会って弾き飛ばされる現実の堅固な客体性の経験、等々のうちから生じてくる。何事も知るに値しないと思っている人間、あるいは何事も変革に値しないと思っている人間は幸福な人間であり、また如何なる思想・理論にもそれに照応する現実というものがあるのだという極物分かりのいい姿勢も、ある思想にとって自明に見えた現実に亀裂が走り、それがずれだす時には無力である。このずれは人々の生活過程の中で徐々に、あるいは急激に生み出され、そこに諸個人の認識関心と解放的利害関心がその根を持つのである。生活世界を理論的に再構成しようとする理論はいずれもそれ固有の認識関心によって指導されている。問題なのは、それが如何なる認識関心であるかということである。一定の生活領域の理想型的言語ゲームを構成せんとする場合も同様である。社会の研究は、なるほど、ハーバーマスの用語を借用して言えば、観察者の立場に立つのでなくてはならない。というのは、そうでなければ、諸個人の生活実践のうちで、言語ゲーム連関のうちで構成される経験的データの言語的定式化は可能ではないからである。けれども、観察者の立場に立つということは、生活世界の外部に超越するといったことを意味するわけではない。何故なら、研究はそれ自身一つの生活形式として生活世界に属しているからである。社会の批判理論は、そのかぎり自己反省的な性格を有する。即ち、社会の批判理論はそれが研究し記述する社会的実在の一部であり、だからそれは自己がその内に所属している社会的実在に関わるということによって、固有の循環構造を、ないし自己反省的構造を自らのうちに組み込んでいる[33]。この理論は、社会の外に自らを置き、社会をいわば外から観察し、研究し、あるいは制御し、支配することを目指し、自らが社会に所属していることを知らない理論ではない。それは自らが社会の解放的行

為の一契機であることを意識している理論である。(34)

ウェーバーのカリスマ的支配・伝統的支配・合法的支配

支配とは、ウェーバーによれば、支配する人間ないし人間集団がその発する命令に対して服従を見出すチャンスのことである。が、支配は物理的強力によるというよりは支配の正統性根拠によって支持されるのが普通であり、そうでなければ支配は安定的とはならない。言語ゲーム論の立場からすれば、支配とは、人間の様々な生活領域において見られる生活連関であって、人間と人間ないし人間集団と人間集団の間の相互行為の特定の質・生活形式の一つであり、支配の正統性根拠は支配者と非支配者、支配集団と非支配集団との間の相互了解内容を成す支配の内面的な支えである。ウェーバーは支配には合法的支配、伝統的支配、カリスマ的支配という三つの純粋類型があると言う。これを私は、支配と呼ばれる様々な生活実践的連関、それ自身が一種の生活形式としての支配という言語ゲーム・生活実践の遂行に際して再帰してくる、即ち、再生産される類型性において、だから類型的言語ゲームとして把握したものであり、しかも、これまでの私の言語使用からすれば、支配という生活形式の生活様式としての種差たる本質的差異の観点の下で把握したものとして、つまりは理想型的言語ゲームの構成として理解する。以下に見るウェーバーの支配の諸類型の相互比較は、我々がそのうちで生きている近代資本主義的文化の特質を他の支配類型との本質的差異性の観点の下で明らかにしようとする認識関心、しかも近代の資本主義的文化の人物を問わない事象化された生活連関の批判を背後にもって行なわれている。(35) ところで、ウェーバーは支配の諸類型の考察を合法的支配↓伝統的支配↓カリスマ的支配の順序で行なっているが、私はカリスマ的支配↓伝統的支配↓合法的支配の順で支配の諸類型に、換言すれば、理想型的言語ゲームとして構成された支配の諸類型に立ち入る。というのは、後者が大極的には歴史の順序に対応しているからである。[36]とはいえ、このことは近代資本主義文化に特徴的な支配の類型たる合法的支配が貫徹する時代において、カリスマ的支配が駆逐されてしまっているということを意味せず、カリスマ的支配が原初の発展段階でのみ現われるということも意味しない。現実の支配形態にあっては、支配の諸類型の複雑な移行状態ないし混合を示すのが通例であり、合法的支配が貫徹する時代にあっても、カリスマ的支配ないしそれに類似する形態が出現することは現代日本において、例えば、有力な政治家の後援会の組織形態に関して我々の見聞するところである。

二―一　カリスマ的支配

例えば家産制的構造は日常的に絶えず繰り返される日常的需要充足に根ざしている日常的構成体であるが、これに対しカリスマ的支配は非日常性を特質とする。カリスマは従来の日常的伝統的な思考・生活形式・生活様式を根本的に超出するある個人の能力のことであり、あるいはまたこうした超自然的能力の所有者のことである（とはいっても、これは私が「日常的生活世界」と呼んだ世界で生じる。）カリスマは、軍事的英雄であればその卓越した軍事的才能を人々に示さなければならず、宗教的預言者であれば生活の中で奇跡を起こさなくてはならない。カリスマ的支配はこうしたカリスマの非日常的資質・人格に対する被支配者の人格的な帰依・人格的な結びつきにおいて生成する。そのかぎり、カリスマ的支配の正統性根拠は、カリスマの人格的資質及びこれに対する人格的な承認であって、カリスマは非日常的なるもの・神的なるものに対する被支配者の信仰に依拠している。それは人間達の間の人格的な結びつきの一つの形態、生活実践の［類型的な］あり方である。カリスマの非日常的資質・能力はカリスマに特有な、個人的人格的資質と考えられ、他者に譲渡可能であるとは考えられていない。いったい、カリスマと称される者が示す力・能力が単に日常的・伝統的な枠を超えないならば、それは単に伝統を更新するだけのものであり、彼はカリスマではあり得ない。それ故、カリスマの非日常的な能力の証が、もちろんこれが被支配者のカリスマとしての承認によって不可欠であるが、カリスマ的支配者と被支配者との間に強い純人格的な結合を作り上げるということによって、このカリスマ信仰・カリスマへの帰依は伝統的日常的なものを解体しつつ被支配者の人格をその内面から変革することがあり得る。こうしてカリスマ的支配は歴史上、しばしば伝統をはるかに超出する革命的な力を発揮した。「官僚制的秩序は、単に、常にかくありしものの神聖性に対する信仰、つまり伝統の諸規範を、合目的に制定された諸規則と、知識——これらの諸規則は、ひとびとにその力があれば、他の合目的な規則によって代替しえるものであり、したがって『神聖なるもの』ではないという知識——への服従心によって置き換えるにすぎない。これに反して、カリスマは、その最高の現象形態においては、およそ規則や伝統一般を破砕し、一切の神聖性概念を端的に覆滅する。それは古来、慣行的なるもの、したがって神聖化せられたるものに対するピエテートの代わりに、いまだかつて存在せざりしもの、絶対的に無類なるもの、したがって神的なるもの、に対する内面的服従を強制する。それは、この純経験的な・没価値的な意味において、確かに歴史のすぐれて『創造的』・革命的な力なのである。[37]」こうしてカリスマ的支配者と被支配者たちの集団は、日常的伝統的生活世界のいわば外側に存在している。もちろん、このことはそもそも生活世界の外に存在するということを意味しておらず、それは、カリスマはこの世に生きてはいても、この世を糧として生きているのではないということを意味する。即ち、カリスマ的支配構造を有する集団は、生活財の獲得に寄与する恒常的な秩序ある経済というものを持たないが、しかし如何に超自然的能力を保持するカリスマといえども霞を食って生きていくわけにはいかないのであるから、やはり生活財を手に入れなければならず、この需要充足は贈り物、分担金、自発的な給付によって行なわれる。それと同様、集団内での個人の出世、昇進に関しても、恒常的な官僚制的構造を有する人間集団のように、決まった規則というものを持ってはいない。

二―二　カリスマ的支配の変容

非日常的かつ伝統を越え出る内容を持つカリスマの人格的資質に対する信仰は人間の人格をその内部から変革する意義を持つが、またウェーバーはそうした諸個人からなる集団は事物及び秩序を、即ち、現世的秩序をその革命的意義に従って形成しようとするとも言う(38)。初期ヘーゲルは、その『キリスト教の精神とその運命』の中で、美しき魂を保持した愛の教団たるキリスト教団がその愛の原理を現実性の中で実現しようとしながら、現実との相互作用の中でむしろ現実の客体性に出会って挫折し、それのみかその客体性の要素を徐々に己が内に取り入れ、こうして愛の共同体がますます自己を不純化し、己を客体化し、現実の客体性の運動にとり込まれていく運命の因果性の論理を展開しているが(39)、現世的秩序のそうした形成が同じ運命の論理を被るということもあり得よう。が、ウェーバーは、以上のヘーゲルの運命の因果性の論理に類似してはいてもしかし今一つ異なった、カリスマ的支配構造の変質の過程、非日常性から日常性への変質の過程を叙述している。それは、信者の共同体が現実の客体性に遭遇してむしろその客体性の要素を己のうちにとり込むことで自らが客体化するという論理ではなく、カリスマ的共同体が自らを恒常的に維持せんとする時に、カリスマ的共同体が必然的に変容を被り、カリスマの純人格的な支配が崩れ、カリスマ的支配の正統性根拠が純人格的な資源から解除されて非人格的な徴表に移り住んでいくという論理である。

非日常的なカリスマの人格的資質に基づく純人格的な結合体としてのカリスマ的集団はもともと不安定なものである。カリスマがその能力の証を成し得なくなったり、信者達の承認を勝ちえることができなくなったり、あるいはやはりどうしても身体的存在たらざるを得ないカリスマが死亡するような時、それは解体の危機に瀕する。何故なら信者の共同体の結合原理はあくまで純個人的なカリスマの資質・能力だからである。こうした時、一度形成されたカリスマ的共同体を維持しようとするのは当然の心情であり、一つの日常的な永続的構成体として維持せんとする努力の中で、カリスマ的共同体の生存形式は必然的に日常的諸条件と日常を支配している諸力に引き渡されざるを得ない。例えば、カリスマ的指導者が死亡する時、もしその共同体がそのことによって解体せず、維持されるのであれば、新たなカリスマの選抜という課題がその共同体に生じる。ところがこの選抜は恣意的に行なわれてはならず、カリスマの所有を証明する何らかの標識に従って成されるのでなくてはならない。しかし、そうすると、今やカリスマの純個人的な証というよりはこの選抜の規則が優位を持ってくる。このことによって純人格的な支配は脱主観化・没人格化に向かって一歩進むことになる。しかしまた、カリスマが自ら後継者を指名しなかったり、後継者の選抜に当たって適用される明確な指標が存在しない時には、カリスマの支配に直接参与していた使徒や従士にこそ選抜の資格があると考えられ、彼らは選抜を自らの権利として主張することにもなる。選抜の基準がある血統に属していることとされれば、今やカリスマ的支配の正統性根拠は特殊人格的連関から解き放たれて、血統の神聖性へと転換してしまう。こうして、譲渡不可能であり・人的に取得不可能であり・一人の人の人格的資質として彼に付着していた支配の正統性根拠は、譲渡可能であり・人的に取得可能であり・一人の人に付着することなく・人物の如何に拘らず、官職保持者、あるいは制度的な組織に結合される一つの資格に転化する。

初期ヘーゲルが展開した運命の因果性の論理は、宗教的共同体がその［愛の］原理に従って現実を構成しようとしながら、逆に現実の客体性の諸要素を一つ一つ自らのうちに取り込み、こうした現実の運動に取り込まれていくという論理であり、ヘーゲルがこれによって示そうとするのは美しき魂という原理の無力性であるが、ウェーバーがここで描いているのは、カリスマ的共同体が、それが現実的生活世界をその原理に従って構成しようとするのであれそうでないのであれ、永続的日常的構成体として自らを維持せんとする時にそれが根本的な変質を被るという論理である。ここでは立ち入らないが、カリスマ的共同体のみならず、どのような人間共同体も、それは永続的日常的構成体として形成される時には上のような変質の可能性を持つということは念頭に置いておいてよい事柄だと思われる。特に、官職カリスマの場合、特定の官職・社会制度それ自体に特殊な恩寵が宿るという観念が支配の正統性根拠となるのであって、それは何も――ウェーバーは言っているが――教会や原始状態に固有な現象ではなく、近代的諸条件の下でも国家権力に対する権力への服従者の内面的態度に現われ得るものである。ともあれ、こうして、ウェーバーによれば、「カリスマ的支配は、鋭い情緒的な信仰的性格をもつことによって、日常的なるものの伝統被拘束性と区別されるわけであるが、カリスマ的支配がこの情緒的な信仰的性格を失うときは、カリスマと伝統との結合という結果が、――確かにこれのみが唯一可能な結果だとはいえないとしても――無条件的に最も生じ易く、多くの場合には不可避的に生じてくる。[40]」

支配の純粋類型として構成されたカリスマ的支配の理想型的言語ゲームはもちろん概念的構成物ではあるが、支配と呼ばれ得る生活連関・言語ゲーム遂行の類型性を把握したものとの要求を掲げるものである。ところが、上述のカリスマ的支配の変質過程の叙述は、「二―二」で記述された理想型的言語ゲームとは既に違った理想型言語ゲームである。言うまでもなく、カリスマ的支配の理想型言語ゲームはそれが概念的構成物であるために、ヘーゲルの概念のように、自ら展開していくのではない。カリスマ的支配の変質過程の類型性も一つの理想型言語ゲームを構成することによって捉えられる。

二―三　伝統的支配

伝統的支配とは旧来の秩序並びに支配権力の神聖性に対する信頼に基づく支配、即ち、支配の正統性根拠が伝統の神聖性及びそれへの信頼にある支配類型である。それ故に、支配者の支配並びに権威が伝統によって与えられるということによって、支配の正統性根拠は、カリスマ的支配の如くもっぱら支配者の人格的資質にではなく、神聖視された伝統に置かれる。支配者の権威は彼個人の資質・人格からではなく、伝統とその神聖性に由来する。支配者の選抜は伝統的に定められた規則によるのであり、これによって支配者に権威が付与され、またかくして伝統の神聖性が更新される。そのかぎり、伝統的支配は、カリスマ的支配の純粋類型に比べれば、はるかに安定性を持っている。というのは、支配者の選抜はもはや選抜される者の純個人的な、一回かぎりの資質・能力に依存することはなくなるからである。けれども、他方、伝統的支配では、確かに伝統によって媒介されているとはいえ、権威を付与された支配者に対する個人の服従はまた、支配者個人に対する特殊な誠実性関係、ピエテート・恭順によっても媒介されている。要するに、主人は特殊な人格的能力・資質・魅力を示さずとも、主人は主人なのであって、個別的個人たる主人へのピエテート関係が伝統的支配を特徴づけている。即ち、伝統的支配は伝統の神聖性への誠実性の念と伝統によって権威を付与された支配者個人への誠実性関係という二重性によって特徴づけられる。伝統的支配はこの二重性とともに、今一つの二重性を持っている。それは、主人もまた伝統の規則に拘束され、主人の命令の内容は伝統に由来するのであるが、他方では支配者の恣意に任される領域が存在するという二重性である。伝統的支配の中で、「家父長も家産制的支配者も、共に『カーディ裁判』Kadijustiz の諸原理にしたがって統治し・決定する。すなわち、彼らは、一方で厳格に伝統に拘束されているとともに、反面この拘束が自由を許容する限り、法的には非形式的で非合理的な・個々のケースについての衡平や正義の見地にしたがって、しかも『人のいかんをも考慮に入れて』unter Ansehung der Person 統治・決定するのである。家産制的支配者の法典や制定法は、すべていわゆる『福祉国家』の精神に満たされている。すなわち、社会倫理的諸原理と社会功利主義的との結合が支配的であり、およそ法の形式的厳格さなどというものは、すべて破壊されてしまっているのである。」(41)

支配と服従の関係が、従ってまたこの関係において遂行され、またこの遂行を通して再生産される諸言語ゲームが伝統によって媒介されているために、それは支配者及び被支配者からなる人間集団が日常的永続的構成体として存続することが可能となり、このことがまたカリスマ的支配がその日常化の道において伝統的支配との混合物へ、あるいは伝統的支配へと変質する理由である。伝統的支配では、支配者は主人（ヘル）、服従者は臣民、行政幹部は僕である。ここでの支配＝服従関係は、それ故に、主人－僕－臣民という形態をとり、これが一つの社会共同体を成す。

なお、伝統的支配では、それ故に（ハーバーマスの言う）伝統的社会では、一定の世界像が伝統の神聖性を正当化するイデオロギー的機能を引き受けている。それは血統の神聖性の由来を説明する物語であったり、あるいは現存の社会秩序のあるべき秩序としての世界一般への拡大であったりする。後者の場合、現存の社会秩序はあるべきとされる世界秩序の一部分であるとされるということによって、世界像は一定の社会秩序の正統性を示すという循環的性格を持つ(42)。

概念的に構成された理想型言語ゲームとしての伝統的支配は、支配の正統性根拠が純人格的なものから伝統に移されるということによって、カリスマ的支配から人物の如何を問わないという事象化に向かっての一歩前進であり、これは合法的支配とカリスマ的支配の間の移行形態をなす。

二―四　合法的支配

合法的支配は近代社会における支配の特徴的なあり方であり、それは制定規則による支配であって、その純粋形態は官僚制的支配である。近代国家と資本主義的経営が官僚制的形態をとるに至るという現象は、ウェーバーにとって、社会的合理化の典型的現象である。私は、官僚制に関しては以下に立ち入ることがあるので、合法的支配という理想型言語ゲームについては簡単に済ます。

この支配類型の正統性根拠は形式的に正しい手続きによって制定されたという点にある。どの範囲において服従が成され得るかは制定規則によって定められている。ここでは形式的に抽象的な規則・規範への服従が問題であり、規則による権限の範囲の確定は人物の如何を問わない即事象的な合目的性及び分業による専門的必要に応じて行なわれる。この支配類型の特質は、だから、もはや人格的資質でも神聖視された伝統でもなく、形式的に正しい手続きによって定められた制定規則への忠誠にある。ウェーバーによれば、近代国家と公共団体のみならず、私的資本主義的経営もまたこうした合法的支配の性格を持ち、国家アンシュタルトを別にすれば、資本主義的経営といった団体への加入は形式的に個人の自由意志に基づくのではあるが、このことは支配という生活形式にいったい何ら変更をもたらすものではない。

支配に関する以上の理想型言語ゲームの叙述において重要なのは、それは支配と呼ばれる生活現象のうちで・言語ゲーム・生活実践遂行のうちで再帰する類型性を他の諸類型との本質的差異において把握したものだということ、あるいは少なくともそうした要求を掲げ得るものだという点である。もちろん、一時代の支配の特性を捉えようとする場合には、以上の叙述のみでは十分ではないであろう。それというのは、現実の支配形態は支配の諸類型の様々な移行状態や混合形態を示すばかりではなく、それ以上に、その歴史的形成において特有の形態をとるからである。この特有の形態を捉えるためには、以上の理想型的言語ゲームを念頭に置きつつも、現に貫徹されている人による人の支配の形態を研究するのでなくてはならない。現代日本の支配形態を把握するためには、合法的支配の純粋類型でことは済むわけではなく、合法的支配の現代的種差を捉える必要がある。ここで重要なのは現代日本の支配の原基的形態と思われる企業システムによる労働者支配のあり方である。高度経済成長の過程の中で形成されてきたこの支配の形態は、労働者間の、ハーバーマスであればシステム論理による生活世界の侵食として捉えるであろうが、教育システムにまで侵入した競争主義的秩序を母体とし、その中での企業システムの物件の支配を通しての支配、要するにくいぶちの支配を通しての労働者支配である。この支配には、くいぶちの喪失が人並みの「市民的」生活の危機をも招来するために、くいぶちの喪失の恐怖・心配並びに競争主義的秩序の中で落ち零れてしまう恐怖を伴っている。これに大企業システムの中小企業への同じく物件を媒介にする支配が加わる。本来こうした資本の支配に抵抗する、そしてまた労働者達の共同性の母体となるはずの労働組合が、むしろ、企業内労働組合として、企業システムの労働者支配の機関となってしまったために、現代日本の支配の原基的形態は極めて煮詰った形で現われたのである。現代日本の支配形態を把握するためには、この支配形態を、それを支える、そして同じく高度経済成長の過程で産出された労働者の主体類型を含めて、再構成するのでなくてはならない。しかしまたそのためには、一定の時代区分と各時代における支配の類型性をその生成過程において認識することが必要である。

三　言語ゲームの基底としての世界像

ウェーバーにおいて、信者の集団に共有されている宗教的世界象はこの集団の生活のあり方を、従って、集団の諸成員の生活実践・言語ゲームのあり方を規定する。それは特有の生活形式を持つ生活実践を、だから一定のあり方をするこの集団の生活世界を生み出すのである。私は次に、ウェーバーの宗教的世界像を言語のパラダイムに組み込むために、ウィトゲンシュタインの言語ゲームの基底としての世界像諸命題並びにそれら世界像命題が一定程度システム化された世界像の考えに立ち入ることにする。

先に、ウィトゲンシュタインの言語ゲームを扱う際に、私は言語行為と非言語的行為の織り合せという側面に焦点を合せてきた。が、もちろん言語ゲームのうちには言語ゲームがそこで遂行される空間（生活空間）、時間（生活時間）、時空内の文化的意義を有する諸事物、等も入りこむ。言語ゲームはこれら一切に関する知をも組み込んでおり、それらの知は多くの場合に疑いを排除されたものとして言語ゲーム遂行に際して前提されている。「私の生活は、私が多くのことを甘受していることによって成り立っている。」[43] 言語ゲームは多くの事柄を（暗黙のうちに）前提しなければ遂行され得ず、例えば人は歩くという行為を遂行するに際してその行為の一瞬一瞬に私がその上を歩いている大地が本当に存在するのかどうか、自分には本当に足があるのかどうかを疑ってその都度検証してみるということはない。言語ゲーム遂行に際して疑いを排除されたものとして前提されているそうした諸々の知（「知」の意味を例えば経験的知識に限定すれば、そうした前提されているものは知ではないということになるが、私はここではそうした点にこだわらないことにする。）は相互により合わされて世界像を形成する。人の行為のうちに彼の行為の仕方が示されるが、また同時にこの行為の仕方のうちにその都度の行為が疑われぬものとして前提している知も示される。私は次にこの世界像を主題化しよう。先ずウィトゲンシュタインが挙げている幾つかの例を見てみることにする。

幾つかの例

（a）実生活において「ここに私の手がある」あるいは「これは私の手である」ということは疑い得ないものとして前提されており、私は敢えてこれを口に出して言うことはない。自分の手を見ながら「これは本当に私の手なのだろうか」[44] と疑問を呈するとすれば、彼のこの発言は、通常の状況のもとでは、即ち特別な状況以外では、奇妙である。

(b)「自分の誕生のはるか以前から大地が存在した」ということは実生活において前提されており、私達は何らかの経験的探究の結果、これを知るに至ったというわけではない。
(c)「私は月に行ったことはない」ということは、(月旅行の現実性が全くない時代にあっては) 私にとって全く確実であって、如何なる証拠もこれを否定できないであろう。
(d) 地球の形態や年令に関する研究に際して「地球は (少なくとも) 最近百年は存在してきた」ということは研究の主題ではなく、研究に際して前提されている。
(e) 私が「ある人が何年も前にこの山に登った」と言う時、私はこの山がそうした昔から存在しているということを前提しており、この私の発言を聞く子供は明示的に言及されず、教えられないにも拘らず、このことを同時に呑み込んでしまうのである。
(f) 私が椅子から立ち上がる時、私は自分にまだ足があるか否かを確かめようとはしない。私は立ち上がるという行為を遂行する時、その私の行為のうちに私には足があるという私の前提的信念が示される。
(g)「私の名前がL・Wである」ということは通常の言語ゲームにおいて前提されているのであって、しかもそれは観察に基づいた知ではない。
(h) ウィトゲンシュタインが挙げている例ではないが、次の例も付け加えることができよう。即ち「私が男である (ないし女である)」ということ。このことも私が行なう一切の言語ゲームにおいて疑いの可能性を排除されたものとして前提されているであろう。

諸要素（知）のシステムとしての世界像

以上の諸例はもちろん言語ゲームの遂行に際して我々が前提している実に多くの事柄の一部にすぎない。あることを疑うという言語ゲームでさえ、それが何らかの疑われないものを前提していなければ可能ではなく、可能な一切のことを疑うという徹底的・全面的懐疑は不可能である。そうした全面的懐疑は疑うという言語ゲームをさえ崩壊させてしまう。そして疑いを排除されたものとしての諸々の知、換言すれば確実性は世界像の諸要素であり、これらの要素は一定のシステムを形成する。「ことさらとりあげるのが不可能なほど、私の営む問いと答えのすべてのうちに深く根を下している」[45]揺るぎなき信念、確信のシステムは「論証の出発点というより、論証の生きる場」[46]であるが、私の世界像は私の一切の探究と主張を支える基底である。[47]

揺るぎなき確信と経験的知識

言語ゲーム遂行に際して前提される世界像の構成要素としての揺るぎなき確信と仮説とは差し当たって区別されなければならない。仮説に関しては経験的検証ないし反証が可能であるが、揺るぎなき確信、確実性はむしろそうした検証や反証の前提であるからである。それ故、もし「知識」という語をもっぱら経験的知識を表わすために使用するならば、確信は知識ではないことになる。[48]経験的知識であれば、ある事柄について「私は知らない」と述べることが有意味でなければならないが、例えば「私の名前はL・Wである」については、「彼の名前はK・Wである」とは違って、私にとって「私は私の名前がL・Wであることを知らない」と語ることは、少なくとも通常の状況にあっては、意味をなさない。（「皆さん、私はL・Wというものです。ところで、私は自分の名前が何であるか知りません。」）「私の名前がL・Wである」ということは私にとって推測の事柄でもない。知っていると言うなら、私は「私の名前がＬ・Ｗである」ということを直接知っているのであって、経験的研究の結果それを知ったのではない。それ故、ムーアが自分は自分の誕生のはるか以前から大地が存在したということを知っていると語る時、その知は何らかの経験的研究の結果獲得された知ではなく、知というなら、それは観察に基づかない知であり、これは私達の世界像に組み込まれているのである。むしろ人は幼少の頃より多くの言語ゲームを学習し、身につける中でそうした知をそれと意識せずにも呑み込んでしまうのだ。通常の状況のもとでは世界像に組み込まれている知には誤りの可能性は排除されている。（誤りの可能性が排除されている例としては、さらに、「私は……を信じている」ということに関する私の知――もし「知」という語を使用するならば――がある。私は「彼は……を誤って信じている」と語ることができるが、あるいはそう語ることは有意味であるが、「私は……を誤って信じている」と語ることは意味をなさない。私はまたある人について「彼は……を信じているように見える」と語ることができるが、「私は……を信じているように見える」と語ることはできない。私の信念についての私の知は経験的探究の結果獲得された知ではないのである。というのは、私はあることを信じる際に、あることを信じているということについての私の知を自分を経験的に観察する事によって得ているのではないからである。このように、ウィトゲンシュタインにおいて世界像を構成する諸確信は差し当たって経験的知識から区別され（「差し当たって」と言うのは、以下に見るように、両者の境界は流動的であり、経験的知識は一定の言語ゲーム遂行に際して世界像のうちに入り込むからである。）、言語ゲームにおいて論理学的位置価を持つ。確実性としての言語ゲームの前提的確信は、むろん現代記号論理学の意味での論理学とは異なるが、論理学の対象である。ここで論理学とは言語ゲームを記述する役割を有する。「言語ゲームの記述は、ことごとく論理学に属する」[(49)]ものであり、言語ゲームの前提的確信を記述する命題は論理学的命題である。とはいえ、経験的諸命題や仮説についてもその知は、事情によっては、世界像の構成要素となることができる。この時、経験命題は世界像の一要素へと凝固する。「経験命題の形態を持ついくつかの命題が凝固して、固まらずに流れる経験命題のための導管となる。[50]」換言すれば経験的研究の結果獲得された知識も一定の言語ゲームの中では疑いが排除された確信として機能するのであり、それ故「ある種の経験命題の真であることが、我々が依拠する枠組の一部をなす[51]」ことになる。このように、論理学的命題ないし世界像命題――これは一つの神話学に属し[52]、だから前提的確信の体系は（ある意味で）神話の体系である[53]――と経験的命題とは確かに相互に区別されるとはいえ、その区別、即ち両者の境界は流動的である。「神話の体系が流動的な状態に戻り、思想の河床が移動するということもあり得る。[54]」河床の一部は硬い岩盤からなり変化しないけれども、他の部分は移動し集合して新たな洲を作りあげる。

世界像とは世界経験の仕方、枠組である

子供は、既に言及したように、例えば「ある人が何年も前にこの山に登った」と聞かされる時、明示的に教えられるわけでもないのにこの山がそうした昔から存在してきたのだということを呑み込んでしまう。子供はこのような仕方で、始めには家族内での両親との相互行為の中で多くの事柄を呑み込み、自分のうちに一つの信念体系を作りあげる[55]。それは彼の生活と噛み合うものでなければならず、従ってまた彼の諸生活行為において示されるが、それは同時に彼の世界経験の仕方なのだとも言うことができよう。もちろん彼は彼の両親から伝達された多くの事柄を吸収している。彼がそうした体系を受け入れているのは、彼がそれを正しいと確信したからではない。（もちろんこのことはその体系を反省的に主題化し、その妥当性を批判的に吟味することが不可能だということを意味しているわけではない。）それは一定の伝統として人々に継承され、だからまた何が合理的で何がそうでないかの基準としても機能する。世界像は不変ではなく、歴史的に変換もするのであって、それというのも、ウィトゲンシュタインが言っている

ように思想の河床が移動してしまうこともあるからである。

さて、「世界が自分と一緒に始まったと思いこんでいる王様がいても不思議ではない」[56]とウィトゲンシュタインは言う。この思いこみの内容は彼の世界像の一部、恐らくその中心的位置価を持つ一部をなしている。彼は世界の様々な出来事をこの信念に照応して見、経験し、理解しそして時には思考を働かせて解釈するであろう。彼の世界像は彼の言動のうちに、即ち彼の一切の行為の仕方のうちに示されるであろう。従って、その思いこみを中心とした世界像が変換するならば、つまりウィトゲンシュタインが言うように、王様がその信念を捨てるように説得されるならば、「王様は世界をまったく別様に見ることになる」[57]。かくて世界像とは世界経験と世界内的実践の準－先験的地平をなすと言えよう。

世界像を構成する諸確信の体系

世界像は人々の世界経験と世界内実践の（言い換えれば行為の）準－先験的地平であるが、先の例での王様の思いこみは彼の世界像の中心部分を占めていると言える。それは世界は自分と一緒に始まったという信念であった。それ故にこそこの信念を彼が廃棄するならば、彼は世界をこれまでとは違った仕方で見、経験し、従ってまたこれまでとは別様の世界内実践を行なうことになる。けれども、ウィトゲンシュタインが世界像を構成する疑いが論理的に排除されている確信として挙げているものには以上のような世界像の中心部分を占めるわけではないと思われるものがある。例えば「私には二本の手がある」という信念はどうであろうか。再び王様の例を採ると、この王様が世界を違ったように見始める時、先の確信も廃棄されてしまうようには思われない。かの確信、即ち疑い得ないものとして前提されている知は王様が世界をこれまでとは別様に見始める以前と以後とで存続しているように思われる。この点から

して、モラウィッツが世界像を構成する諸確信に関して行なっている分類には興味がある。彼の分類は以下の通りである。(58)

（a）確実性Pはそれを疑ったり、正当化したりできない事態であり、それを確証する証拠もない。例。「物理的対象が存在する。」

（b）Pは通常の文脈では疑ったり正当化されたりしないが、それを確認する手段は見出し得る。例。「私の名前はL・Wである」。例えば、私が記憶喪失にかかって自分の名前を忘れてしまった時、原理的に私は私の名前を確認する手段を見出し得る。

（c）Pは疑われたり、正当化されたりし得る事態であるが、通常その必要がない事態である。例。「本の背に印刷されている文字がその本の標題である」。

（d）Pは疑いの可能性があり、テストし正当化することが必要であるが、そうされない事態である。この場合人は「言語ゲームは疑い得るすべてが疑われることを前提していない(59)」と言うことができる。例えば経験的諸命題はそうであろう。

私は以上に

（e）先ほど例における王様の信念の如きある世界像の中心部に位置する確信を加える。それは人のあらゆる行為と思考、経験の枠組の中心をなすものであって、もちろんそれは変換可能であり、その変換に際して世界は以前と違った仕方で経験され、従って彼の行為の仕方が変換する。

（e）は（a）～（b）のいずれとも区別されるであろう。というのはそれらは王様のかの確信、信念が変更されたとしても必ずしも廃棄されることになる必要はないからである。また例えば（d）の例だと考えられる「二階が火事だ」という声を聞いて私が二階に駆け上る場合を考察してみよう。二階に駆け上るという行為を遂行するに際して私は二階の存在を前提しており、敢えてそれに疑問を提出して検証してみようとはしない。しかし二階の存在が何ら前提されない多くの言語ゲームがある。にも拘らずそうした言語ゲームにあっても私の世界像（の中心部）が変化したとは言われないであろう。このように世界像を構成する諸確信には色々なレベルがあり、それらは一つのシステムを形成している。このシステムに「属するもののうち、一部は動かしがたく堅固であるが、一部はある程度動かせるものである。動かぬものは、それ事態が明瞭であり分明であるがゆえに不動なのではなく、そのまわりにあるものによって固定されているのである。」[60]

「世界像」概念の継承

ウィトゲンシュタインにおいて、世界像命題とは言語ゲーム遂行に際して疑いを排除されたものとして前提されている、即ち、言語ゲームにおいてある意味で論理学的位置価を持つ確信的信念であり、(だから、ここで言う「命題」とは、確実性としての信念の内容（content）であるが、ラッセル的－カプラン的な単称命題とは区別される。[61]）世界像とはそうした世界像命題の一定のシステムである。このような世界像は、人の言語ゲーム遂行、即ち、行為の中に示されるのみならず、ウィトゲンシュタインは明示的に述べてはいないが、人の行為の仕方を規定し、あるいは生み出し、さらにまた主体の世界経験の仕方をも規定するのである。私は、この世界像の規定を継承し、ある王様個人の世界像というより、信者の集団に共有されている世界像として、ウェーバーの宗教的世界像を捉え、このようにして、この宗教的世界像――これは宗教的世界像であるから、もとより、神と人間との間の関係に関する一定の観念がその中心となるのであるが――を言語のパラダイムに組み込むことにする。

なお、「世界像」という場合、それはもっぱら伝統的世界像の意味で、即ち、自然と歴史全体に関する解釈（体系）という意味でのみ用いられているのではない。私がウィトゲンシュタインの世界像の規定を継承する場合、その「世界像」は単に伝統的な世界像と直接同一ではない。それは、自然と歴史という世界全体に対する解釈という意味での世界像のみならず、言語ゲーム・生活実践の遂行において前提されている確信のシステムのすべてを含む。だから、例えば、科学研究の実践において前提されている、自然の一定の領域に対する、光とはどんなものか、それは波動であるのか粒子であるのか、電気とはどんなものか、といったことに関する基本的な見方、ファイヤーアーベントの言葉では、宇宙論[62]も世界像と見なされる。

四　宗教的世界像と生活実践
――特定の質を有する、あるいはあり方をする生活世界の生成への宗教的世界像の刻印

資本主義の精神

先に述べたように、人間の生の秩序に、歴史上宗教的諸形態ないし宗教的世界像は大きな影響を与え、それは一定

の社会集団の生活のあり方を規定した。言い換えると、一定の質を有する生活実践・言語ゲームを、従って一定の集団の生活世界を規定した。私は以下、この点に関するウェーバーの所論を生活実践・言語ゲームを基礎にして、ということは、ここで念頭に置かれている言語のパラダイムの基礎の上で再構成するよう試みる。

　ところで、ウェーバーによれば、「資本主義以前」ということは、「合理的経営による資本増殖と合理的な資本主義的労働組織とがまだ経済行為の方向を決定する支配力となっていなかった[63]」ということを意味している。ウェーバーにとっては、はじめから合理的経営としての目的合理的行為のサブシステムの近代における成立が、即ち、合理的資本主義の成立が研究の課題である。いったい何故に、他ならぬ西洋において、略奪的資本主義としての賎民資本主義ならぬ合理的資本主義が、つまり、計算合理性に基づく合理的経営が生じたのか。「ステュアート期のイギリス国教会派、わけてもロード（William Laud）の思想に表れているような、国庫的＝独占業者的色彩をもつ『有機体的』社会体制、即ちそうしたいわばキリスト教社会党的な下部構造のうえでの、国家および教会と『独占業者』との同盟に抵抗して、ピュウリタニズムは、自己の能力と創意にもとづく合理的な、合法的な営利への個人主義的起動力を対置させ、したがってその擁護者たちは、徹底して、そうした種類の国家的特権のうえにたつ商人・問屋・植民地的資本主義の激烈な反対者となった。こうして――イギリスにおいては、国家的特権の上にたつ独占産業が、まもなくすべて消滅してしまうのにひきかえ――ピュウリタニズムの創造した心理的起動力は政府の権力に頼らない、部分的にはむしろそれに抵抗して生まれつつあった産業の建設に、決定的な助力を与えることになったのである。[64]」こうした近代資本主義の最も顕著な特性は計算的合理性を内化している点にある。産業資本主義、形式主義的法及び官僚的管理の合理性にとって共通であるのは、その客体化され、制度化された超個人的定式である。社会的合理化の過程に共通するのは、知識の拡大、成長する非人格性及び社会過程に対する高められたコントロールである。いったい西欧においてこうした合理化はどのようにして生じたのか。この研究関心は、ウェーバーが「資本主義の精神」という概念を提出した本旨と密接に関係している。というのは、資本主義の精神とは合理的資本主義的経済組織を可能にした心的態度・エートスのことだからである。ウェーバーは目的合理的行為のサブシステムの資本主義的成立という点から資本主義的生産の成立を研究したのである。資本主義の精神とは何よりも生活の原則・生活態度であり、自らの資本を一切の享楽と幸福、快楽主義を避けてひたすらに増殖させようとする生活態度であって、しかもそれが己の義務、倫理的義務となっている心的態度のことである。これは、一つには職業労働が自己目的化しているということであるが、それはその結果として、自らの生活の徹底的合理化を生み出す。このような生活に反する行為、享楽に耽ること、快楽をこととすることは倫理的義務に対する違反であり、義務忘却に他ならない。だから、主体のこうした心的態度はその生活のあり方を規定するのである。それは「思考の集中能力と、『労働を義務とする』この上なくひたむきな態度」であり、「賃金とその額を勘定する厳密な経済合理主義、及び労働能力のいちじるしい向上をもたらす冷静な克己心と節制である。」(65)

合理的資本主義的経営が生成するためには、そうした生活態度が、つまりは生活の仕方が、単に個人の生活態度としてではなく、一定の人間集団によって共有される生活態度、物の見方となっているのでなくてはならない。営利こそ人生の目的であるとするこうした生活態度が近代資本主義に、その合理的経営・組織という刻印を押したのであり、そしてそれは、ウェーバーによれば、近代資本主義の生成期に、その生成にとって極めて適合的な生活態度だったのであり、このエートスは近代資本主義的企業の推進力となったのである。

では、この資本主義の精神はどこから生まれてきたのか。ウェーバーは古プロテスタンティズム、とりわけカルヴァンの宗教的特質・その禁欲的職業倫理にその影響点を見出している。そのかぎり、ウェーバーが追跡するのは、宗教的世界像の合理化によって生み出された意識構造が人格体系と制度システムのうちに具体化される道筋である。[66] 資本主義の精神の生成に当たっては、プロテスタンティズムの宗教的世界像が影響を与えたのである。即ち、資本主義の精神に見られる使命としての職業の観念、倫理の実践としての職業の観念はプロテスタンティズムの禁欲的職業倫理と親和性を持っている。もとより、ウェーバーは宗教改革が経済的事態から演繹できると考えてはいない。それが生み出されるためには、無数の、様々な歴史的要因の協働が必要だったのであって、事柄は単に経済的事態からの演繹といった問題ではないのである。とはいえ他方また、ウェーバーは資本主義的経済体制が宗教改革の産物だったと言いたいのでもない。彼が問題としているのは、そのようなことではなく、「宗教上の運動が物質文化の発展に及ぼした影響の仕方と一般的な方向をもできるだけ明らかにする」[67]ということである。

一般的に言って、経済システムがその具体性においてどのような形態を、組織的あり方を持つかは、経済システムが経済的秩序界という生活世界の一大行為領域として、近代において他の生活世界諸領域から自立化してきたかぎり、そしてこれがまた他の行為領域、とりわけ政治システムを近代国家として再編するのを促したのであるが、純粋に経済法則なるものによってのみ規定されるのではなく、様々な文化的、宗教的、その他の諸要因並びにその行為システムの諸成員の闘争が協働して影響を与えるのであり、企業を含む資本主義的経済システム、従ってまた労働生活の具体的・歴史的なあり方は、それが生きた人間の諸行為によって織り成されているかぎり、特定の歴史的あり方をもって現存するのであって、それは「人間と自然との間の物質代謝」という歴史貫通的規定によって規定され尽くすものではない。近代資本主義は、このようにして、伝統の文化的内容をも、その必要に応じて取捨選択しながら、その再生産構造のうちに組み込むのである。もとより、近代資本主義は、その生成期において、労働を幸福や快楽のための手段とするような、「伝統的な欲求を充たすには、どれだけの労働をしなければならないか」[68]という観点から労働を見る、伝統主義的な労働観と厳しく対立し、それを克服しなければならなかったのであるが、そしてまさしく倫理的義務としての、使命としての労働という、こうした労働形態を生み出さなければならなかったのであるが、それはウェーバーによれば、古プロテスタンティズムにおける宗教的世界像の合理化から派生したのであり、そしてこれが近代資本主義の合理的労働組織形成にあたってこの合理的秩序にその刻印を押したのである。生成しつつある資本主義は、それだけでは、仕事に対する伝統主義的態度を変換することは出来なかったのである。

禁欲的プロテスタンティズムの職業倫理

ウェーバーはカルヴィニズムの「恩寵による撰びの理説」を考察する。その際、彼が追跡するのは、この理説が文化史上果たしたその役割ないし位置であって、この役割は信者の集団にとっては全く思いもよらぬことであり、そうした役割を果すことは彼等の目的でも何でもなかったのである。つまり、この理説が使命としての職業という観念を、従って労働観念を生み出し、これが資本主義的経済秩序の生成に極めて適合的な主体類型を生み出すことになるのだということは一切信者達の念頭にはなかったのである。

カルヴィニズムの宗教的特質は、人間に対する神の絶対的超絶性にある。神の行ないは人間理解を超えており、人間は如何にしてもこの神の行為に影響を与えることはできない。神のために人間があるのであって、人間のために神があるのではない。人間がひたすら課題とすべきは超絶的な神の威厳を増大させることである。神は人間理解を超えた「恐るべき決断」によって、人間の一部を救われているものとし、他のものを永遠に滅亡にあるものと決断するのであるが、神のこの決断は人間理解を超えているのであるから、そして人間の干渉の及び得ぬものであるから、例えば、教会での祈りや聖礼典による一切の救いの主張は無効にされざるを得ない。また救いの一切の呪術的方法が無効にされざるを得ない。そのようなことをしたところで、神の決断を左右することはできないのである。これが意味するのは、あらゆる宗教的儀式が無効にされるということである。これは世界の脱魔術化の過程、即ち、宗教的救いのための一切の呪術的手段を拒否するという脱魔術化の過程の一つの終局である。カルヴィニズムにあっては、あらゆる感情的・感覚的要素も排斥される。というのは、それは感覚的迷蒙に導く危険を持ち、神に対して無価値に過ぎない被造物を神を差し置いて神化する危険を持つからである。

　こうした理説は、既にこれだけで一定の人格類型を生み出さずにはおかない。神のみが信頼のおける人格であるとすれば、神との交流は深い内面的孤立の中で行なわれることにならざるを得ず、人間達の間の友情といったものには信頼が置かれないことになる。

　けれども、以上の選びの理説は信者達に次のような問題を生みだす。即ち、神は人間理解を超絶しているのであるから、個人は己が救われてあるのか、それとも永遠の破滅にあるのかを原理的に認識することができない。すると、これは個人にとって激しい不安の源泉とならざるを得ない。いったい自分は選ばれたものであるのだろうか。いったいその確かな標識があるのだろうか。否、本当はそうした確かな標識といったものは存在しないのである。というのは、それは個人にとって原理的に認識不能であるからである。すると、ここで個人にとって問題となるのは、自らが救われてあることの主観的確信を得ることであり、各個人は誰も自らが選ばれてあると確信し、一切の疑惑を回避することが義務となる。しかし、ではこの主観的確信はどのようにして得られるのか。

　ところで、現世において人間に与えられている使命は神の栄光を増すことであり、神は人間生活の社会的構成が神の目的に適うことを欲する。現世の社会的行為は神の栄光を増すためのものであり、かくて職業労働も同様である。即ち、ひたすら職業労働に献身することが神の目的に適っているのである。かの主観的確信は絶え間なき職業労働によって得られる。要するに、そうした職業労働、禁欲的な職業労働が宗教的不安の解消の手段となるのである。職業労働に献身し、しかも社会的生活を極めて合理的に組織することが神の聖意に適うのであるが、このひたむきな職業労働への献身が自らが救済されてあることの主観的確信を生み出すのである。こうして、職業労働は、社会的合理化という論点にとって重要な点であるが、「特有な事物的・非人間的性格を、つまり、われわれを取り巻く社会的秩序の合理的構成に役立つべきものという性格を、帯びるようになる。……この非人間的、社会的な実益に役立つ労働は神の栄光を増し、聖意に適うものだと考えられることになる。[69]」とはいえ、主観的確信は主観的確信であって、自らが救われてあることの確証ではないから、原理的に不安は解消することはない。これがまた諸個人を一層職業労働へと邁進させる。

　こうした観念の日常生活における実践的帰結は行為による救いの主張である。カルヴィニズムの神がその信者に要求するものは「組織にまで高められた聖潔な生活[70]」であり、こうして「現世の生活が地上に神の栄光を増すという観点によってひたすら支配され、徹底的に合理化されることとなった。[71]」カルヴィニズムは、無条件的に妥当する規範、絶対的決定論並びに超感覚者の絶対的超越性を結合した。そしてこれがまさしく不断の自己審査と生活の計画的な自己規制へと推進力となるのである。宗教的世界像から生み出されたこうした主体類型は、もとより、主体の生活実践を規定する。あるいは、私はここでウェーバーの叙述の文脈から離れて言うのであるが、こうした生活実践を遂行することによって、主体はまさしくそうした主体としてまた構成されることになる。そして彼らの行為が彼等の生活世界を一定の質的特性を持つものとして、即ち、事象化された合理的組織として編成していくのである。ウェーバーは、以上の如き禁欲的プロテスタンティズムの宗教的特性と経済的日常生活の諸原則との内面的類縁性に言及している。キリスト教的禁欲は今や世俗的・現世的生活の真っ只中に現われ、世俗的日常生活を徹底的に合理的に編成しようとするのである。例えば、バクスターにあっては、神の栄光に役立つものは怠惰や快楽ではなく、行為であり、時間の浪費は重罪に他ならない。というのは、時間の浪費は神の栄光に役立つ労働時間の浪費であるからだ。[72] ここに、労働への動機づけが形成されている。労働とは生きた人間主体の労働であるかぎり、それは主体にとって常に何らかの意味を持っている。その意味がどんなものであろうとも。こうした主体類型は、合理的な近代資本主義の生成期には、この生成にとっては、既述のように、極めて適合的な主体類型であったし、従ってこの主体の生活のあり方もそうであった。ウェーバーは言っている。プロテスタントは、禁欲的職業生活、組織的な生活を神による救いについての確実明証的な印としたのであった。しかし禁欲的節制、従ってまた消費への禁欲は、資本形成と資本投下を、資本の生産的使用を促すのである。[73]

さて、「時間の浪費は神の栄光に役立つ労働時間の浪費である」という観念は宗教的起源を持つものであるが、合理的資本主義的経済的秩序界が生成するや、この神が資本に、神の栄光が資本の栄光に移行していくとしてもそれは不思議ではない。というのは、時間の浪費は資本増殖に役立つ時間の浪費であるからである。「ピュウリタンは職業人たらんと欲した。――われわれは職業人たらざるをえない。何故というに、禁欲は僧房から職業生活のただ中へ移され、世俗内的道徳を支配しはじめるとともに、こんどは、機械的生産の技術的・経済的条件に縛りつけられている近代的経済組織の、あの強力な世界秩序を作り上げるのに力を添えることになった。が、この世界秩序たるや、圧倒的な力をもって、現在その歯車装置の中に入りこんでくる一切の諸個人――直接に経済的営利にたずさわる人々のみでなく――の生活を決定しており、将来もおそらく、化石化した燃料の最後の一片が燃えつきるまで、それを決定するであろう。[74]」近代的経済秩序の生成、これは伝統的社会の生活世界の変換であり、私見では（ハーバーマスの理解とは違って）経済システム自体が一つの生活世界領域として生成するのであるが、この近代の生活世界では労働が生活世界を構造化する一つの範疇となる。即ち、労働能力を有するものとそうではないものとが差別化された体系ができ上がり、職業労働に付くことが一つの社会的自己確認と自己同一性確立の源泉となるのである。

プロテスタンティズムの禁欲的職業倫理は、信者達にとっては思いもよらぬことだったのであるが、近代的経済のあの巨大な組織の形成にあたって力を添えることになった。もとより、宗教的世界像が近代的経済組織を生み出したわけではなかった。ウェーバーが追跡したのは、宗教的起源を持つ意識構造と生活構造の近代的経済組織への具体化・制度化の道筋である。それ故、ウェーバーの分析は、本来、いわば下からの分析(75)による補完を必要とするはずである。即ち、まさしく近代的経済システムを作り上げ、産出した人間行為の固有力学の分析による補完を必要としたはずである。私は、ウィトゲンシュタインの言語ゲームの哲学に基づき、それを拡大した言語のパラダイムの基礎上にウェーバーの所論を組み込むよう努めた。しかし、この固有力学を解明する段になると、これは以下の主題であるが、言語のパラダイムはその限界に行きあたる。というのは、その時には、生活実践・言語ゲームの文法には記述されていない人間行為の側面が、即ち、生活世界のパースペクティヴからは知覚されない人間行為の側面が主題化されなくてはならなくなるからである。が、この点に立ち入る前に、次に、プロテスタンティズムと儒教のウェーバーによる比較を見ておくことにする。これは近代西欧に生成した生活世界の特異性を際立たせるであろう。

儒教的生活世界との比較

プロテスタンティズムでは呪術は完全に追放され、生活の徹底的な合理化が行なわれる。世界は魔術・呪術から解放され、合理的倫理的なものだけが神の聖意に適うのである。労働がこうして自己目的化される。労働生活は倫理的義務であり、倫理の実践である。このために、生活は徹底的に合理的に組織されなくてはならない。ところが、これに対して、儒教では、呪術の完全な追放という意味での生活の合理化は全く追求されず、むしろ儒教は呪術の圏を作り出す。儒教的諸観念が支配するところでは、生活世界はむしろ呪術の実践としてあるのである。即ち、土地占い、水占い、日時占いなどが人々の生活を支配している。さらに、生活のこうした伝統は、俸禄制度によって支持されており、合理的経済行為への道は閉ざされている。その結果、

（a）プロテスタンティズムの禁欲的倫理では、世界・現世は人間主体が徹底的に合理化すべき素材、客体となって現われる。それ故、主体は世界・現世に対して、主体が合理的に支配すべき客体に対して厳しい緊張関係に入る。というのは、世界が主体にとっての合理的改造・支配の客体として現われるかぎり、主体の客体に対する関係においては、相互調和ということは排除されるからである。これに対して、儒教では、こうした現世・世界に対する人間主体の緊張関係はない。というのは、現世・世界は、主体が合理的に改造すべき素材・客体ではなく、むしろ考えられ得る最善のものであり、だから、人間の共同生活、既にある共同生活に、人間主体は順応すべきものだからである。現世・社会的共同生活は神なき永遠の世界秩序・宇宙秩序から派生するのだから、現世の権力秩序に入っていくことこそが人間にとって正しい道であり、ここには現世との緊張関係はおよそ存在しないのである。全宇宙が調和的秩序であるとすれば、人間諸個人もまた同じく調和のとれた人格として自らを形成する必要がある。調和のとれた人格理想とは君子のことで、君子であるための要件は伝統的に定められた諸義務を残りなく履行することである。かくて、儀礼や儀式や正しい作法を習得することが人格の完成上目標となり、調和のとれた人格はまた非合理的な感情に身を任せることを抑制しなければならない。君子としての人格の完成の報酬は現世での富であり健康であり死後によき名を残すことである。神と人間との関係で罪の観念はおよそ問題とはならない。儒教では、罪とは伝統的諸権力・伝統的慣習や儀礼に対する違反に他ならない。儒教は現世肯定・現世順応の倫理である。それ故、現世の合理的改造とい

うことはおよそ問題とはならないのである。もちろん、この倫理は一つの生活態度であり、だからそれに照応する生活実践と生活世界を持っている。

（b）この生活世界では、呪術的伝統、とりわけ祖先崇拝の伝統が維持される。人間主体の自我には態度決定の中心としての統一が欠如しており、むしろ自己は無数の慣習、伝来の規則によって束縛されている。一定の宗教的世界像は特有の人格類型を作り出したのであって、だから同時に特有の生活世界を生みだすに寄与する。儒教では、儀礼は人々の日常生活を支配しており、規則的に定められた問いかけにはまた規則的に定められた応答をしなくてはならない。ここでは儀礼的訪問や贈り物や、あるいは定められた身振りや対面が重要視される。これが礼の理想である。（ついでに言うと、こうした生活形式・生活様式は、一度資本主義的生産様式が成立してしまえば、これと決して矛盾するものではなく、従って資本主義的生産の発展が自動的に解体していくものでもなく、むしろ資本主義社会の生活世界の再生産構造の中に組み込まれ得ることは、日本の生活世界を見れば分かる。）

（c）経済生活においても、儒教的生活世界では、経営も純粋に人間的人格的な諸関係、即ち、氏族的・血縁的靭帯を基本とし、それ故、血縁共同体が経営の組織的基盤となっている。中国における社会的行為はすべて、血縁的な諸関係並びに職業上の結盟関係によって規定されていた。ここでは、目的合理的なゲゼルシャフト的経済的経営形態の創設へのエネルギーが欠如している。儒教では、物資的福祉は、孔子においての如く、究極目標とされても、それは決して営利を、利潤の追求を人間の倫理的義務とするものではなかった。ところが、プロテスタンティズムの宗教倫理では、諸個人にとって神との関係が他の一切に優先するために、人間と人間との関係が密接になることは、とりわけ血縁の人間に対する余りに密接な関係は被造物神化の危険を持つものであり、それ故、信仰を共有する信者達の生活共同体の方が氏族共同体・血縁共同体に対して優位を占めるようになる。この点で、信者の共同体は、個々の血縁共同体を越え出るという意味である普遍性を獲得しているし、むしろそれは氏族的・血縁的人間関係を徐々に解体する作用を及ぼすであろう。(76) このようなことは、経済的経営が純粋に人間的人格的氏族的靭帯の上にではなく、事象に即した労働への倫理的献身に基づいて、即ち、信者達の倫理的資質に基づいて建設されるという事態を惹起する。「ピュウリタニズムはすべてを事象化し、合理的『経営』Betrieb と純粋に『事務』Geschäft 的諸関係に還元しつつ、あの〔旧〕中国では原理上至上権を振ってきた伝統や地方的慣行、それに具体的・人間的な役人の情実などに代えて、合理的な法律と合理的な団体とをつくりだしたのである。(77)」

五　世界の合理化——国家と経済

ウェーバーによれば、世界の脱魔術化の進展とともに、近代西欧において、目的合理的行為のシステムである経済と国家とが相互に分化してくる。むしろ、目的合理的なシステムのそうした生成こそ、世界の脱魔術化の典型的局面に他ならない。ウェーバーは、既述のように、宗教的世界像の合理化が資本主義的経営と国家アンシュタルトという具体的形態において制度化される道筋を追跡した。市場ゲゼルシャフト的関係の展開が身分制的諸関係をまた解体していったのであるが、今や血縁的人間関係を基礎とする人間組織・共同体に代わって、事象化された行為連関が生成してくる。この行為連関は、純人間的人格的相互行為を破壊しつつ、物象化された行為連関として生成し、その中で新たな人間達の相互行為連関を作り出す。

さて、私はウィトゲンシュタインの「言語ゲーム」概念を拡大して、職業生活であれ、他の生活形式であれ、人間諸個人の一切の生活行為を包括する概念として「生活実践」を得、差し当たって生活世界を諸個人の一切の生活実践の総体として、即ち、（日常的）実践的行為世界として規定し、この基礎に上にウェーバーの所論を組み込もうとした。こうした方法的手続きは、それによって既に、ハーバーマスの「システム」と「生活世界」という対概念による社会の近代化の、前近代から近代への移行における生活世界の構造変換の分析とは違った分析をもたらさずにはおかない。ハーバーマスの理解では、近代に至り、システムと生活世界が融合していたあり方から、即ち、前近代的伝統的社会の生活世界から、経済及び政治システムが自立化してくるが、これはシステムの生活世界からの（徹底的な）差異化（Ausdifferenzierung）であり、このシステムの自立化は、システムの生活世界からの離脱である。これに対して、ここでは近代における経済及び政治システムの成立は生活世界それ自体の構造転換として、それ故、成立したシステムが生活世界総体の中での物象化的に存立する行為領域として捉えられる。このことはハーバーマスの理論構成とは違った理論構成を生み出す。私はそれを以下何点かに渡って明らかにするよう試みる。

資本主義的経営と国家の官僚制的合理化

近代国家と私的資本主義的経営の官僚制的合理化は、世界の脱魔術化とともに進行する世界の合理化の典型的局面であった。ウェーバーによれば、近代国家の全発展史は、結局のところ、「近代的な官吏制度と官僚制的経営との歴史に帰着し」、「近代的な高度資本主義の全発展は、経済経営の官僚制化の進展と一致する。」(78) 近代的官僚制にあっては、官僚制的に編成された人間集団の権限は法律ないし行政規則等によって秩序づけられた権限を有し、そうした集団・団体の目的にとって必要な活動がとりわけ官職業務である。また、命令権力が明確に分配されているとともに、強制手段が付加される場合には、この手段の使用は法律によって規定されている。さらに、全体の計画化が一定の人々の任命に基づいて行なわれる。これら三つの契機は、確かに上の定式化においては、近代国家の官僚制を念頭に置いたものという印象を与えるとはいえ、私的資本主義的経営にも同様に当てはまる。してみればこれらの契機が官僚制的官庁と一般的には国家システムと私的経済的経営とを特徴づけているわけである。ここで、ウェーバーは、マルクスと同様、近代における公的領域と私的領域との差異化を念頭に置いているのであるが、ここで重要なのは、近代国家も資本主義的経営も目的合理的行為のサブシステムとして形成されたということである。これらの制度は、「近代国家に至って始めて、私経済の分野においては、資本主義の最も進歩した諸組織において始めて、完全な発達をとげるに至ったものである。(79)」

資本主義的経営と国家を特徴づける官僚制的機構はさらに、合法的支配の典型的局面である。これは、例えば、カリスマ的支配とは違って、制定法規に基づく支配であり、近代官僚制はその純粋類型に他ならない。合法的支配の根本的性格であるのは、「形式的に正しい手続きで定められた制定規則によって、任意の法を創造し・変更しうる、というにある。(80)」これによってまた、誰に対してどの範囲で服従がなされるかが決定されている。重要な点は形式的に抽象的な規範への服従が成されるということであって、人格的資質に基づくものではないという点である。

以上のような官僚制的に合理化されたシステムの生成を私は、生活世界からのシステムの分化としてではなく、生活世界の構造転換として捉えた。これは、「生活世界」の意味がハーバーマスの「生活世界」の意味と相違していることに基づいている。ハーバーマスでは、システムとは貨幣ないし権力という脱言語化された操縦媒体によって統合される行為領域であるのに対し、生活世界はコミュニケーション的行為を通して再生産される行為領域であり、それ故に、貨幣ないし権力を媒体として成立する行為領域の生成は生活世界からのシステムの分化として捉えられる。けれども、生活世界を諸個人の生活諸実践の総体として先ずは把握するならば、このことによって「生活世界」の意味がハーバーマスとは違ってくるのであるが、職業生活がそこにおいて遂行される社会的場も生活世界と見なされることは当然のことになる。ウェーバーによれば、近代官僚制にあっては、職務は職業となっており、任命に当たっては定められた教育課程を修了すること、並びに専門試験に合格することが要件となっている。職務誠実は即事象的な目的に向けられる。目的合理的システムにあっては、目的、手段、没主観性、非人格性が支配する。専門的に訓練された職員に業務が割り当てられるということによって作業分割が行なわれ、計算可能な規則に従って即事象的な処理が行なわれる。迅速であり、正確であり、継続的であるといった性格は近代官僚制の特質であるが、これは、ウェーバーによれば、近代資本主義的経済取引の側から行政に対して不断に要求される。これは、特定の質を持つ職業生活の生成、従って特定の生活実践の生成であり、それ故、官僚制的に合理化された国家システム並びに資本主義的経営の生成は、生活世界からのシステムの自立化としてではなく、前近代的生活世界の、即ち、伝統的社会の生活世界の構造転換として、だからまた新たな生活世界の生成として捉えられなければならない。事象化（Versachlichung）された行為連関、即ち、その権限が法的に定められ、人物・身分如何を問わない即対象的な職業生活の生成は事象化された生活形式の生成、それ故にまた事象化された生活世界の生成である。

以上のことは、伝統的社会の中での市場の発展についても言うことができよう。市場経済の発展とは、別言すれば、貨幣経済の発展ということであり、そしてこの貨幣経済の発展が近代官僚制の経済的前提条件、つまり給与が貨幣報酬の形態を採ることになった経済的前提条件なのであるが、市場の展開とともに、行為者の身分・人格・資格を問わない、事象化された行為連関が発展してくる。市場の発展は、利害関係の多様化を生み出し、交換の拡大はとりわけ同一の地域ないし同一の身分間の交換を越えて異質な集団間の交換をもたらし、このことは特殊な身分集団に妥当する習俗・習律を解体し、万人に妥当する抽象的・普遍的行為様式を生み出さずにはおかない。特殊集団の身分関係のようなものはこの場合、交換の拡大の障害となりかねない。確かに、「身分によって、地域によって、経済規則や規則が違うというのは、円滑な交換を維持する上で一つの障害になってくる。[81]」交換はそれ自体の中に目的契約の原型を含んでいて、この目的契約では、身分・習俗・宗教の如何を問われることはないのである。[82] 人物如何、身分如何を問わないという没主観的行為連関、事象化された行為連関の生成は、ハーバーマスでは、市場がまた経済システムのうちに含められているために、経済システムの生活世界からの分化として捉えられる。しかし、私は市場という事象化された行為領域の生成過程をも新しい生活世界の生成として、前近代的伝統的社会の生活世界の構造転換の過程として捉えたい。

ここで念頭に置かれている「生活世界」の意味のハーバーマスの「生活世界」の意味との違いは、さらに、私見では、実定法に基づいて組織化された行為領域に関するハーバーマスの二義的性格を回避するのを可能にする。

法的に構成された行為領域の理論的位置価

ここで、私は第一章で触れた論点に再び立ち入ることにする。ハーバーマスの理論構成では、近代に至ってシステムと生活世界が相互に差異化する。ここでシステムとは貨幣、あるいは権力を操縦媒体として統合される行為領域であり、生活世界とはコミュニケーション的行為を通して再生産される行為領域であった。しかしながら他方では、システムは市民的私法を通して形式的に組織化された行為領域として生活世界内に制度化されなければならない。この時、ハーバーマスの理論構成のうちに、「システム」と「生活世界」の二義性が生じてくる。即ち、一方で、システムは貨幣や権力という脱言語化された操縦媒体によって統合されるものとして生活世界に対置されるとともに、他方では、システムは実定法を通して形式的に組織化されたものとして生活世界の一部でなくてはならなくなる。（ハーバーマスは後期資本主義社会の構造モデルを提出するに際しては、実定法を通して形式的に組織化された行為領域をシステムとし、その他の行為領域、即ち、家族、近隣、といった領域を生活世界としていた。）このことは、システムについてみれば、システムは一方では、脱言語化された操縦媒体によって統合されるものとして規定されるとともに、他方では、それが実定法を通して制度化された形式的に組織されたものとして規定されることになるという、「システム」概念の二義性が惹起されているということである。こうして、法を通して形式的に組織化されたシステムがシステムなのか生活世界なのか分からなくなるのである。もし、生活世界を諸個人の生活実践の総体として（差し当たって）規定し、実定法を通して形式的に組織化された目的合理的行為システムの近代における生成を伝統的社会の生活世界の構造転換として、それ故、新しい生活世界の生成として把握するならば、ハーバーマスに見られる概念上の二義性は回避されるであろう。この時には、近代における目的合理的システムの生成は、生活世界とシステムの分離としてではなく（この観点が、ハーバーマスの思考にかの二義性を生み出したのである）、新しい生活世界内領域の生成として把握されるからである。近代における生活世界の構造転換を一層具体的に見るために、私はここで法に関するウェーバーの所論にいくらか立ち入ることにする。

ウェーバーは言っているが、法に関する法学的考察は法規範として定立され、かく言表された命題、つまり法命題の意味如何を問題とし、個々の法命題の論理的に整合的な体系を作りだそうとする。これが法学的意味での法秩序であり、してみれば、法学的考察の意味での法秩序とは法命題の論理的に整合的な、無矛盾な体系、命題の体系のことである。これに対して、ウェーバーは法の社会学的研究を行なおうとするのであって、法秩序とは、この場合、法命題の体系・論理的に首尾一貫した宇宙でなく、人間行為において現に経験的に妥当している秩序と解される。すると、ウェーバーの社会学的意味での法秩序とは、現実の人間行為秩序、先ずは人間行為の規則の秩序であるということができよう。

ウィトゲンシュタインが言ったように、(83) 規則が人間行為のすべてを規定するわけではないが、しかしまた人間行為がどのような規則に従って遂行されているかがその当の人間行為が何であるかを規定しもするであろう。私は、秩序によって行為、つまりは生活実践がそれに従って遂行される規則複合体を理解する。即ち、ウェーバーの言う社会学的な意味での法秩序とは現に営まれる人間行為がそれに従って遂行される規則体系、しかも共同行為の参与者達が妥当するものと見なし、自らの行為をそれに志向させるという規則であると私は解する。すると、行為規則としての法規則に従う行為と例えば経済的行為とはどのような関係にあるのか、という問題が生じる。私は以下この問題に焦点を当てることにする。

人間行為がそれに従って遂行される規則には、様々なものがあり得、規則分類にも様々な視点があり得ようが、ウェーバーが、対照によって近代法の特質を明らかにするために、慣習や了解律を考察する時、私はウェーバーが一つの仕方で行為規則の種別化を行なっているものと解する。

ウェーバーにおいて、慣習とは習癖やまだ反省を欠いている模倣等によってなれ親しまれている類型的行為を意味する。ここで類型的行為を行為規則と言い換えることができると思われる。というのは、行為をそれが従う規則の面から見る時、行為は類型的行為とならざるを得ないからである。ただし、ここで注意すべきなのは、規則を学習するということは、類型的行為をそれだけで、いわば抽象的に、学習するということを決して意味していないということである。規則を学ぶということは、具体的な生の連関において生活する実践的能力を身につけるということである。即ち、様々な条件のもとで、規則に従った行為を遂行し、一定の条件が充足されていない時にはそれを補ったり、またその欠如を逆手にとって別の行為を遂行したり、といった、ディヴィッドソンの言う技能（skill）を身につけるということである。言語行為の場合に、言語の使用規則を学ぶということは、話し手が聞き手に自らの言いたいことを理解させ、あるいは聞き手が話し手の言うことを理解する実践的力量を、要するに、技能を身につけるということであり、また、少なくとも可能性において全く未知の規則を理解したり、これまでに存在しなかった規則を造りあげたりする能力を身につけるということである。ウィトゲンシュタインが言ったように、人々は遊んでいる中で規則をでっち上げることもある。そして、そうした技能の実践の中で行為の類型性が再生産されもするのである。規則というものを社会的生の連関から抽象して、概念的に固定されたものとして捉え、ディヴィッドソンの言う技能と二項対立的に把握したり、単に社会的同一性の側面を抽象的に取り出して、もっぱらそれに規則の概念を結び付けるならば、それは規則というものを誤解することになろう。社会的生の連関から抽象的に取り出され、概念的に固定された「規則」を学んでも、それは規則を学習したことにはならないのである。規則を学習するということのうちには、いわば身体で学習するということが含まれている。慣習とは一定の範囲の人々が通常一定の仕方で行為するその様式である。例えば、結婚の仕方とはそれ自身行為の一つの仕方であるが、この行為規則は、宗教的・社会的・文化的意義を有する慣習であろうし、ある部族において何らかの契約が結ばれる際に契約当事者がお互いに訳の分からぬことを叫びあうと想定すれば、これは慣習であろう。（もとよりこのような慣習は近代的な契約概念のうちには入り込まないであろうが。）行為の慣習化された様式が法則的なものとして意識され、遵守すべきも妥当なものとして意識される時、慣習は了解律に移行する。この場合、宗教的、職業的、血縁的、身分的、所属等の標識によって限定される一定範囲の集団――とはいえ、この集団は団体を形成している必要はない――内で従うべきものとして、即ち、行為規則が規範として定立されている時、この規範が了解律である。それ故、了解律への違反は義務違反として他の人々から非難されることになり、こうした心的拘束力によって秩序の維持が保障されている。了解律的行為規則は伝統形成の回路を成している。即ち、それは伝統の規範となるのである。もちろん、現実にあっては、慣習から了解律への移行は流動的である。

ところが市場ゲゼルシャフト展開によって、地域・身分等に特殊的な経済交換のあり方は打破され、身分・宗教、地域に特殊的な生活様式が打破されてくると、身分・宗教等に制約されない経済的交換関係が成長してくる。経済的交換・契約などが人物・身分を問わない形式的なものとなり、それ故、経済行為の規則がまた形式的・抽象的となるのである。これは市場ゲゼルシャフトの展開に伴う生活世界の変換の過程を言い当てている。ところで、他方、この同じ市場ゲゼルシャフトの展開がかつては法や了解律の担い手であった諸団体を解体させ、近代国家が、強制装置をもって遵守するのを保障する法を実定法として制定するに至る。この時、了解律は法に移行する。形式化された経済行為のある側面が法によって正統的なものとして措定されることになる。こうして経済秩序は、同時に、正統的に獲得された権利からなる宇宙となるのである。してみれば、経済システムがそれ自身同時に法的秩序としても構成されるわけであり、それ故、市場ゲゼルシャフトを含む経済秩序界の成員は経済行為の主体であると同時に私法的主体としても現われる。もとより、法が経済行為のすべてを規定するわけではなく、行為の法的秩序化は行為の一断面を捉えているに過ぎず、団体行為の一切に対して構成的意義を有するものではないが、こうした仕方で経済秩序は法的にも秩序づけられており、法的にも、制度化されているのである。それ故、経済システムの制度化されたあり方は二重である。即ち、経済システムは、法的意義を捨象してみれば、経済的意義の点で固有に制度化されているとともに、同時に、法的に制度化されている。（経済的秩序が同時に法的秩序でもあるということは、両者の間にずれが存在しないということを意味しない。）

ここで私は、記号的再生産の領域と物質的再生産の領域のいずれも、規範的な仕方で、「生活世界に貯蔵されている主体の行為志向と結びついて、長期的なものとして定立されているのである」(84)というハーバーマスに対するホネットの批判的言明を想起する。この言明は、経済システム自体が生活世界の一再生産領域でなければならないということを指し示している。経済システムは諸個人・諸集団の一定の行為形式・行為様式・規範・慣習などを有する制度化された諸形態の複合として、つまり、生活世界として存在し、ここで行為主体とは、社会化された身体・歴史化された身体としての主体である。ハーバーマスでは、「システム」概念と「生活世界」概念に纏わり付く相互に無効にしあう二義性のために、「法を通して形式的に組織された行為領域」が一方ではシステムでありながら、他方では、そのことを無効・廃棄するはずであるが、生活世界でもあるという、私見では解消不能な二義性が生じていた。経済システムを生活世界の（一大）構成部分とすれば、この解消不能であった二義性は解消される。経済システムが同時に法的秩序としても制度化されているという上で言及された二重性は、相互に無効にしあう二義性ではないのである。（立ち入る余裕はないが、形式法は現代法を扱う際にはもはや十分ではないであろう。）

ところで、理念と利害に関するウェーバーの所論は社会の制度化された存在様式に対して一定の照明を与えてくれるように思われる。ウィトゲンシュタインの世界像とは世界像命題の総体であった。この世界像があるべきものとして価値化される時、即ち、理念的文化価値的意義を持つ時、私はそれを世界観と呼ぶのであるが、諸制度はこうした世界観、換言すれば理念と物質的並びに（例えば、名誉といった）観念的利害関心の関係として制度化されているものとして捉えることができる。はじめに、世界観は集団の利害に親和的であるように選択される。（ここでは親和性が問題であって、因果的決定が問題ではない。）[85] しかし、時間の経過とともに、世界観としての理念、即ち、価値システムが自律性を獲得し、物質的・観念的利害に反作用を及ぼし、利害関心を集団が自己規定するに際して、あるいは利害を屈折させ、あるいはそれに意味を、文化意義を与えることになる。利害関心は、理念によって再定義されて新しい網へと編成されるのである。[86] 人間行為の大部分は理念的価値システムを用いて正統化され、それが利害を正統化し、意味を付与する。社会的行為システムは物質的並びに観念的利害を充足する正統的な可能性を規定するといった仕方で、理念と利害を包摂し[87]、またこのような仕方で制度化されているのである。「人間の行為を直接に支配するものは、利害関心（物質的ならびに観念的な）であって、理念ではない。しかし、『理念』によってつくりだされた『世界像』は、きわめてしばしば転轍手として軌道を決定し、そしてその軌道の上を利害のダイナミックスが人間の行為を押し進めてきたのである[88]。」人間とは、ウェーバーにとって、そもそものはじめからメタフィジカルな存在なのであって、ウェーバーを離れて言ってもそうである。

例えば、第二次世界大戦後の高度経済成長の過程で形成された日本の生活世界を強力に支配した能力主義的競争秩序は、その生成期と確立期を持つ、相対的に長期に渡って確立している社会的行為の制度的行為秩序・戦略的相互行為秩序であり、主義としての能力主義を私はこの秩序を再生産する行為とその結果に意味づりと正統化を与える一つの世界観・価値システムとして把握する。この価値システムは行為主体の能力主義的競争秩序への了解妥当の承認を保証し、この時競争の勝利者は一定の地位に値するということが正義として正統化される。

さて、以上私はウィトゲンシュタインの言語ゲーム概念を一定の仕方で拡大して「生活世界」を定義し、そこにウェーバーの所論を組み込もうとしてきた。ところで、このウェーバーの理論については、確かにそれが、国家ばかりではなく、宗教、文化、経済に対して、マルクスの理論よりも大きな自律性を承認し、集団やその政治的行為のより豊かな分類を与えているが、しかしウェーバーの理論は歴史的変化を記述していても変化の理論ではなく、マルクスの理論が与えるダイナミックな推進的システムを欠いているという見解がある[89]。即ち、ウェーバーにおいて「理想型」の全集合が世界資本主義を特徴づけ、近代資本主義の前提条件に焦点を当てるために使用される時、我々は単に、巨大なスケールでの比較的スタティクスを得るに過ぎない[90]。」これに対しては、ウェーバーは近代の社会秩序を単に静的パースペクティヴから分析しているだけではなく、その歴史的発展を説明することを意図しており、例えば、近代資本主義の発展は諸個人の態度性向における根底的断絶を必要としたことを明らかにしていると述べることもできよう。けれども、ウェーバーの理論にはやはり、諸個人・諸集団がその生活世界的実践を通して非志向的に産出する連関に、それ自身がまた巻き込まれていくという意味での社会の動的力学の把握が欠けていると思われる。[91] 私はこの動的性格をマルクスの産出のパラダイムに移行することによって獲得しようとする。即ち、これが言語のパラダイムと産出のパラダイムとの統合の問題となる。その際、私は諸個人・諸集団の行為が非志向的に産出する諸連関・構造を諸個人・諸集団の生活世界的実践から出発してその非志向能作的産出の結果として捉えようとするのであって、そうした諸連関・構造を生活世界内的諸実践から出発するという媒介なしに一挙に捉えようとするのではない。こうした諸個人・諸集団が彼らの生活行為を通して非志向的に産出する諸連関・構造は永遠の相において見られるのではなく、様々な諸個人の生活世界内実践を通して歴史的に変換する。この変換は同時に生活世界の変換であり、生活世界の質的構造的変換である。

註

（1）生活行為とは生活実践であり、生活そのものであるが、言語ゲームはこうした実践として、言語行為に尽きるわけではなく、非言語行為及び世界像を含み込んでいるものであった。思考、意欲、願望、総じて意識がまた非ないし前言語な心的状態ではなく、それ自身言語運用としての言語ゲームである。意欲、意志等の言語的表出それ自身が意志、願望等であって、言語的表出が言語以前的心的状態の言語的表出だということではない。（なお、管豊彦『実践的知識の構造　言語ゲームから』（勁草書房、一九八六年、第二章参照。））もちろんこのことは言語運用に随伴する心的状態が存在することを否定することではない。ただ、ウィトゲンシュタインによると、心的状態は言語の意味ではないのである。ここで、私は言語行為を直接に含まぬ行為も、それ自身言語運用としての意識過程を含むかぎり、例えば、言葉を発することなく沈黙して遂行される諸行為をも言語ゲーム概念に含めることもできるであろう。なおハーバーマスは、「無言で成される相互行為（行為と身振り）に際しても、言語的発言は少なくとも含意されている」（J. Habermas, "Vorbereitende Bemerkungen zu einer Theorie der kommunikativen Kompetenz", Jürgen Habermas/Niklas Luhman: *Theorie der Gesellschaft oder Sozialtechnologie*, Suhrkamp Verlag, 1979, S. 114.）と言っている。しかし、私は、言語行為を直接に含まない生活行為をも射程に入れて、生活実践と言い、言語ゲームを生活実践の一種としておく。

（2）　中野哲三氏の「生活過程」概念もまたこうした総体性概念であることが意図されている。次のように言われる。「私たちが『消費生活』自体を真に全面的に考察するためには、生産活動と消費活動の両者を包括しうるトータルなカテゴリーを見いださなければならないが、私はマルクス主義美学と哲学を長く支配し続けてきたスターリン主義的歪曲の根本的批判を目指した論文『マルクス主義美学の根本問題』（『思想』一九五九年一二号）以来、スターリン主義的な『マルクス主義哲学』に欠落しているこのような概念は、マルクスの著作にある人間の『生活過程』に求められるべきであるという結論に達し、以後機会をとらえてこの概念の解明とその理論的展開を進めてきた。」（中野哲三『生活過程論の射程』窓社、一九八九年、六頁。）

私は本書において、言語のパラダイム展開に際し、後期ウィトゲンシュタインの言語ゲーム概念に依拠しつつ「生活実践」概念を用いるのは、それが生活過程概念と同様、総体性概念たり得るからであるが、しかしまた、そこでは言語行為・非言語行為・世界像の統一として、いくつかの契機が分節化されており、そして規則に従って行為するとはどういうことかに係わる言語のみならず行為一般の行為規則の間主観性を意識に上らせ、現代社会における批判的言説を含む社会運動を主題化するに容易である上に（もちろん、生活過程概念によっても同様に主題化出来ようが）、本書の主題にとって重要なことであり、また後に立ち入ることであるが、言語のパラダイムの限界をマルクスの産出のパラダイムとの関連で意識に昇らせるからである。

なお生産と消費の両者を包括し得る総体性概念が求められる社会的基盤は、生産と消費を連動させる内包的蓄積体制、いわゆるフォード主義的蓄積体制が戦後世界の先進資本主義諸国で原理的に確立された点にあると思われる。一八九五―一九一三の時期は生産性の上昇が有効需要を上回るという事態が継続しており（ロベール・ボワイエ『入門・レギュラシオン』山田鋭夫・井上泰夫編訳、藤原書店、一九九〇年、一四五頁参照。）これはいわば外延的な蓄積体制である。これが一九二九年恐慌を生み出したのだ。ところが、賃金が生産性・物価にスライドされるということによって、とりわけ戦後世界において大衆消費社会が出現し、生活全般が資本に包摂されるに至るのである。逆に、一切の生活現象を生産と消費から見る世界像はフォーディズムにその社会的基盤を持っているのである。ここで、私は世界と人間をすべて生産と消費から解釈する世界像・人間観を「フォーディズムの世界像・人間観」と呼ぶ。だが、この世界像・人間観は、同時に、世界と人間のすべてを生産と消費の点から見ることによって、フォーディズム的生活形式・様式を追認する危険性もはらんでいる。人々が生産と消費にうつつを抜かしている間に、オゾン層に穴が開き、熱帯雨林は破壊され、熱帯雨林に依拠していた人々の生活が破壊され、自然の痛みの声のみならず、世界諸国民の生活破壊への感受性が薄れ、生産第一主義を可能にする職場の組織が惹起する長時間・過密労働や過労死の頻発といった事態への感受性が失われていく。今ではフォーディズム的世界像・人間観の貧困性が露になっているのである。とはいえ、新自由主義及び新自由主義的グローバリゼーションは、このフォーディズムを解体する力学を発揮する。けれども、それがもたらすのは以上にあげられた諸問題の解決ではなく、一層の深刻化であり、世界の多くの人びとの生活世界の解体である。というのは、新自由主義は社会的に生産された富の社会的な移動、すなわち下層から上層への移動を実現するメカニズムを組み込んでおり、これによって世界の多くの人びとの生活基盤が解体ないし弱化されるからである。

(3) M. Weber, WG, S. 3.

(4) 差し当たって、次のA・ギデンズの発言を引用する。「ウェーバーが利用した『理解(Verstehen)』の概念は二つの仕方で修正する必要がある。……行為の『意味』(meaning)は行為者の行為意図と理由に還元されはしない。ここで、現代の解釈学と後期ウィトゲンシュタインはウェーバーがそこから出てきた学派よりもはるかに重要である。行為の意味を理解するということは、行為が編入されている生活の形式に原理的に参与できるということを含んでいる。」(A. Gidens, "Reason without Revolution?" *Habermas and Modernity*, ed. R. J. Bernstein, Polity Press, 1985, p. 103.)

(5) 私は以下、「生活形式」という語を政治行為、音楽、挨拶、といった行為の種別化に相当する意味で、即ち、社会的分業の発展に伴って多様化する行為の種に関係するものとして使用し、「生活様式」という語をそうした生活形式の歴史的に形成された一定の質を表わすために用いることにする。例えば、食事という同じ生活形式でも、歴史や社会が異なるに従ってその様式は様々に相違する。

(6) M. Weber, GAR1, S. 239.(『宗教社会学論選』大塚久男・生松敬三訳、みすず書房、一九七二年、三六頁。)

(7) Vgl. M. Weber, GAR1, S. 239–40.(同上、三六—三七頁。)

(8) M. Weber: WG, S. 288.(『宗教社会学』武藤一雄・薗田宗人・薗田担訳、創文社、一九七六年、一一三頁。)

(9) Vgl. M. Weber, WG, S. 292.(同上、一二二頁。)

(10) Vgl. M. Weber, GAR1, S. 255.(大塚・生松、前掲訳、六二頁。)

(11) A・ホネットは、ハーバーマスの進化論的立場では、こうした具体的知の探究が抜け落ちると言っている。Cf. A. Honneth, "Moral evolution and domination of natur, Habermas's theory of socio-cultual evolution", A. Honeth/H. Joas, *Social Action and Human Natur*, Cabridge Uni. Press, 1988.

(12) M. Weber, GAR1, S. 274.(大場・生松、前掲訳、九五頁。)

(13) 内田芳明「『社会層』と宗教倫理の相関」大塚久男編『マックス・ヴェーバー研究』東京大学出版会、一九六五年参照。
(14) 佐久孝正『ウェーバーと比較社会学――「人格化」と「物象化」の東西文化比較』創風社、一九八六年参照。
(15) 中野、前掲書、一五頁。
(16) M. Weber, WG, S. 28.
(17) L. Wittgenstein, PU, 130.
(18) M. Weber, GAW, S. 191.
(19) M. Weber, GAW, S. 195.
(20) M・ウェーバーは次のように言っている。「『交換』という概念は、わたしがその概念の構成部分の意義を無視して、つまり単に日常用語として、それを分析するかぎりでは、若干の現象に共通にみられる徴表を合わせたものという意味での、単純な類概念である。ところが、私がこの概念を例えば『限界効用』の法則と関連させつつ、『経済的交換』という概念を経済的に合理的なある現象を指し示す概念として構成するならば、この時には、この概念には論理的に十分な展開が行なわれた概念というものがすべてそうであるように、交換の諸条件に関するある判断が含まれている。(M. Weber, GAW, S. 202.)
(21) M. Weber, GAW, S. 191–2. 念のために言えば、ここで「ユートピア」とは思想像としての理想型のことであって、この語の使用に価値含意はない。
(22) M. Weber, GAW, S. 192.
(23) M. Weber, GAW, S. 207.
(24) M. Weber, GAW, S. 207.
(25) K. O-Apel, "Szientistik, Hermeneutik, Ideologiekritik", *Hermeneutik und Ideologiekritik*, Suhrkamp Verlag, 1971, S. 21.
(26) T・クーンの「パラダイム」の中心的意味はこの見本例にあると思われる。例えば、学生は科学上の見本例の習得を通して科学者の仲間入りをするわけである。見本例の習得とは研究上の実践的能力を習得するということを意味しよう。そうとすれば、人間の社会化一般にこのことは当てはまるであろう。

(27) M. Weber, GAW, S. 197.

(28) L. Wittgenstein, PU, 201.

(29) L. Wittgenstein, Z, 121.

(30) Vgl. L. Wittgenstein, Z, 119.

(31) L. Wittgenstein, UG, 538.

(32) ウェーバーは次のように言っている。「経験的な現実の中で『国家』に対応するものは何かと問うならば、以下のものであることが分かる。即ち、人間の行為や黙認や一回かぎりのあるいは普通繰り返される性格を有する実際上の関係や法的秩序を持つ関係がばらばらに広がり無数に存在して、それが一つの理念によって、即ち、事実上妥当しており、あるいは妥当すべき規範や人間の人間に対する支配関係等に対する信仰によって統一されているのを見出すのである。この信仰はある場合には、思想的に展開せられて精神的な所有物となっていることもあるし、ぼんやりと感ぜられていることもあり、またある時は受動的に受け入れられて個人の頭脳の中で、極めて多様な陰影を宿して存在していることもある。個人がその『理念』を現実に自分の理念だと考えているならば、その理念を展開するような『一般国家学』というものをその人は改めて必要としないであろう。」(M. Weber, GAW, S. 200.)

(33) アーペルが、ハーバーマスもそうであるが、社会の諸成員が自らの生活のあり方を批判的・反省的に主題化し、それを乗り越えていくという人間行為を展開する際にも、理論のそうした自己反省構造を展開する際にも依拠しているのは、日常言語の、それ自身が自らのメタ言語でもあるという二重構造ないし自己反省的構造である。

(34) R・ゲスによれば、批判理論はそれ固有の自己反省的構造を持つ。即ち、批判理論はそれが記述する社会の一部であり、だからそれは自己がその内に所属している社会的実在に関わるのである。これは批判理論は一部自己についての理論でもあるということである。批判理論は社会自身の自己解放過程の自己意識であらんとしている。それ故、理論はそれが研究する社会に自らが所属していることを知っていなければならない。あるいは、理論はその構造として自己反省的構造を自らのうちに組み込んでいなければならない。それは社会の外に自らを置き、社会をいわば外から観察し、支配し統御することをもっぱら目指す理論ではないのである。ところで、R・ゲスは（ハーバーマスと比較して）「アドルノは反省一般及び特殊的にはイデオロギー批判について最も首尾一貫して文脈主義、あるいは歴史主義的アンザッツに服する。反省的受容可能性の我々の基準は、我々の伝統の一部に過ぎず、絶対的基準、ないし超越論的基礎づけを欠いている。」（Raymond Geuss, Die Idee einer kritischen Theorie, Haim, 1983. S, 75–6.）と言っている。しかしながら、この認識原理の歴史的相対性の指摘、ないし超越論的基礎づけが存在しないことの指摘は、それだけではまだ十分ではない。問題は反省をそれが現に遂行されている具体的な生の、歴史の連関に組み入れ、自らをその歴史的地平に所属するものとして解明することである。私はここでは次の引用で満足する。「それ自身徹底した解釈学化を図る哲学は、思惟自体をそれ自身の置かれた具体的な歴史的連関のうちに組み入れ、みずからの地平をその歴史的な由来と伝承の正統性へと問い直すと共に、そのような思惟の歴史性そのものをみずからの本質としてそれ自身歴史的な自己のうちで規定しなければならない。」（溝口宏平「解釈学の哲学としての資格と機能」現象学・解釈学研究会編集『現象学と解釈学』世界書院、一九八八年、六〇頁。）

（35）　佐久間、前掲書、参照。

（36）　なお、佐久間氏は次のように言っている。「ウェーバーの『支配の社会学』の三つの類型論の展開順序を見れば明らかなように、彼は説明の順序を通常われわれが考えている歴史的順序とは逆にすることによって（合理的支配―伝統的支配―カリスマ的支配）、……安易な発展段階的な見方を退けている。……それは、近代的な支配関係とは全く異質なカリスマ的支配原理を明らかにすることによって、近代社会が逆にいかに人格的な関係を喪失して物象的な関係におおわれているかを明らかにする上で、格好の論理的手段を提供したいがためであった。」（佐久間、前掲書、二一〇—一一頁。）

(37) M. Weber, WG, S. 658.（『支配の社会学』Ⅱ、世良晃志郎訳、創文社、一九六二年、四一三頁。）

(38) Vgl. M. Weber, WG, S. 657–8.（同上、四一一頁。）

(39) Vgl. G. W. F. Hegel, *Der Geist des Christentums und sein Schicksal*, Werke in zwanzig Bänden 1.

(40) M. Weber, WG, S. 662.（世良、前掲訳、四二八頁。）

(41) M. Weber, GAW, S. 480.（『支配の社会学』Ⅰ、一九六〇年、世良晃志郎訳、創文社、四一—二頁。）

(42) トーピッチュ『イデオロギーと科学の間——社会哲学（上）』生松敬三訳、未來社、「イデオロギーの概念と機能」参照。

(43) L. Wittgenstein, UG, 344.

(44) 例えば、私が交通事故に出会い気がつくと病院のベッドに寝ているのだが、私の目の前に包帯を巻いた手があるのを見るとしよう。私は手を動かそうとするがどうしても動かない。この時、私は「これは本当に私の手なんだろうか」と疑う。これは奇妙ではない。

(45) L. Wittgenstein, UG, 103.

(46) L. Wittgenstein, UG, 105.

(47) Vgl. L. Wittgenstein, UG, 162.

(48) 例えば、ウィトゲンシュタインは「私があることを知っているかどうかは、私の主張が証拠によって是とされるか、それとも非とされるかにかかっている。人は自分の痛みを知っている、等という主張には何の意味もないのだ。」（UG, 504）「それは端的に何かをつかむのと同じである。私が何の疑いもなくタオルをつかむようにである。／けれども、このように端的につかむということは確信に適合するのであって、知識にはそぐわない。」（UG, 510, 511）と言っている。私はここでは立ち入らないが、ウィトゲンシュタインの場合「知っている」という語の用法にはいくつかの種類がある。

(49) L. Wittgenstein, UG, 56.
(50) L. Wittgenstein, UG, 96.
(51) L. Wittgenstein, UG, 83.
(52) L. Wittgenstein, UG, 95.
(53) L. Wittgenstein, UG, 97.
(54) L. Wittgenstein, UG, 97.
(55) Vgl. L. Wittgenstein, UG, 144.
(56) L. Wittgenstein, UG, 92.
(57) L. Wittgenstein, UG, 92.
(58) T・モラウェッツ『ウィトゲンシュタインと知　『確実性の問題』の考察』菅豊彦訳、産業図書、一九八三年、一〇七—一一三頁。
(59) L. Wittgenstein, UG, 392.
(60) L. Wittgenstein, UG, 144.
(61) ここで立ち入ることはしないが、そうした信念内容を扱うためには、直接指示の理論の一定の修正が必要である。さしあたって、次の文献を挙げておく。*Themas from Kaplan*, ed. by J. Almog/J. Perry/H. Wettstein, Oxford Uni, Press, 1989, *Propositions and Attitudes*, ed. by N. Salmon/S. Soames, Oxford Uni. Press, 1988.
(62) Cf. P. K. Feyerabend, "Historical background Some observations on the decay of the philosophy of science", *Problems of Empiricism, Philosophical Papers*, vol. 2. Cambridge Uni. Press, 1981.
(63) M. Weber: GARI, S. 43.（マックス・ウェーバー『プロテスタンティズムの倫理と資本主義の精神』梶山力・大塚久雄訳、岩波文庫、一九五五年、上巻五四頁。）

(64) M. Weber, GAR1, S. 201.（梶山・大塚、前掲訳、下巻二四一頁。）

(65) M. Weber, GAR1, S. 47.（梶山・大塚、前掲訳上巻、六八頁。）

(66) Vgl. J. Habermas, TkH 1, S. 299. 338.（ユルゲン・ハーバーマス『コミュニケイション的行為の理論』（上）河上倫逸ほか訳、未來社、一九八五年、三〇一頁・三四〇―一頁。）

(67) M. Weber, GAR1, S. 83.（梶山・大塚、前掲訳上巻、一三八頁。）

(68) M. Weber, GAR1, S. 44.（同上、六五頁。）

(69) M. Weber, GAR1, S. 101.（梶山・大塚、前掲訳下巻、三六頁。）

(70) M. Weber, GAR1, S. 114.（同上、六九頁。）

(71) M. Weber, GAR1, S. 115.（同上、七〇頁。）

(72) Vgl. M. Weber, GAR1, S. 167.（同上、一六九頁。）

(73) Vgl. M. Weber, GAR1, S. 192—3.（同上、二二五頁。）

(74) M. Weber, GAR1, S. 203.（同上、二四五頁。）

(75) Vgl. J. Habermas, TkH 1, S. 299（河上ほか、前掲訳、三〇一頁。）

(76) M. Weber, GAR1, S. 528.（大塚・生松、前掲訳、一九四頁。）

(77) M. Weber, GAR1, S. 528.（同上。）

(78) M. Weber, GAW, S. 477.（世良訳『支配の社会学』I、三五頁。）

(79) M. Weber, WG, S. 551.（同上、六〇頁。）

(80) M. Weber, GAW, S. 475.（同上、三三頁。）

(81) 佐久間、前掲書、一八三頁。
(82) 同上、一八四頁参照。
(83) Vgl. L. Wittgenstein, PU, 84.
(84) A. Honneth, KDM, S. 323.
(85) Cf. B. W. Bologh, "Marx, Weber, And Masculine Theorizing, A Feminist Analysis", *The Marx-Weber-Debate*, ed., N. Wiley, SAGE Publications, Inc. 1987.
(86) Cf. N. Wily, Introducition, ibid.
(87) Vgl. J. Habermas, TkH, 1, S. 264–72.
(88) M. Weber, GAR1, S. 252.（大塚・生松、前掲訳、五八頁。）
(89) Cf. R. Hanneman/R. Coolins, "A Dynamic Simulation of Marx's Model of Capitalism", *The Marx-Weber-Debate*, ed. Norbery Wiley, SAGE Publication, 1987.
(90) R. Hanneman/R. Coolins, ibid., pp. 92–3.
(91) Cf. R. Brubaker, *The Limits of Rationality*, George Allen & Unwin, 1984. pp. 22–3.

第五章　言語のパラダイムの限界

私はこれまで、社会理論の基本パラダイムの一つとしての言語のパラダイムを後期ウィトゲンシュタインの言語ゲーム概念に依拠して提出し、これにウェーバーの理解社会学を出あわせることで社会理論の基本パラダイムとして整備するよう努めてきた。次に私は言語のパラダイムの限界という論点に立ち入ろう。この論点は、（マルクスの）産出のパラダイムへの移行点を成すとともに、また同時に言語のパラダイムと産出のパラダイムとの統合という論点への移行点を成す。言語のパラダイムの限界の議論、これは言語のパラダイムに依拠することでは捉えられない社会の側面があることを示す議論であるが、この議論に際して私は、（特にガダマーの）解釈学の普遍性要求に関するハーバーマスの批判を手掛かりとする。

一　深層解釈学

ハーバーマスによれば、解釈学的意識はそれが解釈学的理解の限界を反省しなかったかぎりにおいて十分ではない。その限界の経験、即ち、解釈学的限界経験は、私達が理解できない生活表明に関係している。それは日常言語的コミュニケーションの構造からしては説明されないということである。確かに、自分達の文化的伝統からは時間的空間的に遠い文化的伝統に対して、さしあたって私達が理解できないという経験をすることがある。だが、私達はそれを理解するよう努めることができるし、それを理解しようと試みることができるであろう。しかし、こうした解釈は体系的に歪められたコミュニケーションの場合には十分ではない。というのは、体系的に歪曲されたコミュニケーションの場合には、理解不能性は欠陥のある仕方で組織化された談話の構造それ自体から生じるのだから。

ハーバーマスは医者と患者の間の分析的対話は一種の言語分析であるとするローレンツァーの理論に言及している。ある発言の理解できない意味の深層解釈学的理解がここでは問題である。ノイローゼの場合、患者の人に理解できない発言は歪められた言語ゲームに属している。例えば、社会的に認可されない抑圧された欲求は夢や神経症という形態において現われてくるが、こうした夢や神経症は抑圧された欲求の兆候であり、患者は他者に了解できないそうした舞台、兆候的舞台で演技をしているものと見なされ、分析家はその意味を解読する翻訳状況に類似する舞台をしつらえることによって理解しようと努める。こうした理解は一方で患者が演じる兆候的舞台と他方で幼児時代の原的な舞台との関係を含んでいて、患者が兆候的舞台において演じることは幼児期の原的舞台の繰り返しとして解読される。人に理解できない患者の発言に対して、上のようにして、患者の私的言語の翻訳レキシコンが打ち立てられる。

例えば、子供が耐え難い抗争を経験するとしてみよう。この体験が原舞台であるが、それは理論家によって構成されるのでなくてはならない。子供はこうした彼にとって耐え難い、抗争に満ちた客体的関係を公的コミュニケーションから排除して、意識化に抑圧し、原舞台を自らの自我に接近できないものにしてしまう。しかし、このことによって自我の意味領域に空隙が生じるが、この空隙は引き裂かれた記号の代わりに別の記号によって埋められるのである。ところがこの記号は、抑圧された体験の兆候を持つものとして他者には理解できないものになる。即ち、その記号は私的言語的意味を獲得する。夢や神経症もまた抑圧された欲求がそこで己を見出す私的言語である。(1)換言すれば、その記号は公共的言語の規則に従って用いられることはできない。医者はその原舞台を再構成し、あるいは抑圧された欲求を再構成することによって、私的言語的意味を獲得した兆候的舞台との間の翻訳関係を構成することで、即ち、翻訳舞台を構成することで、兆候的舞台、即ち、私的言語としての性格を受け取った兆候的舞台と原的舞台との間に意味の等値性を確立し、このことを通して、私的言語化された兆候的舞台の理解不能性を廃棄する。それは理解可能な意味を持つものであることが明らかになる。この等値性の再建こそが引き裂かれた記号の内容を公共的コミュニケーションに再導入する助けとなるのである。この場合に、深層解釈学的理解は病理的に硬直したコミュニケーション範型の振る舞いを規定する意味の翻訳を行ない、公共的コミュニケーションに接近できるものとする。

してみれば、ここに言われる私的言語とはウィトゲンシュタインの論駁しようとした私的言語と同じではなく、両者は区別されなければならない。というのは、ウィトゲンシュタインの場合、私的言語とは他者によって理解されることが原理的に不可能とされた、他者による理解が原理的に剥奪された言語として想定されているのに対し、ここでは、私的言語とは深層解釈学的に理解可能なものとされているからである。この私的言語はまさしく他者によって原理的に理解可能な言語であることがそもそものはじめから想定されているのであり、またそうでなければ、公共的コミュニケーションから排除されたものとしてのここに言われる私的言語が再び公共的コミュニケーションに接近可能なものとされ、つまりは理解され、患者の自己反省の中に入り込むことで、ということは抑圧された欲求が意識化されることで、それが患者に及ぼす無意識的強制が廃棄されるということも可能ではないからである。

ハーバーマスはフロイトの精神分析を言語分析として言語論的に継承している。確かに、無意識的な動機というフロイトの概念は主観的意味理解という構図、即ち、動機をもっぱら行為主体の自己了解された行為定位的意味に還元する考え方を打ち破り、動機の概念を拡大する。とはいえ、人はこの際、記号的・言語的連関を飛び越えてしまうのではない。というのは、ハーバーマスによれば、「無意識的動機は意識された動機と同じく、解釈される要求の形式を持っており、まさしく夢解釈、あるいはヒステリックな兆候と行為強制の解釈は解釈学的に振る舞う」(2)からである。無意識的動機が解釈学的に、あるいはよりよくは深層解釈学的に理解可能なものとしてあるということ、解釈可能なものとしてあるということは、無意識的動機はそれ自身言語的に構成されているということを意味する。抑圧された欲求、意識下に追放された原舞台は、それはその影響力を主体たる患者に及ぼすのであるが、それ自身一つの言語ゲームなのである。無意識的動機は、その解釈学的理解において、言語的に定式化可能なものであり、あくまで行為定位的意味なのである。もちろん、言語的に定式化可能だということは、その定式化される当のものが言語的に構成されているということを即座に意味する訳ではない。例えば、自然状態の記述に際して人はその状態を言語的に定式化するが、自然状態が言語ゲームから構成されているということはそのことからは出てこない。けれども、ここで問題となっているのは、まさしく解釈なのである。私達は「自然を解釈する」と言うだろうか。「自然を解釈学的に理解する」と言うだろうか。解釈学的に理解されるものは、それ故、自然科学的意味での原因ではない。確かに、ハーバーマスは「無意識的に動機づけられた行為は、一方で客観的に有意味であり、理解されることができる。他方、動機は主体の背後で貫徹するが故に原因の位置価を持っている」(3)と言っているが、しかしこの原因は自然科学的意味での原因ではない。それはやはり、動機であり、原因という衣を纏っている動機であって、そうした衣を纏うということによって無意識的動機は主体の行為を同じく無意識的に強制する力を得ているのである。この強制は患者自身の自己反省において、無意識的動機が理解される時にその強制力を失う(4)。

このように、意識化に追放された無意識的動機は解釈学的理解の対象であって、因果分析の対象ではない。意識を言語ないし言語的過程に対応させ、無意識にそれがどんなものであれ非言語的過程を対応させるという無意識の領域の理解は浅薄なものであり、無意識の領域がまさしく解釈学的に理解可能な領域なのだということを看過している。それは行為者に無意識的な動機として一定の行為強制を課する禁止された解釈要求である。無意識的動機というこの「意味を我々は手段によって実現される目的と同一視することはできない。例えば、交替する外的諸条件の下でのシステム状態の維持のような道具的行為の機能圏に属する意味のカテゴリー問題ではない。むしろ、コミュニケーション的行為によって形成され、生活史的経験として分節化されるような意味が問題なのである。[5]」そのかぎり、無意識の領域がまた、社会的に認可されない抑圧された欲求を含む領野として、諸主体の社会的経験の中で、形成されるのである。

こうして、私見では、精神分析の存在、従って、無意識的な動機というフロイトの概念は、確かにそれが、以下で見るように、ガダマーの解釈学やハーバーマスの言う言語理解社会学の限界を指し示してはいても、言語のパラダイムの限界を指し示すものではないのである。何故なら、言語のパラダイムは、無意識の領域が実はコミュニケーション的に形成された生活的経験の抑圧されたものであるかぎり、それを扱うことができるからである。もっとも、この場合言語のパラダイムは、抑圧された欲求ないし原舞台の理論的再構成という方法的手段を自らのうちに組み込まなければならないのであるが。この問題にさらにガダマーの解釈学や言語理解社会学の限界に関するハーバーマスの所論を手掛かりに立ち入ろう。

二　ガダマーの解釈学並びに言語理解社会学の限界

ガダマーの哲学的解釈学の限界

ハーバーマスの理解では、ガダマーの哲学的解釈学は人々がコミュニケーション的行為能力を行使するということにおいて、即ち、彼らが言語によって運動するということによって、ということは生活実践としての言語ゲームを遂行するということであるが、彼らが行なう経験を意識にもたらそうとする。それは言語的コミュニケーションのうちにある話し手／聞き手の根本経験を反省するのである。(6) とはいえ、日常言語的コミュニケーションのうちで行なわれるコミュニケーション主体の経験を反省するそうした解釈学は、先に言及された無意識的動機という点においてその限界に突き当たる。というのは、その動機は主体達の経験のうちでは現われず、抑圧された動機は彼らにはそのものとして経験されることがないからである。解釈学の視野がもっぱら主観的に思念された意味と文化的伝承の次元に拘束されているとすれば、その意味と文化的伝承を意識にもたらす試みは、始めからその限界内で運動しながら、その限界を反省していないということになる。生活表明を行なう主体は彼自身の意図を再認しない場合、こうした生活表明は体系的に歪められたコミュニケーションの一部である。人々は生活世界の、生活連関の病理的に歪められた意味連関をそれとして論定することができなくてはならないのだが、主体の生活連関の経験のそのままの再構成はそれだけでは病理的に歪められた生活世界のその病理性を認識させるわけではないのである。ところで、ハーバーマスは、アーペルもまたそうであったが、(7) 解釈学的理解ということで生活世界の理解的再構成を理解している。確かにこうなれば、生活世界のパースペクティヴからは隠される連関を解釈学的理解は取り逃がすはずであり、こうして解釈学的理解はその限界に行き当るはずである。そのかぎり、ここで理解されているかぎりで哲学的解釈学は、体系的に歪められたコミュニケーションへの批判的反省、コミュニケーションの病理の根源への反省を遮断することにならざるを得ない。確かに、ガダマーは人間理解における先入見構造を正当にも指摘し、この先入見構造への洞察を先入見構造の変換に結びつけている。とはいえ、ハーバーマスによれば、ここに問題がないわけではない。ガダマーは真なる権威と誤った権威とを、前者を柔順性にではなく認識に関係づけることで区別し、こうしてそれ自身で正当な権威なるものを基礎措定している。ハーバーマスは、ガダマーは理解において展開される反省の力を誤認していると言うが(8)、確かにそうなれば、権威に対する批判の矛先は鈍らされることになろう。それ自身で正当な先入見の基礎措定は、単に自身の哲学的根本確信の絶対化に過ぎないのである。

ガダマーによれば、我々は我々がそれであるところの対話を越えることは出来ない。このことからして、ガダマーは可能的批判に対する言語的伝承の存在論的優位を引き出す。こうした理解は、理性的に訓練されたとみえる合意が確かにまた偽りのコミュニケーションの結果でもあり得るという深層解釈学的洞察によって揺り動かされるのである。即ち、深層解釈学は、それが主体の自己了解には入り込んでいない、しかも主体の行為の無意識的な動機を再構成し、このことによって公的コミュニケーションから遠ざけられ、私的言語化された夢や神経症の固有の意味を解読し、そしてそれを理解可能なものにしようとするのであるから、ガダマーの哲学的解釈学の限界を身をもって示すことになる。しかしまた、このことによって、深層解釈学は、方法的理論的認識の契機を自らのうちに組み込まなければならない。

深層解釈学的経験からすれば、伝統連関の独断論において、日常言語的コミュニケーションを体系的に歪曲する抑圧が遂行され得るのであり、してみれば、事実的に達成されている一切の合意が偽コミュニケーションの結果ではないかという嫌疑を受けざるを得なくなる。ハーバーマスは解釈学の普遍性要求に反対して解釈学の限界を論定するが、私にとって問題であるのは、それが言語のパラダイムの限界を意味しているかどうかである。確かに、解釈学がその理解の領域を日常的言語的コミュニケーション連関における意味理解に自らを限定しているかぎりでは、これまでに見てきた深層解釈学は（哲学的）解釈学の限界を指し示している。しかし、これは、限界を持つと論定される解釈学がその研究領域を日常言語的コミュニケーション主体の彼らに了解された経験の理解的再構成に限定しているからである。それ故、私見では、解釈学の限界は即座に言語のパラダイムの限界を意味しているのではない。というのは、深層解釈学において理解されるものは抑圧された言語、ないし抑圧され意識化に追放された生活実践としての言語ゲーム・彼等の生活経験であり、患者の自己反省がまた、即ち、患者自身が遂行する反省の経験、及びその反省による無意識的な行為強制からの解放の経験それ自身が一つの反省の言語ゲームであるからである。もちろん、解釈学を分析的対話を含むように拡大することも出来るのではないかと思われるが、その場合には言語論的に解釈されたフロイトの精神分析学は、従って無意識の領域の存在は解釈学の限界を指し示すことにはならないであろう。むしろ、後期ウィトゲンシュタインの言語ゲームの哲学に依拠したものとしての言語のパラダイムはそうした深層解釈学の基礎的パラダイムとなり得るものである。こうして、ハーバーマス（やアーペル）が言っているような解釈学の限界の主張、それ故、解釈学の普遍性要求の否定は、言語のパラダイムの限界を意味しはしないのである。

ハーバーマスの言う言語理解社会学の限界

ハーバーマスの言う言語理解社会学は、社会成員の社会的行為を行為者自身の状況解釈及び彼がそれに定位する言語的に分節化された意味と一致する動機から説明しようと企てるものである。(9) 換言すれば、言語理解社会学とは、ウィンチの理論のように、行為者の生活実践的な自らの行為意味の理解を反省的に理解しようとするものである。ウェーバーの理解社会学もまた、それが行為者の行為を行為者自身の主観的に思念された意味から出発して理解しようとするかぎり、言語理解社会学の一形態として把握することが出来る。もっとも、ウェーバーの場合、それはいまだ理解社会学であって言語理解社会学ではなく、行為者自身の主観的に思念された意味、あるいは動機が言語との関連において把握されていたわけではないが、しかし主観的に思念された意味なるものも、ウェーバー自身が語っているように、個々人にあってそれが明瞭に意識される程度は様々であり、彼ら行為者がそれを言語的に語ることができるとは限らないのであるが、原理的には言語的に定式化可能であるとともに、もともとウェーバーの言う行為が諸個人の生活実践・言語ゲームであり、そうしたものとして把握することができるであろうから、ウェーバーの理解社会学を言語論的に解釈し直してハーバーマスが言ったような言語理解社会学とすることは可能である。しかしながら、このようにしなくとも、もし行為者自身の状況解釈及び行為の意味理解には入り込まない動機、無意識的な動機なるものが論定されるならば、このことは言語理解社会学にとっても理解社会学にとってもその限界が示されたということになろう。ハーバーマスは、彼が（ガダマーの）解釈学の限界を論じたのと同じ仕方で、行為者自身の意味理解には接近することのない無意識的な動機という精神分析学的知見をもって言語理解社会学の限界を論定している。

フロイトは個人の生活史を反省の経験として叙述する。しかし、この場合、反省遂行があくまで患者自身の反省遂行でなくてはならないにしても、この反省遂行には医者たる分析家による患者の生活史の、彼の形成過程の解釈提案が介在している。患者は少なくともはじめには自らの形成史について語ることができず、その生活史は患者の自己理解からは遠ざけられている。このことが、ハーバーマスにとって、言語理解社会学の限界を指し示すのである。「フロイトは言語理解社会学の行為モデルをただ形成過程が完成された状態の記述にのみ適用できるが、この形成過程それ自身には適用できないであろう。[10]」というのは、患者は確かに形成過程・生活史の完成された状態を自己理解できてはいても、その形成過程は彼には隠されているからである。

しかしながら、このようにして論定された言語理解社会学の限界は、再び、私見では、言語のパラダイムの限界を意味するものではない。言語理解社会学の限界は、それがあくまで行為者自身の状況解釈と行為意味の自己理解にその視座が拘束されているがために生じるのであって、言語のパラダイムはこうした視座に拘束される必要はないからである。フロイトの精神分析のハーバーマスの言語論的解釈提案では、精神分析は言語分析となり、そして言語分析とは抑圧された言語の解釈学である。抑圧された言語、それは言語のパラダイムのうちに納められるのである。

こうして、ハーバーマスが論定する解釈学の限界も言語理解社会学の限界も言語のパラダイムの限界を指し示すものではない。それ故、私は、もちろん私はある意味での言語のパラダイムの限界を念頭において言うのだが、言語のパラダイムの限界を別の仕方で論定するよう試みたい。

私が理解する、言語のパラダイムに依拠した社会理論は、行為者自身の状況解釈と行為意味の自己理解から行為を理解するという視座に拘束されてはいない。言語のパラダイムに依拠した社会理論は社会的行為者が遂行する生活実践としての言語ゲームを、あるいは諸言語ゲームの連関しているあり方を理論的に捉え、再構成しようとするのであるが、この理論的再構成は、行為者自身の状況解釈と、行為意味の理解から出発して行為を理解するということとは即座に同じではない。後者のようにすれば、行為者の自己理解のうちには入り込まない社会的行為の側面は確かに、あるいは精神分析の例で言えば、無意識的動機は遮断されてしまう。けれども、現に遂行されている言語ゲームを、あるいは諸言語ゲームの相互に連関しているあり方を理論的に再構成しようとする場合には、その再構成のうちに行為者自身には自己了解されていない行為の側面、ないし諸側面が入り込んできても良いのである。行為者の主観的に思念された意味から行為を理解しようとすることとその行為を、即ち、言語ゲーム・生活実践をそれ自身として記述し、理論的に再構成しようとすることとは違っている。後者の場合には、言語ゲーム・生活実践の記述にもちろん行為者の状況解釈と行為意味の自己理解が入り込み得るが、しかしまた行為者が意識していない様々な連関も、彼には隠されている無意識的な動機も入って良いし、また諸個人の行為をよりよく理解するためには入り込まざるを得ないのである。そのかぎり、これまで触れてきた深層解釈学の隠された動機、原舞台といったものの理論的再構成という方法的手続きを社会理論は己のうちに組み込まなければならない。このことは、ここで理解されているような社会理論は、ハーバーマスが言う言語理解社会学とは異なる理論的態度を採るということを意味する。即ち、この社会理論は、言語理解社会学のように、行為者の状況解釈と行為意味の自己了解、自己経験からしてのみその行為を理解するのではなく、行為そのものを理論的に再構成しようとするかぎり、行為者自身が意識していない、彼には隠されている連関をも考慮に入れるのであり、その連関の理論的再構成を通して行為者の行為を説明しもするのである。換言すれば、ここで構想されている社会理論は、ハーバーマスが語っていたような深層解釈学と同じ理論的態度をその対象領域に対して採るのである。言語理解社会学の方法的態度とは異なる以上のような社会理論の方法的態度からすれば、ハーバーマスが論定したような言語理解社会学の限界はそれとは異なる方法的態度を採る社会理論の限界とは見なされないということが分かる。それ故、私は社会理論が依拠する一つのパラダイムである言語のパラダイムの限界をハーバーマスが解釈学や言語理解社会学に対して論定したのとは違った仕方で論定しなくてはならない。

三　言語のパラダイムの限界

深層解釈学においては、患者が差し当たって語ることのできない彼には隠された動機、行為強制を、あるいは原舞台を分析家たる医者が再構成するのであるが、その際、理論的に再構成されるのは抑圧された、意識下に追放された言語、言語ゲームであり、患者の生活史なのである。患者の成功した反省の経験においては、分析家の解釈を媒介にして、患者自らが自己の行為強制を認識し、このことによって患者から無意識的な行為強制の力が消え去るのであった。こうした深層解釈学の存在は既に見たように言語のパラダイムの限界を意味するものではなかった。しかし、もし分析家によって再構成された、そして患者の成功した自己反省によってその妥当性が示されるような分析家の解釈提案において再構成された言語ゲーム・生活実践、否総じてどんな言語ゲーム・生活実践の文法的規則のうちにも書かれておらず、また言語ゲームの世界象にも書かれていない社会の側面があるならば、にも拘らずそうした言語ゲーム・生活実践を産出するあるメカニズムが存在するならば、私は先ずは生活世界を諸言語ゲーム・生活実践の総体として把握したが、まさしくこの側面において言語のパラダイムはその限界に突き当たる。ここで一つ注意すべきなのは、この限界は言語のパラダイムの限界であって、ここで構想されている社会理論・批判的社会理論の限界を意味するわけではないということである。確かに、私は社会理論の一つのパラダイムとして言語のパラダイムを選択したが、以下に立ち入るように、私は言語のパラダイムと産出のパラダイムとの統合をもって批判的社会理論の基本概念的基礎を獲得しようとするのであり、それ故、言語のパラダイムの限界は即座に批判的社会理論の限界を意味することにはならない。（もっとも、社会理論がもっぱら言語のパラダイムに依拠するかぎりでは、かの限界は社会理論の限界として現われるのであるが。）

社会的諸主体の受苦の経験は彼らが行なう生活実践・言語ゲームの一定の質と、言い換えれば、歴史的に形成された生活のあり方と相関的である。そもそも受苦の経験は具体的生の場に置いて以外には生じようがない。ところが、そうした言語ゲーム・生活実践は多くの場合に社会的諸主体が意識的目的志向的に産出したものではなく、即ち、そうした生活のあり方を生み出すことを自らの目的として定立し、実現しようと努力した結果ではなく、彼らが彼らの生活の中でその都度の固有な目的を追求しながら意図せずに生み出したものであり、彼らは自らが知らずに生み出してしまったものに巻き込まれそれに支配されるに至る。確かに、彼らは社会的な様々なものに関してもそれを一定のものに作り替え、あるいは新たに形成しようと目的合理的に行為するが、しかしそれは彼らが知らずにそのための諸条件を、あるいは少なくとも諸条件の幾らかを産出した時に限られる。社会の運動に関するそのような経験は、後にまた立ち入るが、既にヘーゲルによって定式化された。ヘーゲルはその経験を「理性の策略」という概念で捉えるのである。即ち、諸個人は情熱をもって彼ら自身の目的を追求するが、そのことを通してある理性的なもの・普遍的なものを意図せずに生み出してしまうということである。

ところで、ヘーゲルがそうした経験を世界精神の所業として捉えたということ、即ち、諸個人の情熱的な活動を世界精神が己の目的を実現するための手段として捉えたということ、このことは、諸個人が彼らの行為を、彼らの己のものとしての目的を追求する活動を通して非志向的に一定の生活のあり方を、特定の質を持つ生活実践を、非志向的に産出するメカニズムが言語ゲーム・生活実践の規則にも、世界像にも、どんな言語ゲーム・生活実践のうちにもそのものとして書かれていないということを示している。というのは、もしそうしたメカニズムが諸個人の遂行する言語ゲーム・生活実践のうちにともかくも書かれているならば、それは世界精神の所業として神秘化された姿で理解されることはなかったであろうからである。そうしたメカニズムは言語ゲーム・生活実践を、換言すれば、諸個人の生活世界を記述すれば捉えることができたであろう。しかし、実際にはそうではなく、そうしたメカニズムは生活世界のパースペクティヴからは隠されており、そのメカニズムの発動の結果だけが、一定の生活実践の、行為領域の意図せざる産出として経験されるために、それは、ヘーゲルにおいてのように、神秘化された姿で把握されることにもなったのである。そして、諸個人の諸行為が意図せずに産みだしたものは、本当は理性的なものでも何でもなかったのであり、そのかぎり、生活世界のパースペクティヴからは隠されているそうしたメカニズムを解読することは批判的社会理論の課題である。

私見では、特定の言語ゲーム、さらには諸言語ゲーム・生活実践から構成される生活世界を産出しながら、生活世界のパースペクティヴからは隠されているメカニズムという点に言語のパラダイムは自らの限界を見出す。それ故、こうしたメカニズムを解読しようとする批判的社会理論はもはや言語のパラダイムにのみ依拠し続けることはできない。批判的社会理論は様々な生活世界の諸現象から出発しながら、隠されたメカニズムを理論的に再構成するのでなければならない。ところで、私の見るところではまさしくこのことを『資本論』のマルクスは、資本の近代的生活史を認識しようとするに際して行なったのである。そしてここに、社会への反省は理解可能性が終るところで始まるというアドルノの観点(11)が、アドルノの思考のパラダイムとは全く違ったパラダイムのもとで再帰する。

四　言語のパラダイムの限界を克服する知の地平

私はここで、簡単にながら、『資本論』のマルクスの思考の歩みの一端に立ち入っておくことにする。私はその思考の歩みを商品世界、人々によく知られた世界、即ち、彼らの生活世界から出発しつつそうした商品世界を産出している、生活世界のパースペクティヴからは隠されているメカニズムを理論的に再構成する歩みとして解釈する。

マルクスは『資本論』の冒頭で次のように言った。「資本主義的生産が支配的に行なわれている社会の富は、一つの『巨大な商品の集まり』として現われ、一つ一つの商品は、その富の基本形態として現われる。それゆえ、われわれの研究は商品の分析から始まる。[12]」人は毎日の生活の中でいつも商品に出会っている。商品は生活世界の中に絶えず流入してくるし、また人がそれを消費するということによって、すぐさま、あるいは徐々に消えていく。私はかつて一つのコップを買ったが、ある時ひょんなことで床に落として割ってしまった。するとそれはゴミ箱行きである。そしてデパートにでも行けば、人は「巨大な商品集合」を現実に経験する。商品は欲望を充足する人間にとっての外的対象である。それは多くの属性の、人間にとって有用である属性の統一である。こうしたことは生活世界の住人としての我々にはよく知られている。それは有用である。そう、このことも私達はよく知っている。だからそれを買うのである。この有用性がこのものを使用価値にする。「使用価値」という学術用語はこの商品の有用性を学的に言い換えたものである。交換価値は使用価値を持つ商品が交換される割合、比率として現われるのであるが、それは絶えず変動する。このことも我々がよく知っている事実である。マルクスの思考の歩みはある前提的了解、換言すれば生活世界的事実から出発するのである。

もっとも、マルクスは商品の分析に際して始めには、いわば物々交換の舞台を設定している。現在の人間は商品交換をする場合、ほとんどいつも貨幣を用いるのであって、物々交換をする場合はほとんど、あったとしても極めて稀にでしかない。しかし、歴史的にはいくつかの共同体が出会う場面で行なわれたであろう商品交換に対応する舞台を設置することは方法的に必要なことである。というのは、貨幣を生活世界に産出するメカニズムを解明しようとする時に、人は貨幣の存在をあらかじめ前提してはならないからである。それでも、人はこうして設定された物々交換の場面をよく知っているということができる。なぜなら、私がx円で一定量の小麦を買い、他の人が同じx円で一定量のコーヒーを買い、そして私がその後コーヒーが欲しくなったら、そしてまたその他の人が私の隣人であるなら、私はわざわざ市場に出かけていかなくとも、隣人にその気がありさえすれば、私は隣人と一定量の小麦を彼に与えることで、一定量のコーヒー受け取ることができるということはすぐ分かるからである。商品交換における貨幣の介在を捨象してやれば、そこにはいわば物々交換が姿を現わすのである。

さて、小麦は様々なものと交換される。一定量の小麦は一定量の絹ともコーヒーともワープロとも交換可能である。それ故、それらは互いに代替され得る等しい大きさの交換価値である。もちろん、こうしたことは生活世界的事実として生活世界のパースペクティヴからよく知覚可能である。ここからマルクスは思考の抽象力を働かせて何故にそれらは交換可能なのかのその根拠を問うていく。例えば、小麦と鉄との交換において

1クオーターの小麦＝aツェントナーの鉄

という等式が成立する。この等式は同じ大きさの一つの共通物があるはずだということを示している。この等式が成立するということは、生活世界のパースペクティヴから知覚される。それはいわば我々の目に見えることだ。しかし、ではこの等式を成立せしめているものは何なのか。それは私達の目には見えない非感覚的なものなのである。1クオーターの小麦とaツェントナーの鉄とは両者とは区別されるある第三者に等しい。それはちょうどどんな三角形もその目に見える形態とは全く違った表現、即ち、底辺と高さの積の二分の一に還元されるようなものである。今や非感

覚的なものとしてのこの第三者を分析的にとりだすことが問題である。私はここでこの第三者を分析的に抽出するマルクスの手続きが理論的にどの程度妥当であったのかを問題としない。ここで問題なのは、マルクスが生活世界のパースペクティヴから出発しながら、生活世界のパースペクティヴからは隠されている、言い換えれば、生活のパースペクティヴからは知覚されない連関に思考の歩みを進めているということである。

交換価値としては商品はただ違った量でしかなく、だから一分子の使用価値も含んではいないはずである。すると、残るのはただそれが労働生産物だということである。しかし、労働生産物といっても、労働生産物の使用価値は捨象されなくてはならず、一切の物理的諸性質や成分が捨象されなくてはならない。ここに抽象の思惟が働かされている。こうして労働生産物の一切の感覚的成分が捨象されるが、このことによってマルクスは労働に目を向ける。労働の具体性もまた捨象されると、労働はすべて同じ第三者、抽象的人間労働に還元され、すると労働生産物は無差別な人間労働の凝固物として捉え返されることになる。「そこで今度はこれらの労働生産物に残っているものを考察してみよう。それらに残っているものは、同じまぼろしのような対象性のほかにはなにもなく、無差別な人間労働の、すなわちその支出の形態にはかかわりのない人間労働力の支出の、ただの凝固物のほかにはなにもない。……このようなそれらに共通な社会的実体の結晶として、これらのものは価値――商品になる。」(13)

私は以上のマルクスの思考の歩みを言語のパラダイムの限界を突破していく試みとして解釈した。具体的労働は生活実践的行為として生活世界内的行為である。既に、ウィトゲンシュタインの仮説的言語ゲームに対する言及において示したように、あの建築労働の場面がまた言語ゲームであった。けれども、生活実践としての人間労働、そうした生活実践としての言語ゲームのうちにはそれ自身が抽象的人間労働に転化しているということも、価値の対象化ということも書かれてはいないのである。生きた人間が現に自ら遂行する労働がそれ自体で抽象的人間労働に転化しており、そして生産手段が彼の労働を吸収しているということは、現に過程しつつある行為の文法のうちには書かれていない。もとより、そうした転化の結果として生活世界内的行為としての労働がますます抽象化されるということは生活世界のパースペクティヴから知覚可能であるが。ところが労働主体は彼の具体的労働の遂行において、意図せずに、それと知らずにもそうしたことを行なってしまうのであって、これは主体の非志向能作の結果である。

この非志向能作の結果として、特定の質及び世界像を有する生活実践が産出される。後に立ち入ることになるが、生活世界の物象化、即ち、人間達の生活世界が資本の具体的な身体となり、資本の生活史の場となるという生活世界の転倒は、人間達の非志向能作の結果である。しかも、この非志向能作の働くメカニズムは生活世界のパースペクティヴからは隠されてしまう。物象化された生活世界の産出のメカニズムの認識は、非志向能作の結果としての物象化された生活世界から出発して、それが産出される様々な媒介を再構成する。とはいえ、この再構成は、現に生活している人々、例えば、労働者達の生活世界的経験を捨象したところから出発するのではない。生活世界には、物象化された生活世界それ自体への反抗、そして失敗し、挫折した実践の経験が蓄積されている。物象化された生活世界とは、物象化が一元的に貫徹する世界ではないのである。機械制大工業において、労働者達は彼らを抑圧し、支配するものとして経験される機械に反抗し、それを打ち壊す。労働者達がそうしたのは、媒介されたもののその媒介が生活世界のパースペクティヴからは消失して、媒介されたものが、第一のもの、直接性として経験されたからである。即ち、機械が彼等を直接に支配するものとして経験されたからである。また、こうした媒介が消失するメカニズムがなければ、即ち、媒介が生活世界のパースペクティヴからは知覚されなくなるメカニズムがなければ、労働者達は機械に反抗することもなかったであろう。しかし、この失敗した実践の経験のうちに、直接性として経験されるものが実は媒介されたものだということの即自的な認識が含まれている。つまり、ここで私が言う言語のパラダイムを越える知の地平が含まれている。そのかぎり、生活世界の物象化の進展、及びそれに対する反抗と抵抗の失敗した様々な実践、及び失敗した認識の努力の蓄積が、物象化された生活世界の理論的再構成に際して、いわばヘーゲル『精神現象学』に対応した役割を果すのである。理論家は、人々のそうした歴史的経験と認識を理論的に加工する。もしも、人々のそうした歴史的経験とそれ故に苦悩の歴史を捨象すれば、物象化された生活世界を理論的に認識する理論家の仕事は、単に、一部の知的エリートだけの可能性として、あるいは超人的な天才の奇跡としてしか理解されないということになろう。このような理論家は、（暗黙のうちに）生活世界の物象化を一元的に貫徹する過程として、社会諸成員がそれにとり込まれながら、彼等にはこの事態が認識不可能なものとして、叙述せざる得ない。つまり、この時には、生活世界のパースペクティヴからは直接知覚されないようになっているということが認識不可能性と無造作に同一しされてしまうであろう。もとより、生活世界のパースペクティヴからは直接的に知覚されないようになっているということは、認識不可能ということと同じことではない。

さて、次章で私はマルクスの『資本論』の部分的再構成を通じて、言語のパラダイムと産出のパラダイムとの統合を試みるが、しかしその前に言語のパラダイムの限界の観念と人間主体の非志向能作の観念とを媒介的に捉える試みをしておきたい。

五　生活世界の再生産——事そのものの産出

上で言語のパラダイムの限界に関して記述が行なわれた。もし言語ゲーム・生活実践の文法のうちには記述されない社会的行為の側面、つまり社会的主体の、彼らの行為、制度等に関する了解のうちには入り込まない社会的行為の側面があるならば、――もちろん、そうした側面に人は学的再構成を通して到達するのであり、このことについては、資本の近代的生活史のマルクスの分析を見る際に立ち入る――ここで人は社会理論の基本パラダイムである言語のパラダイムの限界に突き当たる。ところが、そうした側面は人間諸行為と関わりなくいわばそこにあるというのではなく、人間諸行為の意図せざる結果・産出として非志向的に産出されるのであり、換言すれば、それを産出するのはあくまで社会的諸成員であって、世界精神であれ世界創造的デミウルゴスであれあるいは原―エクリチュール[14]であれ、人間諸個人に対して自立化された主体の事行、あるいは過程の運動の産物ではないのである。もっとも、社会的諸主体が非志向的に産出してしまう連関が社会的主体の行為の制約条件となり、社会的諸主体が非志向的に産出する連関に彼らがからめ捕られてしまうのではあるが。以下の論述の目的はそうした非志向能作の概念と言語のパラダイムの限界という論題とを相互に媒介させるところにある。それというのは、以下に論述するよう試みるように、言語のパラダイムの限界を指し示すかの側面は社会的諸主体の諸行為によって非志向的に産出される側面であるからである。

さて、岩尾裕純氏は、一つ一つの経営制度は企業の全活動のそれぞれちがった一つ一つの側面での矛盾を一時的に克服するのであるが、それらの制度はこうした方法によって金融資本・コンツェルンの生命を守り、現代資本主義を守っていると言う。つまり、それぞれが持つ基本的で共通な役割を通じて、互いがふかく結合しており、諸制度はそれぞれちがった作用を行なうことによって共通のものを守っているのである[15]。この言明の内容のうちに、人間行為の一つの側面である非志向能作が言い当てられている。上の発言は、現代資本主義企業経営制度の資本主義全体の再生産に対する寄与を述べたものであり、危機や矛盾の深まりの中でそれに対応して経営諸制度は自己変革を遂げてきたのであるが、それがまた資本主義生産様式の再生産と拡大再生産、資本の一層高度な有機的編成を促すのである。私がここから先ず取りだそうとするのは生活世界の再生産の論理としての主体達の非志向能作の論理である。

生活世界は行為主体達が現実に遂行する諸行為、私が言語ゲーム・生活実践として捉える諸行為・生活実践の構造化された総体として把握されている。それは人々が現に日々遂行している諸行為であって、それ故彼らは自らが遂行する諸行為の意味を、たとえ社会学的に厳密に定式化することができなくとも少なくともある程度了解している諸行為である。それらの行為が網の目の如く相互に結合されて一つの制度、生活形式・生活様式を作りあげている。上に言及された経営制度との関係で言えば、経営制度は企業システム内の中枢的部分システムをなし、それはまた行為システムをなす。私がここで念頭においているのはそうした行為世界である。例えば、私が一人の裁判官に君は「何故に判決を下すのか」と問うならば、彼は「ともかく私が裁判官だからだ」としか答えることはできないであろう。歴史的に形成されたということを決して排除しないこうした根拠なき行為様式の構造体が行為システムの基本構造をなす。システムはそうした諸行為の遂行によって再生産されるが、諸行為及び諸システムの構造的な連結、関係性のために一つの行為の遂行は、それが如何なる行為であれ、それが有する諸々の連関性と、従って相互連関性を有するシステム全体の再生産に寄与する。経営諸制度の例で言えば、個々の経営制度は一つ一つの側面での矛盾回避の行為を懸命に遂行するが、このことによって同時に資本主義体制システムの再生産に寄与しており（或いは、その歴史的形態の内にそれを崩壊させる矛盾を生み出すに寄与しており）、従って資本主義生産様式の運動の中から不可避的に生みだされてくる、新たに解決し、解消しようと努力しなくてはならない矛盾の再生産に寄与している。この再生産は行為遂行主体の非志向能作の産物・結果である。というのは行為主体は意図していてもよいが、決して意図することなしにも、その行為遂行によって全体システムを再生産してしまうからである。諸制度はそれぞれが異なる機能を果たし、このことによって一つの「共通のもの」を非志向的にも産出しており、だからそれは諸個人の諸行為の共同の作品であるが、彼らの非志向能作の産物である。この非志向能作はヘーゲルの言う事そのものの産出と同じ論理であり、それ故、非志向能作の論理をより明確にするために、ヘーゲルの事そのものの産出に立ち入ってみよう。

ヘーゲルは、人倫態（Sittlichkeit）のうちに「直接的な精神または自然的精神としての家族」、「独立した諸人格としての諸個人がある形式的一般性の中で形成している総体的な相互関係の相対的総体的統一体」としての市民社会、「一つの有機的総体性」としての国家（制度）を含めている。これらの人倫態は、差し当たって先ず諸個人の活動の、「各個人の現実性と独立に存在し、自分のために配慮しようとする」諸行為の「前提された全体」[16]であって、各個人はその行為に際してこの全体によって制約され、この意味で彼らの行為にとってその可能性の条件をなしている。ところが諸個人のそうした行為は同時に彼らの行為の「一般的産物」[17]、換言すれば、彼らの行為の前提であり制約である人倫態へと移行する。人倫態とは人々の関係態、従って、ものではなく事である。このことが意味するのは、諸個人は彼らの行為によって同時に人倫態・事を産出しているということである。この産出は諸個人の行為の直接の目的ではなく、従って彼らの行為の産物は彼らの目的実現活動の産物ではない。諸個人はひたすら「自分のために配慮しようとする」行為を追求するが、にも拘らず彼らのそうした行為がその総体において人倫態を産出するのであって、してみればここに言われる産出とは主体達の非志向能作としての産出である。諸個人の行為が同時に人倫態を非志向的に産出するのである。このことは例えば法律にも当てはまる。法律は差し当たって諸個人の行為にとっては制限、制約として現われる。「第一に、法律は、直接的な主観、この主観の独立な意図と特殊な関係にとっては制限である」[18]。けれども、法律は同時に諸個人の行為の「一般的な仕事（作品）」であり、諸個人のあらゆる活動、あらゆる私的配慮によって作りだされる（hervorgebracht）[19]」。ここに「あらゆる配慮によって作りだされる」というのは、諸個人が共同の配慮・共同の意志決定によって一つの法律を定立するという意味で言われているのではない。それは相互に独立であってよい諸個人の私的配慮に基づく彼らの行為がその制約である法律をいわば持続的に産出するということを意味している。即ち、法律は差し当たって諸個人にとって彼等の行為の制約として現われるが、その制約の下で行なわれる諸行為がその制約を持続的に産出するのである。国家についても同様であり、ヘーゲルによれば国家とは「特殊な諸活動によって区別されている一つの全体」[20]に他ならないが、同時にこれらの諸活動が「たとえそれ［理性的意志の概念］が知られていないものであっても、理性的意志という一つの概念から出発しながら、この概念を自分の概念として持続的に産出するのである」[21]。ヘーゲルによれば、国家は理性の現実態として理性的意志の体現に他ならない。ここでは国家のこうした把握の妥当性は問題ではない。ここで私にとって関心があるのは、理性的意志の体現たる国家の非志向的産出の概念である。即ち諸個人は国家を構成する特殊な諸活動の遂行において、たとえ彼らが理性的意志なるものを全く知らないとしても、理性的意志の体現である国家を産出しているということである。このような産出行為は予め存在していなかったもの、制度や生活形式を諸個人がその諸行為によって世界のうちに造りだすという意味で言われているのではない。ここで主題化されている非志向的産出行為の論理はまだいわば反復の論理、循環の論理であり、そしてこの点において既にこの論理の社会把握にとっての制限性が現われているのであるが、この制限性については後に立ち入ろう。（念のために言えば、私は非志向的産出の論理を以上の意味での循環の論理に限定しているわけではない。）だが、この段階で言えることは生活世界の再生産は何時もそうした主体達の非志向能作によって媒介されており、それ故、既述のように、志向的意識論の枠組は主体のこの非志向能作を看過してしまうということである。超越論的主観性は自らが非志向的に産出するものを見失う、あるいは少なくとも志向能作の産物と非志向能作の産物との区別を見失う。生活世界の再生産が何時も非志向能作としての産出行為によって媒介されているということは、例えばウェーバーのゲゼルシャフト形成行為を例にしても述べることができよう。私はゲゼルシャフト形成行為もまた一つの言語ゲーム・生活実践と解するが、それは形成される制度的枠組を前提とする行為ではない。にも拘らず、それが資本主義経済システムというより包括的な枠組の内部で遂行されるかぎり、同時にそのより大きな制度的枠組を再生産する行為でもある。例えばゲゼルシャフト形成行為による資本カルテルの形成は同時に資本主義経済システムの再生産であるとともにその内的編成の一層の高度化でもある。生活世界はそれが存続するかぎりにおいて、諸個人の一切の生活行為によって同時に非志向的に産出されていなくてはならない。こうした産出がヘーゲルの言う事そのものの産出であり、諸個人の共同の仕事、成果である。

さて、しかしながら、以上の論述ではまだ、非志向能作の概念と言語のパラダイムの限界の観念とが媒介されてはいない。というのは、事そのものの産出としての生活世界の再生産は言語のパラダイムの限界という観念なしにもこれを語ることができるからである。

六　キリスト教団の自己客体化の論理——ヘーゲル

上に述べた事そのものの産出としての非志向能作は生活世界の再生産の論理ではあるが、しかしそれはいまだ循環の論理に留まっている。それは既存の生活様式、行為様式、制度的枠組等々を前提しているのであり、この前提がその前提の下で遂行される諸個人の行為によって再生産的に産出されるというにすぎず、特定の世界像を持つ言語ゲームないしその複合体が生みだされてくる歴史内在的論理、あるいはメカニズムを言い当てているわけではない。それ故、如上の生活世界の再生産には今一つの媒介が必要である。このメカニズムによって念頭に置かれているのは、特定の世界像を有する言語ゲーム・生活実践を生活世界のうちに産出させるメカニズムであり、それ故生活世界の持続的再生産は特有の世界像を持つ諸言語ゲーム・生活実践を歴史的に生活世界のうちに産出させたそのメカニズムの持続的な可動化、生活世界のうちへのその諸言語ゲーム・生活実践の持続的な定立でなくてはならない。例えば貨幣と商品の交換という人々が日常的にいつも遂行している言語ゲームを取り上げてみよう。人はこうした言語ゲームを絶えず遂行することによって購買に関する制度的枠組を常に再生産している。この時、人は一定額の貨幣量を一定量の商品と交換することができる、あるいは簡単に言って貨幣によって商品を買うことができるということを了解しているだけでよい。貨幣と商品との交換という言語ゲームは貨幣についてのそうした観念を含んでいる。だが、この世界像のうちには貨幣を生活世界に定立してくるメカニズムは記述されてはおらず、むしろ貨幣に関するこうした観念は貨幣物神に囚われた意識を表現している。にも拘らずかの交換行為は貨幣を生活世界の中に定立させるメカニズムを絶えずこれまた非志向的に可動化させるのであり、だから生活世界の再生産は言語ゲーム・生活実践の文法のうちには書かれていない、いわば生活世界のパースペクティヴからは見えない隠れたメカニズムの発動によって媒介されている。このことが言語のパラダイムと産出のパラダイムとの媒介の問題へと導くのであるが、それに立ち入る前に、若きヘーゲルが『キリスト教の精神と運命』(22)で展開した宗教的共同体のある意味での変質の論理が上で言及された歴史内在的論理を捕えることができるかどうかを見てみることにしよう。

ヘーゲルは『キリスト教の精神とその運命』において宗教的共同体たるキリスト教団が愛をその原理とするにも拘らず、自らを客体化し、教団が否定し対立する現実の客体性に逆にとり込まれていく過程を描出しているが、その内容はウェーバーの『経済と社会』に付けられた「中間考察」との類似性という点からも、興味のあるものである。『キリスト教の精神とその運命』の内容を再現するように試みてみよう。

アブラハムは青年時代に父と共に自分の祖国を捨てた。けれども、それは自らが自由なる者、愛する者になるためではなく、他の人間及び自然全体に対する調和的関係を引き裂くためである。彼は抽象的向自有たることを欲する。

それは「俺が俺が」という精神態度である。彼の精神は敵対、分裂の精神であり、一切のものに対して己を対立させる精神である。ある者に対して敵意を持つ者がなし得る唯一のことはそれを絶対的に支配することである。(アドルノの言う憤怒 Wut)――ずっと後になってアドルノは、ヘーゲル弁証法の変革という課題を掲げつつ、またヘーゲル哲学それ自体のうちにこうした支配の原理を解読した。この支配の「力学の病弊をそれ自身を通じて癒そうとしたヘーゲルの言語に絶する努力でさえ、最後にはその餌食となった。ことばを使ってこの世界を一つの原理から引き出そうとする試みは、自ら権力に抵抗する代わりに、自ら権力を簒奪しようとする人間がしめす行動様式である。」[23]――それ故、人々に対するアブラハムの行為は不信と策略のそれである。彼は自分が他の人々よりも強いと感じる時には相手を剣によって征服する。彼は世界全体に対立しており、世界全体がかくて支配の客体に化する。彼の理想は世界を己のために抑圧することだ。とはいえ、アブラハムは彼が無限に対立する世界を支配することはできなかったので、その支配は彼にとって理想に留まる他はないけれども、彼だけはこの理想の寵愛を受けるわけである。

アブラハムとその子孫の神は他の神々を決して認めない「嫉妬深い」神である。このヘーゲルの叙述に見られるのは、世界を絶対的支配の客体にし、人間が己をその支配の主体にするということである。その結果、この主体はもはや融和を知らぬ精神となる。――だから、ハーバーマスがホルクハイマーとアドルノの『啓蒙の弁証法』について述べた次の事柄がまさしくアブラハムのこの精神に当てはまる。「外部から侵入する自然力の合理的克服という強制によって主体が歩みだした教養の過程は、単なる自己保存のために生産力を計り知れぬまでに高めたが、単なる自己保存を越える宥和の力を畏縮させてしまった。客体化された外的自然の支配、および抑圧された内的自然の支配、この二つは啓蒙から払い去ることのできない烙印になった」[24]。もっとも、アブラハムの精神が主に他の人間達に敵対し、他の人間達との融和を破壊し、一切のものを支配しようとする精神であるのに対して、ここでハーバーマスが語っているのは主体の原史に重点があるという文脈の位相の違いがあるけれども。だが、ホルクハイマーとアドルノの『啓蒙の弁証法』においても、それが再構成する主体の原史は同時に他の人間に対して支配を行使する主体の生成史でもあり、それはモーセに関するヘーゲルの叙述のうちにその対応物を持っている。

さて、モーセは彼の民族をその奴隷状態から解放してその民族の支配者となった。けれども、民族のこの解放は再びその民族に一つのくびきを与える。というのは受動的国民が己に立法を与えるということはあり得ないからである。モーセは彼の立法を封ずるにあたって、人々に恐怖を与えるという手段をもってした。それを破る者は一切の幸福を喪失するであろう、と。神の存在は命令として彼らに与えられるのである。「支配されたり支配したりばかりしていた人々は」「理性と自由を駆使する」[25]ことなど到底あり得ない。ユダヤ民族の運命とは如上のユダヤの精神の帰結でありその展開に他ならない。

ところで、ヘーゲルの叙述では、あのイエスは単に、そうしたユダヤ民族の運命の一部と闘ったのではなく、この運命全体と闘ったのである。ユダヤ民族の運命とは先に述べられたアブラハムの精神の帰結であり、その展開に他ならなかった。だから、イエスはこの民族にその運命を超えさせようとしたのである。けれども、イエスがこうして超えようとした敵対関係は愛によっては決して和解させられないものであるから、そしてそれはただ征服され得るにすぎないものであるから、イエスの試みも失敗に帰する他はなく、イエス自身がこの運命の犠牲となるのである。

イエスはそれ自体において愛でも喜びでもないユダヤ民族の奴隷状態に一つの人間の衝動を、即ち美しき魂を対置する。ここに奴隷状態というのは外的律法に対する奴隷状態のことである。イエスが律法の支配に対立させるものは人間の全体性である。ヘーゲルはイエスをここでこのように描くのである。カントの道徳立法も一つの生ける全体の一つの側面の他の側面に対する支配・抑圧として表現される。嗜好、衝動、感情には一般者が対立するが、しかしこの一般者は特殊に対する支配、抑圧の原理である。精神のこれら両部分については、心がこのように引き裂かれている状態にあっては必然的であるのだが、一方が排除するもの、ということはつまりそれ自身によって制限されたものであり、他方は一つの抑圧されたものである外はないのである。イエスはだから戒としての一般的立法の原理に愛の一様態である和解性という一層高い精神を対置するが、この精神は主体と客体との引き裂かれた対立、特殊者と普遍者との対立の止揚・総合として、生命あるいは存在と呼ばれている。ヘーゲルによれば、ここにおいて愛における無律法性と無義務性が最高のものであり、義務と嗜好の対立は愛のうちでその統一を見出すのである。

とはいえ、現実の敵対性と客体性はこの愛によって克服されてしまうのではない。ウェーバーは、「中間考察」(26)の中で現世が事象化されてくるとともに、即ち世界の合理化とともに生じてくる経済と政治の事象化された秩序界が成立してくるとともに、この現世的秩序と愛の宗教的倫理は解きがたい緊張関係に立つようになる様を叙述しているが、ヘーゲルはむしろ愛の共同体がそれが対立する客体的なものの運動に巻きこまれていく恐ろしい過程を叙述している。イエスには世界が如何にあるべきかということが見えていた。彼は彼の民族に「悔い改めよ、天国は近い」と言う。けれども、イエスには以下の如き事態が立ち向うのである。もしもユダヤ人達のうちに生命の火、純粋なものへの欲求が宿っていたのであれば、イエスの呼び掛けによって彼らのうちに即座に信仰が生じてきたであろうし、神の国は現前することができることになったであろう。だからイエスはこの場合、ただ彼らのうちに潜んでいたものを単に呼び出したにすぎなかったであろう。ところがユダヤ人達は自分達の奴隷状態をあまりに誇りにしていたので、イエスの呼び掛けのうちに自己自らの要求を再認することはできなかった。ここにイエスが被らざるを得ないイエスの運命が始まるのである。即ちイエスとその使徒達の活動はその成果をもたらすことができない。イエスに対するユダヤ人達の関係は憎悪の関係に転化する。イエスの活動がその結果として惹起したものはパリサイ人達の、そして民族の他の指導者達の憤激である。かくてイエスは彼の民族に見切りをつけざるを得ない。だから彼はただ諸個人にのみ語りかけ、国民の運命は彼の視野から抜け落ちる。ということは、彼自身が国民の運命から身を遠ざけるということである。彼は現世から逃避する。だから今やイエスは現実の国家の揺らぐことのない客体性に出会ってそれから身を遠ざける。イエスと彼の使徒達は国家のこの客体性を止揚することができなかったために、外的な力の支配下での受動の態度を取らざるを得ないのである。なるほど彼らは一致団結してはいたが、しかし彼らが現実に対して自らを対立させていたために、生命の諸形態と没交渉になり、かくて狂信的になる傾向を生む。というのは、それは自分達の夢想を破壊する者を破壊しようとするからである。かくてイエスは現実の客体性を前にして倒れること必定なのである。こうしてキリスト教団は世界と対立した。が、対立というのはこの教団が世界から身を引いているということである。この教団は愛の靭帯よって統一されているが、しかしこのように愛の統一のうちに生きている愛の教団は、しかしやはり運命に囚われたままなのである。愛がこの教団の全体に拡大するというまさしくこのことによってその運命の力が立ち現われてくる。即ち、教団はそれが対立する現実の客体性の契機を一つ一つ己のうちに取り入れ、こうして客体的なものにますます取り込まれていかざるを得なくなるのである。即ち、「茎の中で剥取られた現実という外皮は、再び茎から出て来て、神として復活したものに纏いついたのである。[27]」しかし、では純粋な愛の教団が現実の客体性と出会い、徐々に客体的なものを己のうちに取り入れ、かくて自らを客体化するというのはどうしてなのか。純粋な心の一致における統一はまさしく純粋なものとしてまだ客体において表現されてはいない。教団の諸成員は愛の統一のうちに生きているが、確かにこれは一つの生ける関係である。けれども、そこには現実性の能力が欠けている。純粋な心の一致における統一はなるほど神の国ではあっても、この愛はまだ一つの客体のうちで表現されていない。愛は見えざるものなのだから、それは見えるものにおいて確固たるものとして表現されなくてはならないのである。こうして、今や愛の憧景はある存在者のうちに己を見出し、この存在者に対する礼拝が教団の宗教になる。だから復活したイエスは今や形象となったのである。純粋な心の一致はその純粋性のために消失への危険を有しており、それ故それは客体的なもの、即ち形象において固定されなくてはならない。「愛は自ら完璧な統一を打ち立てることはなかったから、教団を結合し、同時にすべての者の愛の確かさがそこに見出されるであろう、別の一つの靭帯が必要だった。愛は一つの現実に即して自らを認識しなければならなかった。この場合、この一つの現実とは信仰を同じくするということ、同じ一つの教えを受け、一人の共同の主、師を持つという点で等しいということだった。これは、神的なもの、つまり教団を統一するものが教団に対して与えられたものという形式を持つということであって、それは教団の精神の顕著な側面である。(28)」そうすると、今や教団を統一するものは人々がそれに依存するものへの関係として外的なものに転化する。即ちその関係というのは実は依存性の関係であり、「一人の設立者によって存在する」ということのうちに統一の確かな靭帯が見出されるのである。純粋な心の一致という愛の統一はこうして依存性の一つの形式へと転化した。教団は一つの客体的なものを己のうちに取り入れたのである。しかし、単に一つだけではない。「こうしたことこそが世界とのあらゆる提携から身を引き、純粋に自己を維持する愛において、あらゆる運命から免れていると見えた教団が、にも拘らずこの運命に囚われていた点なのである。すべての諸関係を逃避する愛が一つの教団へと拡張したということがこの運命の中心点にあったのである。この運命は教団が拡張するにつれてますます展開し、この拡張を通してますます世の運命と遭遇し、このようにして世の運命の多くの側面を意識することなく己のうちに取り入れ、また世の運命と闘うことによって自らをますます不純化したのである。(29)」かくて運命は主観的な愛の感情によっては決して融和させられない客体性を持っていることになる。

運命の因果性とは純粋な愛の統一における教団がにも拘らず現実の客体性を前にしてその諸要素を自らのうちに取

り入れ、こうして自己自身が客体化することである。しかしこの論理は、現実の不動の客体性、ウェーバーとともに言えばかの鉄の檻の揺り動かすことのできない客体性を前提している。なるほど、ヘーゲルが純粋な愛の教団がたどる「弁証法」によって現実の持つ固有の存在性を認識するに至ったのだとしても、現実の揺り動かすことのできない客体性が前提されれば、宗教的な愛の倫理が採り得る形態は、ウェーバーが例えば事象化した合理的な経済の秩序界と宗教的倫理との間に認定したように、現実との解き難い緊張関係であるか、この緊張関係に耐えられずに現実からの逃避を計るか、あるいは現実の客体性を自己のうちで再生産して自らが客体化するかである。しかしこの運命の因果性の論理は現実の客体性、かの鉄の檻をまさしく生活世界のうちに歴史的に定立するメカニズムを言い当てることはできない。というのはそれは現実の客体性を前提しているからである。

七　言語のパラダイムと産出のパラダイム

それ故ここで探究すべきは特定の世界像と行為様式を持つ言語ゲーム・生活実践が生活世界のうちに定立してくるそのメカニズム、換言すれば、現実の客体性を産出するその当のメカニズムでなくてはならない。そのメカニズムこそは、その具体相については私はまだ立ち入っていないのであるが、生活世界のパースペクティヴからは隠されているとともに、一定の質的あり方を有する生活世界を産出するものであり、そしてそれは人間諸行為の非志向能作の結果・産物である。そして、そのメカニズムこそがまた言語のパラダイムの限界を論定させるものである。先にみた生活世界の再生産、即ち、事そのものの産出としての再生産は、上述の生活世界のパースペクティヴからは隠されているメカニズムの非志向的産出によってでも媒介されているのである。

さて、社会の近代社会への移行とともに、経済システムと政治システムとが相互に差異化し、それまで封建的な身分制秩序を持つ政治システムの内に埋め込まれ、その制約下にあった経済的諸力が解放され、かくて経済的領域は社会構造構成的力を発揮するが、こうして生成した事象化された政治と経済の秩序界は、「機械的な生産の技術的・経済的諸前提に縛りつけられている近代的経済組織の、あの強力な世界秩序」、「圧倒的な力をもって、現在その歯車装置の中に入りこんでくる一切の諸個人……の生活を決定しており、将来もおそらく、化石化した燃料の最後の一片が燃えつきるまで、それを決定するであろう[30]」秩序界を生みだした。ところで私は社会の考察に際する一つの基礎パラダイムとしての言語のパラダイムをウィトゲンシュタインの言語ゲーム概念の使用の下で定義し、生活世界を現実的諸個人の一切の生活行為・生活実践としての言語ゲームの構造化された全体とした。こうした観点からすれば、ウェーバーが鉄の檻と呼んだあの巨大な経済の秩序界も彼らの諸行為を離れては存在し得ず、むしろ彼の現実に遂行する諸行為のシステムとしての行為遂行によって再生産されるシステムである他はないのである。それらの行為は彼らが現に遂行している行為であるから、その行為意味については彼らは少なくともある程度了解している行為である。というのは人間は、確かに工学的、機械的な生産の技術的及び経済的諸前提に規定されている近代的経済秩序のこの巨大な世界、この事象化された世界の一個の歯車としてそのうちに組込まれた存在であるとしても、機械に決して還元されてしまうことはないからである。この経済秩序は管理と支配の行為（言語ゲーム・生活実践）及びその管理・支配の下での行為（これまた言語ゲーム。生活実践）、管理と支配への反抗とそれを無化しようとする行為の織り合わせとして再生産されている。だから、言語のパラダイムはウェーバーの言う事象化したあの秩序界をも自分の視野のうちに収めることができる。というのは、言語のパラダイムは諸個人の行為を単なる言語行為に還元するのではなく、言語行為と非言語行為及び世界像の織り合わせとして把握するからである。経済のあの秩序界もこうした諸行為から構成されている他はない。しかし、私の考えでは、言語のパラダイムはそうした秩序界を、換言すれば、例えば近代に特有な生活形式、即ち特有な行為様式と世界像を持つ言語ゲーム・生活実践をまさしく生活世界を構成するものとして、あるいは生活世界として産出してくるメカニズムを把握することができない。というのはそうしたメカニズムは言語ゲーム・生活実践の文法規則のうちには記述されないからである。このことをマルクスの物象化(Verdinglichung)の概念が説明してくれると思われる。人々は私的配慮に基づく諸行為の遂行において意図せずに、非志向的にある客観的な行為連関を産出してしまうのであるが、その際同時にその客観的な行為連関の生成はそれを隠し、隠蔽してしまう一定の言語ゲーム・生活実践の定立を伴ない、またこの言語ゲーム・生活実践の定立によって媒介されている。だから物象化とは、ここではまだ抽象的にしか述べることができないけれども、特定の行為様式と、従って行為意味と、だからまた世界像を持つ言語ゲーム・生活実践を生活世界のうちに、あるいは生活世界として定立する作用でもある。人間間の諸関係と彼らの活動の産物が彼等から自立化して、自立的運動を行ない、逆に人間を支配しているという現象が物象化であるが、この現象はこれに照応する行為の仕方、言語ゲーム・生活実践を生み出すのである。しかし、既に貨幣の例によって示唆したように、貨幣使用の言語ゲームにおいては生活世界に貨幣を産出してくるメカニズムはその言語ゲーム・生活実践の文法規則のうちには書かれていない。一般的に言えば、諸個人が彼らの諸々の生活行為において非志向的に生みだしてしまう客観的連関とそれを隠蔽する言語ゲーム・生活実践の定立のメカニズムは生活世界のパースペクティヴからは隠されてしまう。ここに言語のパラダイムの限界が示される。事象化(Versachlichung)された経済的秩序界の生成は、そしてこの生成に平行し、相互作用しながら近代国家が官僚制的に合理化された政治秩序として編成されてくるのであるが、「資本の近代的生活史」(マルクス)の産物であり、マルクスの産出のパラダイムは、それは何も物の生産に、つまり目的活動としての生産活動に視野を制限するものではなく、この資本の近代的生活史を把握しようとするものである。こうして言語のパラダイムの限界点は同時に産出のパラダイムへの移行点を成すのでなくてはならない。

けれども、この移行に際して私は言語のパラダイムを廃棄してしまうのではない。物象化とはマルクスの産出のパラダイムに属する概念であり、そして物象化が特有の行為様式と世界像を持つ言語ゲーム・生活実践を生活世界の中に定立してくる作用でもあるとすれば、産出のパラダイムは言語のパラダイムを不可欠の構成部分として自らのうちに組み込んでいるのでなければならないことになる。しかし、もし産出のパラダイムを投げ捨て、もっぱら言語のパラダイムのみをもって社会の考察をなそうとするならば、特有の行為意味と世界像を持つ言語ゲーム・生活実践の生活世界内的定立のメカニズムは隠されてしまうであろうし、それ故その言語ゲームの歴史的生成の説明ができないことになろう。この時、我々は特有の行為意味と世界像を持つ言語ゲームが現に生活世界を構成しているという事実から出発して、その言語ゲームの創造の主体（あるいは「主体」の表象を回避して、創造作用）、いわば社会的デミウルゴスを要請するように誘惑される。諸々の言語ゲーム・生活実践の定立はこの社会的デミウルゴスの創造作用によるのだ、と。すると、この言語ゲーム創造の主体ないし作用は社会を生産する主体にまで拡大された超越論的主観性に類似してくる。あるいは、「主観性」の表象を回避すれば、超越論的主観性から取り外されて自律化された（超越論的主観性の）意味創造作用に類似してくる。事象化された行為システムとしてのあの巨大な経済的秩序界もこの主体ないし作用の創造の産物であることになろう。けれども、この創造的主体ないし作用が何故に特定の意味を持つ言語ゲームを創造することになるのかは、そうした主体ないし作用の定立によっても依然として説明不能である。このことの良き例をカストリアディスが与えてくれるように思われる。

カストリアディスは社会の諸制度と象徴的なものとの連関を把握する。制度の存在のあり方が象徴的なものであり、制度は象徴的なものによって与えられる。労働、消費、戦争、愛、分娩等々、一切の行為や無数の物質的生産の行為はなるほど直接に象徴ではないが、しかし象徴と結びついており、諸制度は象徴的なものの網を自らに設定する。ところで象徴とは意味するものであり、だから象徴には意味作用が結び付いている。例えば、近親相姦の禁止は一つの法、意味作用、象徴と神話を持つ制度である。それは無数の人間の行為を組織する意味を持つ規則を有し、この規則が意味作用の全体を編成するのである。だからカストリアディスの言う制度を「言語的世界定立」としての言語ゲームとして捉えることができるであろう。この点からして、主人と奴隷、農奴と領主、プロレタリアと資本家、賃金労働者と経営者との関係も、従って生産諸関係も象徴的な意味を持つ制度だと把握するカストリアディスの主張は、経済システムを差し当たって一定の世界像と行為様式、従って行為規則を有する言語ゲーム・生活実践のシステムと把握する私の立場と一致するであろう。（現代日本の企業秩序は、激しい競争主義的・権威主義的秩序として制度化されている。）ところで、歴史は、カストリアディスによれば、根源的で生産的な想像力、創造的想像力の意味定立作用によるのである。それはあらゆる歴史的行為の中に現われている根源的想念である。この意味作用を遂行する根源的想像力がその都度歴史の中で一定の象徴的意味を持つ制度を創造するのである。この創造は無からの創造として根源的である。例えば物象化も彼によればこの社会的デミウルゴスの意味創造の作用による。カストリアディスによれば、労働者は物ではない。けれども物化は現実についての誤った知覚でもなければ、論理的な誤りでもない。それ即ち物化は想念の意味作用である。それは象徴的な、あるいは《言語学的な》視点では意味のおきかえであって、隠喩と換喩の結合と見なされるのである。ここに意味のずれがある。この意味のずれとはある意味するものの下で別の意味されるものが不意に現われるという事実であって、生起したことを単に叙述するやり方である。それは考察している現象の発生も存在の様式も説明していない。[31] ここでカストリアディスは意味のずれというのは単に生起したことの叙述の様式にすぎず、その現象の発生の説明ではないと言っている。ではこの発生はカストリアディスにおいて如何に説明されるのか。結局それは根源的想像力の根源性による。即ち、その発生は根源的想像力というこの意味作用の無からの創造によって説明されるのである。けれども私見では、問題はただずらされただけである。というのは根源的想像力は何故に特定の象徴的意味を持つ制度を創造することになるのかという問いが依然として残されているからである。カストリアディスによれば、根源的想像力による新しい意味作用の発生については、現実も合理性も象徴系も説明し得ないものである。ハーバーマスの言うように、「何故に社会が意味の特定の地平を制度化するのかはカストリアディスが無対象の問いとして拒絶しなければならない問いである」(32)。私はこの説明不可能性は言語のパラダイムの限界点を証言していると解釈する。というのは、既述のように言語のパラダイムは特定の世界像を持つ、カストリアディスとともに言えば、特定の象徴的意味を持つ制度を生活世界のうちに定立する人間的諸行為のメカニズムを捉えないからである。

私は、カストリアディスの「想像」が諸個人の非志向能作の働きとして捉え返される時、このことによって同時に言語のパラダイムから産出のパラダイムへの移行がなされると解釈する。とはいえ、この場合の非志向的産出とは、既述のあの循環の論理を意味することは出来ない。ここでの非志向的産出とは人間達を結び付ける力の歴史的産出、換言すれば、特有の行為様式と世界像を持つ言語ゲーム——もちろんこの言語ゲームはそこでの行為様式が他者の振る舞いを組み込んでいる場合、一定の社会関係の下で遂行される相互行為になる——、生活実践を生活世界のうちに定立する働きを意味する。しかしながら、私の見るところ、カストリアディスでは、根源的な意味作用は個々の具体的な、経験的に確認できる社会的諸主体、諸個人の諸行為から解き放たれて、彼らから自立化した社会的デミウルゴスの作用に還元されてしまっているように思われる。即ち、具体的な経験的に確認できる社会的諸個人の行為に伴う彼らの非志向能作の結果が誤ってある自立化されたある根源的な作用の事行とされている。「デリダはフッサールにおける意味のイデア化を超越論的主観性の最奥の地点まで追っていく。そして自己へと現前する体験の自発性の原点であるこの地点において、消し去ることのできない差異作用を確認しようとする。もしこの差異作用を、文字化されたテクストの示唆構造のモデルに即して捉えれば、差異作用とはそれを行なう主体から切り離された操作、いわば主体なき出来事であると考えられる。エクリチュールはコミュニケーションの語用論的連関から一切解かれ、話し手や聴き手である主体との関係を断った本源的な記号である。[33]」「彼は超越論的な根源の力を生産的な主体性の次元から、だれのものとも知れぬエクリチュールに与えられた歴史を生み出す生産力の次元へと移し替えているのである[34]」とは、デリダの脱構築の所論に関するハーバーマスの所見であるが、デリダがどうであれ、このことはカストリアディスの根源的想像力たる社会的デミウルゴスについて当て嵌る。そのかぎり、カストリアディスの所論は、根源哲学の遺産の残滓を引きずっており、根源的想像力とは時間化された根源の作用に他ならない[35]。そして、時間化された根源の作用が目的活動の論理によってではなく、非志向能作として捉えられたとしても、時間化された根源哲学の遺産を引きずっているという点では些かも変わりがないのである。私が「非志向能作」の概念を使用する場合、その概念はあくまで経験的に確認できる、即ち、感性的に現存せる歴史的・経験的な諸個人の行為に結び付けられており、それは彼らの能作なのであって、例えば、誰のものとも知れぬ原－エクリチュールの作用ではないのである。

マルクスの産出のパラダイムについては後に立ち入るが、この段階でヘーゲルの「理性の策略」の概念がこの非志向的産出の概念を考えるための素材を与えてくれよう。ヘーゲルは世界史を世界精神の自己展開の過程として把握した。個人の無数の意欲、関心、情熱、意見、主観的観念といったものは、実は世界精神という大型のこのメタ主体が己の目的を実現するための手段、道具に他ならない。諸個人は自分の主観的・個人的な目的の実現を計って行為しているが、そうした行為は世界精神が己を世界史のうちで実現するために世界精神によって使用されている。「個人と民族の生命は彼ら自身の目的を追求し、それに満足しながら、同時により高いもの、より以上のものの手段ならびに道具となっているが、彼らはこのより高きもの、より以上のものについては何も知らないし、彼らは無意識にそれを実現しているのである」[36]。諸個人は己の主観的な目的を情熱をもって追求しながら、自分では何ら意識せず、ある普遍的な理念の自己実現に寄与し、だから彼らは自分達の諸行為が知らずに意図せずに生みだしてしまう新しい行為連関に巻きこまれていくわけである。即ち彼らは知らずに彼らの新しい生活世界を産出する。ただヘーゲルではそれが、非志向能作の作用のメカニズムが生活世界のパースペクティヴからは知覚されず（言語のパラダイムの限界）、ただその作用の結果だけが生活世界のありようとして知覚されるために、世界精神の目的活動のうちに取り込まれ、世界精神の所業として捉え返されたのである。

アドルノは、ヘーゲル哲学の「精神」の概念をその現実的経験内容としての社会的労働に還元して、「単に経験的な、個々の偶然的主観に較べて、能動的な先験的主観が普遍性の契機をもっているということは、単なる幻想ではない」[37]と言う。この普遍性は、アドルノによれば、労働の社会的本質の正確な表現となっている。この労働とは組織された社会的労働のことであり、精神の普遍性の秘密が、そして綜合的統覚の陰に隠されている秘密が社会的労働だということ、即ち、その時々の労働する個人の個別的人格ではなく、一つの普遍的主体を指示しているということは、労働というものがもともと組織された社会的労働であることを意味している。しかしながら、そうした労働の社会的性格はそれを反省する主体（ヘーゲル）には精神の純粋な活動、精神の生産活動として現われるのである[38]。しかし、アドルノはここで非志向能作という事態を考慮に入れているようには見えない。世界精神の所業のうちに、世界精神の事行・その目的活動のうちに反映されているのは、経験的に確認できる社会的諸主体がその非志向能作によって産出しながら、逆にそうした諸個人を巻き込んでいく客観的な連関であり、その運動なのである。もしこの世界精神の目的活動という神秘化された概念を除去するならば、人は諸個人のあらゆる私的配慮を伴う行為がある運動連関を非志向的に産出してしまい、この運動連関が産出する行為連関に巻きこまれていく論理として「理性の策略」の概念を解読することができよう。

註

（1）ここに言う私的言語とは、他者による理解可能性が原理的に排除されたものとしてのウィトゲンシュタインの私的言語とは意味が違っている。ウィトゲンシュタインが「それを話しているものだけが知り得る言語」（PU, 243）と言う時の私的言語は、他者による理解可能性が原理的に排除されたものとして想定されており、本当はあり得ない。即ち、私的言語は不可能である。これに対して、ここに言う私的言語とは、他者によって理解できないものにされているが、しかしそれは原理的には（解釈学的に）理解可能なものであり、また事実上存在し得るのである。

（2）J. Habermas, LS, S. 317.

（3）J. Habermas, LS, S. 317.

（4）Vgl. J. Habermas, LS, S, 318.

（5）J. Habermas: LS, S, 321.

（6）Vgl. J. Habermas, Der Universalitätsanspruch der Hermeneutik, *Hermeneutik und Ideologiekritik*, Suhrkamp, 1980, S. 120–1.

（7）Vgl. K. O-Apel, "Szientistik, Hermeneutik, Ideologiekritik", *Hermeneutik und Ideologiekritik*, Das Apriori der Kommunikationsgemeinschaft und die Grundlagen der Ethik, Zum Problem einer rationalen Begründung der Ethik im Zeitalter der Wissenschaft, *Transformation der Philosohie*, Band 2, Suhrkamp, 1981, S. 380.

（8） J. Habermas, “Zu Gadamers 〉Wahrheit und Methode〈”, *Hermeneutik und Ideologiekritik* Suhrkamp Verlag, 1980, S, 48.

（9） Vgl. J. Habermas, LS, S. 313.

（10） J. Habermas, LS, S. 323.

（11） Th. W. Adorno, Gesellschaft, *Aufsätze zur Gesellschaftstheorie und Methodologie*, Suhrkamp, 1970, S. 140.

（12） K. Marx, Das Kapital, I. S. 49.（『資本論』①、大内兵衛・細川嘉六監訳、大月書店、一九六八年、四七頁。）

（13） K. Marx, *Das Kapital*, I, S. 52.（同上、五二頁。）

（14） Vgl. J. Haberms, PDM, VII. Überbietung der temporalisierten Ursprungsphilosophie: Derridas Kritik am Phonozentrismus.

（15） 岩尾裕純『企業・経営とは何か』岩波新書、一九六六年、二〇四―五頁参照。

（16） G. W. F. Hegel, *Enzyklopädie der philosophischen Wissenscaften*, Werke in zwanzig Bänden, 10. Suhrkamp, S. 318.

（17） G. W. F. Hegel, ibid., S. 318.

（18） G. W. F. Hegel, ibid., S. 331.

（19） G. W. F. Hegel, ibid., S. 331.

（20） G. W. F. Hegel, ibid., S. 331.

（21） G. W. F. Hegel, ibid., S. 331.

（22） G. W. F. Hegel, Der Geist des Christentums und sein Sshicksal, Werke in zwanzig Banden, 1

（23） Th. W. Adorno, MM, S. 99.（『ミニマ・モラリア』三光長治訳、法政大学出版局、一九七九年、一二二頁。）

（24） J. Habermas; PDM, S. 134.（『近代の哲学的ディスクルスⅠ』三島憲一ほか訳、岩波書店、一九九〇年、一九三―四頁。）

（25） G. W. F. Hegel, ibid., S. 288.

（26） M. Weber, “Zwischenbetrachtung: Theorie der Stufen und Richtungen religiösen Weltablehnung”, GAR1.（M・ウェーバー

『宗教社会学論選』大塚久雄・生松敬三訳、みすず書房、一九七二年。）

(27) G. W. F. Hegel, ibid., S. 410.

(28) G. W. F. Hegel, ibid., S. 410–1.

(29) G. W. F. Hegel, ibid., S. 412.

(30) M. Weber, "Die protestantishe Ethik und der Geist des Kapitalismus", GAR1, S. 203.（『プロテスタンティズムの倫理と資本主義の精神』上巻、梶山力・大塚久雄訳、岩波文庫、一九六二年、二四五頁。）

(31) コルネリュウス・カストリアディス『社会主義の再生は可能か　マルクス主義と革命理論』江口幹訳、三一書房、一九八七年、二九七頁。

(32) J. Habermas, PDM, S. 385.（三島ほか、前掲訳Ⅱ、五七三頁。訳は私訳）

(33) J. Habermas, PDM, S. 210.（三島ほか、前掲訳Ⅰ、三一三―四頁。）

(34) J. Habermas, PDM, S. 210.（同上、三一四頁。）

(35) J. Habermas, PDM, S. 211.（同上、三一五頁。）

(36) G. W. F. Hegel, *Vorlesungen über die Philosophie der Geschichte*, Theorie-Werkausgabe10, Suhrkamp, S. 40.

(37) アドルノ『三つのヘーゲル研究』渡辺祐邦訳、河出書房新社、一九八六年、〇三三頁。この点については、また Vgl. M. Horkheimer, "Traditionelle und kritische Theorie", *Die gesellschaftliche Funktion der Philosophie*, Bibliothek Suhrkamp 1979, S. 161–2.

(38) ハーバーマスはデリダはいまだ根源哲学の遺産を引きずっていると言う。カストリアディスの根源的想像力にしてもそうであろう。それは時間化された根源に他ならないというわけである。ハーバーマスによれば、エクリチュールとは話し手や聞き手である主体から自立化された本源的記号に他ならない。ハーバーマス自身は彼のコミュニケーション理論によってこうした根源哲学の遺産を棄却する。けれども、このことによって、私見では、同時に、ハーバーマスから、まさしく例えば、ヘーゲルが理性の策略として捉えた連関、人間達が意図せずに彼らの行為を通して生み出してしまう連関という観点が背後に退いてしまうように思われる。ヘーゲルでは人間諸個人の活動の非志向能作が世界精神という大型の主体の目的志向的行為として、捉え返されたのである。もとよりこのような転倒は棄却される。しかし、この棄却によって同時に、人間諸個人の非志向能作が棄却されるべきではないと思う。とはいえ、しばしば、この人間諸個人の非志向能作が彼らから切り離されて、自立化された運動として表象されてもしまうのである。するとそれは主体なき過程、無根拠の過程となる。人間諸個人から自立化した運動を行なうように見えるものも、それはあくまで人間諸個人の行為の所産、彼らの行為の非志向能作の所産である。

第六章　言語のパラダイムと産出のパラダイムとの統合

一　問題設定

ウェーバーは、既述のように、宗教的合理化によって生み出された宗教的世界像がどのようにして生活世界の中に、特に、官僚制的に合理化された近代国家と資本主義的経営のうちに具体化されたのかの道筋を追求した。とりわけプロテスタンティズムが生み出した宗教倫理は近代の産業資本主義に適合的なその担い手たる主体類型を生み出し、生活世界の合理的で事象的な改造を推進するにあたって力を添えることになった。近代産業資本主義が展開するためには、それを可能にするような一定の生活態度と生活志向を持つ主体類型が生み出されていなければならないのである。プロテスタンティズムの職業倫理によって生み出された主体類型を持つ主体達は彼らの生活世界を合理的改造の客体・素材と見なし、彼らの生活を合理的・事象的なものとして改造する。近代資本主義の発展にとってとりわけ重要であるのは、労働を自己目的としてはいなかった伝統的労働倫理が労働を自己目的とする禁欲的な労働倫理としての道徳的エートスに変換されたという点である。こうしたウェーバーの議論は、ローマにおいて展開しつつあった資本主義が何故自律的に展開することなく挫折したかのマルクスの説明と親和的である。「ヨーロッパの歴史的発展の経路についてのマルクスの議論は、いくつかの点で顕著にウェーバーの分析に近い。……マルクスはローマにおいて発展した資本主義の初期の形態の重要性を認め、そして何故それが『衰退』したかのマルクスの説明は続いてウェーバが行なった説明と極めてよく類似している。マルクスは、後の時期に西ヨーロッパの資本主義の発展において本質的な役割を果したある種の諸条件――生まれでようとしている資本家階級をも含めて――が既にローマに存在していると指摘した。彼がローマにおける十分に展開した資本主義の出現を抑制する上で重要なものとして抽出した諸要因の一つは、それ自身のための富の蓄積に反対する強いイデオロギー的圧力が存在したということである。[1]」してみれば、マルクスはローマにおける資本主義の発展の挫折、あるいはまた近代西欧における資本主義の展開を説明する上で、その議論枠組として、一定の志向態度ないし道徳的エートスを持つ諸主体並びに彼らが日々織り成し、再生産している生活世界の概念を必要としたはずである。

けれども、近代資本主義は、なるほどその生成期に、プロテスタンティズムの職業倫理から力を得たのだとしても、その内在的力学を展開していく。生活に必要なかぎりで労働するという伝統的な労働観、従って、必要が充足されてしまえばそれ以上労働するには及ばないという労働観が自己目的としての労働という観念へと転換され、今や、ローマにおいてあったような資本主義の展開への障害が除去され、むしろその推進に適合的な主体類型が産出されれば、自己目的としての労働に献身し、人類の経済生活の合理化（rationale Gestaltung）のために働く人々の活動の中で資本主義発展の固有力学が発動される。[2]禁欲的な労働生活は資本形成を促し、資本形成はそれはそれで資本投下を促さずにはおかないのである。[3]こうして、ここで、プロテスタンティズムの宗教的世界像が生み出す固有の生活態度と資本主義発展の固有力学が出会うわけである。（これはまさしく出会いであって、資本主義発展の固有力学がかの禁欲的職業倫理を生み出したというわけではない。ウェーバーにおいて、両者の関係は親和的関係であって、法則的規定の関係ではない。）生活世界を合理的に事象化する人々の生活行為の中で、資本主義発展の固有力学が今度はそのように合理的に事象化された生活世界を再生産しつつ一層変換していく。資本主義はその発展においてもはやプロテスタンティズムの宗教倫理という宗教的裏づけを必要としなくなるところまでいく。そうなれば、資本主義的生産の経済システムそれ自体が今度はそれに必要な主体類型を訓練しつつ生み出すであろう。(4) それ故、近代資本主義の発展のウェーバーの研究は、宗教的世界像の合理化→生活世界でのその具体化・制度化とは異なる今一つの道筋によって、ハーバーマスが言ったように、いわば「下からの」分析によって補完されることを必要としたはずである。そして、私はこの補完を言語のパラダイム（これに基づいて「生活世界」の概念が定義された）とマルクスの産出のパラダイムとの統合によって行なう。もとより、この統合という課題は、ウェーバーの理論には欠如していると思われる動的力学を得ようとすることでもある。

本章では、こうして言語のパラダイムと産出のパラダイムとの統合を試みるが、この際、私は『資本論』を素材として使用する。言語のパラダイムと産出のパラダイムの統合は、両パラダイムを相互に比較し、媒介をつけるという仕方では行なわれない。既述のように、いずれのパラダイムも主体―主体関係の次元と主体―対象ないし主体―客体関係次元の統一としてあるとともに、既に資本主義社会のマルクスの分析と言語のパラダイムに基づいて構想された資本主義的経済システテとは重なっている。言語のパラダイム（これはウィトゲンシュタインの後期哲学に依拠するものであるが）の枠内で構想されると、資本主義的経済システムは生活世界の一大構成部分を成すものである。それ故、ここでの統合の試みは、『資本論』を生活世界概念を組み込んだものとして意識的に再構成することによって行なわれる。「意識的に」と述べることによって、私は『資本論』が、明示的に言及されてはいないとしても、既に生活世界概念を組み込んだものとしてあるのだということを語っている。私は、以上のようにして、以下『資本論』の若干の部分の再構成を行なうが、その際、私は一定の歴史的に形成された、とはいえ単純化され、理念型化された生活世界から、出発する。歴史的諸個人は、彼らが生まれた歴史的に形成された共同体のうちでその文化的伝統、社会規範、様々な行為様式・行為形式を身体化することを通してその時代のその社会の人間となり（社会化）、彼らの一切の生活実践がまた彼等の生活世界を再生産する。一定の歴史的限界の内部にあるとしても、彼らの行為は多様である、換言すれば、言語ゲーム・生活実践は多様である。私は、諸個人の日常的生活世界から、即ち、彼らにとって現に感性的に現存する、彼らに身近な、日常的生活世界から出発する。けれども、もし資本主義生産様式の前提条件たる商品世界並びに貨幣の形成過程を分析しようとするならば、人は彼らの遂行する諸言語ゲーム・生活から特定の形式の言語ゲーム、即ち、交換行為・交換の言語ゲームを選び出さなければならない。諸個人の生活実践の現場の完全な記述から出発するということはそもそも可能ではないからである。この交換行為は、マルクスの言うところでは、共同体の果てるところ、つまりある共同体と他の共同体の接触点において始まる。以下は、一定の生活世界内行為、即ち、生活行為から、従って、生活世界内的パースペクティヴから出発して行なわれる『資本論』の再構成であり、これが言語のパラダイムと産出のパラダイムとの統合の試みをなすが、その際、「非志向能作」は両パラダイムの媒介カテゴリーとして用いられる。

二　価値形態論

諸個人が所有する労働生産物は彼らの私的労働の結果であり、その労働は一定の使用価値を生産する具体的労働であるとともに一つの生活行為として生きた労働、即ち労働力の支出である。けれども、労働生産物はまだ商品ではない。労働生産物は商品とは区別され、労働生産物が商品となるのはそれが二重性格を、使用価値であると同時に交換価値であるという二重性格を有するかぎりにおいてである。だから商品は商品関係の存在を前提するのであり、従って労働生産物の交換を前提とする。労働生産物は交換行為の中に入りこむや直ちに、換言すれば交換関係に置かれるや直ちに商品となり、労働の凝固としてのその価値を商品の対象的属性として持つようになる。「商品となるためには、生産物は、それが使用価値として役立つ他人の手に交換によって移されなければならない」(5)。「労働生産物は、どんな社会状態のなかでも使用対象であるが、しかし労働生産物を商品にするのは、ただ、一つの歴史的に規定された発展段階、すなわち使用物の生産に支出された労働をその物の『対象的な属性』として、すなわちその物の価値として表わすような発展段階だけである」(6)。その時同時に商品の対象的属性としての価値は商品間の価値関係によって表現される。だから労働生産物は交換関係に置かれるや直ちに商品となり、労働は商品の価値として凝固し、かつその価値が諸商品間の関係としての価値関係の中で表現されるのである。そして、労働生産物の所有者はこの瞬間に商品の占有者としての商品の私的所有者になる。とはいえ、商品関係の発展とともに労働生産物は始めから商品として、即ち交換を目的として生産されるようになるのではあるが。商品の価値対象性は商品間の価値関係の中においてのみ現出してくるが、この価値関係は商品世界の発展的形成とともに展開して生活世界内での貨幣の出現にまで導いていく。だから、ここでは、貨幣の出現の過程は生活世界の変換の過程として、商品流通が貨幣を媒介にして行なわれる生活世界の一つの変換の過程として解釈される。

単純な、個別的な、または偶然的な価値形態

ある人は彼の私的労働によって一定量のリンネルを生産した。それは彼の獲得物であり、彼の有する富である。しかし彼は上着を持っていないし、また彼が自分で上着を生産する能力を持っていないとすれば、上着が欲しい彼としては、上着の所持者を探して自分の有するリンネルと交換しなくてはならない。そこで彼は自分のリンネルの一定量を携えて市場に出かけて行く。もし彼が運が良ければ、彼は自分の生産物たる上着を手放してリンネルを欲しがっている人を見つけだすことができよう。こうして二人の労働生産物の所持者は相対し、交渉が始まる。彼らがここで遂行するのは交渉の言語ゲームであって、この時、彼らは相互に自分の一定量の労働生産物を他者の労働生産物と交換する意志を表明する。交渉は交渉当事者がそれぞれ自分の労働生産物を手放す意志があるということの相互確認を前提とする。

しかし、労働生産物が交換によって始めて商品となり、労働が商品の価値対象性として、商品の自然的属性として凝固するのだとすれば、厳密に言えば、彼らはまだ商品の私的所有者、商品の番人ではないし、だから彼らの交渉は商品所有者の交渉ではない。むしろ、現実的な交換によって彼らは商品所有者であることを実証し、労働生産物に対する彼らの意志は商品の私的所有者の意志に転化する。だから商品関係の、商品世界の発展は同時に私的所有関係の展開なのである。マルクスは『資本論』第一部資本の生産過程の第一篇「商品と貨幣」の第一章「商品」に続いて第二章で交換過程を考察し、その際「これらの物を商品として互いに関係させるためには、商品の番人たちは、自分たちの意志をこれらの物に宿す人として、互いに相対しなければならない。したがって、一方はただ他方の同意のもとにのみ、すなわちどちらもただ両者に共通な一つの意志行為を媒介としてのみ、自分の商品を手放すことによって、他人の商品を自分のものにするのである。それゆえ、彼らは互いに相手を私的所有者として認めあわなければなら

ない」[7]と述べているが、しかしこれは労働生産物が商品に転化していることをその論理的前提としている。けれども、労働生産物はそれが商品となるためには交換されなくてはならないのであるから、私は単純な価値形態の考察に際し、それを労働生産物の商品への転化の場面として設定する。

もし彼らの間で合意が成立すれば、交換が遂行される。この場合、労働生産物がどんな割合で交換されるか、二〇エレのリンネルが一着の上着と交換されるのか、あるいは二着の上着と交換されるのかには偶然性の要素が入りこむ。それには例えば交渉当事者の才知、知恵、交渉の手腕等が介在する。ともあれ、合意が成立して交換が遂行されるならば、例えば次の等式が成立する。

二〇エレのリンネル＝一着の上着

ここに労働生産物は商品となり生産物の生産のために支出された労働は商品の価値対象性として商品体のうちに凝固している。等式、即ち二つの商品間の価値関係において、商品の価値が表現される。即ち商品リンネルは己の価値を上着という商品の現物形態によって表現する。商品の価値はそれが他の商品と取り結ぶ社会的関係の中でしか、即ち交換の中でしか自分の価値を表現することはできないのであって、リンネルは己の価値をその等価物たる上着で表現する。上着はここでその現物形態のままでリンネルの価値表現の手段として役立っている。上着はリンネルに対して等価形態にあり、その等価物によって己の価値を表現するリンネルは相対的価値形態にある。上着がその現物形態のままで、即ち使用価値のままでリンネルの価値の表現形態（等価形態）になるということは二つの商品の価値関係の中においてのみである。この関係の中で上着は既に感性的なものであると同時に超感性的なあるものになっている。

というのは、上着の現物形態をいくら眺めてみてもそれが等価形態であり、リンネルの商品体に凝固されている価値の表現者だということは見えないからである。

商品間のこの価値関係を定立させるのは交換当事者の行為である。確かにこの定立は、対象化である。というのは、交換行為は交換される商品を相互の関係に置き、諸商品という諸対象を相互の関係に有るものとしていわば対象的に定立しているからである。さらに言えば、それはまさしく交換によって労働生産物を一定の規定性を有するもの、即ち商品という規定性を有するものとして定立し、人間労働を商品の自然的属性たる価値対象性として凝固する。とはいえ、この対象化――それは客体化あるいは物象化にまで展開していくのであるが――は交換主体達の意図せざる結果であり、彼らの非志向能作なのである。何故なら、彼らは労働生産物の商品への転化や商品を相互の社会的関係、この場合には価値関係に置くことを意図し、それを志向しつつ、あるいはそれを彼らの共通の目的として行為するわけではないからである。彼らの目的は自分達が欲しい上着あるいはリンネルを手に入れることだった。彼らは自分達の目的を追求する目的的行為を遂行するのであって、自分の労働生産物を商品に転化させ、もって自分の商品の価値を他の商品によって表現するために交換行為を遂行するのではない。にも拘らず、彼らは彼らの交換行為の遂行によって彼らの労働生産物を商品として定立し、かつ商品間の価値関係を定立してしまう。この価値関係の中で商品の二重性格、即ち使用価値であると同時に価値でもあるというこの二重性格は、価値形態の対立として展開しているが、こうしたことも交換主体、交換という言語ゲームの遂行主体にとっては与り知らぬことであり得るし、またあってよい。交換することによって彼らは彼らの目的を実現した。彼らは一着の上着あるいは二〇エレのリンネルを手に入れた。彼らにとってはそれで十分なのである。彼らは経済学者ではないし、またマルクスのように経済学研究に長年を費やしたわけでもないから、「等価形態」や「相対的価値形態」という学術用語については何も知らないであろうし、またそのような用語を用いて彼らの間の経済的関係を分析することは彼らの目的ではない。この分析を行なうことを可能にするために彼らは交換を遂行するのでもない。が、もし彼らのうちの一人が、交換行為の遂行に際して、自分の労働生産物の一定量は、この場合にそれは商品に転化しているが、他者の労働生産物の一定量に等しいのだと思うなら、それは彼らが非志向的に産出してしまう商品の価値関係の彼の意識における反映ではある。

こうして単純な、個別的な、または偶然的な価値形態において既に主体達の目的的行為とその目的的行為の遂行とともに遂行される主体達の非志向能作としての産出（ここでは対象化）が分岐する。

全体的な、または展開された価値形態

マルクスによれば、以上の単純な価値形態は貨幣形態ないし商品の価格形態の萌芽形態なのであるが、萌芽形態としてそれは不十分であると言う。不十分であるというのは、単純な価値形態においては商品Aは己とは異種の他の一つの商品Bによって己の価値を表現しているにすぎず、他の一切の商品と交換関係に入っていないからであり、他のすべての商品との質的な同等性及び量的な割合をまだ表現していないからである。ある一つの商品が他の一切の商品との交換関係に入るという価値形態の第二の形態、即ち全面的な、または展開された価値形態への移行をマルクスは次のようにして果たす。即ち、商品Aが自分の価値を表現するためには、ことさら特定の商品B、例えば上着である必要はなく、それは他のどんな商品でもよいのであって、小麦でも鉄でもその他何であれ、商品Aと価値関係に入ることが原理的にできるのである。こうして商品Aが他の色々な商品と価値関係に入ることによって色々な単純な価値関係、単純な、個別的な価値形態の寄せ集めである展開された価値形態が生じる。「商品Aの個別的な価値表現は、商品Aのいろいろな単純な価値表現のいくらでも引き伸ばせる列に転化する」(8)。

展開された価値形態は

二〇エレのリンネル＝一着の上着

二〇エレのリンネル＝一〇ポンドの茶

二〇エレのリンネル＝四〇ポンドのコーヒー

・・・・・・・・・・・・・・・・・・・・・・・・・

・・・・・・・・・・・・・・・・・・・・・・・・・

・・・・・・・・・・・・・・・・・・・・・・・・・

・・・・・・・・・・・・・・・・・・・・・・・・・

・・・・・・・・・・・・・・・・・・・・・・・・・

によって表現されよう。しかしながらここでマルクスが言ったことはこの列の原理的ないし論理的な延長可能性であるにすぎない。それは一定の現実的に与えられる条件の下でしか現実的に延長しないであろう。それにまたマルクスが指摘した単純な価値形態の萌芽的形態としての不十分性は展開の終局を知っている「我々」、いわばヘーゲルの絶対知に対応する立場にある「我々」にとってのみ現存するのであり、商品交換という言語ゲームを現に遂行する主体達にとっては現存しない。そしてまた彼らは「我々」からの手出しを期待することもできない。実際、ここでは言語ゲーム遂行者の意識の経験の学、「我々」との関係のうちに措定される彼らの教養過程は問題ではないのである。彼らの行為が結果として彼らの教養過程になるのだとしても。言語ゲーム遂行の主体達は彼らが単純な価値形態の不十分性を認識したから、展開された価値形態に移行するのではないし、そのような不十分は彼らにはどうでもよいことであり得、また思いもつかないことであり得る。だから、我々は単純な価値形態から展開された価値形態への移行の論理を、他の何処にでもなく彼らが遂行する言語ゲームそれ自身のうちに探究しなければならない。

単純な価値形態から展開された価値形態への移行を誘引する言語ゲーム遂行主体の動機の可能性の第一のものは、

先の例で言えば、リンネル所有者の欲求の多様性であろう。そこで彼は以前と同じように彼の労働生産物の一定量を携えて、例えば茶やコーヒー、米、あるいは彼が自分の美容や健康のことに気をつかっているならば、（小）麦、等々を交換によって獲得するために再び市場に出かけなくてはならない。彼の欲求の多様性に比例して彼の交渉範囲は拡大する。彼は市場の中を探索して彼が欲しい商品を所有している人を見つけださなくてはならない。もし市場が自分の労働生産物を他の商品と交換しようとする人々の集合の場として成立しているならば、彼が自分が欲しい茶を所有している人を見つけた時、彼はその人が自分の茶を他の何かと交換する意志を持っていると前提することができる。事柄を簡単にするために、リンネル所有者がたまたま見つけだした茶、コーヒー、米あるいは（小）麦、等々の所有者がすべて　リンネルを欲していたと仮定しよう。すると、リンネル所有者は彼らとの交渉において合意を達成し、交換を成立させることができるであろう。この時、展開された価値形態が成立する。けれども、この場合、展開された価値形態はリンネル所有者の欲求の水準に限定されており、だからそれが絶えず延長するためには彼の欲求が一層多様化しなければならないであろう。例えば新たな商品種類が市場に出現するならば、彼はそれを手に入れてみたくなるかもしれない。

しかしながら、彼の欲求の多様性が変化し、増大しなくとも展開された価値形態の列の延長は可能である。このことを見るためには我々は、リンネル所有者が見つけだした茶、米、コーヒー、小麦等々の所有者がすべてリンネルを欲しているのだという仮定を取り外してやればよい。もし彼が見つけだした茶の所有者がリンネルを何ら欲していないならば、交渉しても無駄である。彼は交換を成立させて茶を手にすることができないであろう。そこで事柄を一層純粋にするために、彼が見つけ出すすべての茶所有者がリンネルを少しも必要としていないと仮定しよう。リンネル所有者はこの場合にはどの茶所有者に当ってみても、無駄であることを知らされる。彼は茶を手に入れることができない。そこで彼は一計を案じる。彼が交渉してしかも交換を成立させることのできなかった一人の茶所有者はリンネルではなく、靴を彼の茶と交換したがっていた。だからリンネル所有者は靴所有者を探して彼のリンネルの一定量と靴を交換しようと企てる。もし彼がこの交換を上首尾になし得たならば、彼は新たに交換によって手にした靴をもって先の茶所有者と交渉し、今度は交換を完遂することができるであろう。このことは米や小麦、コーヒー等々についても同様である。こうして、リンネルの所有主体は、自分の周辺の商品集聚に視野を伸ばしてゆくことになるが、同時に、そこでは、新たな交換動機が生じてくることになる。(9)

かくて、全面的な価値形態、または展開された価値形態が成立するが、今やリンネル商品は他の多くの、原理的にはいくらでも多くの商品と価値関係に立つことになる。商品リンネルは無数の他の商品を己の等価形態にしており、他のすべての商品体はリンネルの価値の鏡になるのである。このような価値形態の全面的展開は交換行為の全面的展開の結果である。リンネル商品の社会的交際は拡大し（ということはまた交換行為を遂行する生活世界内的主体の交渉活動の範囲が拡大するということであるが）、リンネル商品は商品世界に対して関係に立つことになった。が、これは単純な価値形態の場合と同様、交換主体達の非志向能作であり、彼らの行為の意図せざる結果である。商品所有者達は何も商品の社会的交際を広げるために交換行為を遂行したのではなかった。彼らの社会的交渉の拡大が商品の社会的関係の拡大を産出している。そして彼らは今や労働生産物への直接的必要ではない、新しい交換動機をもって行為する。かくて単純な価値形態において既に主体達の目的的行為とそれと同時に遂行される主体の非志向能作とはそれぞれにおいて展開する。この非志向能作とは商品所有者達の社会的関係の商品の価値関係への対象化であるが、この対象化は展開された価値形態において主体達から自立して運動する兆しを見せる。単純な価値形態においては、交換割合の規定には偶然的要素が介在し得、どの交換割合になるかは主体達の知恵の大小や手腕に影響され得た。だが、商品関係の全面的展開とともに偶然性の要素は駆逐されていき、まさしく人間労働の商品への凝固たる価値が交換割合を規制するということがますます明らかになる。交換主体達の行為、即ち交換行為は彼らの非志向能作の産物である商品の価値関係に規制され始めるわけである。

一般的価値形態

商品Aの価値表現は、展開された価値形態においては、原理的にいくらでも引き伸ばすことができるのであり、それ故商品Aの相対的価値表現は未完成だとマルクスは言う。展開された価値形態は実際雑多な価値等式の寄せ集めであるにすぎない。この点の指摘をもってマルクスは全面的な、または展開された価値形態から一般的価値形態への移行を果たそうとする。その彼の移行の論理は以下の通りである。展開された価値形態においては、商品Aの所有主体は他の多くの商品所有者と交換行為を遂行し、従って他の多くの商品所有者は彼と交換行為を遂行している。彼の他の多くの人との交換行為は他の多くの商品所有者と彼との交換という逆関係を含んでいる。だから、マルクスは価値等式の表を逆転させる。すると、

一着の上着
一〇ポンドの茶
四〇ポンドのコーヒー
一クォーターの小麦
・・・・・・・・
・・・・・・・・
＝二〇エレのリンネル

という表が得られるが、これが一般的価値形態である。ここでは多くの商品が特定の一つの商品によってその価値を統一的に表現しており、二〇エレのリンネルが一般的等価物の位置に立つ。しかしながら、この移行は単に一つの論理操作に他ならないのであって、展開された価値形態の一般的価値形態への現実的逆転が押えられているわけではない。だから、我々としては再び交換行為者の遂行する交換という生活行為から出発してこの逆転を押えなくてはならないのである。(10)

今では無数の商品所有者が登場して相互に交換行為を遂行している。しかし商品所有達は必ずしも自分の欲する商品を交換によって獲得することができたわけではなかった。何故なら、例えばリンネル所有者が茶を手に入れたいのに茶所有者は靴を手に入れたいと思っていることがあり得たからである。そこでリンネル所有者は自分のリンネルを予め靴と交換しようとしたのであった。しかしもし、茶所有者が何時も靴を欲しているということを所与とすると、リンネル所有者はいわば先回りをして彼の交換行為によって靴を貯えておくことができる。靴は彼にとっては使用価値ではないが、それは彼のさらなる交換のために役立つことができる。彼は自分が手に入れた靴をもって何時でも茶を手に入れることができるであろう。同様に、小麦所有者が何時もコーヒーを手に入れたがっていると仮定すれば、リンネル所有者は予め交換によってコーヒーを貯えておくことによって、欲する時に小麦を手に入れることができるであろう。けれども、この場合にはリンネル所有者は交換によって予め多くの商品を自分のもとに貯えておかねばならなくなる。そこでもし多くの、例えば一つの共同体の成員が共通に手に入れたがっている一つの商品があれば、彼は多くの商品を貯えるかわりにその一つの商品を貯えるだけで事が済むようになる。それは例えば家畜である。それだから、マルクスは展開された価値形態についてそれが「はじめて実際に現われるのは、ある労働生産物、たとえば家畜が……慣習的にいろいろな他の商品と交換されるようになったときのことである」(11)と述べているが、このことは既にかの現実的逆転を言い表わしているのである。こうして人々の生活世界に一般的等価形態が出現するのである。すると、商品所有者達の遂行する言語ゲーム、一つの生活行為としての交換は新たな質を帯びることになる。今では商品所有者は一般的等価形態たる位置にある一つの商品を貯えていて、彼はそれを持って市場に出かけ、自分が欲しい物と交換するのである。彼はこの一つの商品の一定量を持っていれば、彼は自分の欲するどんな商品とも交換できる。だから彼にはこの特定の商品はある社会的な力を持っているように見える。彼は今では例えば靴を手に入れたがっている茶所有者に出会って挫折することもない。そうした茶所有者とも彼は交換行為を実行して茶を手に入れることができるのである。けれども、この一つの特定の商品が一般的等価物として機能するのは、他のすべての商品が自らの価値をこの特定の一つの商品の体において表現するからである。マルクスによれば一般的価値形態は商品世界の共同の仕事であって、商品世界はこの特定の商品を商品世界から排除し、それによって諸商品は自分達の価値を表現する。あるいは換言すれば、この特定の商品によって自分達の価値を表現しつつそれを商品世界から恒常的に排除する。ところが、生活世界のパースペクティヴからすれば、換言すれば交換行為を遂行する主体の視野からすれば、運動の方向は逆に見える。この主体の目からすると、かの特定の商品は他のどんな商品とも交換できる特別な力をもっているように見え、だから彼はそれをもって、即ちそれを自ら手放すことによって、他の商品を手元に引入れる。この特定の商品は手元から放れて他者の手元に移行し、他者の商品が自分の手元に移行してくるが、この運動が可能なのはかの、彼が貯えた特定の商品が他のどんな商品とも交換できるという独特の力を持っているからだ。だからそれは主体の手もとから遠ざかっていき、その代りに他の諸商品を引寄せる。即ち交換遂行者のパースペクティヴからすれば、この特定の商品が一般的等価形態であるからこそ、他の一切の商品と交換され得、それ故にまた他の一切の商品がこの一般的等価形態によって自分達の価値を表現するように見える。そして実際交換主体達はこの運動を可動化させるのである。ところが、諸商品の側からすれば、かの特定の商品が一般的等価形態であるのは、それ以外の一切の商品が自分達の価値をその特定の商品によって表現するからであり、その特定の商品が一般的等価形態であるから、他の一切の商品がそれによって自分達の価値を表現するのではない。こうして、交換主体達の目的的行為――それは今では一般的等価形態によって媒介されているのであるが――とそれが同時に遂行する非志向能作の分岐はここでは逆転に発展している。主体達の目的追求行為において同時に非志向的に産出される諸商品の運動においては、諸商品がある特定の商品を排除し、それをもって自分達の価値を表現し、このことによってその特定の商品を一般的等価形態にする。だから、交換諸主体は彼らの目的を追求する交換行為において、一般的等価形態をもって他の諸商品と交換するという行為をもって同時に、彼らの行為の非志向能作として商品世界からの一つの特定の商品の排除及びその商品による他の一切の商品の価値表現という事態を再生産しているのであり、従ってまた一般的等価形態を生活世界のうちに恒常的に定立してもいるのである。

貨幣形態

一般的等価形態が例えば貨幣商品たる金で置換される時、一般的等価形態は貨幣形態に転化する。それ自身いまだ特殊な商品である一般的等価形態が金によって置換されるのは、それが普通の商品とは違って長期間保存が可能であるということとそれが任意に分割可能だということのためである。貨幣は今や、そこにおいては一切の使用価値が消失しているのであるが、価値の純粋な体化物として現われ、一般的社会的妥当性と客観的固定性を獲得する。「貨幣では商品のいっさいの質的な相違が消え去っているように、貨幣そのものもまた徹底的な平等派としていっさいの相違を消し去るのである」(12)。それが貨幣であるのは、一般的価値形態の場合と同様に、他の一切の商品がそれによって己の価値を表現するからであるが、しかし貨幣の現物形態をいくら眺めてみても、その媒介関係は見えてこない。貨幣はそれによってどんな物でも買うことができるという独自の力を獲得する。貨幣の出現によって一般的価値形態で始まっていた生活世界の変革が完成する。即ち、まず第一に、貨幣は一切の商品流通を媒介する。例えばリンネルが貨幣商品たる金で己の価値を表現する時、リンネルの相対的価値表現はリンネルの価格になるのであるが、こうして一切の商品がその額に価格というラベルを貼りつけ、このことによって貨幣は商品を売手から買手に移し、自身は買手から売手に移動する。そればかりか第二に、今や貨幣それ自体に対する特別の情熱が発展する。今や金が、あるいは銀が社会の一切の富の価値表現となっているから、諸商品はそれ自身の使用価値のためというより貨幣と交換し、貨幣を蓄蔵するために、生産されるようにもなる。商品の貨幣形態への転換は自己目的にもなるのである。

三　物神の定立及び非志向能作

労働生産物は一定の使用価値を持つとともに人間労働の産物である。この労働生産物はしかしまだ商品ではない。それは交換当事者によって交換されることによって始めて商品となり、同時に人間労働の支出は商品の価値対象性として商品体のうちに凝固し、その価値が商品間の関係、即ち価値関係において表現されるのであった。まさしく主体の交換という言語ゲームの遂行によって商品間の社会的関係が成立するないし定立されるのである。商品間の社会的関係のこの定立は言語ゲーム遂行主体の非志向能作である。というのは、交換当事者達の目的は自分達が欲している労働生産物を手に入れることにあるのであって、彼らの行為は商品間の関係の確立に向けられた行為ではないからである。にも拘らず彼らはある言語ゲーム、即ち交換という言語ゲームを遂行することによって同時に商品間の関係たる価値関係を産出するのである。ところが生産者達は個々に彼らの生産を行なっているのであって、彼らはただ労働生産物を通して始めて社会的に接触し、私的諸労働は交換関係に置かれることによって始めて社会的労働の一環であることが実証されるのである。だから、生産者達の社会的関係が商品間の社会的関係を産出している。最初の交換において既に人間達の社会的関係が諸物の関係として定立されるが、この定立において人間労働が商品の価値対象性として凝固し、しかもそうした諸商品が同一性に置かれるのであるから、異種な使用価値を生産する異種な諸労働が同一性へと還元されている。これは交換の言語ゲームの遂行によって同時に遂行される実在的な抽象である。マルクスが言っているように、彼らはそれ［異種の労働を人間労働として等値すること］を知らない、しかし彼らはそれを行なうのである。(13) しかも時間によって計られる労働の継続は一定量の労働生産物が他の一定量の労働生産物と交換されるという事態に反映する。こうして、労働生産物の交換の全面的発展とともに、商品世界、商品間の社会的関係も全面的に発展する。即ち、多くの人間達の間の社会的関係が諸物、つまりは商品の間の社会的関係として、価値関係として凝固する。すべての生産物が商品として生産されるようになれば、結局すべての異種な労働が人間労働として等値され、かの実在抽象が完成する。「抽象的人間労働」という概念はこのように商品交換が全面的に発展した後に始めて人々の意識に登るのである。もちろん交換当事者達は彼らの目的を追求する言語ゲームを遂行するのであるが、このことによって彼らは自分達の社会的関係を物の関係として定立してしまう。だから彼らは相互の交換を行ないながら絶えず自分達の社会的関係を物の間の関係として定立する。例えば中世では人と人との関係は常に人格依存の関係として現われ、物と物との社会的関係に変装されてはいなかった。(14) 諸個人間の人格的依存の関係は、それが封建的身分的関係であるとはいえ、彼らには透明である。ところが、商品交換の発展が一定の限界点に達すれば、それは封建的身分秩序を破壊する力学を発揮する。というのは、それは人格的依存の関係を物の社会関係に置き換えてしまうからである。だからまたかの交換行為を媒介とする商品間の社会関係の定立は、人間と人間の間の関係をつける一つのやり方であるわけである。

ところが、諸個人の交換行為によって非志向的に産出される商品間の社会関係は、彼等から独立した運動を開始するに至る。この事態を私は人間達の社会関係の物象化的定立と呼ぶ。人間達の社会関係が彼らから自立した、自律的に運動する諸物の運動として客体化される。これがまた交換主体達の非志向能作による産出である。この意味で商品世界の物象化的存立は主体達によって絶えず産出されながら、しかも彼ら主体の意志と意識から独立な運動を開始する。従ってこの独立な運動がまた主体達の非志向能作によるのである。しかしそうなれば、主体達は彼らの間の人格的結合を通して諸物を支配するのではなく逆に諸物の運動に支配されることになる。「労働生産物の価格性格は、それらは価値量として実証されることによってはじめて固まるのである。この価値量のほうは、交換者達の意志や予知や行為にかかわりなく、絶えず変動する。交換者たち自身の社会的運動が彼らにとっては諸物の運動の形態をもつのであって、彼らはこの運動を制御するのではなくこれによって制御されるのである」[15]。即ち交換の言語ゲームの主体達はその非志向能作によって物を自分達を支配するもの、自分達を制御するものとして産出するのであって、こうして彼らの行為はある質的な転換を被ることになる。即ち彼らは物象の運動に対してある関係的態度をとり、その運動に自らを適合させ、あるいは物象を自らの下に帰属させることによってそれを所有しようとする。主体達自身の行為が非志向的に産出しているのに、その産物が彼らから自立し、だから商品世界の運動は彼らの意志と意識から自立するものとして現われ、それに関係する特有の行為形式・形式が生みだされる。ルカーチは言っている。「この物象化の基本事実によって、人間独自の活動、人間独自の労働が、なにか客体的なもの、人間から独立しているもの、人間には疎遠な固有の法則性によって人間を支配するもの、として人間に対立させられる」。「しかしこのことは、客体的な側面においても主体的な側面においても生じてくる。客体的な方をみると、すでにできあがった物と物との関係の世界（商品および市場での商品の運動の世界）があらわれる。この世界の法則は、たしかにしだいに人間によって認識されてくるのであるが、この場合においても、その法則は人間によって制禦しがたい、自分から動いていく諸力として人間に対立するのである。したがって、この法則の認識を、たしかに個人は自分の利益のために利用することができるのであるが、その場合でも個人は、自分の活動によって現実の経過そのものにはたらきかけて変革していくということはできないのである。主体的な方をみると、——完成された商品経済の場合には——人間の活動は自分自身に対立して客体化され、商品となるのであるが、この商品は、社会的自然法則の人間には疎遠な客観性に従うのであって、したがって人間の活動は、……人間から独立してみずからの運動をおこなわねばならないのである。(16)」ルカーチは、生活世界が以上のようにして物象化されていく過程を追跡するのである。

物象化とは特有の世界像と行為様式を持つ生活実践・言語ゲームを定立する作用でもある。そしてこの言語ゲーム遂行が同時にまた絶えず物象化を非志向的に産出し、従ってまた当の生活実践・言語ゲームを恒常的に産出するのである。ここからまたカントが定式化した外的なあるものに対する占有という法が産出され、法的主体の言語ゲームという新たな行為様式が生みだされる。ここに、自己をもっぱら所有主体として、さらには自己に対する所有・自己支配の主体として了解する規制が成立する。主体と言えば、もっぱら自己所有的自己支配的な、即ち、自己に対する自己権力的な主体としてしか了解できない了解規制の成立の基礎には生活世界の物象化が存しているのである。そして、生活世界の物象化を産出するメカニズムは、生活世界内的パースペクティヴからは知覚されなくなる。私見では、この知覚されなくなるという事態に「物神化」の概念が結び付いている。私の言い方では、生活世界の物象化は物神化に媒介されて存立する。

物象化は人々の生活世界を変革するのである。労働生産物はそれが交換されることによって、まさしくその瞬間に商品になるのであった。この時、労働生産物の生産に支出された人間労働は商品の価値対象性として商品体のうちに凝固し、しかもこの価値は他の、それと交換された商品との価値関係の中で己の価値を表現した。ここにおいて商品所有者達――彼らは彼らの私的労働の産物である労働生産物を交換することによって商品所有者として自分達を現実化するのだが――は彼らの交換行為を介して彼らの間の関係を商品間の価値関係として定立している。これを私は一つの対象化であると言った。というのは、彼らの間の関係が商品間の関係として対象化されているからである。しかしこの対象化は、既に単純な価値形態において、物神化に一歩を踏み出している。対象化は物神化に、貨幣物神の生活世界内的定立にまで展開していくのである。単純な価値形態において、リンネルの価値はそれと交換されるものとしての上着に対して関係（価値関係）を持つことによって始めて己の価値をまさしく上着という現物形態によって表現することができた。ここでは上着の現物形態がそのままでリンネルの価値の現象形態となるのである。上着はリンネルとの価値関係の中においてのみリンネルの等価形態として現われる。等価形態であるということはその商品が生まれながらにして有しているものではなく、上着はただ他の商品リンネルとの価値関係の中でのみ等価形態という規定性を受取るのであるが、しかしこの関係は上着の現物形態、その感性的に具体的な姿をいくら目を凝らして眺めてみても見えてこないのであって、それ故上着は等価形態という規定を生まれながらにして持っているように見える。上着は感性的に具体的な形態、使用価値を持ちながら同時に価値商品リンネルのうちに凝固した人間労働、つまりは価値の表現形態となっている。この時、上着はその等価形態という規定をその社会的自然属性として持っているように見えるのである。こうして、単純な価値形態において、既に、人間関係の対象化（これは主体の非志向能作である）とともに物神化が始まるのである。否、労働生産物が交換と同時に商品となり、人間労働が商品の対象的属性となるということが上着の等価形態が上着の社会的自然属性と見えるということの論理前提となっており、交換主体達の非志向能作である商品間の価値関係の定立という意味での対象化の初発において物神化の歩みを始めていると言うことができる。既述のように、この物象化は一層展開して貨幣物神の定立にまで展開する。上に言及した等価形態が商品の社会的自然属性と見えるということは、展開された価値形態においては、リンネル商品と等価形態に立つことができるすべての商品の上に拡大される。

一般的価値形態においては、一般的等価形態に立つ商品は、それ以外の一切の商品がその商品によって自分達の価値を表現するが故に一般的等価形態という規定を受取るのに、これが取り違えられて一般的等価形態であるということはある特定の商品の自然的属性であるように見える。

貨幣形態がこの取り違えを完成するのである。貨幣では貨幣を生活世界内に産出する媒介運動が消えてしまい、何の痕跡も残さないものになる。貨幣を用いる売買という生活世界的行為においては、貨幣はただそれによってどんな商品でも買うことができるものという了解が成立しているだけでよく、貨幣の身体にはその出生の秘密は何ら書かれていない。その出生の秘密が書かれていなくとも貨幣はその機能を果たすに何の障害もないのである。だからもっぱら言語のパラダイムをもってしてはこの媒介は人の視野から消えてしまう他はないのである。売買という貨幣を使用する言語ゲームにあっては、貨幣の使用規則のうちにその出生の秘密は記述されていないからである。そしてどんな子供も貨幣の出生の秘密を解明しなければ、生活世界で貨幣を使用するという行為を遂行し得ないということはないのであって、このことは胃の働きを知らなければ我々は食物を食べることができないことはないのと同様である。だから私はマルクスの産出のパラダイムを言語のパラダイムを超えるもの、とはいえ、言語のパラダイムを不可欠の契機として自分のうちに含んでいるものとし理解する。というのは、産出のパラダイムは特有の世界像と行為様式、行為規則を有する言語ゲーム・生活実践を定立させる作用を捉えるからである。

こうして言語のパラダイムと産出のパラダイムとの媒介関係において、我々は貨幣を使用する我々の生活行為が同時にまた貨幣を恒常的に生活世界内に産出している次第を解明することができる。単純な価値形態、展開された価値形態、一般的価値形態、貨幣形態は貨幣が生活世界に産出される過程である。貨幣形態が一度成立するや、交換の言語ゲームは質的転換を遂げ、それは貨幣に媒介されるようになる。しかし、貨幣によって媒介され交換行為において貨幣が存在し続けているかぎり、同時に貨幣を生活世界に定立する過程が繰り返されているのでなくてはならない。実際、貨幣形態は一般的価値形態を転化した形態において再生産しており、一般的価値形態はその逆関係において展開された価値形態を再生産し、展開された価値形態は単純な価値形態を含んでいる。（マルクスは「形態Ⅲは、逆関係的に形態Ⅱに、展開された価値形態に、解消し、そして、形態Ⅱの構成要素は、形態Ⅰ……である」と言っている。）[17] だから人は貨幣を使用した交換行為によって同時に一般的価値形態を再生産し、このことによってまた展開された価値形態を再生産し、このことによってさらに単純な価値形態を再生産しているのである。これは、別言すれば貨幣を生活世界に産出する過程をその全体において再生産しているということを意味する。それはもちろん、あの対象化と物神化の過程の再生産でもある。それ故、貨幣に媒介された行為そのものが貨幣形態を再生産的に産出しているわけである。貨幣を用いる行為が貨幣を再生産するのであって、私は、ちょうど労働者の労働が自らを労働者として再生産し、資本家を資本家として再生産し、従って労働者と資本家との関係を再生産することを非志向能作と呼んだように、非志向能作と呼ぶ。というのはこの再生産は、それ自身では、それは主体の、主体達の非志向能作であるが、対象として定立されたものへの働き掛けでも主体達の関係を対象の関係として定立することでもないからである。もっともこの非志向的産出は先に言及した対象化及び客体化と媒介されているが。

もとより、交換行為において、交換当事者AとBとの間で労働生産物が交換されれば、ここに労働生産物の、それ故、交換という事実によって商品の運動が発動される。人間行為が対象の運動を惹起する。けれども、このことはそれ自体としては物象化でも何でもないのである。交換行為によって成立した人間達の間の関係が商品間の価値関係として定立されるということも（私はこれを一つの対象化と呼んだのであるが）、それ自体としては生活世界の物象化でも何でもないのである。物象化とは、以上のようにして対象化され、定立された商品間の社会的関係が、一方では人間達の行為によって産出されているのに、他方では、それが人間達から自立化し、自律的な運動を開始し、彼らが適合しなければならない自立化した運動（この自立化した運動は、しかしまた、人間の諸行為が非志向的に産出してもいるのだが）として現われる時に生じるのである。してみれば、可能性としては、商品市場に関して少なくとも二つの場合が考えられるであろう。即ち、交換当時者達が自らの欲求に従って商品交換を遂行し、このことによって、商品の運動を発動するが、しかしこの商品の運動が人間達から自立化した運動を開始し、人間達がその運動に適合しなくてはならない、という場合とそうではない場合とである。この後者の場合、交換はもっぱら人間達の必要によって行なわれ、もっぱら人間達の間の社会的関係の規制の下で、商品の運動が引き起こされるであろう。（もとより、これは直ちに国家の全体的計画によってということではない。）貨幣に関しても、商品世界の運動が絶えずある商品を商品世界から排除し、他の一切の諸商品が自らの価値をその一つの商品で計っているのに、この媒介が生活世界のパースペクティヴからは消失して、貨幣がそれ事態で特別の力を持っているものとして現われるというのではなく、社会的取り決めによって、つまりは社会的信用によって商品流通を媒介するという場合が考えられよう。(18)

四　生産過程

商品交換の、従って商品世界の生成と貨幣の出現は資本主義的生産様式の成立の前提条件である。この商品世界は物象化された世界として現われた。しかし貨幣はまだ資本ではない。貨幣が資本に転化するためには一方で自らの労働力を商品として、即ち労働力商品として売りにだすことができ、しかも自らの労働の生産物を自分では売ることができずにただ自らの労働力だけを売ることのできる労働者が歴史的生活世界に出現しなければならない。彼は自らの労働力を他人に譲渡することのできる客体とするのであり、だから彼は客体たる彼の労働力を自分の意志に従って自由に処分する主体でなくてはならない。労働者の能力のこの客体化は他方でその労働力の所有者としての主体の成立である。この主体は自分の所有する客体化された労働力を譲渡されるものとして定立するのだから、彼自身は譲渡可能なものと区別される所有主体、主体的同一性として現われる。しかしまた他方で将来資本へと転化する貨幣が将来資本家となる資本家の卵のうちに蓄積されていなければならない。このような自由な労働者と資本家の卵を生みだす歴史的過程こそが本源的蓄積である。労働者と資本家との賃金関係は己の労働力以外には何も所有しない労働者、従って労働者からの生産手段の分離を前提とするのであって、それ故本源的蓄積とは生産者と生産手段との分離の過程でもあり、だからそれは資本の前史である。本源的蓄積は極めて激しい収奪と暴力によって人々から彼らの生産手段を剥奪し、無一文のプロレタリアートを都市に集中させた。これ自体が人々の苦悩の歴史であり、伝統的生活世界からの彼らの離脱の過程、従って伝統的生活世界の変換の一歴史過程を成している。

さて、資本家が労働者の客体化された労働力を買う時、資本－賃金関係が成立する。

価値増殖過程

生産過程は労働過程として見れば、労働主体が彼の身体的・精神的諸能力を発揮して労働生産物を造りだす過程、それは労働主体の目的的行為、彼の頭脳うちに予め描かれた目的の実現を目指す対象化的産出行為である。しかし、労働者が資本家の作業場に入るや、労働は価値形成過程および価値増殖過程に転化する。しかも、この転化は当事主体の意志や意図とは関わりなく生起するのであって、それ故に、それは労働者の対象化的産出行為とともに遂行される非志向能作の結果である。

資本の一部分は生産手段、即ち原料と労働手段に支出され（不変資本）、また残りの部分は労働力を買い入れるために支出されている（可変資本）。これらはもちろん今や資本家の手に属している。こうした条件の下で労働過程が価値増殖過程に転化する。労働の生活過程、従って労働者の労働生活（即ち労働過程）からすれば、労働主体は労働手段を使用しつつ自らの能力を発揮して原料・補助材料等を消費し、労働生産物を生産する。ところが、生産は今や商品生産として遂行されるのだから、労働力の支出は労働過程の結果労働生産物、即ち生産された商品の価値として凝固するのであり、それ故労働過程は価値形成過程に転化している。しかも労働力というこの特殊な商品の特性はその価値、即ち再生産に必要な価値よりも多くの価値を生みだすということであるために、労働過程は価値増殖過程でもあるわけである。ところが労働生産物は資本家に帰属するのだから、結局投下された資本は増殖して資本家の手元に帰ってくるわけである。

マルクスは言っている。「生産過程を労働過程の観点から考察すれば、労働者の生産手段にたいする関係は、資本としての生産手段にではなく、自分の合目的な生産的活動の単なる手段および材料としての生産手段に対する関係だった。……われわれが生産過程を価値増殖過程から考察するやいなや、そうではなくなった。生産手段はたちまち他人の労働を吸収するための手段に転化された。もはや労働者が生産手段を使うのではなく、生産手段が労働者を使うのである。[19]」今や労働者の生活世界・労働生活の場は作業場及びそこでの彼らの行為遂行によって構成されているのであるが、生産手段による労働主体の労働の吸収は労働主体の生活世界の「背後」で行なわれている。この「生活世界の『背後』で」という意味は、闇の如きある実体的世界で、ということではない。ここでは現象の世界とその背後の実体の世界という二世界説は採用されていない。そうではなく、労働主体はその意図に関わりなくその対象化的産出行為においてこの行為を非志向的に価値増殖過程へと転化させており、だから、対象化的産出行為過程がそれ自体で同時に価値増殖過程なのであるが、その際、価値増殖過程ということは労働主体の自己の労働過程・対象化的産出の行為の意味の了解のうちには入り込まず、彼がそれを知っていようとそうでなかろうと、それには拘らずに労働過程の価値増殖過程への転化が生起しているということである。

生活世界的パースペクティヴから見れば、労働主体は生産手段、即ち材料や原料と労働用具を使用して生産物を生産するのであり、その際原料や材料は消失して新たな生産物が出現する。ここでは労働主体が材料や原料、労働用具を支配している。ところが労働過程はそれ自体において価値増殖過程に転化しており、それ故、生産手段が労働主体を支配し、そして労働主体の労働を吸収するのである。これは労働主体の非志向能作である。労働主体は彼の労働行為、即ち労働の生活行為において同時に、しかも意図せずに、生産手段に自らの労働を吸収させるのであり、剰余価値を生産し、従ってまた貨幣を資本に転化しているのである。労働主体はまさしく彼の生活過程（ここでは労働過程）において意図せずに、つまり何ら知ることなしにも、不変資本部分を労働生産物のうちで維持し、保存し、さらに自らの再生産に必要な、つまり労働者の生活手段の再生産に必要な労働時間を超える労働時間を労働生産物のうちに凝固させる。

資本にとって眼目である剰余価値の生産（これはもちろん労働主体の非志向能作によって産出されるのであるが）要請は、しかしまた労働主体の生活世界のあり方を規定する。換言すれば、特定の形態をもつ生活世界を定立しもする。ここで労働主体の生活世界とは作業場での労働行為、資本家の指揮・監督のもとで遂行される労働過程である。資本家は平均的な熟練、技能、敏速さを有する労働力を買い入れた。だから彼は自分の買い入れたものを無にしないように気をつけなくてはならない。また生産手段が彼の目的に反して使用されてはならない。そうでなければ、剰余価値生産は可能ではないからである。それ故、彼は自分の所有物を、労働者の労働を見張り、指揮し、監督しなければならない。労働者達の労働生活が一定の質的なあり方をしていなければ、剰余価値の生産は可能ではないのである。このことが資本家が労働者の労働を見張り、指揮し、監督するという労働生活のあり方を生み出すのである。それ故生活の一切を方式的に合理化し、計画的に配分することを自己目的とするプロテスタンティズムの職業倫理は将来資本に転化すべき富（貨幣）の蓄積にとってと同様、剰余価値生産にとって適合的なわけである。ウェーバーは言っている。「近代資本主義が人間労働の集約度を高めることによってその『生産性』を引き上げるという仕事をはじめたとき、それをこの上もなく頑強に妨害しつづけたものは、資本主義以前の経済労働のこうした基調［「人は『生れながら』出来るだけ多くの貨幣を得ようと願うものではなくて、むしろ単純に生活する、つまり習慣としてきた生活を続け、それに必要なものを得ることだけを願うにすぎない」という伝統主義と呼ばれる生活態度］なのであった。」[20] とはいっても、労働者達がいつでも資本家の指揮・監督なしに、資本家の思うように労働するとは限らないのであるから、労働過程の価値増殖過程への転化のためには、労働生活がやはり指揮・監督されなければならないのである。こうして資本家の指揮と監督は労働主体が非志向的に産出する剰余価値の生産にとって、その存在のための可能性の条件である。しかしまた逆に剰余価値生産が上記の労働主体の生活世界の可能性の条件でもある。というのは、剰余価値生産が行なわれなければ、それは資本家にとってこの上なく馬鹿ばかしいことなのであり、だから彼は生産手段と労働力を買い入れ、労働主体の作業場での生活過程を存在させることを止めるであろう。即ち労働者のこの生活世界は消失するであろう。だから労働主体の行為遂行は、非志向的に為される剰余価値の生産を介して自らの生活世界を、従って自分自身を労働者として非志向的に再生産するのである。

協業と労働の生産力

労働主体はその労働行為によって労働の再生産のために必要な価値とその他の剰余価値とを生産する。労働力の補填価値を生産するに要する労働時間、即ち必要労働時間と剰余価値を生産するに要する労働時間との和が一労働日を形成する。ところが一労働日の中で必要労働時間と剰余価値を生産する時間とは感性的に知覚可能な仕方で区別されているわけではない。一労働日は一労働日なのであって、労働主体にとっては必要労働時間と剰余価値を生産するに要する時間との区別は現前していない。だから、剰余価値の生産は労働主体の意図せざる産出、彼の非志向能作であり、このことは労働主体の行為が生産手段が彼の労働を吸収する運動を引き起こすのが労働主体の非志向能作であるのと同様である。彼は剰余価値を生産する。彼はそれを行なう。しかし彼はそれを知らない。剰余価値の生産及びその搾取は労働主体の生活世界的パースペクティヴからしては知覚されないのである。農民が領主のために行なう夫役労働においてはそうではなかった。農民が自分の生活のために行なう労働と領主のために行なう剰余労働とは空間的にも時間的にも感性的に区別可能な仕方で区別されている。今やこの区別は目に見えないものとなり、かくて剰余価値の生産及びその搾取が隠蔽される。

とはいえ、必要労働時間と剰余価値の生産に要する時間との区別を表現するためには、両時間を空間的に分離して書き下す他はない。

今必要労働時間が一定であると仮定すれば、労働日の延長は剰余労働時間の延長によって惹起される。（以下の図において ab は必要労働時間、bc は剰余労働時間を表わしている。）

労働日Ⅰ　a ——— b — c

労働日Ⅱ　a ———— b ——— c

労働日Ⅲ　a ————— b ————— c

今必要労働時間が一定であると仮定されているのだから、労働日の延長は剰余労働時間の延長を意味する。あるいは逆に剰余労働時間の延長は労働日の延長を意味する。だから剰余価値の増大は労働主体の生活世界においては労働日の延長として現われるのである。この絶対的剰余価値の生産の生活世界内的現象が労働日の延長なわけである。延長された労働日の労働によって労働主体は絶対的剰余価値を生産する。だから、こうした仕方での資本による剰余労働の吸収は、単にそれで終るのではなくて、人間達の、ここでは労働主体の人間として生きる時間を吸収するのである。資本は単に剰余労働を吸収するだけではなくて、剰余労働の吸収は同時に人間の生きる時間の吸収である。それは一般に人間生活の吸収なのであって、人間生活が、即ち生活世界が人間達が非志向的に定立する資本物神の生活史となるのである。現代日本の企業社会における長時間・過密労働による過労死は生活の生物学的基礎である生命をさえ資本が吸収したということを意味してる。

さて、しかし労働日の延長には限界があるために、絶対的剰余価値の生産は無制限ではない。剰余価値の増大の他の方法は必要労働を減少させることである。今労働日が一定であると仮定すれば、必要労働時間の減少は剰余労働時間の延長を意味することになる。即ち

労働日　a―――――――b―――c
　　　　a―――――――b―――c

ここでは従って必要労働時間の一部が剰余労働時間に転化しているが、この転化は、労働の生産力の上昇によって可能である。というのは、労働者の生活手段の生産に必要な時間量は労働の生産力の向上によって減少するからである。労働の生産力の増大は労働手段及び労働方法の変革や労働主体達の協業を要求する。このことが労働過程、その労働編成の仕方、技術的基礎等が絶えず変革されることの内在的な原因を成している。それは、後に見るように、工場における協業の様式、諸行為の空間的時間的編成をも、従って生産現場の空間的時間構造をも変革する。だから、これらの変革が必要労働時間の減少によって可能になる相対的剰余価値の生産の生活世界内的形態である。あるいは、逆に、これらの変革が相対的剰余価値の生産を可能にするのである。先に資本家による労働主体の指揮・監督は剰余価値生産のための不可欠の条件であることに言及したが、いまやそれは相対的剰余価値の生産の可能性の一つの条件たる労働主体達の協業にとっての前提条件になる。

協業は何時も、何時の時代においても労働の生産力を高める。それは諸労働が協業として編成されるや直ちに現われる労働の独自の性格である。「どんな事情もとでも、結合労働日の独自な生産力は、労働の社会的生産力または社会的労働の生産力なのである。この生産力は協業そのものから生じる。他人との計画的な協働のなかでは、労働者は

彼の個体的な限界を抜け出て彼の種族能力を発揮するのである」[21]。ところが、労働力も生産手段も今や資本家の手にあるのであるから、労働主体達の協業は資本が付けるのであって、個々の労働者が付けるのではない。即ちここで資本家の指揮・監督は労働者達の協業にとって不可欠の条件として現われる。労働者達の協業、この社会的労働の普遍的な能力は今や資本の機能として現われるのである。資本家のそうした機能には、共同生産一般の条件としての集団労働に不可欠な機能と剰余価値生産に関わる搾取機能とが融合しており、そのために、共同生産の不可欠の条件である指揮と搾取機能に関わる資本家の指揮とが無区別となって、資本家の指揮あるいは支配が共同労働一般の可能性の条件として了解されてしまうことになる[22]。（しかし、そうなれば、資本家の指揮・支配が共同生産一般の条件として誤認されてしまうであろう。）このようにして資本家の指揮は資本家に属する機能であるが、それは同時に社会的労働の過程の搾取の機能にもなるのである。労働主体達の諸機能も統一も連関も彼らの外にある資本の機能である。労働の現実的な連関は資本の計画としてあり、実践的には権威として存在する。これが労働主体と資本家の生活世界をなしている。即ち、労働者は資本家の計画に従い、彼の指揮・監督のもとで労働行為を遂行する。資本家の功績である協業のもとで労働の社会的生産力が発揮されるが、しかしそれは資本の指揮・監督が生産の前提条件になっているという条件の下で直ちに資本の生産力として資本に吸収されてしまう。だから、ちょうど、労働主体が彼が知らずに、意図せずに、剰余価値を生産し、非志向的に自らの労働を生産手段に吸収させ、従って貨幣を資本に転化させるように、彼らの社会的労働が発揮する生産力は直ちに資本に吸収され、資本の内在的生産力として現象させる。これまた労働主体の非志向能作なのである。彼らの社会的労働の生産力を資本に吸収させ資本の内在的な生産力とさせるということは、彼らが知らずに行なっていることなのである。彼らには資本の指揮・監督は「彼らの行為を自分の目的に従わせようとする他人の意志の力として、彼らに相対する」[23]のであって、これが彼らの労働過程という彼らの一つの生活過程をなしている。しかし、そうした資本の専制の中で彼らは実は彼らの社会的労働の、即ち結合労働の生産力を発揮しているのである。にも拘らずこの社会的生産力はそれが発揮されるや直ちに資本の生産力として資本に吸収され、だから彼らの社会的労働の生産力は彼らには彼らの労働の生産力としては経験されはしないのである。「独立の人としては、労働者たちは個々別々の人であって、彼らは同じ資本と関係を結ぶのであるが、お互いどうしでは関係を結ばないのである。」(24) それ故、彼らの間の協業は彼らにとっては疎遠なものである。この疎遠性の中で、結合労働の社会的生産力はそれが発揮されるや直ちに資本のうちに吸収される。労働主体達はそれを知らない。否、それを知っていようとそうでなかろうと、まさしく彼らの行為によって、そうした吸収を惹起するのである。このような仕方で、人間達の生活世界が資本の具体的に現存する資本の身体となる。この身体はそれ自身の生活空間と生活時間を持っている。とはいえ、この生活時間と生活空間は人間達の生活世界の時空的軸である生活時間と生活空間なのである。資本はこのようにして生活世界を絶えず変革し、時間の加速化を進めることなしには存続することができない。資本の偉大な文明化作用が絶えず人間的諸能力を開発するが、この諸能力は、資本の能力として現われるのである。

五　マニュファクチュアと機械制大工業

私はこれまでウィトゲンシュタインの言語ゲーム論に基づきそれを生活実践一般にまで拡大した言語のパラダイムとマルクスの産出のパラダイムとの統合を『資本論』を、特に価値形態論、生産過程論までを素材に扱ってきた。即ち、主体の行為、これまでは交換行為と労働行為であったが、これらの行為は主体の一つの生活行為であり、彼らの遂行する生活実践、言語行為を含みもする生活行為であるが、こうした行為遂行は同時に主体の意図せざる産出行為としての非志向能作でもある。主体達の非志向能作的遂行として主体達は彼らの意図から独立な諸連関を、例えば、生産手段による労働の吸収という事態を、従って事を、諸々の事の様々な連関を、だから彼らが労働者であるという事をも、産出してしまうのであって、この諸連関は展開して自立性を獲得するのみならず、特有の行為様式と世界像を持つ新たな生活実践・言語ゲームを生活世界のうちに、否生活世界として定立するのである。生活世界の再生産はいつも主体達の非志向能作によって媒介されている。が、その際、この生活世界を産出する諸連関は生活世界的パースペクティヴからすれば隠されてしまう。労働者がたとえ彼の意識においては生産手段を用い、彼の目的を対象のうちに、素材のうちに実現していると思ってはいても、彼はその行為において同時に客体によって彼を支配させ、彼の労働を吸収させ、こうして資本を増殖させる。生活世界、ここでは、労働生活が遂行される生活世界はこのように転倒した生活世界として再生産されるのである。人間達の生活世界はかくて資本の生活の場となる。

生産過程は労働過程と価値増殖過程という二重性において考察された。価値増殖過程は主体の非志向能作の産物であり、それは労働主体が労働過程において同時に、それと知らずに遂行していることなのである。

私は以下においてマニュファクチュアと機械制大工業を扱うが、その際私はこれらを労働生活が営まれる、以上のようにして転倒した生活世界と見なす。

マニュファクチュア

労働の生活過程、従って労働主体の生活過程とは労働行為の遂行過程である。生活過程とは行為遂行、即ち生活実践・労働生活という生活行為の遂行である。だが、既述のように生活実践・言語ゲームはそれがそこにおいて遂行される時間的かつ空間的場を要するのであり、そしてマニュファクチュアは、後に立ち入るように、労働行為の時間的編成の空間的編成への転化を惹起し、従ってまた作業場ないし工場という労働主体達と資本家の生活空間の構造的変革を惹起するのである。始めに資本家の指揮のもとで色々な手工業者が一つの作業場に集合し、彼らは互いに助け合い、共同して仕事を行なう。ところが、そうした共同の仕事遂行の中で、労働能力が一面化され、それがある合目的な役割を与えられるようになる。即ち個々ばらばらに存在していた手工業者が統合されることによってマニュファクチュアが形成されるが、マニュファクチュアは一つの生産過程に分業が導入されることによっても生じる。労働主体達が組織的に結合され、だから全体機構は部分労働者の結合体である。それは「人間をその諸器官とする一つの生産機構である。(25)」手工業的訓練を受けた熟練労働者がこの生産機構の単位であり、それ故熟練労働者の手腕、技能、腕、かんが大きくものを言う。もしこの生産機構において一人の熟練労働者が欠けるならば、それは生産機構全体にとって致命的な事態となり得る。全体機構としての労働システムは個々の熟練労働者によって運動させられており、全体生産機構が、以下に見る大工業とは違って、まだ客観的骨格を与えられていないからである。労働者の気まぐれが生産機構の全体運動にとって重大な障害となり得るから、資本家は何時も労働者を見張っていなければならないし、また反抗する労働者と何時も闘争していなくてはならない。というのは、マニュファクチュアという一つの全体的生産機構は人間をその構成資源としているからであり、機械はまだ副次的な機能しか与えられていないからである。

　だが、マニュファクチュアは労働主体達の統一的な組織化を達成するということによって、統一的に運動する生産機構を創出した。もし一人の熟練労働者が一人である製品を造ろうとすれば彼は色々な部分を個別的に仕上げ、しかる後諸部分の組立を行なわなければならない。この場合には、個々の部分作業は時間的に継続しており、即ち生産の諸段階は時間的持続のうちに配分されている。彼が一人で作業をすれば彼が必要とする空間的な場は、つまり作業場はそれほど大きくなくてよいが、それだけ時間を要する。多くの時間を要するということは、製品の生産の諸段階が個々ばらばらに存在している多くの手工業者に配分され、それぞれの手工業者は他の手工業者が彼の仕事を完遂するまで待っていなくてはならない場合も同様である。マニュファクチュアはそうした時間的継続に配分されている部分作業、生産の諸段階を空間的配置に翻訳する。その生産の諸段階は、別々の労働者が担い、そして彼らの作業は同時に行なわれる。それ故マニュファクチュアは作業空間を拡大し、労働者数を増大させることによって時間を縮小させる。けれども、この作業空間的拡大というのは一人の熟練労働者の作業場に比較してのことであり、生産の諸段階が、従って部分諸労働が空間的に配置されている作業場では、製品は一つの段階から次の段階に移される時間の短縮がそれらの部分作業が遂行される空間的場の接近によって、この意味での空間的短縮によって達成される。こうしてマニュファクチュアは「いろいろな作業を同じ手工業者に時間的に順々に行わせることをやめて、それらの作業を互いに引き離し、孤立させ、空間的に並べ、それぞれの作業を別々の手工業者に割り当て、すべての作業がいっしょに協業者たちによって同時に行われるようにする。[26]」

各手工業者はもはや他の手工業者がその部分作業を完遂するまで待っている必要はない。というのは彼らは今では多くの部分作業を同時に行ない、連続的に自らの部分作業の産物を他の手工業者に手渡しているからである。この連続性と統一性が労働主体の生活世界の質となるのである。だからまた熟練労働者の労働の強化も生みだされる。というのは、彼がもし平均的な速度で作業をしないならば、生産の全体機構が機能障害に陥るからである。こうして労働主体はマニュファクチュアにおいて生産の全体機構の一部分に還元されている。とはいえ、マニュファクチュアでは、生産の全体機構の構成が部分作業を担う労働者の熟練度や技能の大小に依存させられてもいる。

マニュファクチュアが「人間をその諸機関とする一つの生産機構」であるために、資本家の指揮・監督に対する労働者達の反抗も直接的に人間に対する反抗、即ちたとえ資本の人格化であるにすぎないにしても、一人の、労働者達にとって彼らの前に直接に現存する人間、資本家に対する反抗の形態を取る。けれども他方、マニュファクチュアはその展開において資本の労働に対する支配の強化を生みだす。マニュファクチュア内における分業は組織的な分業となり、労働能力の細分化と固定化、専門化が生じてくる。熟練労働ばかりではなく、単純な作業も専門的に固定化されることによって、不熟練労働者をもマニュファクチュアは創出するのであるが、全体的な労働能力の犠牲化と細分化が発展し、こうして彼らは一人では何も造れない部分的能力のみの所有者になる。このことは資本の労働に対する支配を決定的に強化する。

マニュファクチュアは、労働者達の生活世界の一構成部分となる。彼らはそこでの彼らの労働の生活過程の意味を了解しているし、自分達が何をしているのか、彼らが遂行しているのがどんな行為なのかを、また資本家の彼らに対する指揮と監督の行為が、それは労働主体にとって彼らを従わせようとする専制として経験されるのであるが、どのような行為なのかをも了解している。彼らが了解していないのは、あるいは彼らが知っていないのは、例えば彼らの結合労働の生産力が資本の生産力として、資本に吸収されてしまうこと、労働の生活過程のどの瞬間にも生産手段が彼らの労働を吸収しているということである。現に彼らが彼らの行為、労働行為によってそうした吸収を引き起こしているにも拘らず、彼等が知っていないのはまた、彼らが貨幣を増殖するものとして現われる資本へと転化していること、彼らの協業が、結合労働の生産力の発揮が必要労働時間の一部を剰余労働時間に転化させているということ、従ってまた彼らの労働の価値の低落を惹起しているといったことである。ところが彼等が現に産出していながら彼らが知っていないこうしたことを媒介にして、彼らの生活世界が再生産されているのである。

マニュファクチュアは労働力の専門化を固定するが、しかしこのことによってまた労働用具をも分化させ、だから労働用具をも専門化させる。労働用具は部分的労働者の特殊機能に適合するように改良され、あるいは単純化され、あるいはその種類が増やされる。だから、なるほどマニュファクチュアは、その編成の単位が人間主体であり、また彼らの熟練やカンが大きく影響するために、「生産行程の真に科学的な分解を排除する。」[27]とはいえ、そしてまた機械が副次的な位置価しか持っていないとはいえ、労働用具の単純化と多種類化を用意するということによって、「単純な諸道具の結合から成り立つ機械の物質的諸条件の一つ」[28]をつくりだし、「商品生産に必要な労働時間の短縮を……意識的原則として表明」し、「機械の使用をも散在的に発展させる」[29]。こうした労働過程、生産過程の合理化の推進力は何時も相対的剰余価値の生産の要請である。これが生活世界の構造の諸変革の原動力なのである。

機械制大工業

マニュファクチュアでは、運動する全体生産機構の編成の単位は熟練労働者であり、だから人間がその編成の中心的資源だった。ところ機械制大工業では、この生産機構は人間、労働主体達から自立化して、人間達の協業の代りに、「多数の同種の機械の協業と機械体系」[30]が出現する。全生産機構は感性的に実在的な、労働主体の前に客観的なものとして現存する物質的な形態を受け取るのである。労働過程の編成原理はもはや部分労働者の組み合わせではなく、部分機械の組み合わせとなり、全体過程は自動装置として自己運動を開始する。マニュファクチュアでは、生産機構の構造編成は部分労働者の熟練度や技能に影響され得たが、機械制大工業ではその生産機構の構造編成に際して人間的資源の質は考慮されないのであって、部分機械と部分機械との技術的な編成、組み合わせが考慮される。「大工業の原理、すなわち、それぞれの生産過程を、それ自体として、さしあたり人間の手のことは少しも顧慮しないで、その構成諸要素に分解するという原理は、技術学というまったく近代的な科学をつくりだした。社会的生産過程の種々雑多な外観上は無関連な骨化した諸姿態は、自然科学の意識的に計画的な、それぞれ所期の有用効果に応じて体系的に特殊化された応用に分解された」[31]。かくて労働手段は自動的に、つまり労働主体から自立的に自己運動し、客観的に実在する恒久的運動機構となるのである。

労働者達はこの自己運動機構を既に完成されたものとして自己の現前に見出すのであって、マニュファクチュアにおいては労働者が一つの道具を用いることが彼の専門であったのに、今や一つの部分機械に仕えることが彼の専門になる。労働が機械に奉仕するのであるから、ここでは機械体系が主体として労働主体は客体として現われる。労働者は労働手段の自立的な運動についていかなくてはならない。だから「工場では一つの死んでいる機構が労働者たちから独立に存在していて、彼らはこの機構に生きている付属物として合体される」[32]。客体的に現存せる自動機械体系への労働者の配分である。かくて、労働者達の労働生活は客体的に、感性的に現存せる機械体系の付属物として営まれるという労働生活の特定の形態、労働実践のあり方が出現する。こうした労働編成は二〇世紀に一層展開してテーラー主義的労働編成を持つ、一貫した連続工程を持つ巨大生産ラインに展開し、とりわけ第二次世界体戦後のフォーディズム的蓄積体制成立の一つの柱となるのである。かくて、私は先にマニュファクチュアを労働者の生活世界の一構成部分と呼んだが、今やこの生活世界の構成部分が一大変革を被る。労働の仕方、行為様式が変換する。

第一に、マニュファクチュアでは、確かに労働手段が労働主体を使用するのであり、労働生産手段が労働者の労働を吸収しているのだとしても、この意味で主・客の転倒が行なわれているのではあれ、やはり労働主体が道具を、労働手段を使うのである。ところが、この主・客転倒は、機械制大工業においては、機械休系の労働に対する支配として感性的に実在的な形態を取って現われてくる。というのは労働主体は機械体系の付属物として現に機械によって使用されるのだからである。「資本主義的生産がただ労働過程であるだけではなく同時に資本の価値増殖過程でもあるかぎり、どんな資本主義的生産にも労働者が労働条件を使うのではなく逆に労働条件が労働者を使うのだということは共通であるが、しかし、この転倒は機械によって始めて技術的に明瞭な現実性を受け取るのである。(33)」生活世界の転倒はここで直接的に目に見える姿態をとって現存するのである。所有と非所有、資本と労働との対立ないしその支配―従属関係は、マニュファクチュアにおいては、労働者と彼の前に直接に現存せる他の人間、即ち資本家との関係である。しかしこの関係、支配―従属の関係は今や機械体系と労働者との支配―従属関係に変装される。機械体系が客体的なものとして現に労働主体に対立し、そして客体がこの主体を支配するからであり、労働主体が機械体系に従属するからである。だから労働者達は機械体系に反抗し、機械を打ち壊しさえするのである。

第二に、労働者達の協業は、機械制大工業においては、機械体系の構造的編成のうちに既に組み込まれており、だから労働者達が機械体系の意識ある付属品として配分されるや直ちに彼らの協業の形態が彼らに与えられることになる。即ち協業はここでは技術的な必然性として現われる。資本の計画は客観的機械体系の構造的編成のうちに体化されているわけである。労働者間の関係はかくて、人格的な関係の代りに、客体的なもののうちに機械体系の構造編成のうちに固定されている。

第三に、自動機械体系は自動的に運動するのであって、部分機械の意識ある付属物として配置された労働主体は機械の一様な運動についていかなくてはならない。ここに規律、労働の一様性、秩序への志向が強化される。しかしそのためにはまた、秩序、規律の維持の役割を有する人間が必要なのであって、それまで指揮や監督という資本家の機能であったものは労働者の一部である産業下仕官や産業兵卒に譲渡され、こうして労働者の間に分割が生じる。

第四に、機械体系は今や機械の自己運動に従っていく労働行為がたいした熟練を必要としないために、熟練労働者を駆逐し、大量の児童と婦人を生産現場に引入れる。このことは、マニュファクチュアで熟練度を基礎に発展する労働者の等級制を破壊し、労働者の水平化をもたらすとともに、他方では失業者を生みだすことで潜在的過剰人口を創出し、労働者の資本への従属を絶望的に強化する。

第五に、機械制大工業は労働の強化及び労働日の延長をもたらす。私はこれまでマニュファクチュア及び機械制大工業を労働者及び資本家の生活世界として、もちろん一定の空間的時間的構造を持つ生活世界として見てきた。だが、彼ら行為主体の行為は同時に彼らの非志向能作でもあるのであって、彼らの行為は意図に拘らずにある客観的連関を、ここでは自己矛盾的性格を有する連関を生みだしてしまうのであり、そして彼ら行為主体はこの矛盾に取り込まれていくのである。機械体系はその生産性によって労働の生産力を飛躍的に拡大する。本来機械の使用は労働時間の短縮のための強力な手段であるのに、資本主義的生産の下ではそれは労働時間の延長を引き起こす。価値増殖過程という面からすれば、マニュファクチュアも機械制大工業も相対的剰余価値生産のための手段であるにすぎない。機械制大工業は労働の生産力の飛躍的拡大をもたらすことによって剰余価値の増加を引き起こすが、剰余価値の大きさは剰余価値率と労働者数によって規定されるのであり、剰余価値を大きくするためには労働者数を減少させなくてはならない。即ち機械の導入は労働者数の相対的減少を惹起する。ところがこれは、それは行為主体達にとっては与り知らぬことなのであるが、人間という搾取材料を減少させることになる。だからこの矛盾が無意識的に働いて資本家を駆り立て「搾取される労働者の相対数の減少を相対的剰余労働の増加によるだけではなく絶対的剰余労働の増加によっても埋め合わせるために、むりやりな労働日の延長をやらせるのである。」[34] 即ち、主体達は非志向的に、従って意図することなくある矛盾を産出するのであり、機械制大工業における労働日の無制限の延長はこの矛盾の解決として現われる。機械制大工業は労働日の無制限の延長の動機を生みだす。けれども、この動機を資本家は自らの主体的な動機だと思ってもそれは、彼の行為が非志向的に産出してしまうかの矛盾に規定されているわけである。この労働日の延長は労働者達の反抗を惹起せずにはおかない。かくてこの反抗が国家を動かして法律によって標準労働日を設定させるや、かの矛盾のはけぐちは相対的剰余価値の生産に、即ち一層の機械体系の発展と全体生産機構の合理的な、そして科学的な編成に求めるようになる。資本は今や自らが自己原因となって、ということは自らの責任において、生産力の技術的な編成を変化させる。(35)これ即ち、労働の資本への実質的包摂である。(36)こうした行為主体達の行為様式、そしてまた彼らの生活世界は（ここでは工場とそこでの諸行為によって構成される生活世界であるが）その空間的、時間的編成をも含めて、労働の生産性の上昇を求めて絶えず変革されることになる。

第六に、機械制大工業は熟練労働者を駆逐し、児童や婦人を生産過程に引入れることによって、家族という生活世界の一部分の変容を惹起する。というのは、それは児童及び婦人を家族の限界からその外へと連れ出すからである。従って機械制大工業は旧来の家族制度の解体を惹起するのであるが、しかしこの解体は他面からみると新たな家族形態の基礎をも創出する。「資本主義体制のなかでの古い家族制度の崩壊がどんなに恐ろしくいとわしく見えようとも、大工業は、家事の領域のかなたにある社会的に組織された生産過程で婦人や男女の少年や子供に決定的な役割を割り当てることによって、家族や両性関係のより高い形態のための新しい経済的基礎をつくりだすのである。(37)」これは、マルクスによれば、機械制大工業が一面において生産の技術的基礎を、労働者の機能を絶えず変革し、一生産部門から他の生産部門への移動を絶えず引き起こすということによって労働者の可能なかぎりの多面性を発展させ、こうして全面的に発達した諸個人をその不可欠の前提とするようになるのと同様である。そして高い様々な諸能力を労働者諸個人が持つに至ることなくしては機械制大工業は成り立ち得ないのである。転倒した生活世界という生活世界の物象化の、あるいは物象化された生活世界の止揚とともに、こうした諸能力がまた廃棄されてしまうということはあり得ない。ただそうした諸能力が人間達の生活世界を己の生活史とし、人間の生活を己の増殖の手段とする資本の能力として現われるということを止めるだけである。

ともあれ、こうして機械制大工業は一層展開して、市場の展開と伴ってウェーバーの語ったあの巨大な経済的秩序界を、我々の生活世界の一大構成部分を形成することになった。

六　資本の蓄積過程

私は以上マニュファクチュアと機械制大工業を労働主体達と資本家の生活世界、ないし彼らの生活世界の一構成部分の記述として再構成してきた。次に私は、資本の蓄積過程を、再び諸主体の生活世界的諸行為によって同時に遂行される彼らの非志向能作によって産出される諸連関に止目し、この諸連関が生活世界のパースペクティヴからは知覚されないとともに、それを超えてそれらの諸連関が特定の質を有する生活実践・言語ゲーム、従ってまた生活世界を定立するものであるという観点から、再構成する。後に立ち入るように、資本は自己増殖的形態をその自然的内在的本性として持つという神秘的形態を受け取るのであるが、資本は剰余価値、即ち労働主体の非志向能作によって産出される剰余価値（それは労働主体の労働行為によって同時に、労働主体の意図に拘らず、つまり意図しようとそうでなかろうと、産出されるのである）を吸収することによって肥太る。が、こうしたことは労働主体の諸行為の意味了解のうちには記述されておらず、だから、資本は生活世界のパースペクティヴからすれば、自己増殖的本性という神秘的形態をもって現われるのである。これを私は資本物神の生活世界内的定立と解釈する。この時、資本、自己増殖的本性を有するものとして了解される資本に対する関係態度、及びその態度に規定される新たな行為様式が生まれるのである。既に協業の生産力が資本の生産力として資本に吸収されるということによって、「資本は非常に神秘的なものに」なったのであった。「というのは、労働のすべての社会的生産力が、労働そのものにではなく資本に属する力として、資本自身の胎内から生れてくる力として、現われるからである。」[38] そしてこうした神秘化の基礎にあるのは、労働主体によっては知覚されない彼の非志向能作、即ち労働手段による彼の労働の吸収である。資本家及び労働主体の諸行為、彼らによってその意味が少なくとも一定程度了解されている諸行為と同時に遂行される諸主体の非志向能作の産物は一つの体系を、過程進行しつつあるシステムをなすのであり、その運動が当事主体達の生活世界を産出し、再生産するのである。

単純再生産

社会的再生産過程は不断の流れ、不断の更新の中にある。だからそれは不断の再生産過程でもなければならない。しかし社会的生産過程の再生産は、労働過程の中で消費される原料や補助手段、あるいは消耗していく労働手段といった生産手段を絶えず補填することを不可欠の前提とする。即ち労働生産物の一部は再び生産手段に転化しなくてはならない。要するに年間総生産物から補填される物的資本部分が社会的再生産過程のために取っておかれなければならない。残りが剰余生産物なのであって、そのうちに剰余価値が含まれている。もしこの剰余価値が、それはもちろん、労働生産物が商品として市場に投げ出され、貨幣という形態を取って資本家の手元に帰ってくるものであるが、資本家の消費のために使用され、消費財源として消失してしまうならば、社会的生産過程は、資本の拡大再生産が行なわれないために、単純再生産と呼ばれる。

過程進行しつつある単純再生産は、それは単に進行しつつあるということによって――もちろんこの進行は当事主体達の非志向能作に媒介されているのである――社会的再生産過程に、あるいな過程進行しつつあるかのシステム、即ち当事主体達によって非志向的に産出される諸連関のシステムに構造的質的変化を惹起する。

貨幣が資本に転化するためには、資本家は彼が自ら貯えた、従って彼の労働の成果である貨幣の所有者として歴史のうちに出現して生産手段と労働力商品を買うことができなくてはならなかった。ところが、単純再生産において、一定の年数の後には、始めには彼の資本は彼の労働の成果であったのに、彼の所有する資本は、他人の、即ち労働者の不払労働の物質化に転化するのである。例えばある資本家が一〇〇〇万円を投資し、一年間で二〇〇万円の剰余価値を得たとし、そして一年で彼がそれを消費したとすれば、五年後に彼が食い尽くした価値額は彼が始めに投下した価値額に等しくなる。このことは別様に言えば、彼が始めに投下した資本額を彼が食い尽くしたということである。こうして、生産過程の単なる継続によって、一定の期間の後に、始めには資本家が自分で働いて得た価値を投下するとしても、それはすべて他人の、即ち労働者の不払労働の物質化に転化するのである。だが、彼の生産手段は依然として彼の所有になる生産手段であって、それをいくら眺めてみても、それが他人の不払労働の物質化であるということ、実は剰余価値の物質化であることは見えないのであり、顕微鏡で眺めてみても同様である。かのシステムのこうした質的転化は労働主体の生活世界的パースペクティヴからは知覚されはしないのである。にも拘らず、労働主体はまさしく彼らの労働行為によって非志向能作として以上のかの体系の質的転化を惹起するのである。労働主体は依然として時には反抗しながら資本家の指揮・監督のもとで労働行為を遂行し、また生産手段を使用している。（本当は生産手段が労働主体の労働を使用しているのだが。）生産手段はそれを構成する物質の一分子もそれが実は彼ら労働主体の不払労働の、従って彼らが非志向的に産出する剰余価値の物質化だということを証言しない。結局、一定の期間の後には、労働主体達を支配しようとする意志として彼らに対立する資本が彼ら労働主体の労働の産物となる。だから彼らは自分達を支配する意志を持つ資本を自ら産出しているわけである。こうして単純再生産の単なる過程的進行という事実だけで、「可変資本が資本家自身の財源から前貸しされる価値という意味を失う」[30]ことになる。しかし、資本家も労働者もこのことを知らない、にも拘らず彼らはこれをなすのである。

しかしまた単純再生産はその単なる過程的進行によって労働者を労働者として、資本家を資本家として再生産し、従って労働者の賃金労働者としての、資本家の資本家としての永久化が、つまり賃労働－資本関係の永久化が生みだされる。労働の価値とは労働種族の再生産をも含めて労働力の再生産に必要な生活手段の価値であった。労働主体は彼の労働行為によって剰余価値を生産するが、それと同時に自らへの支払財源である可変資本をも産出している。この彼の労働生産物の部分が賃金として彼に帰ってくるが、しかしそれは彼の労働力の再生産に必要な額である。しかも彼自身の労働生産物の一部の賃金という形態を取った還流は、彼が非志向的に産出する剰余価値が資本として絶えず彼から遠ざかる過程と不可分になっている。だから労働者は彼らの労働によって絶えず労働と生産手段の分離という事態、つまり事を再生産するのであり、それ故、自分を労働者として、換言すれば自分の労働力を売ることなしには生活できない存在者として再生産し、同時に剰余価値が絶えず彼から遠ざかるという賃金の労働者の手元への還流と不可分な過程によって、資本家を資本家として再生産するのである。資本主義的生産の出発点において、一方の極に貨幣所有者、他方の極に労働力の所有者が存在して彼らの契約、そう彼らの自由意志に基づく契約によって労働力の売買が成立しなければならなかったが、今や単純再生産の単なる過程的連続によってこの関係が絶えず再生産され、永久化される。マルクスは言っている。「労働者自身は絶えず客体的な富を、資本として、すなわち彼にとって外的な、彼を支配し搾取する力として、生産するのであり、そして資本家もまた絶えず労働力を、主体的な、それ自身を対象化し、実現する手段から切り離された、抽象的な、労働者の単なる肉体のうちに存在する富の源泉として、生産するのであり、簡単に言えば、労働者を賃金労働者として、生産するのである。このような、労働者の不断の再生産または永久化が、資本主義的生産の不可欠の条件なのである」[40]。このことは、別言すれば、資本家と労働者の生活世界が恒常的に再生産され、定立されるということを意味する。「労働者を賃金労働者として、生産する」ということは、別の言い方をすれば、人が労働者であるということ、人が資本家であるということの産出のことである。（私は、このような言い方のほうが正確だと思う。というのは、人とは労働者であることに尽きないから。）事のこの再生産は、既述のように、当事主体の非志向的産出である。それ故また、彼らの生活世界の産出及び再生産は当事主体の非志向的産出である。というのは、労働主体は自らの労働行為によって自分を労働者として産出し、また資本家を資本家として産出してやるからである。もっともこの再生産、この非志向的産出遂行は、行為主体達の非志向能作によって産出される諸連関に媒介されている。

労働者と資本家の生活世界の再生産は生活世界のパースペクティヴからは見えない、換言すれば、彼らの遂行する生活行為・言語ゲーム文法の内には記述されていないにも拘らず彼らによって非志向的に産出される諸連関に媒介されている。だからこのことは例えば労働者と資本家との契約関係についても妥当する。労働者と資本家の生活世界の再生産は労働者と資本家との不断の契約関係の更新、即ち、契約という言語ゲームの不断の更新を意味し、そして契約の条項のうちには、労働手段が労働主体の労働を不断に吸収するということも、一労働日に剰余価値の生産に要する時間が含まれているということも、資本が労働者の協業という結合労働が発揮する生産力を吸収するのだということも、貨幣は剰余価値を吸収することで資本に転化し、増殖するのだということも、資本が実は労働主体の労働の行為によって産出されるのだということも書かれはしないのである。だから、自由な所有主体同士の契約という言語ゲームはこの言語ゲームを生活世界的行為として不断に産出する、当事諸主体によって非志向的に産出される諸連関を隠蔽する。

拡大再生産

これまでは、貨幣が如何にして資本に転化するのかが考察された。資本の拡大再生産においては、剰余価値が資本に転化する。単純再生産では、剰余価値は資本家の消費財源に当てられていたが、資本の拡大再生産が可能となるためには、年間剰余労働の一部が、追加生産手段と追加生活手段（労賃）に当てられなくてはならない。今簡単にするために、資本家は霞を食って生きているものと仮定する。例えば一万ポンド・スターリングを所有している資本家が八〇〇〇ポンド・スターリングを綿花や機械を買うために使用し、二〇〇〇ポンド・スターリングを労働力を買うために、即ち労賃として支出したとし、一年間に二四万重量ポンドの糸が生産され、その価値が一万二〇〇〇ポンド・スターリングだと仮定しよう。さらに、剰余価値率を一〇〇パーセントと仮定すれば、二〇〇〇ポンド・スターリングが剰余価値であり、それは二四万重量ポンドの六分の一である四万重量ポンドの糸に含まれている。この剰余価値は販売が行なわれると、二〇〇〇ポンド・スターリングという貨幣額となって資本家の手元に帰ってくる。こうして、販売の結果、資本家は今や一万二〇〇〇ポンド・スターリングの貨幣額を手にしていることになる。新たに彼の手に加わったのは二〇〇〇ポンド・スターリングである。もしこの二〇〇〇ポンド・スターリングが追加資本として投下されるならば、資本家が霞を食って生きていること、剰余価値率が変化していないといった以前と同じ条件の下では、それは四〇〇ポンド・スターリングの剰余価値を生む。これがさらに投下されるならば、即ち、その五分の四が綿花や機械に、五分の一が労賃に前貸しされるならば、剰余価値率が一〇〇パーセントであるという条件の下でそれは八〇ポンド・スターリングの剰余価値を生むであろう。上記の二〇〇〇ポンド・スターリングは追加資本第一号であり、四〇〇ポンド・スターリングは追加資本第二号である。等々。もちろん、追加資本ではない元の資本も剰余価値を生み続けている。こうして剰余価値が資本の拡大再生産においては資本へと転化するのである。この際、労働の追加が必要である。労働力の搾取の度合が同じであるとすれば、資本家は新たに労働力を買い入れなくてはならない。剰余価値は労働者の不払労働から生まれたものであるから、こうして「労働者階級は、自分の今年の剰余労働によって、次の年に追加労働を使用する資本をつくりだしたのである」[41]。資本家が始めて市場に出掛けて行った時には彼は自分の財源から労働者に前貸ししなければならなかった。しかし今や資本家は他人の不払労働によってさらに労働力を買うことができるのである。けれども、販売の結果、資本家の手に入ってくる貨幣は、例えば先の二〇〇〇ポンド・スターリングは、確かにそれが剰余価値であるとしても、その貨幣が剰余価値だということが決して見えないし、剰余価値だということは貨幣の性質を何ら変えるものではなく、その貨幣の出生の秘密がその貨幣に記号によって刻まれているわけでもなければ、その貨幣が紙幣であれば、印刷されているわけでもない。だから、資本家が他人の不払労働によってさらに他の労働力を買う時にも、彼は自分の正当な仕方で獲得した財源からこれを支払うのであって、彼は自分の手持の貨幣を支出するだけである。それ故、彼にもその貨幣が他人の不払労働、剰余価値であることは見えないわけである。はじめて資本家が市場に現われて、彼が自分の労働の成果としての財源をもって労働力を買った時、労働者と彼の交換関係、契約行為は何ら商品交換の経済原則、つまり等価交換の原則を侵犯しなかった。というのは、彼は労働の価値をその価値通りに買ったからである。ところが、例えば先の二〇〇〇ポンドの五分の一をもって労働力を資本家が買う時、実質的には彼は他人の不払労働とさらなる他人の生きている労働とを交換しているのである。労働者と資本家との間の不断の契約行為の遂行、即ち、彼らの間の交換関係の再生産は以前と形式上全く変わっていない。従って、労働力の不断の売買は形式であり、その内容であるのは対象化されている他人の労働の一部を生きている他人労働と取り替えるということである。こうして、「所有は、今では、資本家の側では他人の不払労働またはその生産物を取得する権利として現われ、労働者の側では彼自身の生産物を取得することの不可能として現われる」[42]。

次のように言うことができよう。即ち、労働者と資本家との不断の交換関係の産出、換言すれば、契約の言語ゲームの不断の遂行によって同時に、彼らの非志向能作として、資本家は他人の不払労働を絶えずさらなる生きた労働と交換し、労働者は他人の、あるいは自分の不払労働を自分の生きた労働と絶えず交換していると。だが、こうしたことは契約当事主体の目には全く見えない、即ち彼らの一つの生活行為としての契約の言語ゲームにおいては知覚されないのであるが、にも拘らず、資本の蓄積過程においてはそれと知られずにも遂行されているのである。(だからそれを認識するためには資本主義的生産様式の運動の全体、資本の運動の全体を学的に再構成しなければならないのである。)

既に単純再生産において、過程の単なる進行によって、一定の期間の後に資本が全的に不払労働の、つまり剰余価値の物質化に転化するように、資本の拡大再生産では不払労働の物質化としての資本が次々にさらなる生きた労働を買い入れ、それから剰余価値を吸収する。だが、これらのことはすべて主体達の意図せざる結果、彼らの非志向能作の結果なのである。こうして資本の全運動はその運動の本体を隠蔽する、特定の世界像と行為様式を有する諸言語ゲームを絶えず産出し、またその言語ゲームの遂行を通して絶えず非志向的に再生産されるのである。(43)

註

(1) A. Giddens, "Marx, Weber, and the Development of Capitalism", *Karl Marx's social and political Thought, Critical Assessment*, ed., B. Jessop/C. M-Brown, Vol II, Routledge, 1990, p. 523.

(2) M. Weber, GARI, S. 61.(マックス・ウェーバー『プロテスタンティズムの倫理と資本主義の精神』上巻、梶山力・大塚久雄訳、岩波文庫、一九五五年、九二頁。)

（3）M. Weber, GAR1, S. 192-3.（同上、下巻、二二五頁。）

（4）M. Weber, GAR1, S. 37.（梶山・大塚、前掲訳上巻、五〇頁。）

（5）K. Marx, Das Kapital, I, S. 55.（大内兵衛・細川嘉六監訳『資本論』①、大月書店、一九六八年、五六頁。）

（6）K. Marx, Das Kapital, I, S. 76.（同上①、八三頁。）

（7）K. Marx, Das Kapital, I, S. 90.（同上①、一一三頁。）

（8）K. Marx, Das Kapital, I, S. 76.（同上①、八四頁。）

（9）小播道昭『価値論の展開　無規律性・階級性・歴史性』東京大学出版会、一九八八年、四九頁参照。

（10）同上、五一頁以下参照。

（11）K. Marx, Das Kapital, I, S. 80.（大内・細川、前掲訳①、八九頁。）

（12）K. Marx, Das Kapital, I, S. 146.（同上①、一七二頁。）

（13）K. Marx, Das Kapital, I, S. 88.（同上①、一〇〇頁。）

（14）K. Marx, Das Kapital, I, S. 91-2.（同上①、一〇四頁。）

（15）K. Marx, Das Kapital, I, S. 89.（同上①、一〇一頁。）

（16）G・ルカーチ『歴史と階級意識』城塚登・吉田光訳、白水社、一九七五年、一六六―七頁。

（17）K. Marx, Das Kapital, I, S. 85.（大内・細川、前掲訳①、九五―六頁。）

（18）商品市場にはもとより、消費材市場だけではなく、生産材市場、金融市場、労働市場をも含む。もとより、市場経済の社会的に制度化されたあり方には、色々な質的違いがあり得るであろう。同じ資本主義市場経済の例ではあるが、例えば、欧米先進諸国と日本の労働市場には制度的な相違がある。欧米では、企業間流動性が高く、横断的労働市場が形成されており、これに基づいて横断的労働組合が形成されているが、日本では終身雇用制（これは現在崩れつつあるが）に基づいて閉鎖的労働市場が形成された。これは日本の企業別労働組合の成立の条件であったし、企業主義的労働組合の成立の一つの条件であった。市場経済を導入すべきなのかどうかではなく、いかなる市場経済かがこれからの理論的・実践的探究の主題となるであろう。資本の偉大な文明化作用によって産出される人間の諸能力・人間的富が人間達を己が自己増殖のための手段としていく資本物神の止揚と同時に廃棄されてしまうのではないというこの論理が市場経済にも適用されてしかるべきである。

なお、R・ハンネマンとR・コリンズは社会主義的経済システムのコンピューターシミュレーションを試みている。一つのモデルは、労働者党が私的所有を廃棄するものである。この場合、利潤はもはや存在せず、従ってそれが資本へと変換されることもなく、こうして生産は落ち込み続け、経済危機が生じる。資本家階級が消滅するため、資本家階級の政治的動員が零になるが、労働者達の政治的動員も、革命において頂点に達した後、徐々に減少する。というのは、経済システム発展のテクノロジー的衝動が途絶え、経済危機が生じるからである。第二のモデルは、社会的生産力が極めて高い水準を達成していることが前提とされている。このモデルでは、労働時間が短縮し、高い生産性は労働者の要求へと変換される、換言すれば、消費選択は余剰生産の適用として行なわれる。第三のモデルは、社会主義的経済システムのいくつかの部分を資本主義的形成にもたらし、テクノロジー的成長を確保するものである。この場合、一定の条件のもとで高い経済成長が生じることが示される。このモデルではしかしまた労働者の政治的動員が増大することが示される。著者達は、この場合、社会主義社会は同時に民主主義社会であろうと言っている。（Cf. R. Hannemann/R. Collins, "A Dynamic Simulation of Marx's Model of Capitalism", *The Marx-Weber Debate*, ed. N. Wiley, SAGE Publications, Inc.）ソ連及び東欧市民革命以後の状況に照らしてみれば、興味あるのは第三のモデルであろう。ユーゴの経験が示しているように、労働者達の共同生産物が個人所得として労働者達に分配されてしまえば、もとより資本形成はあり得ず、設備投資は著しく弱化してしまう。しかしながら剰余価値の蓄積としての資本が一部は社会的共同生活のために、一部は投資のために支出されるとすれば、それはもはや人間達の生活を吸収しつつそれを己が生活の手段とするという、このような仕方で運動する資本とは違ってしまっているはずである。

物象化の止揚において、資本はいわゆる資本ではなくなっているであろう。

(19) K. Marx, Das Kapital, I, S. 328–9.（大内・細川、前掲訳①、四〇八頁。）
(20) M. Weber, GAR1, S. 44–5.（梶山・大塚、前掲訳、上、六五頁。）
(21) K. Marx, Das Kapital, I, S. 349.（大内・細川、前掲訳①、四三二頁。）
(22) 浅見克彦『所有と物象化』世界書院、一九八六年、九八頁参照。
(23) K. Marx, Das Kapital, I, S. 351.（大内・細川、前掲訳①、四三五頁。）
(24) K. Marx, Das Kapital, I, S. 352.（同上①、四三七頁。）
(25) K. Marx, Das Kapital, I, S. 358.（同上①、四四四頁。）
(26) K. Marx, Das Kapital, I, S. 357.（同上①、四四三頁。）
(27) K. Marx, Das Kapital, I, S. 358.（同上①、四四四頁。）
(28) K. Marx, Das Kapital, I, S. 362.（同上①、四四八頁。）
(29) K. Marx, Das Kapital, I, S. 368.（同上①、四五七頁。）
(30) K. Marx, Das Kapital, I, S. 399.（同上①、四九四頁。）
(31) K. Marx, Das Kapital, I, S. 511.（同上①、六三三頁。）
(32) K. Marx, Das Kapital, I, S. 445.（同上①、五五二頁。）
(33) K. Marx, Das Kapital, I, S. 446.（同上①、五五二頁。）
(34) K. Marx, Das Kapital, I, S. 430.（同上①、五三二頁。）
(35) 平子友長「生産力と生産関係——唯物史観の公式の盲点」『思想と現代』二三号、一九九〇年、四七頁。
(36) 同上、四八頁以下。

(37) K. Marx, Das Kapital, I, S. 514.（大内・細川、前掲訳①、六三七頁。）
(38) K. Marx, Das Kapital, III, S. 594.（同上⑤、一〇六〇頁。）
(39) K. Marx, Das Kapital, I, S. 594.（同上②、七四一頁。）
(40) K. Marx, Das Kapital, I, S. 597.（同上②、七四三頁。）
(41) K. Marx, Das Kapital, I, S. 608.（同上②、七五九頁。）
(42) K. Marx, Das Kapital, I, S. 610.（同上②、七六〇頁。）
(43) なお、森島通夫『マルクスの経済学』（森島通夫著作集七、高須賀義博訳、岩波書店、二〇〇四年）によれば、ある使用価値の価値量はその生産に社会的に必要な労働時間であるという、あるいは商品財の価値はその生産に投入された社会的に必要な労働時間である（換言すれば、その財の生産に用いられた生産材に投入された労働時間とさらにその財の生産に要した社会的に必要な時間との和）であるというマルクスの主張が成り立つモデルは、

［1］各産業が利用しえる生産方法はただ一つあり、それ故、技術選択の問題は生じない。

［2］各産業は一種類の生産物を生産し、副産物は存在しない。即ち、結合生産の問題は存在しない。

［3］労働以外には本源的生産要素は存在しない。労働は抽象的労働によって測定される。

［4］全資本財は同じ生存期間を有する。

［5］全商品は同じ生産期間を有する。

［6］各生産過程は一時点投入型である。


という仮定（条件）を置いているものである。これは線形代数の言語によって書かれる線形な数学的モデルである。このモ

デルにおいて、使用価値の価値量は投入労働時間として一義的に規定され、またこのモデルで剰余価値及び剰余価値の搾取の存在が証明され得る。とはいえ、実際にはこれらの条件のすべてが充足され得るわけではない。例えば、労働の資本への実質的包摂によって、単に現存する生産技術の外的利用ではなく、資本は自らのイニシアティヴによって生産の技術的編成を変革し、それ故、［1］の仮定は現実的ではないし、生産技術の選択と結合生産が行なわれているであろう。ところが、この時、財の価値はその生産に必要な労働時間によっては一義的に規定できなくなる。このことは価値を規定するものはもはや単に抽象的労働だけではないということを意味するであろうか。しかしながら、このことは例えば、搾取の存在を否定することではないが、以上のことは、労働価値論は、商品の労働価値は投下労働時間として一義的に規定できるという形では維持し得ないということを意味するであろう。

第七章　生活世界の物象化あるいは物象化された生活世界の生成

一　生活世界の物象化（I）

ルカーチの物象化論

マルクスは、『資本論』第三巻の中で、利子生み資本について「現実に機能する資本も、すでに見たように、機能資本として利子を生むのではなく、資本自体として、貨幣資本として利子を生むのだ、というように、自分自身を表わすのである。……これもまたねじ曲げられる。利子は利潤の、すなわち機能資本家が労働者からしぼり取る剰余価値の一部分でしかないのに、今では反対に、利子が資本の本来の果実として、本源的なものとして現われ、利潤は今では企業者利得という形態に転化して、再生産過程でつけ加わるただの付属品、付加物として現われる。ここでは資本の呪物的な姿も資本呪物の観念も完成している。われわれがG－G'で見るのは、資本の無概念的な形態、生産関係の最高度の転倒と物化、すなわち、利子を生む姿、資本自身の再生産過程に前提されている資本の単純な姿である。

それは、貨幣または商品が再生産にはかかわりなくそれ自身の価値を増殖する能力──最もまばゆい形での資本の神秘化である。……この形態では利潤の源泉はもはや認識できなくなっており、資本主義的生産過程の結果が──過程そのものから切り離されて──独立な存在を得ているからである。」(1)と述べた。自ら増殖するものとしての資本物神の表象の定立は、生産諸関係の転倒ないし物象化であり、ここにおいて利潤の源泉はもはや認識できないものになっている。資本主義的生産諸関係の成果が過程から切断されて自立的存在を与えられているということは、資本主義的生産過程の成果がその媒介過程から切り離されて、それが自立的なものとして、直接性として、第一のものとして人間達に対して現象するということである。私は、こうした媒介されたもの、即ち過程の成果が直接性として、媒介なきものとして転倒して現象する事態を、第一のものとして資本物神を了解するという、媒介された成果を直接性として、それ自身の価値を増殖するものとして資本を了解するという、この了解とそれに照応する行為様式の生成の過程として解釈した。言い換えれば、物象化とは特有の行為様式と世界像を持つ生活諸実践の生成、従って生活世界の生成であり、物象化的に存立する生活世界の生成である。しかも、それは他の誰でもない他ならぬ人間諸個人の非志向能作を通して絶えず再生産される生活世界である。物象化とは何も批判の対象として人々の外に存在するのではない。それは彼等の生活のあり方として、生活実践のうちに、その特有の質としてあるのである。それは仮象、転倒であるが、しかし単に個人の主観的な仮象なのではなく、実在的仮象、(社会的)生活世界のあり方そのものである。マルクスが行なったのは、媒介された過程の成果が媒介の消失とともに直接性として、第二の自然として現われるその過程を、即ち、物神の生成の過程を、そしてその成立の痕跡を留めないようになる過程を、価値を生むことが貨幣の自然属性として了解されることになるメカニズムを理論的に再構成することであった。

ところで、ルカーチはこうしたマルクスの理論的再構成を継承し、それを前提にしながら、物象化が生活のあらゆる現象を捉える過程を追跡している。ルカーチによると、資本主義社会とは人類発展の諸段階中の一段階であるが、この資本主義社会において商品形態が一般的性格を持つものとして現われ、この商品構造の中に資本主義社会のあらゆる、従って経済現象に尽きるのではない、生活諸現象の、それ故にまた思考と行為の原基的形態が見い出される。彼は商品形態が資本主義社会の生活諸現象を貫き、自分の姿に従ってこの生活諸現象全体を変形する過程を追跡する。(2)してみれば、ルカーチが行なうのは、生活世界の質的転化、商品形態が普遍的となり、それがあらゆる生活諸現象の原基的形態となることによって生じる生活世界の質的転化の追跡である。あるいは、生活世界の物象化的存立の過程の追跡であるとも言うことができよう。伝統的社会の生活世界、生活諸現象は物象化に囚えられることによって質的転換を遂げていくのである。ここで、一切の生活現象にはもとより経済現象も含まれる。というより、ルカーチにあっては、後に立ち入るようにハーバーマスとは違って、物象化現象は先ずは経済諸現象において生じるのである。

人間達独自の活動とその産物が彼らから独立した、彼等に疎遠な何か客体的なもの、固有な法則性によって彼らを支配するものになるという現象、こうした現象をルカーチは物象化と呼ぶのであるが、物象化が人間達の行為と思考のあり方、その質としてあるかぎり、つまりは彼等の生活形式・様式としてあるかぎり、こうした現象は生活世界の内的視座から知覚可能である。即ち、物象化は人間達、つまりは生活者達の自らの行為と思考に関する了解のうちに入り込み、だから彼等の生活あり方として把握可能である。もちろん、生活世界の内的視座――生活者の自らの生活に関する了解――においては、例えば、マルクスが利子生み資本に関して「この形態においては、利潤の源泉はもはや認識されず、資本主義的生産過程の成果が――過程そのものから切り離されて――自立的存在を与えられている」と述べたように、物象化を産出するメカニズム・産出の媒介過程は生活世界の内的パースペクティヴからは消失して認識されないようになっており、それを認識するためには、それ自身一つの生活世界内実践である理論的再構成が必要である。[3]これは生活世界への、その一定の歴史的あり方の理論的反省的主題化である。ルカーチは、マルクスが遂行したこの理論的反省に依拠しながら、物象化効果を生活現象全般に関して追跡する。それ故に、私見では、ルカーチは、彼自身は明示的に行なわなかったが、その物象化論の展開に際して、生活実践総体としての生活世界概念とマルクスの産出のパラダイムとの接合を、社会理論的基礎として必要としたはずである。

現に生き、生活している人間、生活者達にとって商品世界の諸商品の運動は彼等から自立・自律した運動として経験される。それは、ルカーチによれば、人間によって制御されない、自ら動いていく連関として現われる。（これを私は人間達の行為の非志向能作の結果として解釈した。諸商品の人間達から独立した運動は、実は人間達自身の行為によって、意図せざるものとして絶えず産出されているのである。）「社会的に必要な労働時間によってますます正確に測定できる労働、抽象的な等しい比較できる運動、つまり資本主義的分業の労働は、資本主義的生産の産物であると同時にその前提として、資本主義的生産の発展の進行のなかではじめて成立する」のであり、「この発展の進行のなかではじめて、こうして成立した社会の主体及び客体の対象性形態に、つまりこの社会と自然との関係、およびその内部で可能な人間相互の関係の対象性形態に、決定的な影響をおよぼす一つの社会的カテゴリーとなる。[4]」対象性形態とは、これはここでは資本主義的生産が支配的な社会での労働ということ、従って商品形態としての労働ということになるが、人間と人間（人間相互の）、そして人間と自然の関係のあり方を規定する基本範疇であって、言い換えれば、生活者の一切の行為と思考の基本形態、人間の世界経験と行為の基本範疇である。だから、対象性形態は生活世界の生活者の世界像であるとともに、その行為の質の基本形式である。この対象性形態の規定のもとでは、自然は技術的処理・操作の客体としてしか現われず、自然はその豊かな質と個性を剥奪され、例えば、土地は地主にとってただ地代という意義しか持たなくなる。（このことであれば、現代の生活世界の生活空間と時間についても言うことができよう。時間と空間はますます貨幣という形態を、あるいは貨幣に換算されるという抽象的規定を受け取るのであって、例えば、社会生活のあらゆる場面での加速化・効率化、ならびに長時間・過密労働は資本による生活時間の搾取でもある。）ルカーチにとって社会の合理化の裏面をなすのは物象化であり、社会の合理化は物象化を基礎に説明されるが、物象化の進展に際して生じてくる合理化を彼は客体的側面からも主体的側面からも追跡している。この合理化は伝統的社会の生産を支配していた共同体の有機的靭帯を引き裂くのである。「生産過程の機械化分解は、『有機的な』生産の際には個々の労働主体を一つの共同体へと結び付けていた靭帯をも引き裂くのである」(5)。共同体的な人間間の結合の靭帯が引き裂かれれば、諸個人は抽象的なアトムとなるが、このアトムは今度はその労働の内的論理によって結び付くのではなく、機械機構の抽象的な合法則性によって相互に結合される。諸個人、ここでは労働主体は部分として機械体系の中に組み込まれる。彼等はこの機械体系を自分達から独立したもの、既に出来上がったものとして自らの前に見出す。労働者の活動はますます静観的態度をとるようになる。こうした過程は、伝統的社会の労働のあり方の解体であり、労働生活の、従って生活実践の一定のあり方の生成である。ルカーチにおいて、伝統的社会の生活世界から区別されたものとして経済システムが自立化・分化してくるというのではない。それは生活世界の構造的再編であり、この再編を促すものは経済現象の物象化である。既に述べたように、ルカーチは物象化の変形過程が社会生活の現象諸形態全体を捉えていく過程を追跡した。経済的生活領域の物象化は、他の生活諸領域を捉え、その構造的再編を促す。近代国家も工場・経営と同じ組織原理を持って編成されてくる（経営手段が権力に集中する）し、司法や行政の領域においてもまた経済的発展と極めて類似した過程が現われてくる。ルカーチはウェーバーに依拠しながら、近代法（実定法）の特質について言及している。近代法の特質は、高度の計算可能性にある。法体系はいわば自動機械となり、費用と手数料とを添えて書類を投げ込むと自動機械は多少とも根拠ある理由を付けて判決を引き出してくれる。これは生活の法的合理化なのであって、法体系は一切の生活現象に関係することができ、その関係の中で行為の予見と合理的計算ができるようにするのである。近代国家が定立する法（実定法）は、経済領域の物象化に照応し、しかもそれを規制する。（ただし、生活世界内での受苦の経験に基づく労働者階級の批判的闘争が、他方では、近代国家が定立する法の内容に影響を与え、それを規制しもするのであるが、この側面については、ルカーチは、ウェーバーと同様、考慮を払ってはいない。(6)）このように生活世界一般が経済領域の、経済生活の論理に照応して再編されていく。法、国家、行政の形式的合理化をルカーチはそのように理解する。それ故、それら生活世界の諸領域は経済的領域と同じ構成原理を持つものとして編成されていく。即ち、すべての社会的機能が要素に分解され、そうして分解された部分システムの形式的諸法則が探究される。主体的には、個人の労働能力と意欲が主体から切り離される。官僚制においては、「一つの能力（または諸能力の複合体）が全人格から切り離されて、全人格に対立して客体化され、物となり商品となる(7)」のであって、ルカーチは官僚制においても、基本的な点で、工場と同じ事態が進行することを確認する。個々の官僚は彼らがその内部にいる事物的体系に従属する。「社会全体に統一的経済構造をもたらす資本主義がはじめて、社会全体にわたる一つの——形式的に——統一された意識構造を生みだ(8)」すのである。

ハーバーマスのルカーチ読解

以上、私はルカーチが経済領域の物象化が、経済現象という一つの生活現象を越えて生活世界全体を囚えるに至る過程を追跡しているのを見た。ルカーチは言う。「官僚制とは、われわれが個々の経営内部の労働者について確認してきたように、生活様式や労働様式が、そしてこれに対応し意識もまた、資本主義経済の一般的な社会的・経済的諸前提に適応する、ということを意味する。[9]」差し当たって、これはハーバーマスのシステム論理による生活世界の植民地化のテーゼに照応しているということができよう。実際、ルカーチは生活世界全般が経済的諸領域の論理に適合していくと語っているからである。けれども、ハーバーマスがここでルカーチからインスピレイションを受けているとしても、[10]ルカーチとハーバーマスとでは決定的な違いがある。それは即ち、ルカーチでは、経済的領域という生活領域が物象化的に存立しているということである。社会的合理化の基礎をなすこの物象化が他の生活現象を捉え、それを変形していく過程にルカーチは関心を持っている。ところが、ハーバーマスでは、近代において、システムが生活世界から自立化していわば第二の自然として固定されてくるとされるが、システム自体は、既述のように、事象化された行為連関ではあっても、物象化された行為連関ではないのである。ハーバーマスは「たしかに、システム統合と社会統合とが著しく分断されているというこの事実だけからは、いずれかの方向での直線的な従属関係は帰結することはない。いずれの方向の従属関係をも考えることができよう。つまり、貨幣や権力のような制御機制を生活世界に係留する制度は、形式的に組織された行為領域に対して生活世界が影響を与える道を切り拓くと考えることができようし、あるいは逆に、コミュニケイション的に構造化された行為連関に対してシステムが影響を与える道を切り拓くと考えることができよう。前者の場合には、そうした制度は、システム保存を生活世界の規範的制限に従わせる制度的枠組として機能し、また後者の場合には、生活世界を物質的再生産のシステム的強制に従属させ、かくしてそれを併合するような土台として機能するのである[11]」と述べていた。ハーバーマスの理論構想では、それ自体では何ら物象化的に存立しているのではないシステムが生活世界固有の論理を侵食する時に、生活世界の病理として物象化が生じるのである。

私見では、ルカーチとハーバーマスのこの違いは、システムと生活世界というハーバーマスの理論枠組のもとでの彼のルカーチの所論の取り扱いにおいて一方で隠蔽されるが、しかし他方ではその同じ取り扱いのうちで現われてこざるを得ないのである。ルカーチの所論を再構成しつつハーバーマスは次のように言っている。「ルカーチは、私たちがこの先行規定［ルカーチの言う対象性形式］を〈物象化〉、すなわち、社会関係や体験が、事物、つまり私たちが知覚し、操作することが可能な客体にたいして固有の仕方で同化すること、として性格づけることができると主張している。……相互人格的関係や主体的体験に関する私たちの理解のなかには、カテゴリーの誤謬が組み込まれてしまっている。……そういう仕方で体系的に作り出された誤解は、実践にたいして、ただ単に主体の『思惟形式』のみならず、『現存在形式』にも、累をおよぼすことになる。『物象化』されるのは、まさしく生活世界そのものである。[12]」先ず、「相互人格的関係や主体的体験に関する私たちの理解のなかにはカテゴリーの誤解が組み込まれてしまっている」という点に関して言えば、正確にはカテゴリーの誤謬は相互人格的関係や主体的体験に関する私達の理解の中ばかりではなく、むしろそうした関係や主体的体験そのもののうちに組み込まれているとされるべきであるが、今論及すべきなのはこの点よりも、物象化されるのは生活世界そのものであるという点である。ここで生活世界とは何か。ルカーチ自身は「生活世界」という語を用いていない。とはいえ、ルカーチが物象化が一切の生活現象を捉える、つまり一切の生活現象が経済現象の姿に似せて形成されていくその過程を追跡したという点からして、この語を使用しつつルカーチの所論を解釈することは可能である。その際、ルカーチの場合には、生活世界は経済現象のみならず一切の生活現象を包括するであろう。ハーバーマスでは「生活世界」は「システム」概念と対となっており、システム論理が生活世界を侵食する時に物象化が生じるのであった。さて、物象化されるのは生活世界そのものであるとされる場合の「生活世界」とはハーバーマスの意味でのものか、それとも私が先にルカーチに帰したものであるか。ハーバーマスは、この違いに言及せず、このために生活世界の物象化に関するルカーチの所論とハーバーマスの所論とが同じであるような印象が生まれてくる。そのうえ、ハーバーマスが「ルカーチの独自の業績は、ヴェーバーとマルクスの双方を視野におさめて、社会的労働の領域が生活世界の脈絡から分離するその過程を、物象化と合理化という二つの局面において考察するのに成功した点にある。[13]」と語る時、生活世界の物象化に関するルカーチの所論がハーバーマスのそれに同化されてしまっている。ハーバーマスでは、社会的労働の領域、即ち、経済システムは近代に至り生活世界の脈絡から自立化する。ところが、ルカーチでは、社会的労働の領域の自立化はそれ自身一つの生活世界の形成であり、従って生活世界全体の構造的再編なのである。そして、ハーバーマスでは生活世界からのシステムの自立化において、システムそれ自体は事象化された連関であっても、物象化された連関・行為領域ではなかった。ところが、ルカーチでは、社会的労働の体系それ自体が物象化された連関であり、行為領域である。この違いはしかし、ハーバーマスの叙述の中にも現われざるを得ない。ハーバーマスは言う。「かれら［労働者達］は、自己及び他者にたいして、成果志向的行為による客体化の姿勢をとり、それとともに、自己自身を他の行為者による操作の対象にしてしまうのである。[14]」これはハーバーマスでは事象化であった。しかし、ルカーチでは物象化の産物そのものである。それ故、ハーバーマスは「物象化（Verdinglichung）」と言わざるを得ない。「ルカーチは、労働者が規範と価値を介してではなく、非言語化された交換価値という媒体を介して、その相互行為を調整するときに生じる生活世界の脈絡の物象化（Verdinglichung）を、かれらの行為定位の合理化の反面として理解する。[15]」あるいはさらに、「社会的関係の（そして個々人の自分自身への関係の）物象化が如実に現われてくるのは、私的な家計から切りはなされた資本主義的経営の組織形態においてであり、そこでは、企業的行為が（それとともに、資本計算、市場の好機に乗じる投資の決断、合理的な労働力配置、科学的認識の技術的利用等々が）制度化されるにいたる。[16]」ルカーチの所論に関するハーバーマスの叙述から生活世界とシステムというハーバーマスの理論枠組を除去すれば、ルカーチの姿がそれとして現われ出るであろう。現われ出てくるこの姿においては、ハーバーマスのシステムによる生活世界の植民地化のテーゼにいわば照応するが、もちろん相違するテーゼが存在することが分かる。それは、それ自身が生活現象である経済現象の物象化が他の生活領域を捉え、それを変形していくということである。私は、ハーバーマスのシステムによる生活世界の植民地化のテーゼによる物象化の説明を棄却するが、ルカーチの意味における生活世界の植民地化については否定しない。実際　現代日本においても、とりわけ一九七〇年代に入ってからの世界同時不況という状況の下で、労働者階級の企業内統合が競争主義的秩序という形態で完成し、競争主義的秩序は他の生活世界領域、例えば家庭や学校を侵食したのであり、偏差値による学校の輪切りが貫徹し、多くの教育ママを生み出しもしたのである。

二　生活世界の物象化（Ⅱ）

社会的諸関係が人間達から自立化し、自律的な運動を展開するという物象化の経験とともに、即ち、人間と人間の関係が幻影的な対象性を持つものとして経験されてくると、ルカーチによれば、そうした世界に対する人間主体の態度が静観的なものになる。言い換えれば、人間主体は、一つの自然過程として人間達から自律した運動を行なう社会過程に対して客体化的構えを採り、その法則性を認識して自己の利害のためにそれを適用しようとする。「人間の態度は、この結末（その『法則』を人間は『既成のもの』として見いだす）の生じてくる機会を正確に計算すること、そして防禦装置や防禦措置など（それらは同じような『法則』の認識と適用にもとづく）によって、じゃまになる『偶然性』を巧みに避けることだけに向けられることになる。[17]」してみれば、社会過程に対しもっぱら客体的構えを採り、目的合理的にのみ振る舞うという社会工学的・実証主義的意識は、生活世界の物象化に囚われた意識形態であることになる。物象化は主体の振る舞い様式の内奥にまで到達する。この時、主体のあり方は客体のあり方と見事に照応しており、自然と人間との真なる和解とは別の意味での、主体と客体との和解が（真なる和解という）哲学の希望を嘲笑しつつ成立することになる。(18)

ところで、ハーバーマスは『イデオロギーとしての技術と科学』（一九六八）や『理論と実践』（一九六三）のいくつかの論文において、ルカーチが経験したのとは基本的に異なった戦後資本主義のもとでの、高度成長を経験した先進資本主義国で生じてくる特有の問題性を分析した。それは、とりわけ戦後資本主義における労働者階級の体制内化とともに、経済と政治システムの中で具体化された目的合理的行為の合理性が生活世界の歴史的全体へと広がっていくという事態である。(19)もっとも、一九四〇年代に、ホルクハイマーやアドルノは、ファシズムや民主主義的資本主義国家における労働者階級の体制内化、つまりは資本主義システムへの統合に遭遇し、アドルノは技術的生産諸力の発展とともに労働者の生活状況は改善されてもはや貧困が労働者階級の革命的起爆力とはならないことを論定していたし、(20)資本主義的生産の論理が他の社会生活の諸領域に侵入し、それを支配するに至るという事態に言及していた。アドルノによれば、かつては哲学者にとって生活であったものは、昨今では物質的生産に引きづられるだけの実体なき消費生活となったのだ。(21)ハーバーマスが直面したのは、こうした傾向が国家の介入主義的政策とそのもとでの生産諸力の類を見ない発展のもとで一層体系的に展開される戦後資本主義、即ち、いわゆる先進資本主義諸国の状況である。

戦後資本主義を特徴づけるものは、第一に、資本主義国家の介入主義国家への転換であり、国家は種々の社会政策並びに経済政策によって経済過程に介入するに至る。国家の活動は経済取引の機能障害をあらかじめ回避し、それが生じてきた場合にはそれを補償するという補償計画主義政策に沿って遂行される。この補償計画主義において、経済成長の危機を予防するということばかりではなく、企業システムの安定性条件を維持することが国家に対して要求される。というのは、そうした企業システムは社会の安全並びに個人の上昇機会を保証するからである[22]。この補償計画主義は、国民国家内部での階級闘争が惹起する体制危機の回避のために生まれてきたものだが、体制危機の回避戦略の基本をなすのは、ブルジョワ的原理である業績主義的イデオロギー、即ち、個人の業績に応じて個人に地位・身分を指定するという、言うまでもなく競争主義と結び付いたイデオロギー（それは学校にまで及ぶのであるが）と福祉・労働市場の確保・安定した収入と生活の期待との結合である[23]。従って、その結果第二に、労働者階級が体制内化し、階級対立が潜在化する。国家に規制された資本主義としての後期資本主義にあっては、国家の対立回避政策と補償政策によって階級対立は潜在化し、他の対立の下に隠されてしまう[24]。確かに、階級闘争が鎮静化してしまえば、社会抗争はもはや階級闘争の弁証法という意味での人倫の弁証法の性格を喪失し、それ故、体制変革の起爆力を喪失する。さらに、第三に、国家・行政の活動が経済的成長と安定に向けられ、危機回避戦略に向けられるということによって、国家の活動は技術主義的色彩を帯びてくる。それは社会に対して、客体化的構えを採り、行政的に解決可能な技術的問題を追求するのである。この技術主義ないし技術至上主義は国民大衆の中に浸透して、技術的問題の解決という点での有効性から支配体系を正統化する役割を果す。この時、社会成員の行為は適応行動と目的合理的行為に局限されていくという主体の自己物象化が進行する。

以上の諸点は、確かに、日本に比べてヨーロッパ先進資本主義諸国、例えば西ドイツでは、生活世界内の資本への規制力ははるかに強いとはいえ[25]、高度成長の過程の中で生成してきた日本社会の状況と大筋で照応しており、それ故、現代日本社会の状況分析の鍵を与えるものとして受け取ることができる。もちろん、このことは違いの重要性を否定することではない。

第一に、日本では、高度成長の過程で、労働者相互の競争主義的イデオロギーが競争主義的秩序という形で制度化されてくる。即ち、個人の職務遂行能力と地位・身分、従って生活の安定との結合の制度化が行なわれてくるが、これを支え安定化したのは年功序列型賃金システムと終身雇用制であり、また個人の企業マンとしての自己同一性の確立であった。これは、企業システム内部では相互の競争にありながら、外部に対しては内部一体化を促進する集団主義の契機として作用する。一九七〇年代に入ってからの世界同時不況という状況の下で、日本の労働者に企業とともに自らの生活を守るという意識が浸透し、企業の利益を自らの利益と同一化する企業主義的・協調主義的労働組合が制覇した。そしてこれがためにまた、資本に対して集団で対抗する力は著しく弱化したのであり、これがまたさらに日本型競争主義というブルジョア的原理の日本型変種の、言い換えれば、資本の増殖にとって極めて適合的な生活形式のかなり純粋な貫徹を可能にしたのである。ハーバーマスは、かつて高度産業資本主義が有する生産力、つまりそれが生み出す富の量とそのための技術的組織条件を鑑みれば、個人に対する地位の指定を個人に対する業績評価と結びつけることはますます困難となろう、という見通しを語ったが[26]、日本では、この結び付きの日本的変種がとりわけ一九七五年以降見事に貫徹され、協調主義的・企業主義的労働組合は企業の運命と己を一体化してしまったがために、競争主義的秩序に抵抗する力とはなり得なかったのであり、逆にそれへと批判と抵抗を排除することに寄与したのである。

第二に、当然のことながら、一九七五年頃に完成する労働者階級の企業内統合[27]とこれに照応する労使一体を旗印にする企業主義的労働組合の生成は、日本における階級闘争の鎮静化を意味する。国家に規制された資本主義のもとでは階級対立は潜在化してしまう。その対立は、なるほど依然として、資本主義的生産が遂行される社会構造に根を張っているが、上記補償政策と対立回避政策のもとでは、顕在化しにくいものになる[28]。とはいえ、こうした事態に対する批判的潮流もまた存在した。

第三に、日本の成長主義国家化によって、国家の公権力は経済成長とそれに伴う「豊かな社会」の現出――その虚偽性への反省も生まれていた[29]――、経済大国化という事態に、その正統性認証の少なくとも一つの源泉を見出した。国家の社会に対する道具的行為とその有効性・効率性が、競争主義的秩序のもとでの昇進とそれに伴う生活の向上・安定の志向と結び付いて、支配を正統化する役割を果すのである。

ところで、ハーバーマスは、以上のような戦後資本主義国家の補償計画主義のもとで、客体化された対象に対する技術的処理の意識及び態度が人々を捕らえ、人々はもっぱら目的合理的行為と適応行動に自己を客体化していき、人間達の共同生活に関わる問題圏が収縮していくという事態に論及していた。この事態はハーバーマスが先進工業諸国で生起する、後期資本主義における特有の問題性と見たものだが、これを彼は目的合理的行為のシステムの合理性――この合理性をハーバーマスは『コミュニケーション的行為の理論』では、機能主義的理性として捉えている[30]――が他の社会生活の諸領域に浸透していく過程として論定していた。しかし、私はシステムによる生活世界の植民地化のテーゼによる物象化の説明を棄却する。即ち、私は目的合理的行為のシステムのうちに具体化された合理性の他の生活諸領域への拡大を、経済システムをも含めた生活世界の歴史的全体の物象化の叙述として、経済システムの物象化が他の生活諸領域に広がっていく過程の叙述として受け取るのである[31]。

さて、ハーバーマスは『理論と実践』に納められた「独断論と理性と決断」において、我々の文明が科学化される[32]につれて、理論が実践を志向していた次元が掘り崩されてくると述べている。科学化された文明において、自然に対する技術的支配の力が不断に増大するが、しかし単にこれだけではなく、同時にまた、人間関係のレベルでは、人間関係の社会的組織管理力の増大並びに業績主義的競争秩序が現出するのである。こうした状況の中で、共同生活において人間達の意識に語り掛けるものが枯渇してしまう。語り合う人間達の共同性の次元の希薄化ということは、P・

K・ファイヤアーベントの言葉では、人間が一つの客観的システムと見られ、それに関して科学的一般化が行なわれる客体と化し、友人であり痛みを共にするような人間ではなくなっていくということである。「友人であり痛みを共にする」という点を福祉社会――これとて、日本では、一度として国家戦略として追求されたためしはない――の中での傷をなめあう関係と受け取る必要はない。もしこのように理解されるならば、そう理解する思考は極めて貧しい思考であり、それ自身が物象化された意識の一形態であると言わなければならない。アドルノは、アウシュヴィッツで殺された人々はサンプルであったと告発的に語った。(33) 個人は自らの死の可能性さえ奪われた。とはいえ彼らはサンプルとして殺されても決してサンプルであったわけではない。物象化された意識のもとでは人間は単に何かのサンプルへと還元され、過労死もまた単に諸々の社会的事件の一サンプルに還元される。「友人であり痛みを共にするような人間ではなくなっていく」という発言も、上のアドルノの発言も、過労死への労働組合の対応に対する「労働組合は死んでいた」という声も、物象化された意識の不条理性に対する告発を含んでいる。

ハーバーマスは、技術的処理力の拡大を推進する四つの合理化の段階を区別している。これを私は、資本増殖の一層の効率化並びにこれに照応する生活世界の物象化の進展として理解する。

第一段階――目的を実現するために科学的に役立つ諸技術が利用される。目的実現の範囲は、この場合、実証された法則仮説の範囲に依存しており、それによって制約されている。

第二段階――しかるに、二つの行為が技術的に等価である場合には、人は第二段階の合理化に移行する。即ち、一方で選択可能な諸技術と所与の目標との間の関係、また他方では与えられた価値体系と決断格率との間の関係が問題となり、ここに決定理論が現われて経済性ないし効率性という観点から可能な諸決断を分析する。

以上二つの段階では、行為に対して指南を与える関心は、主観的なものとして、感情の領域に追放されてしまうのであるが、このことは、これら合理化の背後に社会的労働の体系が潜んでおり、技術的合理性が実はこうした社会的労働の体系の中で機能するものであることを指し示している。それればかりか、これらの合理化は、一切の生活連関を業績と効率の基準に従属させるのである。

第三段階――合理化は人間関係の次元にまで押し及ぼされ、ここに戦略的相互行為が出現する。これは、先進工業社会において、人間関係の次元で戦略的相互行為が一元的に貫徹してくる状況である。競争は、戦争と同じく、戦略的相互行為の形態であり、この場合、敵側も合理的に行動し、戦略的行為主体は敵側の行為を合理的に計算しなくてはならない。「双方の当事者は、競合する利害関心を追求している。厳密に競争的な状況の場合には、彼らは価値体系が合致するか否かに関係なく、彼らは同一の帰結を相反する選好系列に従って評価する」[34]。同一の帰結とは、戦略的行為当事者達のいずれにしても、勝利するということ、勝利することによって自らの生存を、つまりは自己保存を確保するということである。ここで、自己保存とは、他者を出し抜き、他者を打ち負かし、他者よりも先に行き、他者に対する優位と支配を確立することによって確保される自己保存を意味する。戦略的、競争的状況では、主体達は相互に客体化しあう。即ち、彼らは相互に他者を出し抜く客体として定立しあう。相手も自らの自己保存を念頭に置いて行為を遂行するのであるから、戦略的行為主体はそれぞれ適側の合理的行為を計算に入れて自らの戦略を構築するのである。しかし、それにしても、敵側も人間であるから、敵側の行為は厳密に一義的に計算可能なわけではない。そこには敵側の行為に関して不確定性がある。

さて、こうした競争主義的秩序がその一例である戦略的行為状況は、価値体系にその技術的強制を加えるとハーバーマスは言う。それは価値体系に生存の自己主張という一つの価値が入り込んでくるということである。即ち、競争主義的・戦略的行為主体の価値志向に、生き残るということ、他者との競争に打ち勝って自らの生存を確保するべしという価値が入り込んでくる。この自己保存という価値は、例えば、K・O・アーペルが彼の超越論的遂行論を展開した時に、理想的コミュニケーション共同体の規範として言及した人格の相互承認[35]とは全く意味を異にする。人間達相互の人格の相互承認とは、競争主義的秩序のもとでの（相対的な）勝利者達の勝利者としての、この意味で同質的な主体達の同質性の相互承認を意味しているのではない。この場合には、この同質性の相互承認は同質的ではないもの達への排除と彼らへの支配の正当化に他ならず、この同一性形成は絶えずそれとは異質なものを産出し、それを抑圧することにその存在基盤を持っている。それにまた一つの社会内での同質的・同一的生活形式の生成は、それとは異質なものの排除と抑圧を絶えず産出する。人格の相互承認とは、先ずは相手をもっぱら支配と操作の客体と見る目への批判であり、同一性の支配に対する批判であって、それは自らと異質なものの固有の存在性の承認を意味し、また異質的なものを絶えず抑圧する同一性支配に対する批判である。これは民族のレベルでは「諸民族の共生・共存の論理」（尹健次）という形態をとるであろう。（アーペルの超越論的遂行論は、そうした同一化思考と生活形式へ反省的主題化、並びにその自己止揚の運動を含むものとして構想されている。）それは、ある種の思考が誤解したがるように、同質的な主体達の話し合いという呑気な話ではじめからない。

合理化の第三段階において、戦略的行為状況に入り込む価値としての生存の自己主張は、戦後先進資本主義国家では、既に言及したことであるが、個人的業績による地位確保・昇進と安定した収入・生活への期待の結合という形態をとる。これがヨーロッパ先進諸国における階級妥協の基礎なのであるが、ヨーロッパでは横断的労働市場が形成され、これに基づいて横断的労働組合が結成された。そしてこれこそが、ヨーロッパ先進資本主義諸国における社会民主党政権の存立基盤を成したものと思われる。

ところが、日本における高度成長の過程の中での企業内における競争主義的秩序の生成にあっては、ヨーロッパ先進資本主義諸国におけるとは今一つ違った要素が労働者階級の体制内化、つまり企業統合に加わっているように思われる。それは、諸個人の自己保存が極めて強く企業システムの自己保存の要求に一体化してしまったという点である。何はともあれ、企業システム内部の競争秩序において他者に勝利することによってのみならず、企業に依存しつつ自らの生活を守るという意識が労働者階級に浸透し、とりわけ自らが属する企業を護ることこそが自らの生活を護ることだと観念されてくる。個人の生存の自己主張が企業システムの自己保存と自らを一体化したばかりではなく、そうなることで、諸個人の自己保存の要求が企業システムの自己保存の手段と化したのである。この要素こそがとりわけ一九七五年以降の日本における競争主義的秩序の特殊性を成したものと思われる。

競争主義的秩序——これを安定化させたものは、終身雇用制、労働者内部での伝統的な身分制を廃棄した上での年功序列型賃金体系と企業内福利厚生、そしてとりわけこれに伴う個人の企業人としての自己同一性形成であった——のもとでの諸個人の相互客体化は生活世界の物象化を促進する。諸個人の一定の規則・規範に導かれた諸行為が経済、企業システムを構成しこれを絶えず産出しているのであるから、主体の相互客体化、即ち主体の物象化はシステムの物象化的存立と相即するのである。労働組合が企業の労働者支配の一環へと変質してしまったために、労働者達の資本に対抗する集合行為の可能性が著しく弱化し、このために労働者達は一層厳しい相互競争に巻き込まれることになったのだが、諸個人相互の日常的に遂行される相互客体化を伴う競争は、彼らがその諸行為によって産出し、構成しているシステムを彼らから疎外する。言い換えれば、彼らの戦略的相互行為のシステムが彼らから自立化した、彼らを支配し、それから逃れられない秩序として、彼らにとってはそれへと巻き込まれざるを得ない秩序として現われるとともに、企業システムの労働者に対する支配力を強化する。これは諸個人の行為の非志向能作の結果である。諸個人は彼らの戦略的相互行為において、これは資本蓄積にとって最も適合的な生活形式・生活様式であるが、彼らを支配する資本の力、企業システムの力が、競争主義的秩序がまた資本に対抗する労働者の力を解体するという事情とあいまって、産出されるのである。このような状況のもとで、競争に打ち勝って昇進し、生活の安定を図ること、従ってまた企業人としての自己同一性形成を行なうことが諸個人の生活の基本志向となった。とはいえ、高度成長期、およそ六〇年代半ば以降、とりわけ民間大企業で企業主義的労働組合が成立し得たのは、高度経済成長のために、以上のような労働者の志向が現実性を持っていたためであった。高度成長の中では、労働者の生活向上の要求と資本の蓄積要求という二律背反的命題は、それなりに解決されたのである。

さて、生活世界の一部門である経済領域でのこうした物象化の進展は、例えば、国家の政策とあいまって教育体系の中に侵入し、教育システムを変換する。教育現場に競争主義的秩序が侵入するのである。これは、ハーバーマスのというよりは、私がルカーチに帰した意味での生活世界の植民地化である。

一九七三—四年の世界同時不況は、企業に依存しつつ生活を守るという意識を労働者階級に浸透させ、企業への労働者の統合を完成させた[36]。これは、企業システムの労働者に対する支配力の完成という意味で、物象化の一つの完成である。この物象化の完成に基づいて、日本では、不況時以降一九七〇年代の末にかけて大合理化並びに、技術革新に基づく生産部門でのME化、社会過程全般の情報化が進展する時代がやって来る。

第四段階——さて、ハーバーマスは合理化の第四段階に言及している。これは例えば、企業システムが生存の自己主張を唯一の基本価値としつつ、特定の状況で生き残るために行なわれる決断が機械に転化される合理化の段階である。この時、システム、ないし社会体制一般が状況を把握し分析し、内部体制を整備する自動学習機械を内蔵することになる。ハーバーマスは、『理論と実践』（一九六三）において、「今日でもすでに多くの種類の問題について、機械を利用して危急場面の模擬に成功しているけれども、この第四段階は今のところまだ多分に虚構の域を出ない[37]」と語っていた。とはいえ、現代資本主義におけるＭＥ化、コンピュータ化、さらにはオンライン化の著しい進展は、第四段階の合理化の少なくともその様相を濃くしている。「様々な機器の規格化、軽量化、商品化によって、今日ではすでに、知識の習得、分類、提供、検索などの操作が大幅に変わりつつある……。こうした一般的な変化に応じて、知の性質そのものも変わらざる得なくなる。知が新しい流通回路にとって操作的であり得るためには、知識は多量の情報へと翻訳され得るのでなければならない。そこから、次のように予測することができる。すなわち、既存の知のなかでそのような翻訳可能性を持たないものは結局見捨てられてしまうだろうということであり、また新しい研究の方向付けは、その成果の機械言語への翻訳可能性という条件に従うことになるだろうということである。……このような翻訳機械に関する研究は、すでにかなり進んでいる。情報科学のヘゲモニーのもとで、一定の論理が、また、《知》の言表として受け入れられるものについての一定の規制が、すでに課せられているのである。[38]」というＪ・リオタールの言明はこうした状況を反映しているのである。けれども、今日の資本主義では、生存の自己主張という一つの価値を基礎にする決断は自動学習機械に転化されているというよりは、むしろ企業システムの外部環境並びに内部環境への応答の政策をそれ自身一つの企業がビジネスとして担うようになってきつつあるというのが実情である。

さて、ハーバーマス理論は、戦後資本主義における労働者階級の体制内化、従って階級闘争の鎮静化とこの条件のもとでの生活世界の物象化の進展への批判応答である。労働者階級の階級利害がもはや階級闘争を導くものではなくなったということは、労働者階級の階級利害が変質して、資本主義的成長をその利害のうちに組み込んでしまったということである。こうした条件の中で、社会の諸主体は適応行動と戦略的相互行為の中で自己物象化していくのである。日常言語に関わる利害関心が、即ち、共に語り合う人間達の活動圏が、あるいは物象化された生活形式に対する自己反省的主題化、及びその止揚というコミュニケーション連関、人倫の問題次元が枯渇していく。コミュニケーション的行為の主題化はこうした状況への応答である。即ち、ハーバーマスは階級闘争の鎮静化、それ故、労働者階級の階級利害の変質という状況のもとで、そうした歴史的に規定された階級利害のさらに背後に遡り、己を構成する人類という類の利害関心を明らかにしなければならないとするのである。この課題を遂行したのが『認識と関心』(一九六八)である。ここで人類の自己構成は、技術的認識関心、コミュニケーション的行為に関わる実践的認識関心といった準―先験的関心における構成として構想されており、ハーバーマスは生活世界の物象化において浸透する技術至上主義のイデオロギーに対抗するためには、技術的認識関心と実践的認識関心とをはっきりと区別することが必要だと考えたのである。というのは、「技術至上主義がよしとする国民大衆の脱政治化は」人間生活の根本条件の一つ、即ち、言語に関わる利害関心を排除してしまうからである。[39]

けれども、ハーバーマスはとりわけルーマンとの論争の中で、『認識と関心』が類という類的主体を基礎措定していたことに気が付くことになる。これは超越論的主観性という能作的主観、しかも類的主体という大型の主体の措定を結果するが、もしもこうした超越論的哲学の概念戦略を採用するとすれば、このことは社会的生活世界に対し、可能的経験の対象の世界を構成する主観性と同じ一つの構成的主観性を想定することになるであろう。ちょうど、フッサールがそうしたように、生活世界に対しそれを産出する超越論的主観性を想定することになるであろう。(これは、私見では、諸個人の非志向的能作の結果を一つの類的主体の活動の産物として設定することを意味し、社会的労働の体系の運動を一つの主観・精神の活動として捏造することを意味する。それは社会的労働の体系の理論的再構成とは全く違ったことなのである。[40])「絶対的主体のうちで復活された超越論的自我のモノローグ的態度は、マルクスの理論や哲学的に反省されたその弟子達のなかにその痕跡を残している。／反省の過程が、最初から、そしてまた誤解の余地なく、互いの絶対的な相違の中に自己を認識し承認しあいもする最低限二人の発話する主体のコミュニケーションとして把握されない場合には、反省の弁証法的運動は、反省自身が体系的に見ぬく様々な実体化を生み出すばかりではなく、それが見抜くことのないような実体化を生み出してしまう。[41]」こうしてハーバーマスは、後期ウィトゲンシュタインに依拠しつつ、コミュニケーション理論の展開に向かうのである。[42]これは、ルーマンのシステム理論のハーバーマスの仕方での受容とあいまって、『コミュニケーション的行為の理論』（一九八一）において、「生活世界」と「システム」という対概念による社会の二層的把握として結実する。ここでは、戦後資本主義諸国における、即ち、ハーバーマスが言う後期資本主義社会における技術至上主義の意識の浸透は、システムによる生活世界への侵食として現われてくる。けれども、一つには、諸個人の情熱と行為を己の目的の実現のために使用する世界精神の事行という構想、社会的労働の体系の運動を精神という一つの大型の主観の事行へと仕立てあげるという構想が克服されるべき超越論哲学の概念戦略であったとしても、この概念戦略の思考への圧力が克服されるべきであったとしても、しかし他方では、まさしくそういう形で、諸個人の行為が意図せざるものとしてある客体的連関を産出し、この連関に諸個人自身が巻き込まれてしまうという諸個人の行為の非志向能作が捉えられてもいたのであった。（構造とその力を産出するものは、あくまで現実の諸個人、彼らの行為である。）行為のこの論理は、しかし、ハーバーマスにおいて、コミュニケーション的行為の理論への移行に伴う超越論哲学の概念戦略の克服とともに、消え失せてしまう。それにまた、他方では、既述のように、『コミュニケーション的行為の理論』でのシステムと生活世界という社会の二層的把握は、社会抗争の次元を、システム自体の物象化的構造を捨象しつつ、システムによる生活世界の植民地化の場面に限定している。ハーバーマスでは生活形式の文法への問い、生活形式の文法をめぐる社会抗争は、システムと生活世界の交叉する前線に設定されている。この場合、労働者階級の体制内化は、依然としてハーバーマスの社会認識の前提であり続けている。

しかしながら、なるほど労働者階級の体制内化——これには、日本では、上に述べたように、ヨーロッパ諸国とは違った要素、強い企業主義的要素が付け加わっていたのだが——が依然として強い現実であるとしても、一九八〇年代に入ってからの、先進資本主義国家の国家機構の改造政策とこれに照応する大企業システムの事業再編（リストラクチュアリング）の動きは、企業システムそのものの中に、矛盾を蓄積させた。それは、情報化、ME化に伴う合理化、相対的に高い賃金を受け取る本工の切り捨て、産業労働者の減少、パート、臨時工の増大という形での不安定雇用化であり、これは言い換えれば労働者階級の生活向上の要求と企業システムの資本蓄積要求の幸福な結婚は崩壊しつつあるということである。

してみれば、強い競争主義的秩序という生活形式・生活様式の文法への批判的問いは、企業システムそれ自身の内部にもまた、措定されなければならないであろう。競争主義的秩序における主体同士の客体化・物象化を克服しようとする批判的運動は、それ自身が生活世界の物象化の止揚の運動となるであろう。これは、主体達の自らの生活形式への自己反省的主題化並びにその生活形式の止揚の運動を含むであろう。換言すれば、こうした批判的運動は生活世界の物象化、競争主義的秩序を前提とした運動ではあり得ないし、また何であれ同一性強制を前提とし、これを再生産する運動ではあり得ない。むしろそれは同一性強制への批判的運動であって、この意味でそれはアドルノの『否定弁証法』のモチーフの継承である。こうして今日では、ハーバーマスが『イデオロギーとしての技術と科学』で言語に関わる利害と呼んだものはそれ自体が今日的階級闘争の主題となるはずであり、生活世界の物象化の止揚の運動はそれ自体が階級闘争という意義を帯びざるを得ない。ここでA・ホネットの次の言明を再び引用することができる。「ハーバーマスは、技術の自立化という時代診断的観念及び階級的葛藤の解消という社会学的診断に余りに強く影響されており、このために後期資本主義の現代社会において尚『道徳的な階級対立の弁証法』の痕跡の存在することを発見することができなかったのだ。」もとより、生活世界の制度として確立されているのであるから、その止揚の課題は決して単に個人の私的問題ではあり得ない。過労死は個人の不摂生の問題ではなく、長時間・過密労働を生み、強制する企業システムの体制の問題である。即ち、それは一つの公的問題となるのである。けれども、現実には、諸個人は、そうした公的諸問題を私的に解決するよう余儀なくされ、そしてまた、苦悩をして語らしめよとアドルノは言ったが、人々の様々な苦悩の経験は、強い競争主義的秩序のもとで、語られずに、私的内面的領域の最内奥に綴込められる。これは、公的諸問題がそこにおいて主題化される社会的場である公共性の衰退ないし解体であり、人々の間のコミュニケーション連関の枯渇である。すなわち、苦悩の連帯性の解体である。(43)（しかも、どの歴史時代のどの社会に自分が属しているかの自己意識を持たない「社会理論」は、このような事態に対して何ら感受性を持たないのである。）この衰退ないし解体には公共性の国家の公権力の意味での公共性への還元が対応している。別の面から見れば、この公共性の衰退・解体には、企業システムの再生産的論理の私的生活圏への侵入、つまり私的生活圏の枯渇化が対応している。その上、公共性をハーバーマスがその批判から出発したような、無暴力性の客観的仮象であり、その中で権力過程が貫徹するような、従って支配＝従属に実のところは立脚している「理性的で自律的な諸主体の公共性」と無造作に同一視することによって、公共性の解体・衰退を追認する傾向が存在する。このような事情のもとではまた、アドルノが絶えず批判していたような超越論的主観性のその類的主体への拡大、つまり生活世界から自立化し、生活世界を指導すると称する「階級的普遍的類的主体」を無反省に呼び出してしまう危険もあるのである。

ところで、ハーバーマスは、階級闘争の鎮静化、並びにこの条件のもとでの技術至上主義の意識の貫徹・コミュニケーション連関の枯渇という状況に遭遇して、そしてまた科学技術の進歩の制度化とともに生産諸力の発展がもはや体制危機を惹起すると考えることはできない、何故ならむしろ生産諸関係が生産力の一層の発展を促進しているからだ、という認識とあいまって、マルクスの「生産諸関係」と「生産諸力」という概念対を「労働と相互行為」という概念対によって置換しようとしたのであった。というのは、ハーバーマスにとって、労働＝目的合理的行為の言語を媒介とした相互行為への侵食こそが問題だったからである。確かに、ハーバーマスのマルクス読解には多くの批判があるが、しかしもちろん、彼のマルクス読解の不適切性は、同時にまた以上の状況へのハーバーマスの応答と絡み合ってもいたのである。「労働」と相互行為は、『コミュニケーション的行為』では、「システム」と「生活世界」へと転換する。

「システム」と「生活世界」による社会把握は、なるほど一九七〇年代に危機に陥っていたとはいえ、あるいは危機傾向に囚われていたとはいえ、第二次世界大戦後に形成された福祉国家あるいは社会国家の基本構造を前提としている。そこで問題であったのは、システムの機能論理による生活世界への侵食（植民地化）であり、生活世界からのそれへの批判と抵抗であった。しかし、この枠組みでは、システム（経済システムと政治システム）それ自体の変換は、何ら問題とはならずまた主題化されることができない。ところが、新自由主義が登場して戦後社会国家を攻撃し、それを解体しようとし、一九九〇年代には、社会の様々な領域の越境、すなわち（新自由主義的）グローバリゼーションが発動される。新自由主義の潮流は、政治システム・経済システムそれ自身を政治的変換の主題とし、社会国家から新自由主義国家へと国家改造を計ってくる。（新自由主義の現実の運動は、市場原理主義たる新自由主義的イデオロギーと直接に同一な訳ではない。）それ故に、新自由主義に対する批判的潮流もまた、そのようにして変換された政治及び経済システム（のみならず、他の生活世界諸領域）をさらなる変換の主題にせざるを得なくなっている。こうした事態を、システム論理による生活世界の植民地化というテーゼではもはや捉えることができない。極単純化して言えば、機能主義的理性をシステムに、コミュニケーション的理性を生活世界に結びつける表象は十分ではなくなる。つまり、このような仕方での社会分立の表象は十分ではなくなる。

事態は変化した。一九八〇年代以降、新自由主義という妖怪が世界を席巻する。次に、私は、この事態を捉えるために、第二次世界大戦後の資本主義の変容を再構成するように試みる。

註

（1）K・マルクス『資本論』第三巻、青木文庫10分冊、五五六―七頁。

（2）G・ルカーチ『歴史と階級意識』城塚登・吉田光訳、白水社、一九七五年、一六四頁参照。

（3）ここに言う生活世界の内的視座と理論的反省的主題化とは、ハーバーマスの言う意味と規範のコミュニケーション網に参加する参加者と立場と行為連関を意図せざる結果から見る観察者の立場との区別に照応する。

（4）城塚・吉田、前掲訳、一六八頁。

（5）同上、一七二頁。

（6）ウェーバーに関しては、中野敏雄「法秩序形成の社会学とその批判的潜在力」『思想』七六五号、一九八八年参照。

（7）城塚・吉田、前掲訳、一八六頁。

（8）同上、一八六頁。

（9）同上、一八五頁。

（10）Cf. S. K. White, *The recent work of Jürgen Habermas, Reason, Justice & Modernity*, Cambridge Uni. Press, 1988, p. 108.

（11）J. Habermas, TkH, Band 2. S. 275.（『コミュニケイション的行為の理論』（下）、丸山高司ほか訳、未來社、一九八七年、一〇八―九頁。）

（12）J. Habermas, TkH, Band 1. S. 475.（『コミュニケイション的行為の理論』（中）、藤沢賢一郎ほか訳、未來社、一九八六年、一一四頁。）
（13）J. Habermas, TkH, Band 1. S. 479.（同上、一一八頁）
（14）J. Habermas, TkH, Band 1. S. 479-80.（同上、一一八頁。）
（15）J. Habermas, TkH, Band 1. S. 480.（同上、一一八頁。）
（16）J. Habermas: TkH, Band 1. S. 481.（同上、一一九頁。）
（17）城塚・吉田、前掲訳、一八四頁。
（18）Vgl. T. Adorno, "Gesellschaft", *Gesammelte Schriften*, Band 8, S. 18.
（19）Vgl. J. Habermas, *Technik und Wissenschaft als 〉Ideologie〈*, Suhrkamp, 1968, S. 59–60.（『イデオロギーとしての技術と科学』長谷川宏訳、紀伊国屋書店、一九七〇年、五七頁。）
（20）Vgl. T. Adorno, "Reflexionen zur Klassenthorie", *Gesammelte Schriften*, Band 8.
（21）Vgl. T. Adorno, MM, S. 13.（『ミニマ・モラリア』三光長治訳、法政大学出版局、一頁。）
（22）Vgl. J. Habermas, ibid. , S. 77.（長谷川、前掲訳、七四頁。）
（23）Vgl. J. Habermas, ibid. , S. 77（同上、七四頁。）
（24）『認識と関心』には階級闘争としての弁証法という意味での人倫の弁証法の構想も含まれていたが、階級闘争の弁証法としての人倫の弁証法は、『コミュニケーション的行為の理論』では消失している。とはいえ、このことはハーバーマスが人倫の弁証法一般を捨て去ったということを意味しているわけではない。システムによる生活世界の植民地化に対する生活世界の反抗は、それ自身、人倫の弁証法と捉えられよう。
（25）この点については、渡辺治『「豊かな社会」日本の構造』労働旬報社、一九九〇年、五八頁。
（26）J. Habermas, ibid. , S. 103.（長谷川、前掲訳、一〇〇頁。）

(27) 渡辺治「現代日本の権威的構造と国家」藤田勇編『権威的秩序と国家』所収、東京大学出版会、一九八七年参照。
(28) J. Habermas, ibid., S. 84.（長谷川、前掲訳、八一頁。）
(29) 例えば、暉峻淑子『豊かさとは何か』岩波新書、一九八九年参照。
(30) 即ち、ハーバーマスでは、道具的理性批判は機能主義的理性批判となるのである。なお、このことについては、S. K. White, *The recent work of Jurgen Habermas, Reason, Justice & Modernity*, p. 104. を見よ。
(31) これはある意味で、ハーバーマスからルカーチへと帰ることを意味する。
(32) 科学化された文明に関しては、それは目的合理的行為と人間相互の戦略的、競争的連関が一元的に支配してくる状況を含み持つものと解されなければならない。ここで、「科学化された文明」における「科学」とはハーバーマスのいう経験・分析的科学のことである。現在では、社会過程の情報化の中で、科学技術の成果が生活世界を変換しつつあり、資本主義のもとで、これは新たな社会経済的合理化と支配を生み出している。即ち、ハーバーマスが語った科学化された文明の今日的形態は、D・ケルナーがいうテクノ資本主義（techno-capitalism）である。Cf. D. Kellner, *Critical Theory, Marxism and Modernity*, Polity Press, 1989. chap.7. なお「経験分析的科学」については、Vgl. J. Habermas, "Analytische Wissenschatstheorie und Dialektik, Gegen einen positivistisch halbierten Rationalismus", Th. W. Adorno u. a. *Der Positivismusstreit in der deutschen Soziologie*, Luchterhand, 1969.
(33) Vgl. Th. W. Adorno, ND, S. 355（テオドール・W・アドルノ『否定弁証法』木田元ほか訳、作品社、一九九六年、四三九頁。）
(34) J. Habermas, *Theorie und Praxis*, Shurkamp, 1963. S. 325.（『理論と実践』細谷卓雄訳、未來社、　九七五年、三七七頁。）
(35) Vgl. K. O-Apel, *Transformation der Philosophie*, Band 2. Suhrkamp, 1973, S. 400.
(36) 渡辺、前掲書、九三—四頁参照。

(37) J. Habermas, *Theorie und Praxis*, Shurkamp, S. 326.（『理論と実践』細谷貞雄訳、未來社、一九七五年、三七八—九頁。）

(38) ジャン・フランソワ・リオタール『ポスト・モダンの条件　知・社会・言語ゲーム』小林康夫訳、風の薔薇、一九八六年、一五頁。

(39) Vgl. J. Habermas, *Technik und Wissenschaft als 〉Ideologie〈*, Suhrkamp, 1968, S. 91.（長谷川、前掲訳、八八頁。）

(40) この理論的再構成ということで私はマルクスの『資本論』を念頭においている。

(41) J. Habermas, TGS, S. 179.（『批判理論と社会システム理論』佐藤嘉一・山口節郎・藤沢賢一郎訳、木鐸社、一九八七年、二二二頁。）

(42) Vgl. J. Habermas, "Vorlesungen zu einer sprachtheoretischen Grundlegung der Soziologie (1970/71)", *Vorstudien und Ergänzungen zur Theorie des kommunikativen Handlns*, Suhrkamp, 1981.

(43)（後期ウィトゲンシュタインの用語を借りて言えば、）私の他者に対する態度は魂に対する態度であるが、こうした苦悩の連帯性の経験の喪失というディスコミュニケーション的状況のもとでは、他者は魂を抜き去られ、私にとって疎遠な他なるもの一般に変質するか、あるいは他者への理解は精々私の理解枠組への他者の魂の同化とされ、苦悩の連帯性ということ自体が思考にとって理解できないものになる可能性がある。そうした経験の喪失は苦悩の連帯性というコミュニケーション連関をもっぱら過去を引証し、過去へと引き戻し、「理性的で自律的な主体」の公共性という近代市民階級が自らを理解したイデオロギー的擬制をもってしか、あるいは同質的な主体達の調和的連関としてしか了解できない思考の想像力の衰弱を生み出す源である。

この後者のことについて言えば、同質的な主体達の調和的コミュニケーション連関といったものは、差異性と異質性の抑圧によってしか成立しない、あるいは他者の魂の自分の理解図式への同化による捏造によってしか、成立しない。ところが、以上の苦悩の連帯性は、そうした同化への批判的反省と自己相対化なしにはあり得ないのである。こうした思考の想像力の衰弱としばしば相即しているのが、思考が現実性を喪失しているという事態である。思考の現実性の喪失とは、一つには、日本社会に内蔵された、能力主義的競争主義的秩序を媒介にして再生産されている現代に特有の権力＝支配構造を理論の視野から放逐する思考の抽象化であり、また一つには、自らが生を営んでいる生活世界のありように照らして歴史的に与えられた概念を廃棄すべきなのかどうか、またそれはどのような理由で、それを書き直すべきなのか、またそれはどのように、という問いがすっぽり思考から脱落するという事態である。そうした問いが脱落すれば、歴史的に与えられた諸概念の意味はそのまま固定されてしか理解されなくなる。この時思考は、アドルノが語った、もっぱら固定したカテゴリーを操作する思考に退行する。確かに、歴史的に与えられた概念のシステム維持の機能の面からする解読の作業は、その暴露効果という点において重要である。けれども、この作業も、如上の問いの文脈の外でのみなされるならば、それは単に、いくらか気の利いた思考の遊戯でしかなくなる。

第八章　戦後資本主義の変容

一　戦後世界の出発・アメリカの覇権とフォーディズム

第二次世界大戦の終結をもって列強帝国主義の時代は終わった。列強帝国主義諸国のうち、ドイツ、イタリア、日本は敗北し、イギリス、フランスは勝利したが、第二次世界大戦によって世界は荒廃した。第二次世界大戦において唯一経済成長、しかも超高度経済成長を遂げたのはアメリカ合衆国であり、戦時経済のもとで、財政支出と軍需によって内需が拡大された。第二次世界大戦後、ケインズ主義的な財政政策と民間企業の蓄積による有効需要の拡大が生じ、大量生産・大量消費、生産性上昇に照応した賃金の上昇と雇用拡大を内包するフォード主義的蓄積体制が確立を見た。

戦後アメリカ経済の生産力と競争力は圧倒的であったから、アメリカは世界構成とその生成と維持の主導的主体として現われ、またそうであることを自認することになった。戦後アメリカの世界構想について、武藤一羊氏は次のように述べている。「圧倒的なアメリカの生産力と資本力にとって世界まるごとを一つの市場として支配すること、そしてそれをドルの支配の下に統合することが戦後世界設計の出発点であった。大量生産・大量消費を基礎とするアメリカ資本主義がそのような世界を要求したのである。[1]」世界をまるごとひとつの市場として支配するということは、国民国家の国境を一切取り払って世界を一つの世界国家の国内市場のごとく編成するということを意味していたわけではない。むしろ、列強帝国主義時代の植民地・従属国に独立国家＝国民国家の形態を与え、これらの国家に資本主義経済を移植することによって、それらを市場として開拓し、アメリカの商品・サービスの市場に作り替えるとともに、アメリカ資本のために新たな国外市場を発展させることが眼目であった。すなわち、アメリカの世界構築の目標は自由貿易体制を構築し、拡大・維持することであった。[2]そのためにまずもって目指されたのは、疲弊したヨーロッパ諸国や日本の資本主義経済の復興と新たな独立国たる低開発地域の国民国家に資本主義経済を移植することであったし、日本について言えば、日本をThe Workshop of Asiaとして再興することであった。[3]このように資本主義経済を移植するということは、アメリカ的生活様式を世界に移植し、アメリカ的理念を世界に移植するということを意味する。[4]それはいわば自らの分身を世界に産出し、それをもって、世界を自らの姿に似せて構築することであった。かくて、アメリカは世界の構築者、「世界工作人」として現われた。すなわち、アメリカは戦後世界において帝国として登場し、またそれを自認したのであった。[5]

フォード主義的蓄積体制

世界各地にアメリカ的生活形式を確立するということは、「商品交易と社会的労働の活動圏」という意味での市民社会にフォード主義的蓄積体制を確立するということである。第二次世界大戦後の高度経済成長を主導したのは重化学工業の発展であり、重化学工業は一九世紀後半の第二次産業革命において生じている。産業は大きく装置産業と組み立て産業に分かれる。（製鉄業や化学工業といった）装置産業は、第二次産業革命において生成し、巨大なプラントが形成されるが、ついで消費財の組み立て産業が形成される。けれども、特に第二次世界大戦後の高度経済成長は、従って重化学工業の発展は、この発展の可能性の条件としての制度的基盤を持っていた。それがフォード主義的蓄積体制である。

大企業内で、テーラー主義と機械化が結合される。テーラー主義にあっては、生産の構想者と実行者が分離され、こうした仕方で生産が合理化される。労働者は工場に集められて、統合されるが、その際、生産の構想への労働者の参加は否定される。テーラー主義が導入された目的は、リピエッツによれば、熟練労働者の動作を一般化することによって、彼らがこつの独占を通じて確保していた資本への影響力を奪うことであった。(6) 労働組合はテーラー主義を受容する代わりに生産性上昇の分け前を要求する。これが階級妥協であって、階級妥協が制度化されるわけである。労働者の労働は規律化されなければならない。規律・訓練権力が作動するのであって、この規律は労働者に対する管理と組み合わされ、それと結合されている。換言すれば、労働者に対する管理は労働者の規律を前提として行使される。或いは規律という形態で管理が遂行される。(7)（リピエッツによれば）これがフォーディズムの労働編成モデルである。戦後福祉国家において形成された連帯、福祉国家的連帯は管理主義的形態を採る。(8) さらに、フォーディズムにあっては、労働生産性の上昇と賃金上昇が連動させられ、これによって、大量生産と大量消費の上昇的循環が確立される。これが私見ではフォーディズムの基本である。この連動こそが階級妥協成立の制度的基盤であり、大量の労働者が消費者として登場するとともに、労働者の労働と消費が、さらにまた賃金上昇を求める労働者の運動が資本主義の発展と存続のための契機として資本主義的経済の中に取り込まれ、資本主義経済にとって機能的役割を果たすようになる。

フォード主義的体制の調整様式は最低賃金の保障であり、労働協約を全産業部門に普及させるための労働立法、社会立法である。それにまた福祉国家と社会保障の発達がある。リピエッツはフォード主義的世界観を「ソシエタル・パラダイム」と呼ぶのであるが、この世界観にあっては、完全雇用と消費拡大が目標とされる。(9)

第二次世界大戦後フォード主義的モデルが支配的となったのは、トルコをのぞいてOECD諸国においてであって、そうした国家（＝フォード主義的国家）の間で準自由貿易が行なわれた。このフォード主義国家（社会国家）の内的構造編成のあり方がこの時代に生まれた様々な思想形態を規定している。

国民国家の時代

イギリス帝国は広大な植民地を有する帝国であったし、列強帝国主義の時代には列強は植民地獲得を求めて相争った。第一次世界体戦及び第二次世界大戦はそうした帝国主義の矛盾の結果だったが、帝国による植民地獲得とその支配は民族意識の覚酔と民族独立の広大な流れを生みだし、それが各帝国の内部矛盾を深めることになった。民族解放闘争はしてみれば各帝国を内部から揺るがすものであったし、もしこの民族解放闘争を武力・軍事力でもって押さえ込み、抑圧しようとすれば、その「コスト」は大きなものにならざるを得ない。第二次世界大戦後、ヘゲモニーを握ったアメリカはもはや植民地獲得という方策をとらない。上に述べたように、アメリカは各植民地・従属国に独立を認めて独立国家形態を与え、それを資本主義国家、並びに親米国家として育成しようとしたのである。

近代西ヨーロッパに成立した国民国家は、第一次世界大戦後、東ヨーロッパのいくつかの国に波及し、第二次世界大戦後は世界に波及した。すなわち、かつての植民地・従属国から独立した国家は国民国家として編成され、こうして、時代は国民国家の時代となったのである。全ヨーロッパを対象にしたマーシャル・プランはヨーロッパ諸国の経済復興を意図していたが、その経済復興の過程は同時に国民国家の再興の過程でもあった。

一九六〇年にはキューバ革命が起こり、また旧植民地、とりわけアフリカ一七カ国が独立した。それ以前の一九四〇年代と一九五〇年代にはアジアでも多くの旧植民地が独立していた(10)。

かくて、第二次世界大戦後の世界政治システムはその基本構造において、優位・劣位、中心・周辺という構造を持つ諸国民国家の集合体としてあり、戦後覇権国家であるアメリカの世界構想は階層構造を有する国民国家の集合体を所与としている。戦後アメリカのとりわけ周辺諸国への露骨なかずかずの軍事介入は新たな独立国の体制選択の問題をめぐってのものであり、ある場合には少なくとも主観的にそうであった。

第二次世界大戦後第一段階の資本主義にあっては、経済に関して言えば、各国民国家の国民経済の発展が基本であり、それが目指された。五〇年代と六〇年代、例えばラテン・アメリカの半周辺諸国が追求した輸入代替工業化戦略は発展途上諸国が一国経済規模の中核プラントをその国民経済の内に保有しようとするものであったが(11)、東アジア諸国は、一九七〇年代と一九八〇年代に、輸出の促進と輸入代替戦略を結合し、国内産業を保護することによって経済成長を遂げた。(韓国、台湾、香港、シンガポール(12)。)

ブレトン=ウッズ国際通貨体制

第二次世界大戦後、アメリカ主導のもとでブレトン゠ウッズ国際通貨体制が確立された。これの基本理念は①貿易の自由化・多角化と②固定相場制であり、これは、国際貿易と貨幣収支を規制する国際的な枠組みであった。貿易も各国の経済運営もブレントン゠ウッズ国際通貨体制というこの枠組みのもとで行なわれ、各国には固定相場制を維持することが義務づけられた。さらに、世界の基軸通貨はドルと決定された。

ここでは、私はブレトン゠ウッズ国際通貨体制について次の二点に言及する。

第一。この通貨体制の基本理念の一つは貿易の自由化と多角化であるが、その理念からすれば、自由な貿易は商品やサービスの輸出・輸入のみならず、資本輸出も含むはずである。けれども、この資本輸出は各国民国家の国民経済の成長を基本とし、従って各国民国家は資本の生産基地を国内に保有するという観点と矛盾する。この矛盾は資本輸出が制限されるということによって解決された。それ故、何らかの理由で資本輸出（企業の多国籍化）が増大し、それが一定の限界を超えるに至るならば、この事態は国民経済を基本とする戦後資本主義体制そのものと矛盾するに至るであろう。矛盾しないとすれば、それはただ例えばアメリカ多国籍企業が他の諸国に対して一方的優位にある間だけである。[13] 企業の多国籍化は戦後社会国家（及び開発主義国家）の内的構造編成とは相容れない要素である。

第二。世界基軸通貨としてのドルについて。ここで「鍵的な問題はドルが国際通貨であるばかりではなく、USのナショナルな通貨でもあった[14]」という点にある。これは国際通貨であるとともにナショナルな通貨でもあるというドルの二重性格を語っている。ここで、「普遍」「特殊」というカテゴリーを採用すれば、ドルはインターナショナルという点で普遍的性格を有すると同時にナショナルという点で特殊な性格を有することになる。この二重性はそれだけではまだ普遍と特殊の間の矛盾を構成しない。けれども、この二重性は一定の条件下で相互矛盾として現象する。問題はドルがそれ自身においてこの二重性格を持つということによって、ドルの価値がアメリカ経済の競争力に依存してしまうという点にある。つまり、ナショナルな事柄（アメリカ経済の競争力の変動）が国際通貨たるドルの価値に影響を与えてしまう。アメリカ経済の国際的競争力が低下するとしてみよう。これは他の諸国がアメリカの財をより買わなくなるということであるから、貿易赤字が増大する。貿易赤字が増大すれば、国際取引はドルで行なわれるのだから、これはドルが海外に出ていくということを意味する。すなわち、アメリカの貿易赤字はドルを世界に供給することになる。これはドル減価を惹起する。ブレトン＝ウッズ国際通貨体制のもとでは、ドルは固定した価格で金と交換可能とされていたから、ドル減価はアメリカの金保有を減少させる。これが一定の限界を超えるならば、ドルと金の兌換はもはや維持できなくなる。(15)

冷戦

アメリカの戦後構想、すなわちアメリカが主導する世界全体の市場化は実現しなかった。というのは、冷戦が始まり、世界は「自由世界」を標榜する、アメリカを盟主とする帝国圏とソ連を盟主とする帝国圏へと分裂し、相互に対抗することになったからである。そしてここに単細胞的な二元論的世界像が生みだされることにもなった。つまり、一方の肯定は他方の否定になり、他方の否定は一方の肯定になる。一九四七年から一九五〇年代に、相互に対抗する軍事同盟が締結され(16)、世界の諸国民国家は軍事同盟の網の目に編入されることになった。

このときのアメリカ帝国の戦略は対ソ封じ込めと自由世界の維持・拡大であった。そのために、アメリカは膨大な軍事援助・経済援助を行ない、こうした軍事支出が「自由世界」の有効需要を喚起し、これがまたアメリカへの有効需要として貫流しもした。第二次世界大戦後、「自由世界」を維持する軍事的負担は主にアメリカが担うことになったから、日本や西ヨーロッパ諸国はそれほど多くの軍事費を必要とせず、国家資金をそれぞれの国民経済に支出することができた。しかし、この点、アメリカは自らが作り上げたブレトン＝ウッズ国際通貨体制を揺るがす条件を自ら産出することになる。というのは、ブレトン＝ウッズ国際通貨体制はアメリカの強い貿易競争力を基盤としていたのであるが、日本や西ヨーロッパ諸国、とりわけ西ドイツが強い貿易競争力を持つ工業国として登場し、これがアメリカの貿易競争力を脅かしたからである。

ソ連が核兵器保有国として登場すると、ソ連との直接的戦争は不可能となったから、アメリカはソ連との直接的対決は回避して、第三諸国の体制選択に介入するようになる。この時、アメリカ帝国の思考と行動は、「自由世界」の盟主の自認とソ連帝国の拡張の恐れと「自由世界」のそれによる浸食の恐れによって規定されている。既にトルーマン・ドクトリンは「ドミノでいっぱいの世界[17]」を描いていたのだが、ここにアメリカ帝国の支配層の間に、現実との乖離をそれ自身のうちに内包する強固な世界認識の図式が成立する。それは基本的にソ連帝国圏との二項対立図式に基づく世界像であって、一枚岩のソ連帝国圏というイメージとそれが「自由世界」に浸食しようとしているという、イメージを中核としている。それは世界の盟主を自認したことに由来する、ソ連帝国の陰謀と浸食に対する危機意識と被害意識を伴っている。この世界認識の図式によれば、ソ連帝国圏はモスクワの指示によって一致して動く一枚岩の共産主義に他ならない[18]。つまり、こうしたイメージがアメリカ帝国の思考と行動を規定したのである。そしてこのイメージは、冷戦という状況のもとで、戦後アメリカの世界構想と二項対立的思考図式から生じる。この二項対立図式のもとでは、区別は善と悪の区別しかなくなるのであり、反共であれば、独裁国家であろうがなんであろうが、かまわなくなる[19]。

帝国の世界像

ここで、私はヴェトナム戦争に関するH・アーレントの議論を見ておくことにしたい。というのは、アーレントの議論は、当時のアメリカ帝国の中枢部の世界像と思考構造を明らかにしているからであるが、それはまた、後に立ち入る戦後資本主義の変容、新自由主義的グローバリゼーション時代のアメリカ帝国の世界像　世界認識に、その相違という点から照明を与えるからである。（ヴェトナム戦争はまた、帝国の行為が意図せざる結果として、自らの存立基盤を脅かす条件を生み出してしまうということに照明を与えるであろう。）

アーレントは、ヴェトナム戦争当時アメリカの国務長官であったロバート・S・マクナマラはある決定を行なったが、それはその在任中に行なわれた唯一の意味ある決定であった、と言う。それは国防総省秘密報告書、『ヴェトナム政策にかんする合衆国の決定作成過程の歴史』の作成である。これは一九六七年にマクナマラにより委嘱され、一年半後に完成された。アーレントはこの国防総省秘密報告書を素材に「政治における嘘」の問題を論じている。

アーレントは国防総省秘密報告をめぐる争点は錯覚、過誤、誤算ではなかったと言う。錯覚や過誤や誤算の場合には意図は入り込んでこない。人は意図して錯覚したり、過誤を犯したりすることは出来ないであろう。むしろ、誤った決定や嘘の声明が諜報機関がもたらす正確な事実報告を無視して行なわれたのであり、それはとくに議会を欺くためであった。その上、ほとんどすべての決定が実行不可能であることが十分に認識されていた。実行不可能であれば、そして実行不可能であることがあらかじめ分かっているのであれば、それは「本当の」目的ではなく、遅かれ速かれ実行不可能であることは人々に認識されてしまうから、ある決定の目的は絶えず変更されなければならなかった。ヴェトナムへのアメリカの介入の目的とされたものは次のようであった。

① 南ヴェトナム人民が自らの将来を決定出来るようにするため。
② 共産主義者の陰謀との闘いに勝つように同国を支援する。
③ 中国を封じ込めてドミノ効果が出ないようにする。
④ 反破壊活動の保証人としてのアメリカの名声を得るため。

ここにはアメリカ帝国の世界認識の諸要素が現われ出ている。この世界認識にあっては、世界はドミノ効果の危険がある、ドミノで一杯の世界であり、共産主義者の陰謀が自由世界を脅かしているのである。
一九六五年二月からアメリカは北爆を開始した。北爆の理由づけは次のようであった。

① 南ヴェトナム国民の士気の低下を防ぐため。
② サイゴン政府の崩壊を防ぐため。

ところが実際にはどうであったかと言えば、最初の爆撃計画が着手された時点で、守るべきサイゴン政府は既に崩壊していた。これは既に全焼してしまった自分の家の火事を防ぐために消化器を購入しようとするようなものであろう。サイゴン政府は既に崩壊していたので、サイゴン政府の崩壊を防ぐためという目的を掲げることは出来なくなった。当初掲げられた爆撃の目的は既に意味がなくなっているのだから、北爆は取りやめになったかというとそうではなかった。アメリカ政府は爆撃のための別の理由を探したのである。アーレントによれば、これは社会主義国には失業者はいないと頑固に言い張る人の思考のあり方によく似ている。この人は現実に社会主義国に失業者が存在するという事実を前にして、失業しているものは人間ではなく、非人間であるとし、このようにして「社会主義国には失業者はいない」という命題に固執するのである。

さてそれで別の目的が探されなければならなかった。新たに持ち出された目的は「ハノイにベトコンとパテト・ラオを制止させるため」であった。ところがこのようなことが実行可能であるとは誰も考えてはいなかった。一九六五年以降項、アメリカの決定的勝利という見込みは後退した。すると、今度は目的は「勝利が不可能であることを敵に納得させること」に変わった。つまり、アメリカの決定的勝利の見込みがなくなるや、決定的勝利の可能性はないことを敵にも分からせるということが目的とされた。次に目的は「屈辱的な敗北を避けるため」に変更された。そこにはある恐れがあったが、それは合衆国とその大統領の評判への影響であった。そして最後に「合衆国が友好国のために『約束を果たすために』どこまで尽くすかを世界に示すこと」が加わった。

以上、アーレントはある政策決定をめぐって持ち出される目的がくるくる変わる様を描いているのであるが、これを見ると、最後に、戦局のここの場面で持ち出される目的を超えて、戦後アメリカ帝国の世界戦略という「目的」が顔を出したように見える。すなわち、こうである。結局、戦争の目的は、

① 世界を納得させること。
② 合衆国は危険を冒し、血を流して敵に大損害を与えるのを厭わぬ「よき医者であること」を証明すること。
③ ある国が共産主義者の「解放戦争」に応戦するのを助ける合衆国の能力のテストケース。
④ 世界の諸問題に関して合衆国が意のままにする能力を立証すること。
⑤ 友好国や同盟国に対する約束の信頼度を増し、これを世界に示すために世界の最強国のように振る舞うこと。

になった。ここには、戦後世界において世界の盟主を自認したアメリカの自己評価が含まれており、そしてこの自己評価はアメリカの圧倒的な経済力と軍事力故に、決して根拠のないものではなかったが、しかし、同時にアメリカが決して万能の世界工作人であることが出来ないことの意識も含まれている。そして、この自己評価のうちに戦後アメリカ帝国の世界戦略が顔を出している。それは世界を丸ごと全体として捉え、それを自由通商圏として確立するという世界工作者としての役割を担うことであった。そのためには、冷戦の元で、すなわちソ連帝国との対立の元で、い

わゆる第三世界諸国の体制選択への軍事介入も厭わなかったのである。上記③の点に関して言えば、ケネディ政権はヴェトナム戦争をアメリカの威信を示すものと位置づけ、象徴化したのである。こうしたアメリカ帝国の自己評価には、とりわけ②の点に関して見られることであるが、重大な欠落が含まれていた。このような「よき医者」の行動によって、約五万八〇〇〇人の米兵が死に、三〇〇〇万人以上のベトナム人が死んだ。これが「よき医者」の行動の「成果」だったのであるが、殺され生活を破壊される人々への想像力とそうした事態への感受性は、アメリカ帝国の思考と行動の内では欠落している。こうした欠落は戦後アメリカ帝国の思考と行動を規定した世界認識と関係がある。アーレントによれば、この世界認識の本質的な特徴は現実との乖離にある。この世界認識にはドミノ理論や一枚岩的な共産主義者達の世界征服の陰謀という仮説が含まれていた。これらはいずれも諜報機関がもたらす「事実」と一致していなかった。一九六四年に、ジョンソン大統領は「ラオスと南ヴェトナムが北ヴェトナムの支配下に入った場合残りの南アジア諸国は必然的に陥落するか」という質問をCIAに投げかけたが、CIAの答えは、カンボジアは幾分か怪しいが、ラオスと南ベトナムが陥落した結果、直ちに共産主義の軍門に下ることはないであろう、というものであった。それにも拘らず、CIAの答えは無視された。それはただドミノ理論に適合しないという理由によっている。ドミノ理論には無縁であった情報アナリスト達が多大な資金を使って集めた情報は別様に解釈されるのではなく、無視されたのである。一枚岩的な共産主義という共産主義像も現実に適合していなかったことは既に見たとおりである。

以上のことは、アメリカ帝国の権力中枢、例えば統合参謀本部の思考と行動が世界の現実を認識しようとする認識関心とは別の関心によって導かれていたことを示している。例えばドミノ理論は世界の現実に対する認識努力の結果として生み出されたというより、周辺諸国の体制選択をめぐる問題への軍事介入を正当化するために創り出されたものである。さらに、アーレントはアメリカ帝国の政策決定に参加した問題解決家たちに言及している。彼らはゲーム理論やシステム分析を身に付けた専門家であり、彼らは様々な問題の解決を提案したのだった。彼らは一切の事実内容を計算可能な数字とパーセンテージに翻訳する。けれどもこれらの問題解決家、知識人は、かれらの提案する「解決」が、味方にも「敵」にも言語を絶する痛みを与えるのだということにまるで気がつかなかった。[20] つまり、そこには人間達は登場していなかったし、人間達の生活や彼らの生活行為、彼らの顔の表情への感受性と想像力はまるで欠如していた。アーレントが言う意味での世界とは現われの空間であるが、なるほど問題解決家たちが世界が提出してくる諸問題の解決を提案していたのだとしても、アーレントの言う意味での世界は彼らの視野からは消滅していたのであって、この意味で彼らのメンタリティは無世界的メンタリティの一形態であった。世界工作人としての帝国の思考と行動の中では、アーレントの言う意味での世界は視野の内で消失するばかりではなく、現実にも破壊されるのである。

アーレントは、ヴェトナム戦争の過程で、結局のところ、アメリカにとって世界にイメージを示すことが目標になったと言っている。そのイメージにおいて追求されたのは、友好国や同盟国に対する約束の信頼度を増すことであり、それを示すための世界の最強国のように振る舞うといったことであった。アーレントはこうしたイメージを作ることがアメリカの世界政策となり、まがい物でないグローバル政策を打ち出すチャンスがあったにも拘らず、そのチャンスを失ってしまったと言う。このまがい物ではないグローバル戦略によってアーレントはきちんとした現実認識に基づく世界戦略を意味しており、「モスクワの指示によって動く一枚岩の共産主義というイメージ」に毒されていない世界戦略を意味している。しかし、それにしても、決して現実とはならなかったこのまがい物ではないグローバル戦略もアメリカ帝国の世界戦略であったであろう。かのイメージの追求もそれ自身、戦後アメリカ帝国の世界構想から出てきているのである。

そのイメージは、世界構想を抱き、それを実現する意志と能力をもった世界における唯一の国民国家という自己像であった。しかしながら、この自己像を可能にした戦後資本主義の諸条件は、ヴェトナム戦争もその一要因を生み出したが、戦後資本主義の発展そのものの中で変容し、崩壊し始めていた。

二　戦後資本主義の危機傾向

五〇年代から六〇年代にアメリカは膨大な軍事援助と経済援助を行ない、周辺諸国への体制選択をめぐる軍事介入を行ない、これによって、とりわけヴェトナムへの軍事介入に伴い、膨大なドルが海外に流出した。それはアメリカがソ連帝国との対抗という枠組み中で、帝国として、すなわち世界工作人として、「自由世界」の構成・拡大・維持の主体であることを自ら任じたことのコストであった。そしてこれが可能であったのは、やはりアメリカの圧倒的な経済力、その生産力と競争力の強さにあった。「自由世界」維持のための軍事負担は主にアメリカが引き受けたから、第二次世界大戦で荒廃したヨーロッパ諸国や日本は相対的に低い軍事支出ですみ、国家資金を経済成長や社会補償費に振り向けることが出来た。こうした事情と第二次世界大戦後第一次産品の価格が低かったという事情も手伝い、また労働力の余剰という事情も手伝って、西ヨーロッパ諸国や日本は経済成長を遂げた。当時は各国民経済は国内で相対的に閉じており、ケインズ政策のもと国内の循環的経済成長が可能であった。このような事情の下で、アメリカのみならず西ヨーロッパ諸国で、大量生産・大量消費を組み込んだフォード主義的蓄積体制が確立された。アメリカ帝国は一方で周辺諸国への軍事介入によって「自由世界」の外延的拡大を追求したが、他方では、「自由世界」の内包的成長が達成されたのである。

軍事援助と軍事介入、経済援助、資本の海外投資は国際収支の赤字を生むが、この赤字は貿易黒字によって埋め合わされた。この埋め合わせのメカニズムが順調に機能し続けている限りでアメリカ帝国の経済的基盤は安泰である。国際収支の赤字を貿易黒字によって埋め合わすという構造が戦後アメリカ帝国がその絶頂にまで至る可能性の条件であった。それ故、この埋め合わせの構造が崩れるや、戦後のアメリカ帝国は衰退に向かわざるを得ない。この構造の崩壊は①国際収支の赤字が貿易黒字による埋め合わせる可能性を超えて拡大する、あるいは②貿易黒字が国際収支の赤字を埋め合わせることが出来なくなるまで低下する、ということによって生起する。とくに決定的なのは、貿易黒字の低下であったし、これはアメリカ資本の国際競争力の弱化に由来していた。一九六五年頃までの第二次世界大戦後のアメリカ帝国の絶頂期に至る過程で、かの埋め合わせ構造を解体する諸要素が蓄積されていたのである。もとより、これは帝国の行動の意図せざる結果であった。

日本や西ヨーロッパ諸国では、戦後経済成長が起こり、これら諸国の企業の生産力と国際競争力が増して、アメリカ企業を脅かすようになり、こうしてアメリカ企業の国際競争力が低下した。アメリカ帝国の周辺諸国への軍事援助やとりわけヴェトナムへの軍事介入によって膨大なドルが海外に流失した。これはまさにドルの垂れ流しであり、ドルのこの垂れ流しは国内でのインフレとともにドル減価をもたらした。さらに、もっとも基本的であったのは、すなわち以上の一連の過程の基礎にあったのは、大量生産・大量消費と結びついたフォード主義的蓄積体制の危機傾向であり、この危機傾向はフォード主義的蓄積体制の展開そのものによって生み出された。各国民経済の堅調な拡大的循環、すなわち経済成長そのものが一方では第一次産品の値上がりをもたらし、他方では生産性上昇と連動した労働者の賃金上昇をもたらしたが、これは資本の利潤率を圧縮し、資本の利潤率の低下をもたらした。アメリカの製造業部門の利潤率は一九六五年から一九七三年の間に四〇パーセント低下し、利潤率の低下はその穴埋めのために企業の多国籍化を一層促進し、これがアメリカ国民経済の空洞化をさらに促進した。

以上のような諸要因によって、アメリカ経済の国際競争力は低下し、もはや国際収支の赤字を貿易黒字で埋め合わせることが出来なくなる。残るのはただただ国際収支の赤字である。戦後アメリカ帝国の経済基盤は弱体化したのである。七〇年代初頭には貿易黒字は貿易赤字に転換した。しかもジョンソン政権は「大砲もバターも」の政策をとり、これが社会保障費の増大を招いた。これはいわばアメリカ版福祉国家政策であった。西ヨーロッパ諸国では戦後の経済成長の基盤の上に福祉国家（社会国家）が建設されたが、ジョンソン政権の「大砲もバターも」政策はアメリカ経済の衰退期に行なわれたため、財政赤字の増大をもたらした。

七〇年代初頭における二つの危機

七〇年代初頭には二つの危機がアメリカ経済及び世界経済に忍び寄ってきていた。一つは、フォード主義的蓄積体制そのものの展開によってフォード主義的蓄積体制が一つの限界点に達したことである。既に見たように、フォード主義的蓄積体制の確立とそれに基づく経済成長は第一次産品の価格の高騰、実質労働賃金の上昇や労働余力の逼迫を惹起し、これによって資本の利潤率が低下していた。利潤率の低下は一九七〇年代初頭に西ヨーロッパ諸国と日本においても起こっていた。これはフォード主義的蓄積体制の危機傾向を表している。資本の内在的本性はその増殖にあり、増殖を求める力への意志であるから、利潤率の低下・圧縮は資本にとって本質的な問題になる。それ故、それは何らかの仕方で埋め合わせられなければならない。利潤率の低下・圧縮に対する埋め合わせ戦略には二つあろう。それは①輸出の拡大と②資本の海外進出、すなわち企業の多国籍化である。もし首尾よく輸出を拡大することが出来たならば、アメリカ帝国は膨大な軍事、経済援助と資本輸出（ドルの流出）による国際収支の赤字を貿易黒字で埋め合わせるというかの構造を復興させることが出来たであろう。けれども、これは国際競争力が低下したアメリカ企業にとってはままならぬことであったから、利潤率の低下は勢い企業の多国籍化を促進することになった。同じ理由によって西ヨーロッパの資本主義諸国の企業も七〇年代初頭に多国籍化を始めている。

もう一つの危機はドルの減価である。膨大なドルの海外流出はドル減価を引き起こす。ところが、ドル減価は固定相場制の下では実質上ドル高を意味するから、それは輸出に対する否定的条件となり、これがまたアメリカ企業の国際競争力を低下させるとともに、国際収支の赤字をもたらす条件となる。これは逆に見れば、第一次産品の輸出国にとっては貿易上の有利な環境が形成されたことを意味する。この環境を基盤に第三諸国は新経済秩序を主張し、経済ナショナリズムを唱えるようになる。

企業の多国籍化

戦後企業のアメリカ企業の多国籍化は既に一九五〇年代、六〇年代に起こっていたが、この時代のアメリカ企業の多国籍化（西ヨーロッパへの進出）は、アメリカ企業の国際競争力の弱さというより、その強さ、技術的優位とアメリカ国内での資本集中の衝動によっていた。資本集中の一形態であるトラストとは株式の信託・交換を通して行なわれる特定分野の企業合同である。ところが、有賀敏之氏によれば、一九一四年のクレイトン法以来、トラストは禁止され、これは一九六〇年代後半までのアメリカ司法省の方針であった。それ故、資本集中は同一産業内での同業他社の買収或いは生産上関連する分野への進出という形態をとることができなくなる。それ故、資本集中は生産上関連のない多岐の産業を統合するという仕方で行なわれることになった。これがコングロマリッドであるが、同時に企業の多国籍化が促される。というのは、国内では事業拡大の余地がなくなるからである。[21]ところが、企業の多国籍化は、資本の利潤率の低下及び国際競争力の弱化によっても生じうるであろう。このような意味での企業の多国籍化は、むしろ、資本の利潤率低下への応答である。この場合には、企業の多国籍化は生産基地の海外移転、職の輸出、従って国内産業の空洞化を惹起する。

企業の多国籍化がもたらす矛盾

資本輸出、従って企業の多国籍化は国際収支を悪化させる。それ故、資本輸出は規制されなければならない。ところが、もとより資本輸出規制は企業の多国籍化と矛盾し、輸出の拡大がおもわしくないという条件のもとでは、資本の利潤率の低下・圧縮を埋め合わせようとする試みと矛盾することになる。さらに、企業の多国籍化は職を輸出し、国民経済を空洞化させるために、かの企業の多国籍化が資本輸出規制と矛盾するということは、企業の多国籍化と国民経済の、つまり国内経済と矛盾するということを意味することになる。企業の多国籍化が進展すればするほど、国民経済との矛盾を惹起せざるを得ない。このような矛盾の生成と展開の基礎となっているのは、資本の利潤率の低下である。これが企業の多国籍化をもたらし、企業の多国籍化は国民経済と矛盾し、対立するのである。利潤率の低下はフォード主義的蓄積体制の展開それ自身が生み出したこの蓄積体制に内在する危機傾向であるが、フォード主義に基づく国内体制は依然として存続していたから、基礎にあるのは、フォード主義的蓄積体制そのものの内に孕まれた、フォード主義的蓄積体制を解体する傾向とフォード主義的蓄積体制そのものとの矛盾である。この矛盾が企業の多国籍化と国民経済の矛盾として現象しているのである。この矛盾は、最終的には、フォード主義的蓄積体制に孕まれたそれの危機傾向が己を主張し、フォード主義的体制を内側から爆破し、このことを通して別の蓄積体制（これを私は「新自由主義的蓄積体制」と呼ぶ）が生み出されることによって解決される[22]。戦後の国際通貨体制のもとで、金とドルの、一ドル＝金三五オンスという兌換制が確立された。これが戦後アメリカドルの安定性の基盤であった。ところが、金・ドルのこの兌換制は今や企業の多国籍化にとって桎梏となる。一ドル＝三五オンスというドル・金兌換制のもとでは、ドルの海外流出によってドル減価が起こると、ドルを保有している各国はドル減価を恐れてドルを金に変えようとするから、アメリカの金保有量が減少する。アメリカの金保有量は無限ではないから、金保有量の減少が一定の段階に達するとドル危機を引き起こしてしまう。資本輸出は、ドルの海外流出を意味するが故に、国際収支の悪化の原因であり、ドルの海外流出にはドル・金兌換制によって課せられた限界がある。それ故に、資本輸出は規制されなければならなかった。それはドル防衛のためであったが、一九六〇年代に資本輸出は規制されていた。この規制はもとより資本輸出と、従って企業の多国籍化と矛盾する。つまり、企業の多国籍化の衝動・駆動力は資本の利潤率の圧縮に由来するのであるが、こうした衝動は、「自由世界」すなわちアメリカ帝国圏を維持するためのコストを引き受けるという条件のもとでは、一ドル＝三五オンスというドル・金兌換制と矛盾するに至る。それは企業の多国籍化への衝動と戦後ＩＭＦ国際通貨体制の一角との間の矛盾であったし、ドル・金の兌換制は多国籍化する企業にとって制約条件となった。

一九七一年ニクソン政権はドル・金の交換停止を発表した。これによってドルは金との連動を解かれ、この意味で自由になり、世界に向けて制限なく流通することが出来るようになった。このドル・金兌換停止は一ドル＝三五オンスという、企業の多国籍化にとっての制約条件を除去した。すると、もはやかつて存在していたような資本輸出への制約条件が解除されたために、資本輸出規制は、資本輸出が一ドル＝三五オンスという金・ドル交換の維持という条件と抵触しなくなり、一九七四年に廃止された。

資本の多国籍化への衝動はフォード主義的蓄積体制の危機傾向に由来する。ところが企業の多国籍化は国民経済を空洞化させるが故に国民経済保護の要求を生みださずにはおかず、かくてそれは国民経済保護の要求と矛盾する。国民経済保護のためには、多国籍化と矛盾するが国内に生産拠点を持ち、輸出を拡大することが必要になる。戦後の固定相場制のもとでは、ドルの海外流出によって引き起こされるドル減価は実質上ドル高を意味し、これが戦後経済復興を遂げた先進資本主義諸国のみならず第三世界諸国の対米輸出環境の有利化をもたらした。それ故、アメリカ国内経済の保護要求を満たすための一つの手段はドル安をもたらすことである。それ故、一九七三年以降のスミソニアン協定によるドル安とその後の変動相場制への移行は国民経済保護の意味を持っている。しかし、変動相場制は同時にドルを基軸とした自由市場のグローバルな拡大の条件をも創り出した。

一九七〇年代は、フォード主義的蓄積体制の危機、すなわち利潤率の低下に由来する企業の多国籍化と国民経済の矛盾の展開であったということが出来よう。

矛盾の調停

後藤道夫氏はアメリカが行なった自由通商法改定に言及している。この自由通商法改定が行なったのは、アメリカ企業の多国籍化を承認しながら、この多国籍化と矛盾する国民経済の顔を立てようとするものである。企業の多国籍化は、資本を輸出し、生産拠点を海外に展開するために、それは職の輸出をもたらし、労働者の解雇や配置転換を必要とする。労働組合の存在はそれへの抵抗となりえ、多国籍化の制約条件となる。即ち、企業の多国籍化は交渉力を持つ労働組合の存在や国内経済の保護勢力と矛盾する。この矛盾が顕在化すれば、企業の多国籍化は重大な障害に直面することになろう。それ故、その矛盾は顕在化されてはならなかった。その矛盾は何らかの仕方で調停される必要があったのである。このときには、労働組合や国内経済の保護勢力の要求を容認することが企業の多国籍化のために必要な条件でもあった。一方で企業の多国籍化を容認し、それを推進しながら、国内経済の保護勢力の顔を立てるためには、かの矛盾を外へと転化する他はない。これが「互恵主義の立場から」相手国の市場開放を迫る「能動的な」「輸出志向のアプローチ」への通商政策の転換であった。[23]

フォード主義的蓄積体制の危機と企業の多国籍化

資本の利潤率の低下はフォード主義的蓄積体制の展開が生み出したフォード主義的蓄積体制そのものの危機傾向を表している。資本の多国籍化はこの危機傾向の顕れであった。それ故に資本ないし企業の多国籍化はフォード主義的蓄積体制と矛盾し、それを掘崩す。フォード主義的蓄積体制の特質は、①（テイラーシステム）といった大量生産を可能にする生産システムの導入、②生産性の上昇と連動した賃金上昇のシステム、③従って消費者の産出と大量消費によって規定される。とりわけ②は戦後先進資本主義諸国における階級妥協の一つの基礎であったが、フォード主義的蓄積体制の危機傾向は、この蓄積体制の元での経済成長によって生み出されたから、具体的には労働余力の逼迫、これと②による実質賃金の上昇、第一次産品の価格上昇によってもたらされたから、資本の多国籍化はとりわけ階級妥協の上記の一つの基礎と矛盾し、これを掘り崩す傾向がある。だが、一九七〇年代には、フォード主義的蓄積体制の展開が生み出したフォード主義的蓄積体制の危機傾向に由来する資本の多国籍化とフォード主義的蓄積体制の矛盾はフォード主義的蓄積体制そのものの爆破とそれに変わる新しい蓄積体制の構築までには至らなかった。両者の矛盾は政治的・政策的に調停されていたのである。

多国籍化と輸出

一九七〇年代初頭、第一次産品の価格上昇が起こり、また第三諸国を含めて各国の対米輸出環境の有利化が起こっていた。これが資本の利潤率低下の一因であったのだが、当時いわゆる周辺諸国で経済ナショナリズムが勃興し、新国際経済秩序が唱えられた。その頂点に位置するのが一九七三年石油開発機構（ＯＰＥＣ）による石油の原油価格引き上げであった。ＯＰＥＣは原油価格を一挙に四倍に引き上げたのである。この石油ショックによって先進資本主義諸国は不況に陥った。資本の利潤率の低下、それ故に過剰資本の蓄積が起こっていたのであるが、国家のケインズ主義政策による需要喚起はうまく機能しなくなり、過剰流動性はただただ物価上昇を帰結することになった。これは大量生産・大量消費の基礎としてのフォード主義的蓄積体制がその限界点に達し、それが機能不全を起こしたことを意味するであろう。

ここで危機を脱する一つの手は新たに需要を喚起することであろう。ところが国家のケインズ主義的政策による需要喚起は機能しない。これは矛盾である。この矛盾の一つの解決は需要を新たに喚起することであるが、そのためには手は一つしかない。それは海外に需要を求めることである。これが可能であるためには、企業の強い国際競争力が前提となる。一九七〇年代、とりわけ一九七三年石油危機以降日本が進んだ道はこれであった。日本は、一九六〇年の池田内閣の所得倍増計画と相まって一九七三年まで高度経済成長を実現し、この高度経済成長の過程で、現在では掘り崩され解体されつつあるが、日本社会の原基的基本構造が創り出された。それは①護送船団方式と言われるように、国家官僚組織による大企業への指導・保護のシステム、②大企業と都市銀行の提携、③下請と系列の形成、そしてなによりも④終身雇用と年功序列賃金を制度的枠組みとする労働者間の競争的秩序の形成とこれによる労働者の強い企業統合という特質を有し、これによって日本企業は強い国際競争力を有していた。日本企業は輸出を拡大し、一九七〇年代の末には集中豪雨的とさえ呼ばれる輸出を行なった。国内需要が停滞しても輸出拡大によって生産は持続的に上昇する。資本の利潤率の圧縮・低下に対する日本企業の対応は輸出拡大であった。資本の利潤率低下に対する対応が輸出拡大による限り、生産拠点は国内にあり続け、高度経済成長の過程で形成された日本の企業社会の原基的構造は掘り崩されないですむ。そしてこうした事態がまた日本企業の多国籍化が遅れた要因になった。

強い国際競争力を持っていた日本が西ヨーロッパ諸国やアメリカを尻目にいち速く不況を脱することになったが、西ヨーロッパ諸国やアメリカでは企業の多国籍化が促進された。企業の多国籍化は国民経済を掘り崩すために国民経済と矛盾し、かくて国民経済保護要求を生み出すことになる。先に見たように、それ故にこそアメリカでは企業の多国籍化の進展と国民経済の保護要求とを政策的に調停することが必要になったのである。

企業の多国籍化への衝動は資本の利潤率の低下に由来しており、それ故、多国籍化は資本の利潤率低下に対する一つの対応戦略である。すなわち、それは低下した利潤率を回復する試みである。多国籍企業は国民国家の国境を越えて活動する。しかしそれによって国境がなくなるのではない。世界は国民国家群によって分割されているが、国境という一つの空間関係は相対的に閉じた内部空間を生みだし、他の内部空間とは異なる言語、文化、生活様式、労働様式、社会編成の編成様式などを有する内部空間を産出する。国境は、ちょうど細胞膜のように、言語、文化、生活様式などのあるものを通過させて内部に取り込み、ある物は排除し、また取り込むにしてもそれを内部環境に適応するように変容させる装置である。即ち、それは差異を産出する装置である。国境はまた関税障壁のような壁にもなる。企業の多国籍化は、①関税障壁のような壁を逃れるとともに、②国境によって産出される差異を利用し、この差異を利潤に変換する方策である。多国籍企業は安い労働力のあるところ、環境保護政策が弱かったりなかったりするところ、労働組合の力が弱かったり、ないところなどに進出する。

以上見たように、一九七〇年代に日本が採った輸出とアメリカや西ヨーロッパ諸国が採った多国籍化はフォード主義的蓄積体制への危機傾向、資本の利潤率低下に対する二つの応答戦略であった[24]。

アメリカ帝国の世界に対するヘゲモニーの衰退と世界戦略の変容

簡単に、アメリカの世界戦略の変容について触れておく。一九七〇年代初頭にアメリカ帝国を支えていた経済的基盤は崩壊した。それは国際収支の赤字を貿易黒字によって埋め合わせるというこの構造が崩壊したことであった。一九七〇年代のアメリカ帝国の世界戦略はこうした事態に対応している。一九六〇年代までアメリカ帝国はソ連帝国圏との対抗という構図のもとで、「自由世界」の拡大・維持のため膨大な軍事的・経済的支出を行なったが、それがもはや出来なくなったのである。それ故、アメリカ帝国はより少ない軍事支出で以前に劣らない新しい戦略を編み出さなければならなかった。この戦略を策定したのはニクソン政権であり、それは次の二つの柱からなっていた。①同盟国に対しては核の傘を提供する。核によらない脅威に対しては、軍事経済援助を与えるが、アメリカはその防衛責任は負わない。最終的な防衛責任は当事国に委ねる。②半周辺国の一部をアメリカの代理人として育成・利用する。つまり、革命前のイランやエジプトのように、アメリカの代わりに地域の警察官としての役割を持たせる、というものであった[25]。

三　戦後資本主義の変容

以上の経緯を経て、一九七〇年代終わりと一九八〇年代に入るや、新自由主義が登場して、戦後第一段階の社会国家の存在形態を明示的に攻撃し、ここに戦後資本主義が変容し始めるのである。この新たな始まりは新自由主義的グローバリゼーションへと導いていく。

一九七〇年代初頭におけるフォード主義的蓄積体制の危機を今一度振り返っておこう。①フォード主義的蓄積体制の元での経済成長によって、実質賃金が上昇し、②第一次産品の価格が上昇した。③アメリカでは、ドルの海外流出はドル減価をもたらすが、固定相場制の下では実質的なドル高を結果し、これによって第一次産品の対米輸出に有利な環境が生まれた。④同じくアメリカに関して、製造業は日本や西ヨーロッパの経済が復興し、その技術水準と国際競争力はアメリカ企業を脅かした。⑤アメリカのみならず先進資本主義諸国では、フォード主義的蓄積体制の元での大量生産・大量消費が一つの飽和点に達した。即ち、大量生産・大量消費の拡大的循環が一つの飽和点に達した。これは過剰生産状態を生み出し、生産システムに投資できない余剰資本が蓄積される。一九七三年の石油危機以降、生産は停滞し、過剰流動性は物価上昇を帰結した。資本の利潤率の低下は資本にとって本質的かつ死活的問題である。輸出が思わしくないという条件のもとでは、資本の利潤率の低下は企業の多国籍化への衝動を生み出す。一九七〇年代初頭に、アメリカ経済の圧倒的な生産力と競争力を基礎にした、国際収支の赤字を貿易黒字によって埋め合わせるという構造は崩壊した。

企業の多国籍化はフォード主義的蓄積体制の危機、即ち資本の利潤率の低下に由来するが、一九七〇年代アメリカ企業の多国籍化はフォード主義的蓄積体制、従って階級妥協（ニーディール連合）を破壊することなく、それとの一定の妥協の元で進行した。しかしながら、企業の多国籍化は多国籍企業の母国のフォード主義的蓄積体制に破壊的な作用を及ぼす。第一に、階級妥協と結びついている組織された労働組合の強い交渉力は、職を輸出し、企業の再構築を行なおうとする企業にとっては障害であり、その活動の制約条件となる。第二に、階級妥協を基礎にする高い賃金水準はそもそも企業の多国籍化の本旨に矛盾する。というのは、企業の多国籍化は国民国家の国境内で産出される差異を利益へと変換して資本の利潤率の低下を補おうとする試みであるが、高い賃金水準は資本の利潤率低下の一因であるからである。一九七〇年代には、多国籍企業化は、賃金水準に関してのみ述べれば、安い労働力地域に進出することによって、母国の階級妥協には手をつけることなく、賃金水準の低下を別の仕方で先取りした。第三に、先進資本主義諸国を母国とする多国籍企業相互の競争は母国に対して法人税の減税要求を生み出すとともに、母国の賃金水準低下への圧力を生み出す。すなわち、フォード主義的蓄積体制の危機は企業の多国籍化を促進し、企業の多国籍化はフォード主義的蓄積体制に破壊的な反作用を行使するのである。

新自由主義

こうして、レーガン政権期にフォード主義的蓄積体制は攻撃された。フォード主義的蓄積体制に代わる新たな蓄積体制が構築されなければならなかった。その際の眼目であるのは、新たな蓄積体制にあっては資本の利潤率が改善されなければならないということである。

①規制緩和・規制撤廃

石油、電力、電信電話や金融など様々な部門で参入制限撤廃と価格の自由化が行なわれた。(26) これは経済システムの変換をもたらす。様々な規制によって制約されない、この意味で「自由な」資本間の競争が発動される。「自由な」競争にあっては、強いものが勝ち、弱いものは負ける。「自由な」競争は弱肉強食の世界を現出させる。即ち、弱いものは競争に負け、あるいは競争に負けたものは弱いものであり、弱いものの肉は強いものに食われる。ここで「食う」とは、ある資本による他の資本の吸収である。この「自由な」競争にあっては過当競争が発動されるのであって、この世界では負けるということは企業倒産という形で現象するか、買い取りによって他企業に吸収されるという形で現象する。その結果、大企業の市場占有率が上昇し、寡占が進行する。これは新たな投資を行ない、産業を興し、かくて富を産出するのではなく、むしろ富の吸収による集中化である。規制緩和・撤廃によって産出される「自由」競争の世界は富の移動の世界であり、他の富の移動・吸収による富の増殖の世界である。新自由主義の本質は富の移動と吸収にある。ところがこの富の移動・吸収は実際には収奪に他ならない。しかしこの収奪は合法化された収奪である。というのは、「自由な」競争のシステムは国家が国家権力を動員して作り上げたものだからである。その上、富の移動・吸収は「自由な」競争そのものによって正当化される。一度「自由な」競争を受け入れてしまえば、競争に負けるということは負けたものの自己責任となる他はないからである。新自由主義が絶えず自己責任を喧伝する理由はここにある。新自由主義とは富の収奪によって資本の利潤率の補完しようとする戦略である。

②税制の改変

富の移動・吸収は規制緩和・撤廃あるいは価格の自由化によってばかりではなく、税制からしても惹起される。法人税の減税とともに、個人所得税の最高税率が70パーセントから50パーセントへと引き下げられた。これは税制面からするこれまでの富の分配システムが弱化し、富める者への富の上昇・移動・吸収を実現する。

③階級妥協の破壊

フォード主義的蓄積体制の本質的要素は生産性上昇と賃金上昇との連動であり、これが階級妥協の基礎を形成したのであり、同時に大量の消費者を生み出したのであった。そして、生産性の上昇と賃金上昇の連動を維持するためには、組織された労働組合の存在と経営側に対する強い交渉力が必要であった。今や新自由主義は、イギリスのサッチャー政権もそうだったが、労働組合を攻撃し、その力をそぐように試みる。それは、一つには、多国籍企業の世界展開とリストラクチュアリングに対する障害を除去するためであるが、もう一つのは、階級妥協を破壊すること、生産性上昇と賃金上昇の連動を解体するためであった。労働組合という障害が弱化すれば、企業は「自由に」解雇を行なうことが出来るようになり、正規社員の減少と非正規社員の多用が生じる。中位職種が減少して、低賃金職種が増大する。生産性の上昇と賃金上昇の連動が解除されることによって、賃金水準は全体として低下する。賃金抑制にはインフレの抑制という意味もあったが、賃金水準の引き下げとはつまりは富の移動であり、資本による富の吸収である。賃金水準の引き下げもまた、富の移動・吸収、つまりは収奪を実現することによって資本の利潤率の改善を計るものであった。

④社会福祉領域

富の移動というこの事態は社会福祉領域においても生じる。しかしながら、社会福祉の削減は、選挙多数派への配慮から、上層部分に対しては行なわれず、貧困層に対して行なわれた。即ち、福祉削減は選択的に作用したのであり、これによっても富の、国民下層から上層への移動が実現される。

かくて、レーガン政権の新自由主義的改革によって生み出された社会的・経済的システムは、企業、とりわけ多国籍企業の「自由な」活動を保障するとともに、そのためにも富の収奪が生起するシステムである。富の移動、つまり社会的上層への社会的下層からの富の移動は中間層を二極へと解体し、富める者をますます富める者にし、貧しいものをますます貧しく、国民を上層と下層へと二極分解していく。こうした過程の中で資本の利潤率の改善が図られたのである。それ故に、新自由主義とは富の収奪を本質とする。多国籍企業の世界展開とともに、こうした富の収奪を惹起するシステムは世界に移植され、あるいはこうした収奪の新たなシステムを発展的に形成する。（たとえば第三世界諸国に対する金融的収奪のシステム。）それ故、多国籍企業を主体とする現在のグローバリゼーションは新自由主義的グローバリゼーションとして展開するのである。

富の移動

新自由主義的政策の遂行において生起するのは、第一に、少数の富める者と多くの貧しい者の生成であり、第二に、富める者はますます富み、貧しい者はますます貧しくなるという事態である。この現象は何もいわゆる「北」と「南」の諸国の間だけで起こるのではなく、「北」の諸国内においても起こる。

何故こうした事態が起こるのか。ますます貧しくなる者は労働意欲を持たず、怠惰であり、労働倫理が欠如しており、これに対して、ますます富んでいくものは勤勉であり、労働倫理を内面化しているからなのか。そうではない。富める者がますます富み、貧しい者がますます貧しくなるのは、富が、すなわち社会的に生産される富が一方から他方へと移動し、恒常的に移動するからである。この富の移動において、富める者はますます富み、貧しい者はますます貧しくなるのであり、それが社会を上層と下層に分解する。富は下層から上方へと移動する。あるいはこの移動が社会的上層と下層の分割を生み出す。これは労働意欲や勤勉さの有無の結果ではなく、富の移動を実現する客観的なメカニズム・装置が作動した結果である。富の移動は第三世界諸国においてのみ生じているのではない。それは先進資本主義諸国においても生起している。先進資本主義諸国においても、中間層が解体して、社会は上層と下層へとますます二極分解していく。(27) いわゆる「北」側の諸国、先進資本主義諸国にあっても富の移動のメカニズム・装置が作動しているのである。

富める者がますます富み、貧しい者がますます貧しくなるメカニズムが作動しているのだとすれば、そして、富める者がますます富み、貧しい者がますます貧しくなるという事態が現在進行しつつあるのだとすれば、さらにまた第二次世界大戦後の経済成長において富めるものがますます富み、貧しい者がますます貧しくなるという事態が見られなかったとすれば、富の移動を実現するメカニズム・装置は歴史的に生成したものであり、富の分配をそれなりに実現したメカニズム・装置に取って代わったはずである。

第二次世界大戦後、富の分配を実現するメカニズムとして確立されたのは、フォード主義的蓄積体制であった。これは第一に、大量生産と大量消費のシステムであり、第二に、生産性の上昇と賃金上昇の連動が確立された。このために、組織された労働組合の存在とそれが一定の交渉力を持つことが必要であった。第三に、以上を基礎として階級妥協が成立した。

こうしたフォード主義的蓄積体制に基づいて、労働者達の大群が消費者となって登場し、生産と消費の好調な経済循環が実現した。ここで注目したい点はフォード主義的蓄積体制が富の分配メカニズムを組み込んでいたことである。フォード主義的蓄積体制を基礎にした好調な経済成長を基礎にして、戦後ヨーロッパ資本主義諸国では福祉国家が、日本では開発主義国家が形成された。ところが今やこうした蓄積体制が解体される。新たな蓄積体制が形成されるのである。新たな蓄積体制では、様々な規制を撤廃ないし緩和することによって、「自由」競争を導入する。「自由」競争では、強い者が勝つのが道理であり、これが競争の敗者から勝者への富の移動を、つまりは収奪を可能にする。「自由」競争システムとは富の移動を実現するシステムなのである。第二に、例えば成果主義的賃金体系を導入することによって、ここでも競争が発動され、競争の勝者に富が移動するとともに、成果主義的賃金体系は労働者の賃金水準を総体として低下させる。これによって生産性上昇と賃金上昇の連動が解かれてしまう。第三に、労働組合の強い交渉力は今や邪魔になる。フォード主義的蓄積体制にあっては、労働組合の交渉力は生産性上昇と賃金上昇の連動を保障するものとして、制度的に保障されていたが、これは富の移動を実現する蓄積体制にとっては障害でしかない。こうして労働組合に対して攻撃が行なわれ、労働組合の力が弱化する。こうして、新たな蓄積体制は、フォード主義的蓄積体制のもとで実現された富の分配メカニズムを解体する。それは、その運動において富の移動を、従って富の収奪を実現するシステムなのであり、これによって資本の蓄積条件が改善される。これから分かるように、新しい蓄積体制は資本の蓄積条件の改善を目的として導入されたのである。この新しい蓄積条件を新自由主義的蓄積体制と呼ぼう。情報通信革命は新自由主義的蓄積体制の技術的基盤であって、それだけでは未だ新自由主義的蓄積体制の本質を捉えない。

新自由主義的蓄積体制の本質は富の移動・譲渡、従って富の収奪を、ある人間から他の人間への富の移動・収奪を実現する体制である。この蓄積体制はだからその運動において富の移動をもたらす。ある者が他の者から脅し、威嚇、暴力によって富を収奪するのではない。富の収奪は蓄積体制の客観的な本質なのである。新自由主義的蓄積体制は職を生み出すというよりも、富の収奪によって資本の利潤率を上昇させようとするものでもある。けれども、新自由主義的蓄積体制ははじめから矛盾を内包している。というのは、それはその運動において多くの消費者からその購買力を奪うことによって消費者であることから脱落させるからである。とはいえ、現代社会が保持する巨大な生産力からすれば、ますます貧しくなる者もこれまでと同様、あるいは生産力の増大に応じて一層多く消費しなければならない。購買力の減少と一層多くを消費しなければならないということの間に存立する矛盾の解決は借金であり、こうしてますます多くの破綻者が生み出される。

構造調整プログラム

一九六〇年から一九七〇年代にかけて、西側先進諸国は経済復興・経済成長を遂げていたが、このときから、発展途上国は北側先進諸国との不公平な貿易条件の改善を求め、経済的正義に基づくグローバルな新国際経済秩序の設立を主張していた。既述のように、一九七〇年代初頭には、第一次産品の価格が上昇し、石油輸出国機構は原油価格を引き上げ、これによってより多くの収入を得、自国の開発を行なうことが出来るはずであった。これに倣い、非石油産出諸国も、砂糖やバナナなどの農産物のみならず、スズなどの天然資源に関して輸出国機構を成立して北側の先進諸国に対抗した。一九七四年には国連第六回特別総会で新国際経済秩序に関する宣言が採択されている。けれども、新国際経済秩序という第三世界諸国の夢は実現しなかった。夢は破れたのである。一九七〇年代初頭の第一次産品の価格上昇は一時的なものにすぎなかった。それにはいくつかの要因がある。①石油危機以降先進諸国は不況に陥り、世界不況が生じた。②先進資本主義諸国は第三世界諸国の輸出国機構設立運動に対して手をこまねいて見ていたのではなかった。先進諸国は国際エネルギー機関のような対抗同盟を設立したのみならず、輸入される第一次産品に対して様々な代替物質の開発に乗り出した。③石油輸出機構の成功は非石油産出国にも希望を与え、これが農産物や天然資源に関する輸出国機構の設立をもたらしたのであるが、エネルギー価格の上昇は逆に非石油産出国に否定的な悪影響を及ぼした。

そればかりか、第三世界諸国は際限のない債務増大の状態に落ち込んだ。①既にケネディ政権がソ連帝国圏との対抗のもと「開発のための一〇年」と称して発展途上国に開発援助を行なっていたのであるが、②七〇年代に世界銀行は第三世界諸国に対し巨額の借款を供与した。③原油価格引き上げによって得られた石油産出国の収入の多くは西側先進諸国の金融センターや銀行に流入した。ところが、ニクソン政権下ドル安容認と変動相場制への移行とともに採られた高金利政策によって銀行は利子支払いに追われることになったから、銀行は融資先を探さなければならなくなった。エネルギー価格の上昇によって開発資金に困るようになった非石油産出諸国がその融資先となったのである。こうして第三世界諸国の対外債務は際限なく膨らむことになった。[28] 一九八〇年代には、その債務はもはや一国の外貨収入や税収では支払うことが出来なくなるまでに膨張した。カーター政権の高金利政策も追い打ちをかけた。というのは、これによって対外債務の金利が上昇するからである。一九八二年、メキシコは債務危機に陥り、債務不履行を宣言した。ところが南の諸国は類似した状況にあったから、それら諸国が同じ債務不履行宣言をすれば、国際金融システムは崩壊してしまいかねない。援助の手をさしのべたのはＩＭＦであった。ＩＭＦは債務国に対し短期融資を授ける代わりに、構造調整プログラムを受け入れることを強要した。この構造調整プログラムは債務国のリストラクチュアリングを計るものであるが、それは富の収奪を惹起するシステムを形成せんとするものであり、新自由主義が富の収奪をその本質とする限り、構造調整プログラムは債務国である第三世界諸国への新自由主義の適用であり、新自由主義の第三世界版であった。構造調整プログラムの強制によって、ＩＭＦは自らが悪徳金融業者のよき手本であり、鏡であることを実証した。構造調整プログラムの目的は債務返済のための資金を債務国内部から絞り出すことである。まず、債務返済資金を国民経済から絞り出すためには輸入を減らし、輸出を増やすことが必要である。その輸出によって得た外貨を債務返済に充てることができるからである。さらに、金融引き締め、高金利政策を実施し、財政を緊縮させる。すべては債務返済資金を絞り出すためである。社会福祉、教育、医療などの部門に対する政府支出は減らされる。これでもたりない。さらに公務員の大量解雇が行なわれる。構造調整プログラムの受け入れによって作られた債務国の政治・経済システムは富の移動・収奪を可能にするシステムであり、債務国国民・民衆からの富の収奪を惹起するシステムである。このように国民・民衆から収奪された富は返済資金として先進諸国の銀行と金融センターに還流する。このようにして、一九八四年から一九九〇年の間に南の債務諸国から北の先進資本主義諸国の民間銀行に一七八〇億ドルが流出した。(29) できあがったのはかくて金融的収奪のシステムである。その結果、一九九〇年代初頭までに一一〇以上の構造調整プログラム受け入れ国で起こるのは、都市のスラム街の膨張であり、ストリートチルドレンの増大であり、女性の貧困化である。

ＩＭＦ構造調整においてさらに重大なのは国営企業の民営化と多国籍企業の活動の自由の強制である。これによって、国有財産が海外資本によって収奪される可能性が生じる。このようにして国民の貧困化が生じるが、しかし国民すべてが貧困化するのではない。多国籍企業の活動と一体化し、その活動に自らの利益を見いだす社会的上層・富裕層が出現し、かくて社会の二極化が進行する。これが新たな支配階級を形成するのである。(30) しかし、富の収奪を可能にするシステムの構築によって、債務が返済され、債務が減少したかというと全くそうではなかった。むしろ逆に、発展途上諸国の対外債務は一九八〇年代に、そして一九九〇年代にも右肩上がりに膨張し続けた。それは新しい融資が債務利払いに当てられたためであり、そして発展途上諸国は新たな融資以上の債務利払いをしなければならなかった。

冷戦の終結と新自由主義的グローバリゼーション

一九七〇年代には、西ヨーロッパ諸国企業も多国籍化し、アメリカへと進出していたが、企業の多国籍化とフォード主義的蓄積体制を基盤とする国内経済との矛盾・葛藤が見られた。この矛盾・葛藤はその都度妥協として政治的に解決されるのである。ところが、企業の多国籍化が一層伸展するや、とりわけ一九八〇年代に至ると、その政治的決着は突破され、破壊される。フォード主義的蓄積体制が攻撃され、新自由主義的蓄積体制が登場するのである。これによって、企業の多国籍化にとっての制約条件が解消され、企業はますます多国籍化していく。

企業の多国籍化はフォード主義的蓄積体制のもとでの資本の利潤率の低下、従ってフォード主義的蓄積体制の危機から生まれたものだが、企業の一層の多国籍化はフォード主義的蓄積体制の崩壊と新自由主義的蓄積体制の生成とをもたらす。してみれば、企業の多国籍化と新自由主義的蓄積体制はフォード主義的蓄積体制の危機から生み出されたものだということになる。それ故に、企業の多国籍化と新自由主義的蓄積体制はフォード主義的蓄積体制の危機という同じ胎内から生まれたものである。これら両者は、こうして、相互に適合し、親和的であり、絶えず連動して運動する。一方で、新自由主義的蓄積体制は企業の多国籍的展開と世界市場の制覇の目論見にとってその可能性の条件となり、他方で、企業の多国籍的展開はその母国と進出先に新自由主義的蓄積体制を生み出す。企業の多国籍的展開と新自由主義的蓄積体制の連動が現在のグローバリゼーションの本質である。グローバリゼーションの展開はこうしてその本質の展開として概念把握される。

他方、冷戦構造は、ソ連邦の崩壊によって終結し、アメリカ帝国及びその帝国圏はその外部を失った。ソ連の主導産業は重化学工業であったが、この点においては西側諸国と同様であり、西側諸国のフォード主義的蓄積体制が危機に陥ったのと同様に、その計画経済は危機に陥っていた。一九七〇年代、八〇年代を通してソ連の経済成長率は低下し、何度も出された声明・通達も単に出されたというにすぎなかった。西側諸国は新自由主義を採用することによってその危機を突破することになるが、ソ連はこれをなしえず、ソ連そのものが崩壊した。そしてそれに変わったロシア連邦が新自由主義的政策を採用するのである。企業の多国籍化、それ故にまた新自由主義的グローバリゼーションは、こうして、ソ連帝国及びその帝国圏という外部を失い、新たな領地を獲得した。

新たな敵

ソ連崩壊の予想、及びその現実の崩壊を前にして、アメリカ帝国は、帝国の帝国としての自己確認の作業を行なっているが、その際、アメリカ帝国が新たな競争者として想定したのは、日本や独や中国といった国民国家であった。けれども、とりわけクリントン政権時に、新自由主義的グローバリゼーションは大きく展開し、アメリカは新自由主義的グローバリゼーションを前提とした新たな帝国の姿をとるようになる。戦後第一段階におけるアメリカの帝国としての世界に対するヘゲモニーの衰退は、アメリカ経済の衰退に起因していた。それ故、アメリカ帝国の帝国としての再建には、アメリカ経済の再建が不可欠だったのであり、その再建は既にレーガン政権のもとで始まっている。この再建は新自由主義的蓄積体制の確立とその展開という形で追求されてきた。これは、新自由主義的グローバリゼーションに照応する帝国の形態である。帝国は己を新自由主義時代の帝国として理解する。それは、世界を新自由主義及び新自由主義的グローバリゼーションが伸展する世界として構成することを己の使命とし、その運動のための理念とする。ＷＴＯ、ＮＡＦＴＡといった新自由主義的グローバリゼーションを規制する国民国家を超えた制度が確立される。が、ここでは、帝国にとって、国民国家ではない新たな敵が生じたことを見よう。

帝国圏及び帝国としての外部は、即ち外部帝国圏はもはや存在しない。ところが、新自由主義的グローバリゼーションが世界にもたらす矛盾と軋轢、それ故の世界の不安定性が今やアメリカ帝国とアメリカグローバル帝国にとっての真の敵となるのである。世界の不安定性はそれなりの仕方で認識された。世界の不安定性の源泉は、新自由主義の世界化とその制度化にある。これが世界を不安定にしている根本要因であるが、しかしその要因はアメリカ帝国中枢部の世界像の中では遮断されてしまっており、その世界像の中では不安定性が所与として入り込んでくるだけである。脅威と危険は例えば地域覇権国家に置かれるのであり、目に見えた部分だけが切り取られて所与として置かれる。

新たな敵とは何であろうか。帝国がその外部を失うとともに、今や「帝国が帝国自身に向き合うしかない状況[31]」が生じた。けれども、帝国はどのように己自身に向き合ったのか、また向き合っているのか。新自由主義の世界展開の元での資本の無制限な収奪、これは収奪を内包している。新自由主義の本質は収奪にあり、それ故新自由主義的政策の元での経済発展は世界人口の多くの部分の貧困化をもたらす。けれどももとより自己に向き合うということは己の行為への自己省察ではまるでなかった。結局のところアメリカ帝国が見出した敵は己自身が生み出したものであった。世界の不安定性の真の要因は新自由主義的グローバリゼーションにあった。ところがこの点がほおかぶりにされる。

帝国は世界工作人として振る舞う。帝国は世界を帝国にとって好ましいものに作り上げようとする。ところが、この行動は必然的に矛盾、軋轢、貧困化、水平的暴力などを生みだす。新自由主義は暴力の水位を高めるのである。帝国にとって、この事態はそれとしてではなく、世界の不安定性、不確実性として現象する。敵がいつどこで攻撃してくるか分からない。危機、脅威とは資本と市場の自由な展開にとって障害となるものであるが、これがいつどこで出てくるか不確定である、というわけである。九・一一以降、この脅威は「テロ」として明確に可視化された。しかし、テロを生み出す要因については完全にどこかへ消し飛んでしまっている。かつてはドミノで一杯だった世界は今や変容した。世界は不安定性と不確かさを孕み、未来は不確かなものとして現われている。そしてこれはグローバル世界帝国の実情に見合ってもいるのである。今や世界にはテロの網の目が存在し、それを支援するならず者国家が存在する。アメリカ帝国中枢部にあっては、そこだけが可視化され、所与とされるのである。

帝国循環

既述のように、戦後アメリカ帝国は軍事援助、海外援助を行ない、これによって膨大なドルが海外に流失したが、国際収支の赤字は貿易黒字によって埋め合わされた。これがアメリカ帝国を支えた基本構造であった。アメリカ帝国再建のためには、アメリカ帝国が帝国たらんとする限り、「自由世界」の拡大・発展・維持のためのコストを払わなければならず、それ故、かの埋め合わせ構造を別の仕方で再建しなければならない。一九八〇年代レーガン政権はアメリカ帝国再建のために「強いアメリカ」を標榜して軍拡にのりだし、膨大な軍事支出を行なったが、これは財政赤字の膨張をもたらした。これはドル減価をもたらし、世界基軸通貨としてのドルの地位を脅かすであろう。それ故に、ドル高政策が採られたのであるが、しかしドル高の元では輸入が増大し、輸出にブレーキがかかって貿易収支の赤字を増大させてしまうが、これによって企業の多国籍化がさらに進展する。こうして軍拡と新自由主義的イデオロギーに基づく小さな政府論の影響による減税とが財政赤字を増大させる。財政赤字と貿易収支の赤字が生じてしまうわけである。この赤字は何らかの仕方で埋め合わせられなければならない。この埋め合わせはもはやかつてのように貿易黒字によってではなく、外資の導入によって行なわれた。外資はアメリカ国債という形を取ってアメリカに流入する。そして外資の導入のためにはドル高が必要である。しかし、ドル高であれば、アメリカの貿易赤字が増大し、そのためにさらに外資の導入が必要になり、ドル高が堅持される。これが帝国循環である[32]。この帝国循環は財政赤字と貿易赤字が外資の導入によって埋め合わすより以上の水準に達すれば、うまく機能しなくなる。ドル安への圧力が強まるのである。こうして、一九八五年プラザ合意によってドル安が容認された。このドル安は次のような諸結果を持った。

①まさしくドルが世界基軸通貨であることによって可能となることであるが、そしてニクソン政権のドル安政策によって生じたことであるが、ドル高がドル安へと反転することによってアメリカ国債を購入している諸国にとって為替差損が生じ、この為替差損分アメリカの対外債務は蒸発する。

②帝国循環成立の基礎にはアメリカ経済の衰退とアメリア産業の国際競争力の低下があった。ドル安、即ち主要国

通貨に対するドルの切り下げは、アメリカ産業の強化にとって良好な環境を創り出した。アメリカでは以後ＩＴ産業を中軸に産業が復興し、一九九〇年代にも産業の好況は持続することになる。情報通信技術は資本のグローバルな展開の技術的基礎になる。

四　戦時体制・フォーディズム・新自由主義（的グローバリゼーション）・生活世界

一九二九年の世界の破局の後は戦争と動乱の時代であった。戦時体制論(33)によれば、戦前は軍事独裁体制の時代であり、戦時総動員体制をもって強力な国民国家体制が作られた。こうした戦時総動員体制をもって階級社会はシステム社会へと移行する。ここでは、支配するものと支配されるものがシステムにおいて統合される。ここに、国民国家内に社会の諸領域間の機能的連関が生じてくる。戦時体制論によれば、ここに出現する社会（システム社会）は機能的連関の空間として、閉じており、それ自身の中に閉じこもっている社会である。機能的連関はある種閉鎖された空間を生み出す。こうしたシステム社会にあっては、社会の一切が、個人であれ集団であれ、社会の機能を果たすものに還元される。総力戦体制においては、体制を推進する勢力もそれに対抗する勢力もウルトラナショナリズムに取り込まれてしまったのであり、このことは二項対立が消滅してしまったということを意味している。戦時体制論は、例えば戦後日本の原基的構造が戦時体制において作られたと主張し、この点で戦前と戦後の連続性を主張する。

第二次世界大戦後、いわゆる先進資本主義諸国において、大量生産と大量消費、生産性の上昇と賃金の上昇が連動する体制が作られた。この体制はフォード主義的蓄積体制を基本とするものであるが、ここでは労働者の労働と消費は、システム全体の機能を果たすものへと還元される。労働者達の闘争は賃金闘争という形態を採るのであるが、その闘争が如何にラジカルに見えようとも、それはシステム全体の再生産と維持にとって機能的役割を持つものとして現われる。諸個人の行為はシステムによってあらかじめ決定され、そして彼らの行為はそのシステムを再生産する。してみれば、戦後にあっても、すなわち第二次世界大戦にあっても、社会は機能的に閉じた連関として表象される。この点において、戦時体制論の主張は妥当であることになる。フォード主義的蓄積体制のもとで階級妥協が成立したが、このシステムにあっては、諸個人の行為はシステムを再生産するが、他方システムは諸個人の行為を産出するという機能的循環の論理が成立するのであって、この論理は例えばルーマンのシステム論において「オートポイエシス」という概念によって捉えられた。オートポイエシス的システムにあっては、諸個人に対してシステムが自立化するのであり、このことによってそれは主体なき過程になる。ということは、システム自体がいわば主体化されるということである。私見では、このオートポイエシスは、第二次世界大戦後において生活世界が被った物象化の形態である。

この時代にはまた、先に言及した機能的循環の論理は神話的力（神話的暴力）としても捉えられた。『啓蒙の弁証法』の著者達（ホルクハイマーとアドルノ）によれば、この神話的力は反復の力であり、神話から逃れでる啓蒙の一歩の過程は実は神話の反復的力の支配権にある。神話は既に啓蒙であったが、啓蒙はかくて神話へと反転する。それ故にまた、この時代には、そうした神話的力（ないし神話的暴力あるいは運命）からの脱出が、あるいはそうした神話的力の支配にあって抑圧されている個、あるいは声なき声（敗者、死者の希望）を救出することが思想の課題となったのである。

第二次世界大戦後の、フォード主義的蓄積体制を基礎とする社会国家（福祉国家）では、既に述べたように階級妥協が成立し、機能的循環の論理が成立した。アドルノの総体性概念に見られるように、社会はそこで社会のあらゆる要素が機能的連関のうちに閉じこめられている全体である。こうした概念の視座のうちでは、労働者階級の運動もまた、そうした機能的連関のうちで機能的役割を果たすものに還元される。けれども、実際には、社会の一切の要素がそうした機能的連関のうちに閉じこめられていたわけではなかった。福祉国家的官僚制に対する抵抗と批判の運動も確かに存在した。（先に言及した総体性概念の視座のもとでは、福祉国家官僚制に対する批判と抵抗の運動も機能的連関の全体性の中の一要素へと還元されてしまうであろうが。）ハーバーマスはそのような運動（新社会運動）を正当に評価しようとする。そのために、ハーバーマスは機能主義的理性に対してコミュニケーション的理性を明示的に対置する。この対置は、『コミュニケーション的行為の理論』において、システムと生活世界の対置として、システムと生活世界による社会理解として現われる。新しい社会運動は、システム論理による生活世界への侵食・植民地化に対する生活世界からの批判と抵抗として解釈される。批判の潜在力は、ハーバーマスによれば、彼が言う後期資本主義社会においても決して枯渇してはいないのである。そして、そのためにまたハーバーマスは近代を、ルーマンのシステム論を援用して、システム分化の新しい水準として捉えるが、しかしそれだけではなく、すなわち、システム分化だけではなく、システムと生活世界の分化としても捉えたのであった。

しかしながら、ハーバーマスの理論は、確かにハーバーマスが戦後社会国家が内包した危機を捉えていたとはいえ、まだ社会国家の基本構造を前提としており、とりわけ重要であるのは、ハーバーマスが新しい市民社会論を展開するにさいして、システム（政治システム・経済システム）を変換の次元から取り外し、この意味で変換不能なものとしているという点である。ハーバーマスは次のように言っている。

私は以前から、経済と国家装置をシステム的に統合された行為領域とみなしていた。つまり、もし内部を民主的に転換する、いいかえれば、政治的に統合された状態に転換するとすれば、それは、システム的な特性を損ない、したがってその機能面の能力を妨害することがもはや避けられないような行為領域なのである。国家社会主義はこのことを立証した。(34)

ここでは、例えば、経済という行為領域について、それを、民主化であれ国家社会主義の形態であれ、それを政治的に統合された領域に転換することはできないということが主張されており、それ故、経済という行為領域を国家社会主義よろしく政治的に統合された領域に転換するのではない仕方で変換する可能性が否定されているわけではないとも言える。しかしながら、ハーバーマスにとっては、社会統合のための諸資源の間にバランスを打ち立てることが問題なのであり、こうした問題設定にあっては、やはり、経済という行為領域に関して言えば、その行為領域の何らかの仕方での変換という問題は視野の外に放逐されてしまう。

ところがまさしくこの点で新自由主義の運動及び（新自由主義的）グローバリゼーションはハーバーマスの理論を超えていってしまった。というのは、既に述べたが、それらはとりわけ経済という行為領域と国家装置、総じて第二次世界大戦後に形成された社会国家を政治的変換の主題とし、政治的変換の次元へと組み込んだからである。それはとりわけ戦後社会国家内での経済という行為領域と国家装置を新自由主義的なものに変換しようとしたのである。すなわち、新自由主義のこうした運動は、フォーディズムのもとで成立したかの機能的循環の論理を打破してこれまでとは別の世界を現出させようとしたのであり、その世界は富と（リスク）の移動を実現するメカニズムが作動する世界である。この世界にあっては、神話的力そのものが変容するのであり、それはそのメカニズムの作動という形態をとるのである。

経済という行為領域の変換は、国家の政策決定のもとで、その行為領域内で、そしてその外で様々な言説、主張、討議、反抗などを伴いながら、そうしたコミュニケーションという媒体の中で進行する。ハーバーマスの「生活世界」とは意味が異なるが、経済的行為領域という生活世界の領域が以上のようにして変換される。そして、（新自由主義的）グローバリゼーションとともに現出した世界に対して、「別の世界は可能だ」を標語とする対抗討議・対抗運動も生じる。

以上のような運動は、一方にシステム（政治と経済）の機能連関を置き、他方にコミュニケーション的行為を媒介にして再生される生活世界を置くという仕方では、捉えられることはできない。それ故、私はハーバーマスが言うシステムも、生活世界内の行為領域として捉える。それ故、近代をハーバーマスはシステム差異化の新たな水準としてばかりではなく、システムと生活世界の分岐として捉えたが、近代のその変換はそのようなものとしては捉えられず、それは生活世界の構造転換として捉えられる。この小さな変更は、しかし、ウェーバーとハーバーマスの理論に対してある含意を持つ。次にこの含意に立ち入りたい。

註

（1）武藤一羊「アメリカ帝国と「グローバル化」の歴史的位相」渡辺治・後藤道夫編『「新しい戦争」の時代と日本』講座戦争と現代1、大月書店、二〇〇三年、三〇〇頁。

（2）武藤氏は次のように言っている。「複数の帝国主義によるバイラテラルな縦の支配を廃止して、植民地に親米的・親資本主義的な独立国家を与えること、それらの地域を『開発』し、市場として開拓し、世界的分業に組み込み、全体としてアメリカの商品、サービス、投資が自由に出入りできるグローバルな市場と変え、この絶えず膨張を続ける市場全体をアメリカが支配すること――これが戦後アメリカ・ヘゲモニーの戦略だった。」（同上、三〇一―二頁。）

(3) Takashi Shiraishi, "The Asian crisis reconsidered", *Dislocating Nation-States Globalization in Asia and Africa*, eds. Patricio N. Abinales, Ishikawa Noboru and Tanabe Akio, Kyoto University, 2005, p. 19.

(4) 一九四七年三月一二日のトルーマン・ドクトリンは、こうしたアメリカの意向を表明したものであった。

(5) ここで、帝国とは世界構想を抱き、それを実現する意志と能力を持っている国民国家を意味する。

(6) アラン・リピエッツ『勇気ある選択　ポスト・フォーディズム・民主主義・エコロジー』若森章孝訳、藤原書店、一九九〇年、二四頁参照。

(7) 規律と管理のこのような融合は、新自由主義的グローバリゼーションの展開とともに変容する。この点については、美馬達哉「身体のテクノロジーとリスク管理」山之内靖・酒井直樹編『総力戦体制からグローバリゼーションへ』平凡社、二〇〇三年、参照。

(8) 新自由主義はこの福祉国家連帯を批判し、それを解体せんとするが、このことによって連帯そのものをも破壊してしまう。

(9) 若森、前掲訳、三三頁参照。

(10) 一九四五年には、ヴェトナム民主共和国がフランスより独立し、一九四六年にはフィリピンがアメリカから独立し、一九四七年にはインドがイギリスより独立し、パキスタンがインドと分離して独立し、一九四八年にはセイロンがイギリスより独立し、ビルマがイギリスより独立し、日本の植民地統治下にあった朝鮮半島で朝鮮民主主義人民共和国と大韓民国が成立し、一九四九年にはカンボジアがフランスより独立し、ラオスがフランスより独立し、インドネシアがオランダより独立している。

(11) 有賀敏之『グローバリゼーションの政治経済』（第三版）同文館出版、二〇〇五年、七〇頁参照。

(12) これら諸国のレジームは、社会国家の労働友好レジームに対して、開発友好レジームと呼ばれる。

(13) 有賀敏之氏は次のように言っている。「国民経済を基礎としたアメリカン・システムは、合衆国多国籍企業が自国の国内市場の規模を活かして一方的優位であった間は有効であったが、それは西欧・日本の寡占体の多国籍化を触発してのちは、みずから生み出したこれらの多国籍企業の規模との間で矛盾を生じ、仕切りなおしを要するようになる。」（有賀、前掲書、五一頁。）

(14) R. Kiely, *The Clash of Globalsation Neo-Libreralism, the Third Way and Anti-Globalisation*, Brill, 2005, p. 56.

(15) これが実際に起ったことであった。一九七一年ニクソン政権のもとで金ドル兌換が停止された。一九七三年には固定相場制が変動相場制へと移行している。

(16) すなわち、米州機構（OAS、一九四八年）、北大西洋条約機構（NATO、一九四九年）、太平洋安全保障条約（ANZUS、一九五一年）、日米安全保障条約（一九五一年）、東南アジア条約機構（SEATO、一九五四年）（これは一九七七年に消滅した）、バクダード条約機構（METO、一九五五年）。以上は、アメリカ帝国圏を織り成す反共軍事同盟であるが、これに対抗して、ソ連帝国圏では、東欧経済相互援助条約（COMECON、一九四九年）、中ソ友好相互援助条約（一九五〇年）（一九八〇年に消滅）東欧友好相互援助条約、すなわちワルシャワ条約機構（一九五五年）が成立した。

(17) ハンナ・アーレント「政治における嘘」『暴力について　共和国の危機』山田正行訳、みすず書房、二〇〇〇年、四二頁。

(18) アーレントは次のように言っている。「毛沢東と周恩来は一九四五年一月にローズヴェルト大統領に接近し、『ソ連に対する全面的な依存を避けるために合衆国との関係を樹立しようと試みた』ことがわかっている。ホー・チ・ミンは返事を受け取ることはなかったし、中国の接近の情報は伏せられたが、それはアレン・ホワイティング教授のいうように、『モスクワの指示によって動く一枚岩の共産主義』というイメージに合わなかったからであった。」（同上、二七頁。）

(19) 石井摩耶子「第三世界と戦争」木畑洋一編『二〇世紀の戦争とは何であったのか』大月書店、二〇〇四年、二六八頁参照。

(20) 山田、前掲訳、一七頁。

(21) 有賀、前掲書、七一頁以下参照。

(22) 後藤道夫氏は次のように言っている。「一九六〇年代には、国際収支危機が問題となり、『非公式の帝国』維持のための莫大な対外支出を確保しながらドル防衛を行うため、資本輸出規制がはじまっていた。一九六四年には対外証券投資に有利であった税制が変更され、ついで金融機関の対外長期貸し出し、短期貸し出しが規制化され、一九六八年には対外直接投資が規制の対象になった。」（後藤道夫「現代帝国主義の社会構造と市場秩序」渡辺・後藤編、前掲書、二二七頁。）

(23) 後藤、前掲論文、二二八頁。

(24) 多国籍企業の増大は資本のグローバル化を意味する。しかし、この段階ではこのグローバル化はまだ新自由主義的グローバリゼーションとは言えない。

(25) 詳しくは渡辺治「アメリカ帝国の自由市場形成戦略と現代の戦争」渡辺・後藤編、前掲書、参照。

(26) カーター政権時代にこれは始まっている。一九七八年航空自由法、一九八〇年運輸自由法。渡辺、前掲論文参照。

(27) 例えば、ジグムント・バウマンはイギリスの状況について次のように言っている。「ここ最近の『経済的奇跡』の国、イギリスにおける下位五分の一を貧困層は、他の主要な、どの西側諸国の下位五分の一層よりも購買力は小さいが、他方、上位五分の一の富裕層は、ヨーロッパにおいても最も富裕であり、伝説的な日本の金満エリートに匹敵するくらいの購買力を享受している。貧乏人がより貧乏になるほど、彼らの目の前で、憧れ、渇望し、張り合おうとする対象として設定されるこの生活様式はいっそう金のかかるものとなり、また、いっそうを移り気に変化するものとなる。」（ジグムント・バウマン『労働倫理から消費の美学へ――新たな貧困とアイデンティティのゆくえ』山之内靖・酒井直樹編『総力戦体制からグローバリゼーションへ』平凡社、一〇〇三年、二三三頁。）

(28) 融資資金の一部は第三世界諸国の独裁者達の懐に蓄積された。一九七三年から一九八二年の間に、非石油産出国の負債は五倍となり、六一二〇億ドルに達した。ウェイン・エルウッド『グローバリゼーションとはなにか』渡辺雅男・姉歯暁訳、こぶし書房、二〇〇三年、五八頁参照。

(29) 渡辺・姉歯、前掲訳、六六頁。

(30) W・I・ロビンソンはトランスナショナルな資本家階級の生成について語っている。A. W. I. Robinson, *Theory of Global Capitalism Production, Class, and State in a Transnational World*, The John Hopkins Univeysity Press, 2004.

(31) 武藤、前掲論文、三〇八頁。

(32) 帝国循環については、二宮厚美「新福祉国家再建と平和構想――「大砲かバターか」の現代的選択」渡辺治・和田進編『平和秩序形成の課題』講座 戦争と現代5、大月書店、二〇〇四年、一七六―八頁参照。

(33) 戦時体制論については、山之内靖・ヴィクター・コシュマン・成田龍一編著『総力戦と現代化』柏書房、一九九五年、伊豫谷登士翁・成田龍一編『再魔術化する世界総力戦・〈帝国〉・グローバリゼーション』御茶の水書房、二〇〇四年、第一章参照。

(34) ユルゲン・ハーバーマス「一九九〇年新版への序文」『公共性の構造転換』細谷貞雄訳、未來社、一九九四年、第二版、xxxvii。

第九章　ウェーバーとハーバーマス

一　共通点と相違点（I）

ハーバーマスによれば、ウェーバーは宗教史的な呪術からの解放過程を曖昧で錯綜した合理性概念を用いて分析したのであり、ウェーバーは近代において貫徹された社会的合理化を目的合理性の限定された理念を導きの糸にしていたが、この点はウェーバーに限ったことではなく、マルクスもホルクハイマーもアドルノも同様であって、彼らは社会的合理化を道具的・戦略的合理性の進展と同一視ながら、しかし他方では同時に合理化過程の相対的な位置関係を計るのを可能にするような包括的合理性を念頭に置いてもいた。

ところで、私がここで明らかにしたいことは、ハーバーマスがウェーバー理論のどのような点を批判したのか、逆に言えば、どのような点を批判しなかったのかという点である。こうした点の考察を通して、ということはハーバーマスのウェーバー批判の仕方を再構成することによって、ということであるが、ハーバーマス理論とウェーバー理論の共通点と相違点が明らかになるであろう。こうした考察はまた、ウェーバーとハーバーマスが彼らの共通点において何を暗黙の内に前提していたかをも明らかにするはずであり、その際また、ウェーバー理論（社会的合理化の理論）のハーバーマスの再構成の内に現われてくる、ウェーバーとハーバーマス理論のある種の共通点を摘発すること、さらに進んでその共通点の廃棄が社会理論に対して如何なる含意を持つかを明らかにするはずである。ここにおいて摘発されるべき共通点はまさしく、ウェーバーとハーバーマスに共通である故、ハーバーマスはその共通点をことさら問題化することはなかったのである。ここで言及したい共通点は二つある。

①行為類型の制度化に関するもので、異なる行為類型が異なる社会制度へと制度化されるという暗黙に抱かれた観念。簡単にするために、行為類型を、目的合理的行為とコミュニケーション的行為の二つに限定して論じてみよう。先走って言えば、行為類型の制度化にあっては、行為類型Aが社会制度A'へと制度化され、Aとは異なる行為類型Bが社会制度B'へと制度化されるというのではなく、行為類型の複合体が制度として制度化されるのである。私見では、コミュニケーション的行為が生活世界に、それが制度化されるという仕方で対応し、目的合理的行為・戦略的相互行為がシステムへと制度化されるというのではない。このような表象は廃棄されなければならない。確かに、国家と経済という行為領域にあっては、目的合理的行為・戦略的相互行為が制度化されているということができる。（ただし、ハーバーマスにあっては、そうした行為の制度化は、同時に機能システムとして把握される。）しかし、そこにコミュニケーション的行為が存在しないのではない。なるほど限定された仕方においてにせよ、あるいは抑圧された仕方においてであるにせよ、コミュニケーション的行為はそれらのシステム内部に存在しているのである。政治と経済という行為領域の（社会空間的意味で）の外でコミュニケーション的領域たる公共性が展開しうるとともに、システム内部でも批判を通して（少なくとも可能性において）コミュニケーション的行為が活性化しうるのである。ところが、ウェーバー＝ハーバーマスにあっては、異なる行為類型が異なる社会領域に制度化されるという表象が支

配的である。

しかし、ウェーバーとハーバーマスの間に相違点がある。ハーバーマスは、ウェーバーでは見失われてしまった可能性をもたらすという。けれども、我々はハーバーマスでは見失われてしまったある種の可能性を考慮することができる。これはウェーバーにおいて、経済も国家アンシュタルトも生活秩序だという点に関係している。（この点は生活世界ないし生活秩序の概念に変容をもたらす。）これは近代におけるシステムと生活世界の相互分化というハーバーマスの構想と矛盾しており、それゆえ、システムと生活世界の相互分化というこの構想を破壊する潜在力を持っている。全てが生活秩序であれば、問題になるのは生活世界の分化なのであって、システムと生活世界の分化なのではない、ということになる。

かの我々が摘発したい、異なる行為類型の異なる社会的行為領域への制度化というウェーバー＝ハーバーマス的表象が成立する社会的根拠は、フォーディズム的世界の形成にある。（システム内部からのコミュニケーション的行為の排除、ハーバーマスでは、システム内部でのシステムに対する批判的討議の審級の可能性は排除されてしまっている。システムに対する批判的行為はシステムの外からのものでしかあり得ない。）

②人間と自然との関係に関して、人間と自然との二元論的見地が両者に共通であるように思われる。この二元論の克服は何をもたらすだろうか。それは我々を生＝生命の次元へともたらす。生活秩序、あるいは生活世界は改めて、人間的生＝生活生命の次元から考察されることになる。

二　歴史と自然の二元論

ハーバーマスによれば、近代に至って従来宗教的に解釈されていた偶然性の体験や意味問題は解消されてしまったというのがコンドルセの考えである。こうして意味問題は科学的に解決可能な科学的問題へと解消されることになる。してみると、人間的生の意味問題は（自然）科学的な問題になり、人間的生が自然過程へ還元されるということになろう。コンドルセにあっては、（科学的）知識の集積と普及が文明の進歩をもたらすものとなり、こうした文明の進歩は自然科学的に説明可能な現象、すなわち、合法則的に進行する認知過程となる。

ハーバーマスによれば、この点はウェーバーをして社会的合理化の過程を宗教的世界像の発展を手がかりとして追求せしめた点であった。というのは、ウェーバーにとって人間的生の意味問題は科学的問題、つまり科学的に解決しうる問題へと還元されることはできないからである。

スペンサーにあっては、科学の進歩ではなく、種の自然的な進化こそが変化の累積を説明するためのパラダイムになる。種の歴史はそれ自身自然的な進化過程に還元されるわけである。文明の進歩は自然進化の延長であり、継続に他ならない。文明の進歩はこのように自然進化の延長であるが、それとともに同時に自然法則によって支配されるものとして理解される。かくて、文明の進歩は自然過程へと還元されるわけである。こうした考えをハーバーマスは、歴史哲学の自然史的誤謬と呼ぶ。新カント派は自然主義的誤謬を批判したのであったが、この自然主義的誤謬は歴史哲学の場面で自然史的誤謬として現われる。ハーバーマスによると、この自然史的誤謬の基礎にあるのは、生物学から得られた経験科学的な進化観である。ところで、まさしくウェーバーが批判したのは、そうした進化観であった。

「ヴェーバーの批判の眼目は、進化論的決定主義、倫理的自然主義、並びに発展理論の普遍主義や合理主義に対するものだったのである。[1]」新カント派は存在と当為の区別を手にして倫理的自然主義を拒否したが、これは人間の自然への還元を拒否するものである。ウェーバーにとって、社会の変化は社会システムの進化論的メカニズムによってではなく、意味連関から説明されなければならないのである。これがウェーバーの観点であった。

　しかし、この場合、自然史的誤謬は回避されるが、今度は人間（或いは人間社会とその歴史）と自然との分断、人間（人間社会とその歴史）と自然の二元論が生じる危険がある。[2] 還元主義に対する否定は、この場合、自然と人間との二元論である。人間とその歴史の自然及び自然過程への還元の抽象的否定物は人間（及び人間社会とその歴史）と自然という二元論である。還元主義と二元論は相互に抽象的に対立している。ウェーバーとハーバーマスには、私見では、この二元論があり、この点が両者に共通の点の一つである。ウェーバーにあっては、変化を説明する意味連関と理念の内的論理は非自然的なものとして自然に対立している。私見では、人間（及び人間社会とその歴史）と自然との関係に対して、二つの抽象的で、それ故克服されるべき観点がある。一つはかの還元主義であり、もう一つはかの（人間と自然との）抽象的対立である。抽象的対立にあっては、自然は非－人間として、人間は非－自然として現われる。[3]

三　ウェーバー理論に対するハーバーマスの取り扱い——近代的意識構造と世界の合理化

　本節は、ウェーバーの理論に関する私の再構成ではなく、ウェーバーの理論に関するハーバーマスの叙述の再構成である。

資本主義的経営と国家が近代にいたって分極化してくる。これは社会的合理化であり、文化及び人格レベルにおける合理化から区別される。ハーバーマスの見るところ、ウェーバーが説明しようとしたのは社会的合理化であって、文化及び人格のレベルでの合理化ではなかった。

ところで、ハーバーマスによれば、ウェーバーは文化的合理化を近代科学、自律的芸術、そして宗教的に根拠付けられた原理に指導された倫理から読み取った。ここで言及されているのは、三つの価値領域である。世界の脱魔術化の進展とともに、宗教的世界像が首尾一貫して合理化され、これとともに文化レベルで三つの価値領域が分化してくる。それは、認知的—道具的領域、規範的領域と審美的領域である。(4) それぞれの価値領域は相互に分化することによって、すなわち、科学は芸術と法—道徳から、芸術は科学と法—道徳から、法—道徳は科学と芸術から分離することによって自律的になる。

さて、こうした文化的価値領域の分化こそが、近代的意識構造を特徴づけているものである。ハーバーマスによれば、法—道徳の自立化の延長線上に、形式的な法、現世的心情倫理と責任倫理が出現する。近代的意識構造をもたらすものは、ウェーバーにおいて、文化的合理化であり、この場合、文化的合理化というのは、首尾一貫して体系化され、それ固有の内的法則性に従うようになること、そして三つの価値領域の相互分化という二つの意味ないし二つの契機を含む。この合理化において「科学や技術、自立的芸術や自己表示的表現の価値、普遍主義的法観念や道徳的観念といったものの形成を通じて」「三つの価値領域の分化が進行する。(5)」この分化は文化レベルで、文化的価値領域で生じる。文化のレベルでの合理性、すなわち文化的合理化は人格レベルに影響を及ぼす。とりわけ文化レベルにおける倫理的合理化は、そしてプロテスタンティズムの倫理はこの文化レベルに属し、倫理的合理化を体現するものであるが、人格レベルにおいて方式的生活態度を生み出すのである。文化地平における倫理的合理化は人格体系の地平に影響を及ぼしたのであり、これが社会的労働の領域における認知的―道具的態度のための基礎となった。

ここで、第一に、方式的生活態度、第二に、認知的―道具的態度が言及されている。態度というのは人格の態度、世界に対する人格の態度であって、それは人格の地平に属する。（世界像のあり方が異なる生活態度を生み出すのである。）社会的労働の領域における態度、認知的―道具的態度の基礎になったのは、ウェーバーにとって、プロテスタンティズムの倫理であった。宗教的世界像の合理化は文化の地平に属しているが、生活態度は人格について言われるものであって、合理的な生活態度に宗教的世界像の合理化は影響を与えた。つまり、社会的労働の領域における認知的―道徳的態度、あるいは社会的相互行為の領域における認知的―道具的態度の基礎をなしたのがプロテスタンティズムの倫理であった。合理的生活態度は人格について語られるのであり、この合理的生活態度の宗教的基礎であったのは、文化的レベルの合理化である。(6)

さて、ここで行為類型について考えてみよう。先に述べたように、ハーバーマスによれば、ウェーバーが説明しようとしたのは社会的合理化としての経済と国家の制度化であったが、両者とも目的論的行為の制度化であるとされる。ウェーバーにとって、社会的合理化の局面である経済と国家の制度化は目的合理的行為の制度化であり、そしてハーバーマスもそのように考える。

資本主義的経済は経済行為に対応し、近代的国家アンシュタルトは法的な調整行為に対応するが、いずれも目的論的行為である。(7)ウェーバーにあって、実践的合理性とは、行為する主体が周囲を統御しようとする意味で語られており、この実践的合理性を、ハーバーマスの言うには、ウェーバーは目的合理性を鍵として解明する。宗教的合理化あるいは世界の魔術からの解放の過程で、世界像の合理化が行なわれ、この合理化過程で三つの価値領域が分化することが述べられた。宗教的合理化の過程で近代的意識構造が成立する。ウェーバーは、世界の合理化過程を追求するのである。けれども、ハーバーマスの見るところ、ウェーバーにあっては合理性の概念が目的合理性に偏りすぎており、狭すぎるものであった。ウェーバーは、目的合理的局面と価値合理的行為局面の組み合わせとしての実践的合理性という複合的概念を用いた。しかし、ウェーバーは社会的合理化をもっぱら目的合理性の局面から考察している。

ハーバーマスがこのように言うとき、彼は十全に再構成された近代的意識構造とそれが内包する包括的な合理性を念頭に置いている。ハーバーマス自身は近代的意識構造を次のように再構成する。実践的合理性の複合的概念は理論的合理性と実践的合理性の複合である。世界像の合理化の進展の中で、認知的・規範的・自己表示的構成要素が分割され、それぞれの領域において独自の内的法則性が意識されてくる。これが文化的合理化である。すると、それぞれの領域において一つの抽象的な価値基準の下で客観的進歩、完成化が可能となる。すなわち、それぞれの領域において価値が増大するのであるが、その際価値の増大とは、認知的領域においては理論的知識の増大という意味での理論の進歩であり、法＝道徳の領域においては普遍主義的原則がますます精密化した形で構成されることであり、審美的領域においては審美的な根本経験が理論的－道徳的付随物から解放されて構成される、ということである。かの抽象的価値基準とは、真理、規範的正当性と確証性である。これらの抽象的観念はそれぞれの領域での進歩がその下ではかられる基準であって、価値領域の固有法則性にとって基準となるものである。これは認知的価値領域においては真理であり、道徳的価値領域においては正義であり、自己表示的領域においては美、誠実性である。

近代的意識構造は三つの合理性の複合体へと結晶化する。それは、第一に、認知的－道具的合理性であって、これは科学と芸術及び社会工学に対応する。第二に、道徳的－実践的合理性であって、これは法と道徳として展開する。第三に、審美的実践的合理性であって、それはエロティックと芸術に対応する。領域からすれば六つである。六つの領域に対応する理念が利害と結合することによって新しい生活秩序、すなわち行為体系が生ずる。文化的行為体系と社会的行為体系とは区別される。

ところがウェーバーは、こうした包括的な合理性概念を念頭に置きながらも、その合理性概念の潜在力を十分に引き出すことが出来ない。それは、先に言及したように、ウェーバーの合理性概念が目的合理性に偏りすぎていたからである。それには理由があった。ウェーバーは宗教的世界像が呪術から解放される過程を資本主義的経済倫理の成立を解明するという見地から再構成する。目的合理的行為のサブシステムを社会的に統合するという近代に主要な問題の文化的諸前提をウェーバーは明らかにせんとする。ウェーバーの視角ははじめからこのような方向に限定されていた。ウェーバーにとって解明されるべき事柄は社会的労働の分野において、目的合理的行為志向の制度化はいかにして可能となったのであろうかということである。この場合、説明されるべきであったのは、経済的行為や行政的行為の目的合理性ではなく、これらの行為の制度化である。ウェーバーは以上の制度化に関して、二段階的に構成された説明を提供している。第一に、世界像の合理化とともに近代的意識構造が成立する。第二に、近代的意識構造が資本主義的経営と国家アンシュタルトという形で制度化される。この制度化は同時に目的合理的行為の制度化である。

ウェーバーは、目的合理性が制度化されるという事実から出発し、「何ら躊躇することなく、合理化のこのような歴史的形態を社会的合理化そのものと同一視した[8]」。このことによって、ウェーバーの視角があらかじめ限定されてしまったのであり、「ヨーロッパが歩んだ合理化の道は、体系的には可能な多くの道のうちの一つのものでしかなかったのであろうか[9]」という問いが立てられなくなる。それ故に、ウェーバーは、「合理化された生活世界の反事実的に構築された可能性と対比してみることなく、西洋合理主義という事実的にそこに依存していた形象から直接的な形で出発したのである[10]。」

以上のように、ウェーバーに対するハーバーマスの批判点は、ウェーバーの合理性概念が結局目的合理性という合理性の一形態に偏りすぎており、かくて、包括的合理性の概念の有する潜在力を（十分に）引き出すことが出来ず、それ故にまた、現実の社会的合理化が歩んだ道とは異なる反事実的可能性を考慮することが出来なくなったという点にある。しかし、それにしても、この批判にも拘らず、ウェーバーとハーバーマスに共通している点がある。ウェーバーは、資本主義的経営と国家アンシュタルトを目的合理的行為という行為類型の制度化と見なしたが、この点自体については、ハーバーマスは何ら疑義を提出していない。ハーバーマスの理論では、近代にいたって経済システムと政治システムが相互に分化するだけではなく、システムと生活世界が相互に分化する。そしてこのシステムは目的合理的行為（と戦略的相互行為）という行為類型の制度化であり、この点においてウェーバーと異なるところはない。むしろ、この共通点は、まさしく共通であるが故に、ウェーバー理論のハーバーマスの取り扱いにおいては、主題として現われてはこなかったのである。ところで、私が疑義を呈したいのは、まさしくこの共通点、すなわち、資本主義的経営と国家アンシュタルトが目的合理的行為という（一つの）行為類型の制度化と見なされる、という点である。

四　ウェーバーの「中間考察」

次に、以上に述べた事柄との関連で、ウェーバー自身において事態はどうなっているかを見るために、ウェーバーの『経済と社会』に付けられた「中間考察」を検討してみたい。

行為と状態

ウェーバーにあって、意識とは世界と自己に対する構え、態度、振る舞いを意味する。態度とは世界と自己に対する振る舞い方といってよいであろう。現世に対する態度とは、現世に対する振る舞い方であって、それは第一に現世否定と第二に現世肯定に別れる。行為とは一定の態度、振る舞い方の下での世界への介入であるとしよう。行動的禁欲は自らを神の道具と見なし、聖意にかなうように行為することを意味する。ここで行為とは世界の介入である、さて、もし我々が世界に対する振る舞いを広義の意味での行為とするならば、この振る舞いとしての行為には、世界に介入しないことがあることになる。これは状態である。してみると、この場合には、広義での行為（＝振る舞い）に二つが区別されることになる。すなわち、世界への介入としての行為と状態としての行為である。しかし、もし振る舞いを広義に取り、行為を狭義に取るならば、次のようになろう。すなわち、振る舞いには世界への介入＝行為と持っているという意味での状態の両者が含まれる。すると、振る舞いに行為と状態が区別されることになる。「中間考察」でのウェーバーの用法からすれば、この後者がウェーバーの用語法に合致している。禁欲と神秘論の類型において、行為と状態が区別されている。現世拒否には行動的禁欲と現世逃避が区別される。行動的禁欲とは人間が神の道具として神の聖意にかなうように行為することであり、神秘論の瞑想的な救済の場合には、個々人は神の道具なのではなく、神的なものの容器なのである。

世界像の合理化と価値領域の分化

ウェーバーの「中間考察」は、世界の脱魔術化、世界の合理化という文脈のうちに置かれている。禁欲と瞑想にも技術がある。より技術化することは合理化であるが、また首尾一貫して体系化してくること、これまた合理化の要素である。世界の合理化とともに、それぞれの価値領域が分化する。そしてこの分化が、それぞれの価値領域の矛盾・衝突・対立を惹起する、というのである。世界の魔術からの解放というこの過程は、ウェーバーによれば、不可避的に神々の闘争へと導いていくからである。宗教的世界像の合理化、これは魔術からの世界の解放の過程の一局面である。「中間考察」に見られるウェーバーの同時代診断にあっては、分化する価値領域として現われるのは、科学、芸術、性愛、政治と経済の領域であるが、ウェーバーは「中間考察」において、文化的行為体系と社会的行為体系を区別しておらず、それらは同列におかれている。それ故、「中間考察」において、宗教的な友愛倫理が対立するとされるのは、知とそれに対応する学問経営、芸術とそれに対応する芸術経営、富とそれに対応する経済、権力とそれに対応する政治、愛と快楽主義的対抗文化の五つである。これらの価値領域は普遍主義的な友愛倫理と対立・矛盾するに到る。それぞれの領域に対立するとされるのは、普遍主義的な友愛倫理である。

普遍主義的な友愛倫理

救いの予言が純粋に宗教的な基礎の上に立つ宗教的共同体をつくり出す場合、この宗教的共同体が真っ先に対立するのは、ウェーバーは言っているが、氏族共同体である。自然的な血縁関係、夫婦の共同性よりも、救世主、預言者、信仰の同胞の方が親近であるべきだという観念は宗教的共同体と氏族共同体の対立を生みだす。

この場合自然的な諸関係の価値は低下するのであり、ここで救世主を待望する教団的宗教意識が成長すると、新しい社会的共同体が創設される。ここに出現するのが対内道徳と対外道徳の二元論である。対内道徳の場合、古い隣人的倫理が教団的宗教意識の同胞に適用されるということになる。ところが、救いの予言の場合に、内的－外的困難が共同体的関係にとって構成原理となり、救いの観念が合理化され、そしてさらに心情倫理的に昇華されると、相互扶助倫理から生まれた命令へと高められ、これは同胞倫理の上に立つ隣人愛、人間愛の方向へと、すなわち宗教的な愛のレベルへと高められ、経験的なものはすべて苦難をもたらすということになると、宗教的な愛は対象なき無差別的な愛へと流れこむ。これは普遍主義的な同胞意識を目指すものである。まず、古い隣人的倫理が教団的宗教意識の同胞に適用される。次に、これは相互扶助倫理から生まれた命令へと高められ、隣人愛、人間愛の方向へと向かう。そして最後に、宗教的な愛は対象なき無差別的な愛、すなわち普遍主義的な同胞意識を目指すものになる。けれども、この普遍主義的な同胞意識は、ハーバーマス的に言えば、むしろコミュニケーション的倫理へと接続され得るものであろうが、ウェーバーはこうした方向をとっていない。ウェーバーは「道徳的＝実践的合理性の複合体について……近代的科学及び自立的文化の水準に対応した宗教的友愛倫理の世俗化された形態や、そうした倫理の救済宗教的な基礎からの切断されたコミュニケイション的倫理を何ら考慮せず、かえって、宗教と世界との間の緊張関係についてのみ、一般的に止目し続けている[11]」。

宗教的友愛倫理の世俗化された形態、並びに救済宗教的基礎から切断されたコミュニケーション的倫理は道徳的＝実践的合理性の複合体を構成する要素であるはずのものであるが、ハーバーマスによれば、ウェーバーはコミュニケーション的倫理というものを何ら考慮することがなかったのである。

ウェーバーは、普遍主義的な同胞意識と現世の秩序や価値との衝突を論定する。「現世の秩序や価値がそれぞれの固有な法則性にしたがって合理化され昇華されていけばいくだけ、この分裂も、ますます和解しがたいものとなっていくのが通例であった[12]。」けれども、例えばわれわれが連帯に志向した経済というものを考えるならば、経済という現世的な生活秩序と普遍主義的な同胞意識、ひいてはコミュニケーション的倫理とそれが必ず矛盾し、和解しがたく対立するというわけのものではないはずである。しかし、ここでの我々の関心は次の点にある。すなわち、宗教的友愛倫理の実践体たる宗教共同体、つまり社会的共同体として形成された宗教的共同体にあっては、普遍主義的な友愛倫理にのっとった相互行為が遂行されるという点である。これは、普遍主義的な友愛倫理には宗教集団という一つの社会集団が割り当てられているということを意味する。

普遍主義的な宗教的友愛倫理とそれぞれの価値領域との和解しがたい対立

ウェーバーが論定しているのは、経済的、政治的、審美的、性愛的、知的諸領域と宗教的な友愛倫理との和解しがたい対立である。さて、ここで我々が注目するのは、行為類型と社会秩序、あるいは社会的なサブシステムとの間の対応関係である。つまり、ウェーバーにおいてこの対応関係はどのようになっているか、ということである。

合理的な経済。これはウェーバーにとって近代合理的資本主義の生成とともに、目的合理的行為の制度化として生じた生活秩序に他ならない。この近代合理資本主義がその固有法則に従うようになればなるほど、これは宗教的な同胞倫理とは関係ないものになる。ウェーバーが言う内的論理、固有法則性とはどのようなことか。それは近代合理的資本主義、合理的な経済の事象的な性格のことである。この事象的な性格が宗教的な同胞倫理と対立することになる、というのである。ウェーバーによれば、合理的な経済は事象的な性質を帯びた経営、市場での利害闘争から生まれる貨幣価格による評価なしには可能ではない。そして貨幣とは抽象的で無人間的なものである。近代合理的資本主義がそれ固有の法則に従うようになればなるほど、それは宗教的な同胞倫理とは関係ないものになっていくが、この場合、固有の法則性というのは経済がますます事象的な性質を帯びるということ、抽象的で無人間的なものである貨幣によって評価が行なわれる、ということである。これが経済の固有法則性のことに他ならない。なるほど、普遍主義的な宗教的友愛倫理においても、「無差別主義という意味での愛の独自な無人間化の傾向がたしかに存在するが」、この普遍主義的な友愛倫理はそれとは別の「無人間的な、そして、まさにそれゆえに、とりわけ同胞倫理に対して敵対関係に立つことになるような経済的諸力の展開に対して、つねに強い不信の目を向けることになったのである。[13]」

審美的領域。これまた生の世俗的領域に他ならない。（ハーバーマスはこれを文化的行為領域としていた。）社会的合理化の進展とともに、芸術は独自の固有な価値の世界を打ち立てるようになるが、それは現世的救いの役割を受け持つようになる。なぜなら、芸術は理論的宗教的合理化の増大した圧力からの救いという意味を持つようになるからだ。ところが、性愛の領域がまたそうした救いの意味を持ってくる。それは合理的なものに対する現世内的な救いであって、これは現世拒否に対応する。それ故、普遍主義的な宗教的友愛倫理と性愛はまさしく救いという点において相互に競合することになる。それぞれの領域、価値領域の合理化が進展すればするほど、それぞれの領域内でその内的な自己法則性が意識され、貫徹されるようになるのであり、そしてこの自己法則性が意識され、貫徹されればされるほど、予言者的、あるいは救世主的宗教は現世的秩序、生活秩序と緊張関係に立つようになる。してみると、ウェーバーによれば、宗教倫理が現世的秩序と衝突し、矛盾するに至るのは、それぞれの領域が、すなわちそれぞれの生活秩序がそれ固有の法則性に従って運動する程度においてであることになる。ここで問題なのは、あるいはここで語られているのは、固有法則性である。それぞれの領域の固有法則性が矛盾する、あるいは宗教倫理は現世的秩序の固有法則性と矛盾することになる。このことは宗教の側からも言うことができる。すなわち、予言者的救済の内容が合理的となり、救いの手段としての救済財を指向するようになるまでそれが展開するや、宗教の側からそれが現世的秩序に矛盾し、衝突することになる。それぞれの価値領域の対立とは、厳密にいえば、それぞれの価値領域の固有法則性の対立である。

ウェーバーは、初めから、それぞれの価値領域の内的論理、すなわち固有法則性の間に対立、衝突、矛盾を論定している。しかし、このように内的レベルにおいて対立を論定することは妥当であろうか。ハーバーマスであれば、この対立は、社会的合理化の、あるいは資本主義的合理化の選択的実現の故にであった、と言うであろう。次のように言うことはできないであろうか。すなわち、ウェーバーは、事実的な歴史過程、現実的な歴史過程において事実的に生起した社会的合理化にはらまれる諸要素をそれぞれの領域の内部に、固有法則性のうちに置き移してしまったのではないか、と。ウェーバーが論定している、それぞれの価値領域の内的法則性は、それとしてみれば、相互に矛盾・対立する必要はないのではないであろうか。それぞれの領域の固有法則性、内的論理は相違している。しかし、この相違がその内的論理からして矛盾であることはない。すると、内的論理が相互に矛盾するに至るのは、どのような場合か、ということが研究の主題になってくる。ところが、ウェーバーは、内的論理、固有法則性のレベルで矛盾・衝突・対立を論定することで終わった。

行為類型の異なる社会領域への割り当て

先に見たように、宗教的な友愛倫理の実践の場は宗教教団であったが、この宗教教団は、友愛倫理が体現される（文化的）行為体系である。これに対して、例えば経済や国家という目的合理的行為の制度化たる生活秩序にあっては、目的合理的行為が遂行される。ここで我々が止目したいのは、ウェーバーにあっては、普遍主義的な友愛倫理に則った相互行為と目的合理的行為とはそれぞれ別の行為領域に割り当てられている、ということである。経済と国家は目的合理的行為の制度化された形態、生活秩序に他ならない。普遍主義的な友愛倫理に則った（あるいは普遍主義的な倫理が世俗化され、あるいはその救済宗教的基礎から切断されたコミュニケーション的倫理に則った）相互行為と目的合理的行為がそれぞれ別の行為領域に割り当てられている、ということである。すなわち次のようになる。

普遍主義的な友愛倫理的に則った相互行為＝宗教教団

目的合理的行為＝国家アンシュタルトと経済

国家アンシュタルトと経済は目的合理的行為の制度化であるわけである。すなわち、目的合理的行為は、それぞれ別の仕方で、国家アンシュタルトと経済において制度化されるのであり、そしてウェーバーは、それぞれの領域の内的論理、つまりは固有法則性と普遍主義的な友愛倫理の間に和解しがたい対立を論定するわけである。

ここで、先走って言えば、ハーバーマスの『コミュニケーション的行為の理論』の理論枠組みにおいて不幸であったのは、システム分化の論理がシステムと生活世界の分化に適用されてしまった点にある。ここに、行為類型と部分システムとの間の対応の表象が入りこんだのである。しかし、サブシステムとしての制度化された経済や国家は、一つの行為類型が中心的位置を占めているとしても、他の行為類型、言語行為、コミュニケーション的行為がそこに全く存在しないのではなく、そうした行為類型の複合体として存在する。経済という行為領域にあっては、行為類型の複合体が富の生産と分配に方向づけられているのである。この点、ウェーバーは、国家や経済といった生活秩序を、目的合理的行為の制度化として把握したのであるが、この点をハーバーマスは継承してしまっている。重要な点は、サブシステムとして制度化されたものは行為類型の複合体だということであって、ウェーバーの言う生活秩序を一つの行為類型の制度化だとして捉えることはできないのである。ただし、経済と国家としてのリブシステムにおいて一つの行為類型、即ちハーバーマスの言うコミュニケーション的行為が抑圧されてしまうことがある。けれども、抑圧されるということは消失するということを意味しているのではなく、抑圧されたものとして存在し続ける。この抑圧されたものとして存在し続けるということこそがコミュニケーション病理を生み出すのである。もしそれが存在しないのなら、あるいは消失してしまうなら、コミュニケーション的病理も生じない、ということになろう。

五　共通点と相違点（Ⅱ）

ハーバーマスは西洋社会の近代化を普遍史的な合理化過程の所産としてとらえようとしたウェーバーの理論全体の構造を再構成しようとするのであるが、それはウェーバーの理論全体の構造を分析し、再構成することを通じてウェーバーでは抑圧されてしまった他の理論構想の可能性を示し、もって自己のコミュニケーション的行為の理論への道を開くためであった。けれども、このようにして開かれたハーバーマス自身の理論構想とウェーバーの議論には、ある共通点、共通要素が認められる。なるほど、ハーバーマスはウェーバーの議論構想とは違った理論構想を提出するのであるが、私の見るところ、その共通要素から見るならば、そしてあくまでその限りにおいてであるが、ハーバーマスの理論はウェーバーの理論の延長線上にある。この共通要素を棄却すれば、ハーバーマスとは異なる理論構想が生じよう。さらに、私はその共通要素とフォーディズム時代というその時代背景との関連性を分析しなければならないであろう。私がここで主題化したい共通点は四つある。

（a）異なる行為類型の異なる社会領域への制度化、或いは対応という観念。
（b）人間と自然の二元論
（c）固有法則性の理解
（d）のっぺらぼう性

私がここで止目したい相違点には二つある。

（e）経済と国家がウェーバーでは生活秩序であるとされるのに対して、ハーバーマスでは、国家と経済はシステムとされて、生活世界から区別されていること。この点と関連するが、

（f）ウェーバーにあっては、ハーバーマスに見られる「コミュニケーション的行為」の概念が欠如していること。

順不同だが、これらを考察しよう。

（b）について。ハーバーマスによると、一九世紀の発展理論が合理性問題の解釈にある決定的な転換をもたらしたが、この転換とは種の自然的進化が変化の累積を理解するためのパラダイムとなったということである。ここに、人間と自然との関係の問題が主題化されるということができよう。スペンサーに見られたのは、人間と社会の進化を自然過程へと還元することであった。というのは、文明の進歩は自然進化の継続であるとともに、自然法則によって支配されるとされたからである。文明の進歩が自然進化の継続であるということは、もしこの場合「継続」の意味の中に非連続性の契機、意味が含意されていないならば、それは人間の歴史を自然過程へと還元することを意味することになろうし、文明の進歩が自然法則によって支配されると考えられるならば、文明史の過程は自然史へと還元されることになろう。ハーバーマスは、歴史哲学の自然主義的誤謬ならぬ自然史的誤謬について語っている。ところで、ウェーバーが批判し、その批判から出発したのは、そうした自然主義、つまりは進化論的決定主義、倫理的自然主義、そしてまた発展理論の普遍主義や合理主義であった。人間と自然、あるいは人間社会と自然との関係について、私見

では二つの誤った考えがある。ひとつは、人間と人間社会及びその歴史を自然、自然史へと還元するものである。社会システムを生態学的自然とのアナロジーに基づいて把握する理論はそうしたものであろう。（連続性と非連続性を抽象的に対立させることに問題がある。もし連続性と非連続性が抽象的に対立させられるならば、連続性は非連続性の契機を有さぬものとして、非連続性は連続性の契機を有さぬものとして現われよう。）他は、人間及び人間社会と自然との抽象的な対立を措定するものである。この抽象的な対立措定にあっては、人間は非自然として、自然は非人間として現われる。

さて、歴史哲学の自然主義的誤謬ならぬ自然史的誤謬に対する批判が、ハーバーマスによれば、ウェーバーをして近代社会の成立と発展を合理化として、合理化の観点から取り扱わせしめた。変化は社会システムの進化論的メカニズムによってではなく、意味連関―理念の内的論理から扱われなければならない。すなわち、こうした批判が、ウェーバーの出発点であったわけである。意味連関―理念の内的論理は自然にではなくて、あくまで人間社会と人間社会の歴史に属し、そのうちに位置している。つまり、人間の歴史は、従ってまた社会の歴史は、自然的連関と自然法則によって説明されるべきではなく、非自然的なものとしての意味連関、理念の内的論理から扱われ、説明されなければならない。

我々は、人間―社会の自然への還元を否定するが、しかし同時に人間と社会を自然から分断しない。人間と社会は自然の一種、人間的自然であり、ここには種差がある。連続性と非連続性の統一がある。人間的自然であるということは人間の自然への還元を意味するわけではない。当為は人間社会においてのみ成り立つ。

ハーバーマスは、西洋合理主義の現実的な制度化が近代的意識構造に胚胎した合理性複合の選択的範型であることを示そうとし、こうすることによって、ハーバーマスは、合理性複合の選択的範型を、まさしく選択的範型として論定しうる理論的足場を獲得しようとした。だがそれは、私見では、自然の人間的歴史という別の可能性の点からするものではなかったのである。

（a）について。ウェーバーとハーバーマスに共通しているのは、資本主義的経営と近代国家アンシュタルトの成立は、目的論的行為の制度化だ、という点にある。つまりここでは一つの行為類型が二つの制度へと制度化されている、とされている点である。他の行為類型は別の制度―社会存在―共同体へと転換されるということになる。ハーバーマスでは次のようになっている。すなわち、

目的論的行為＝経済と国家
コミュニケーション的行為＝生活世界

ウェーバーでは、

目的論的行為＝経済と国家
普遍主義的友愛倫理に則る行為＝教団

この点を棄却したとき、社会理論の枠組みにどのような変化が生じるであろうか。

（c）について。ウェーバーは、こうした差異化された価値領域の間の和解しがたい対立・衝突のよってきたる要因を、価値領域の間の固有法則性、内的論理に求めたのであるが、ハーバーマスは、これとは別の説明を行なった。

我々としては、ウェーバーの議論において、この和解しがたい対立が生じる要因を見定め、分析しておく必要があるであろう。それは本当に、個々の価値領域の間の内的論理、固有法則性からやってきたのか。それとも、資本主義的合理化過程が内包する、歴史的に事実的な合理化過程からそれは惹起してきたのか。あるいはそれは、それぞれの価値領域の一貫した合理化のためであったのか、それともまさしく近代経済が資本主義的経済であることに由来していたのか。

現実の歴史過程が近代的意識構造のうちに孕まれた潜在的可能性の選択的実現であったということは、その力学の論定と同じではない。ウェーバーにおいて、経済に関して言えば、固有法則性とは固有の論理、事象性のことであった。ウェーバーにあっては、例えば経済や国家の固有法則性、内的論理というのは事象性、即事象性といったその生活秩序の性格を言うのであって、例えば経済組織が自己を再生産し、展開するダイナミズム、力学を言うのではない。ところで、理念と利害のダイナミズムは、我々が意図している、あるいは念頭に置いているところのダイナミズムとは違っている。

（d）について。現代世界におけるグローバリゼーション過程を扱いうる理論構成という点からして重要であると思われるのは、これは私の見るところハーバーマスの『コミュニケーション的行為の理論』で提示された社会理論とルーマンのシステム論に共通していると思われる点であるが、経済システムについてみれば、そのシステムがのっぺらぼうだ、ということである。ここでののっぺらぼうというのは、フォーディズム−ポストフォーディズムの区別がつかない理論構成になっている、ということである。両者ともある種の抽象のレベルで運動しているのである。

（e）について。他方、ハーバーマスとウェーバーの相違の一つは、ハーバーマスでは近代にいたってシステム（国家および経済）と生活世界が分化するとされるが、ウェーバーにはこういう構想はない、ということである。というのも、経済と国家はウェーバーにあって、両者とも生活秩序であるからである。さてここで次の点を考察してみよう。すなわち、ハーバーマスの理論構成では失われてしまったウェーバーの理論的可能性を解放し、ハーバーマスの理論構成から解放する、ということである。すると、我々はハーバーマスが行なったのとある意味で逆のことを行なうことになる。ここで私が意図しているのは、近代におけるシステムと生活世界の相互分化という構想を廃棄し、政治及び経済という行為領域を生活世界として、生活世界を織り成すそれぞれの行為領域として、ウェーバーの言葉では生活秩序として捉えるということである。

(f)について。ハーバーマスのウェーバーに対する批判の枢要点はこの点に関係している。

［1］まず、世界像の合理化がウェーバーにあっては倫理的合理化に偏りすぎていると言われた。世界像の合理化は、倫理性の観点から、そしてその観点からしてのみ考察されているということは、ウェーバーが念頭に置いているのは、世界像の倫理的合理化であって、これに限定されている、ということである。してみると、近代的意識構造のうち、規範的－道徳的次元が世界像の倫理的合理化に制限されている、あるいはその基礎をなすものに制限されている、ということになる。ではしかし、この場合の倫理的合理化とは何を意味するのか。まず言及されているのは、世界像の倫理的合理化であるが、世界像の合理化の分析に際して認知的要素や自己表示的要素を分析することも可能であったはずだ、というのがハーバーマスの主張である。これが言及されている第一の制限である。ウェーバーは世界像の合理化をもっぱら倫理的合理化の観点から分析したが、これがプロテスタンティズムの倫理である。

［2］この倫理的合理化がまた制限されている、ということになる。というのは、そこに「ミュニケーション的倫理は入り込んでいないからである。

ウェーバーは宗教的世界像の呪術からの解放過程を分析するのであるが、その際にウェーバーの思考を指導したのは、資本主義的経済倫理の成立を解明する、という見地であった。この見地によって、ハーバーマスの見るところ、近代的意識構造のうちにある一定の要素だけが考慮されるということになった。ウェーバーにとって課題であったのは、目的合理的行為の分化した部分システムを社会的に統合する際の文化的諸前提を解明するということである。これが研究目標であった。けれども、これによって、ハーバーマスで見るところ、ウェーバーの思考が内包する理論的潜在力が抑圧されてしまったのである。ともあれ、ハーバーマスが言いたいのは、ウェーバーは宗教的倫理の世俗的形態、すなわち宗教的基礎から切断されたコミュニケーション的倫理を考察しなかった、ということである。

プロテスタンティズムの倫理は資本主義の担い手層に根差すものになるけれども、これは近代的世界理解において原理的には開かれた意識構造が選択的にしか働かなかった、ということを意味している。倫理的合理化、すなわち文化レベルにおける倫理的合理化は単にプロテスタンティズムの倫理だけにつきるものではないであろう。プロテスタンティズムの倫理とは別の普遍主義的な友愛倫理もまたあったのである。「再洗礼派の如く、普遍主義的な友愛倫理をより首尾一貫した形で、つまり、社会的共同体と政治的意志形成の新しい形態の中でも制度化しようとしたプロテスタンティズムの教派に別の光を当てることになるであろう。[14]」ハーバーマスによれば、ウェーバーは彼の合理化の理論を完全に展開することができなかったのであるが、その内在的理由は何であったのか。それは彼の理論構成自体に内在する誤謬のためであった。その誤謬は理論戦略上重要である二つの点に関係している。第一に、ウェーバーは社会的合理化をその全複合性において説明しようとしたにも拘らず、目的合理性以外の局面から行為体系の合理化を研究することを妨げたものは、第一に、コミュニケーション的理性の概念が欠如していたこと、第二に目的合理的行為のサブシステムが道徳的–実践的基礎から切断されて自立化されるのであるが、サブシステムのそうした自立化は行為志向の合理化というよりも、システム分化の新しい水準と関係していたのであり、ウェーバーはこの観点を持たなかった、ということである。

新たな社会理論の枠組み

ウェーバー理論における行為概念の狭隘さに対するハーバーマスの批判を受け入れて目的論的行為のほかにコミュニケーション的行為を考慮に入れ、かの一つの行為類型の制度化という観念を棄却し、ハーバーマスのシステムと生活世界の分化という観点を廃棄するならば、どういうことになるであろうか。

私見では、『コミュニケーション的行為の理論』で提出された理論枠組みは、そして『公共性の構造転換』に新たに付けられた序文で提出された市民社会の構想は新自由主義的グローバリゼーションの進展とともに現出した世界経済のあり方に対抗する対抗経済を扱うことができないのである。むしろ、（世界）市民的公共性の運動は新自由主義的グローバリゼーションが産出した（経済制度を含む）世界に対して、別の世界を産出しようとする運動であり、それ故に、そうした（世界）市民的公共性の運動は、経済制度の変換の運動を含み、かくてそれ自身経済的意味を持つことになるからである。そして、こうした世界市民的公共性の運動の中でこそ、ウェーバーが「中間考察」で論定した、差異化された価値領域の間の和解しがたい対立は解消されることになるであろう。

ここで、とりわけ強調したいことは、ウェーバー理論とハーバーマス理論に共通であった暗黙の前提、異なる行為類型の異なる行為領域への制度化の観念、あるいは異なる行為類型の異なる行為領域への対応の観念を棄却するということである。むしろ、経済や政治という行為領域は、目的合理的行為という行為類型の制度化であるのではなく、言語行為・コミュニケーション的行為を含めた行為類型複合の制度化であって、それぞれの生活領域は複数の行為類型の複合と絡み合いとして、複数の行為類型の網として存在する。これがそれぞれの領域が生活世界として、ないしは生活世界を構成する行為領域としてあるということの意味である。

システムと生活世界による社会の把握は、貨幣・権力と民主的な市民社会の間の調和的共存という考えを生み出している。こうして、民主主義のハーバーマスの議論はもはや批判理論への寄与とみなすことはできない。というのは、管理的国家、あるいは経済が一層民主化されるどんな意味もないからである。ハーバーマスでは、公論は政治システムの権威を持つメンバーの信念と決定に影響を持つときにのみ政治的な権力へと変換される。生活世界は討議の領域として理解されるが、政策決定の領域としては理解されないのである[15]。

註

（1） J. Habermas, TkH, Band 1, S. 220.（ユルゲン・ハーバーマス『コミュニケイション的行為の理論』（上）、河上倫逸ほか訳、未來社、一九八五年、二二二頁。）

（2） ハーバーマスにあっては、自然は科学的認識及び道具的行為の対象に還元される傾向がある。ただし完全にそうだというわけではない。

（3） ただし山之内靖氏は晩年のウェーバーについて次のように言っている。「ヴェーバーは死の直前において、フロイトやニーチェの問題提起に合意し、彼の理解社会学によって解明できる範囲は限られたものでしかないことを公表していたのです。ヴェーバーはその最後の段階において、ニーチェに発するディオニュソス的な力の働きを容認したと見てよいでしょう。……人間の歴史をつき動かしてきた力には、マルクスが言うところの生産力とは質を異にし、さらにまた、ヴェーバーが生涯を通じて解明に取り組んできた宗教的救済に向かう観念の力とも異なるところの、いま一つの力が働いている。それは身体に源を持つ力である。このディオニュソス的な力は、しかし、あらゆる文化的意味の枠組みから外れた力であり、ニーチェの言葉を用いれば『生成の無垢』と呼ばれるほかない力である。……第二期において生物学主義として拒否されていた筋道が、最晩年において受け入れられるに至ったということ、このことは、合理化のパラドクスに関するヴェーバーの危惧がいよいよ深まり、『中間考察』においてその頂点にたっしたという経過と関連しているでしょう。」（山之内靖『マックス・ヴェーバー入門』岩波書店、一九九七年、二二二―三頁。）

（4）それぞれの価値領域、分化した価値領域、文化的合理化のレベルにおける分化は文化的行為体系として制度化されることになる。それが科学経営、芸術経営と法―道徳である。

（5）J. Habermas, TkH, Band 1, S. 306.（河上ほか、前掲訳（上）、二三五頁。）

（6）図示すると、次のようになろう。

文化的レベルの合理化→人格体系→文化的行為体系→社会的行為体系（経済と国家）

（7）ハーバーマスによれば、宗教的世界像の呪術からの解放とともに、近代的意識構造が成立してくるが、この近代的意識構造においては三つの価値領域が分化する。これは文化的価値領域の分化であって、それは①認知的次元、②規範的次元、③審美的次元である。これらの価値領域はそれぞれに対応した行為体系と結合され、それが学問経営、宗教教団、芸術経営である。これらは文化的行為体系と呼ばれ、社会的合理化の局面で生成する目的合理的行為の制度化たる国家と経済、すなわち社会的行為体系からは区別される。

（8）J. Habermas, TkH, Band 1, S. 306.（河上・フーブリヒト・平井、前掲訳（上）、三〇七頁。）

（9）J. Habermas, TkH, Band 1, S. 305.（同上（上）、三〇六頁。）

（10）J. Habermas, TkH, Band 1, S. 305.（同上（上）、三〇七―八頁。）

(11) J. Habermas, TkH, Band 1, S. 331.（同上（上）、三三一頁。）

(12) マックス・ヴェーバー「世界宗教の経済倫理　中間考察」マックス・ヴェーバー『宗教社会学論選』大塚久雄・生松敬三訳、みすず書房、一九七二年、一一二頁。

(13) 同上、一一四頁。

(14) J. Habermas, TkH, Band 1, S. 319.（河上ほか、前掲訳、三三〇頁。）

(15) Cf. L. McLaughlin, "Feminism and the political economy of transnational public space", *After Habermas New Perspectives on the Public Sphere*, eds. Nick Crossley and John Michael Roberts, Blackwell Publishing, 2004.

第一〇章　諸概念

T・マッカーシーはハーバーマスの試みについて、それはホルクハイマーの最初のプログラムを一新しようとするものだと言う[1]。私見では、とりわけ新自由主義と（新自由主義的）グローバリゼーションの進展及びそれによる世界の変換という事態に照らして、ハーバーマスの理論はさらに変換されなくてはならない。本章では批判理論を構成すると（私には）思われるいくつかの概念を扱いたい。

一　生活世界概念の変換

我々はハーバーマスの社会理論構成における一つの、暗黙のうちに抱かれた観点を摘発し、それを解体し、別のものによって置き換えた。これは「生活世界」概念の変換をもたらす。一定の行為複合体の歴史的変換はコミュニケーション的行為の制度化だけを、あるいは道具的・戦略的行為の制度化（ハーバーマスでは、これはさらに、機能的システムとして捉えられる。）だけを生み出すのではなく、別の質を有する行為複合体の制度化を生み出すのである。生活世界内のそれぞれの生活秩序は行為複合体の制度化である。そして、この行為類型の複合体の制度化はさらに言語のパラダイムと産出のパラダイムの統合を基礎にして捉えられる。私はさしあたってウィトゲンシュタインの言語ゲーム概念に依拠して生活世界を言語ゲームの総体として捉えた。けれども、生活世界は諸々の言語ゲームの多様性としてのみ存立しているのではない。生活世界は類型的行為を媒介にして制度化されてもいるのである。（類型的）行為遂行はその行為において生活世界を絶えず再生産するが、同時にその行為において人間行為の非志向的産出として意図せざる結果が産出される。生活世界はこのように言語のパラダイムと産出のパラダイムを基礎にして捉えられる。それ故、道具的・戦略的行為の制度化が経済及び政治というサブシステムであり、コミュニケーション的行為に対応するのが生活世界であるという理論構成は廃棄される。今や生活世界のあらゆる領域が行為複合体の制度化と見なされる。この観点が（ハーバーマスの意味での）「システム」と「生活世界」による社会と歴史理解の棄却へと導く。

ハーバーマスの理論構想では、近代にいたり、システムと生活世界は相互に分化するが、ハーバーマスが語るこの分化は生活世界内部での、生活世界のそれぞれの生活秩序（経済と政治というサブシステムはそれぞれ生活秩序と見なされる）への内的分化として現われる。例えば、経済領域についてみれば、コミュニケーション的理性の批判的潜在力はそこにおいて抑圧されていても、しかし抑圧されたものとしてまさしく存在するのであり、決して無なのではない。新自由主義及び新自由主義的グローバリゼーションとともに、経済領域という行為領域は内的に分裂し、内的な分裂を産出し、すなわち富める者と貧しい者の社会の二極化を産出しながら運動し、このことによって、経済領域に対するハーバーマスの見解とは違って、それ自体において変換を要求するものとして、変換的止揚を要求するものとして、別の経済組織をそれ自身の死において産出することを要求するものとして、一言で言えば、問題として立ち現われ、問題として経験される。この場合、新自由主義的経済に対する社会空間的に言って外からの批判ばかりではなく、新自由主義的経済の運動に巻き込まれている人々による内的批判もありうるのであり、さらに、別の経済領域を産出する運動もありうるのである。サブシステム的行為領域、ここでの文脈では経済領域それ自体を問題としては現象させないハーバーマスの理論構成は、以上のような内的批判と別の世界をその批判とともに産出しようとする運動をはじめから遮断している。新自由主義及び新自由主義的グローバリゼーションとともに、「商品交易と社会的労働の活動圏」という意味での市民社会はトランスナショナル化するが、新自由主義的グローバリゼーションにおいて現出するこうした市民社会は富の移動を実現するメカニズムの作動として運動するのであり、それ故、それは社会的、及び世界の分裂と分割を絶えず生み出すのである。

二　合理化の推進力学に関する諸見解

ウェーバー社会学は世界の合理化の問題を扱った。この合理化、とりわけ計算可能性が生のすべての側面へと拡大され、生を支配することになる。しかも、それは強制的拡大としてである(2)。これを私は生活世界の変換の一局面と見なす。

さて、しかしながら、いったいいかなる力が、いかなるメカニズムがこうした世界の合理化を推進するのであるか。ウェーバーによれば、プロテスタンティズムの倫理の起源であったカルヴァンの教えは、世界の脱魔術化、魔術からの世界の解放の頂点に位置する。ウェーバーにおいて世界像の合理化を推進する力学は何であったのか。それは神義論の問題であった。合理化を推進させるもの、合理化の出発点は「人間の間における富の不平等な配分の正当化の問題」(3)であった。してみれば、宗教－倫理観の合理化としての世界の脱魔術化の起点は部族社会から国家によって規制された社会への移行に対応しているわけである。宗教－倫理的諸観念の合理化とともに進展する呪術的諸観念の駆逐、即ち世界の脱魔術化とともに、諸個人にふりかかる言われなき苦悩や最も成功するのはあまりにもしばしば悪人であるといった事態は人々にその理由を説明する形而上学的観念を要求する。「神義論への根絶しがたい要求」(4)が世界を合理的に理解したいという人間の欲求と絡み合う。してみれば、こうした苦難の神義論への欲求が世界像の合理化を推進する力学であったことになる。

けれども、こうした力学は近代以降の、世界像ではなく、世界それ自身の飽くなき合理化への衝動を説明するわけではない。古プロテスタンティズム、とりわけカルヴァンの教えに見られる世界像は信者達の日常世界に入り込んで彼らの生活を規定する。ウェーバーが追跡したのは、こうした世界像の制度化であった。もとより合理化された世界像の制度化ということは、その制度化された生活秩序自身の合理化の推進力学を解明することではない。それはまだ、アドルノとホルクハイマーの言葉で言えば、「啓蒙」の推進力学の解明ではない。世界それ自身の合理化を推進する力学は別途説明を要する。

ウェーバーは「世界宗教の経済倫理序論」において理念と利害のダイナミクスに言及し、次のように述べている。「人間の行為を直接に支配するものは、利害関心(物質的ならびに観念的な)であって、理念ではない。しかし、『理念』によってつくりだされた『世界像』は、きわめてしばしば転轍手として軌道を決定し、そしてその軌道の上を利害のダイナミクスが人間の行為を推し進めてきたのである。つまり、『何から』wovonそして『何へ』wozu『救われる』ことを欲し、また――これを忘れてはならないが――『救われる』ことができるのか、その基準となるものこそが世界像だったのである。」(5)ここに言及されている理念と利害のダイナミクスは宗教的救済の問題圏に属しているのであるが、このダイナミクスを宗教的救済の文脈から取り外して、世界それ自体の合理化の推進力学を解明するために適用することができるであろうか。私見では、そうした適用は一定の範囲内で可能である。例えば、このダイナミクスを市場原理主義（理念）と一定の社会階層ないし社会階級の物質的利害のダイナミクスとしてIMFの行動説明に適用することができよう(6)。けれども、こうした適用はやはり一定の限界内のことである。というのは、このような適用にあっては、一定の階級ないし階層の利害は所与となっているが、利害はただそれだけで存在しているのではなく、歴史的に生成したないし生成しつつある一定の社会構造と絡み合い、それによって生み出されているからである。それ故、世界それ自体の合理化の推進力学は社会構造のうちに見出されなければならない(7)。

ここで、アドルノとホルクハイマーの『啓蒙の弁証法』に眼を転じてみよう。アドルノとホルクハイマーによれば、神話は既に啓蒙であったし、そして啓蒙は神話へと反転する。神話的世界から脱して文明化の道を歩み、その過程で確立された自己はしかしそれがそこから抜け出してきた神話的世界へと落ち込み、かくて自我が解体してしまうのではないかという恐怖に取り憑かれている。啓蒙が抱くこの恐怖は神話的不安である。神話的世界から離陸した人類は再びその神話的世界へと転落してしまうのではないかという不安のために、絶えず啓蒙を推し進め、自然支配を推進せざるを得ない。そうした不安は「自己を喪失しはしまいかという不安、自分と他の生とを隔てる境界を自己もろともに廃棄してしまうのではないかという不安、死や破壊に対する危惧(8)」である。しかしながら、こうした不安はとりわけ近代以降の社会的合理化の推進力を説明するものではない。というのは、それは先に言及した社会構造をまだ捉えていないからである。

ハーバーマスにあっては、推進力学の解明はない。近代における経済システムの出現は生活世界の合理化という学習過程の産物と見なされる。ハーバーマスは非人格的な学習過程――合理化――を理性の担い手及び歴史のモーターと見ているが(9)、しかし、これはハーバーマスの用語では近代における生活世界とサブシステムの分化の後、とくにハーバーマスが言う後期資本主義社会において、或いは社会国家において何故サブシステムの論理が生活世界を浸食し、生活世界を植民地化する力学を発揮するのかをなんら説明しない。結局のところ、あげられるのは、システムの複合性が絶えず増大するということである。

ここで、私は近代以降の世界の合理化の推進力学の解明に焦点を当てる。この点で興味深いのは、ウェーバーが分析した宗教的世界像であるカルヴァンの教え、あるいはその宗教的世界像の特性である。この宗教的世界像にあっては、人間は自らを神の道具と見るのであり、人間諸個人を通して働いているのは神である。道具的行為にあっては、道具を使用する主体は人間諸個人であり、彼らが道具を彼らの目的のために使用する。ところがこの宗教的世界像にあっては、主体は神となり、人間諸個人は神の道具へと転化するのであり、ここにこの宗教的世界像の転倒構造が見出される。ウェーバーによれば、カルヴァンの教えは世界の脱魔術化、世界の合理化の頂点に位置するが、世界像の合理化はこうした世界像の転倒を伴っていた、或いは世界像の転倒として合理化は実現された。

ところで、世界像の合理化は文化的合理化に属しているが、これが職業観念のうちに入り込み、かくて信者達の日常生活において制度化される。これはいわば上からの制度化である。この制度化において世界像の転倒構造は現実の転倒構造と出会ったのだ。資本主義システムが生成し、展開する以前に世界像のレベルでこうした転倒が遂行されたのであり、信者達の意図にはなかったとしても、この世界像の転倒構造は資本主義を準備する。

先に私は宗教的世界像の制度化において世界像の転倒構造は現実の転倒と出会ったと述べたが、近代世界の転倒構造を世界精神の所行として捉えたのはヘーゲルであった。すなわち、近代世界の転倒構造はヘーゲルにおいて世界精神に見られる転倒構造として反映された。ヘーゲルによれば、理性が歴史を支配してきたのである。世界史における理性とは歴史を推進する主体としての、歴史における神である世界精神を意味するが、ヘーゲルは理性が歴史を支配してきたと語ることによって近代人の歴史的経験を概念的に把握しようとした。理性とは実体であり、無限の力であり、内容を動かすものであり、自らの活動によって自らに内容を与えるものであり、自ら自分の活動のための素材を産み出す歴史の主体である。理性とはヘーゲルの場合世界精神・歴史における神のことであるが、そうした理性は世界史の中で自己を実現するに到るのである。それ故に、人間の歴史の主体は歴史における神たる世界精神である。

歴史上、諸民族と国家形態、個人は多くの不運に見舞われてきた。こうした事態を見れば、歴史というのは諸民族の幸福や国家の知恵や個人があげて犠牲に供せられた屠殺場であることが分かる。この膨大な犠牲はいったい何のためか。歴史は単に屠殺場であり、それ以上でもそれ以下でもないのであろうか。ヘーゲルによれば、そうではない。ヘーゲルはこの膨大な犠牲を世界精神が歴史の中で己を実現するための手段と見る。ヘーゲルはこの惨憺たる有り様を前にして悲嘆に暮れるという感傷的態度を採るのではなく、その歴史上人間が、民族が、国家が犠牲に供された意味を概念把握しようとする。

個人はそれ自身の特殊な欲望、関心、衝動を持つ。個人が一つの対象に没頭して、彼のすべての欲望と力をある目的に集中させるとき、彼の関心は情熱と呼ばれる。情熱なしにはいったい何事もなされ得なかった。けれども、こうした無数の意欲、関心、情熱が実の所、世界精神が自らの目的を実現するための手段なのである。ヘーゲルの思考のこの道筋において既に、個人の意欲、関心と情熱が世界精神の自己実現のための手段として手段化される。それらはそれ自身の内に目的を持つのではなく、その外に自らの目的を持つのである。それで、彼ら諸個人がその行為の結果として産出するものは彼らが直接に意欲したものとは違っている。彼らは自分の関心・目的を追求するが、その結果彼らの行為が産出するものは彼らの関心以上であり、彼らと彼らの行為は彼らの直接的な関心の中にはないより以上のものを実現する。ヘーゲルの言う世界史的個人とはある民族・国家の原理とは違った原理を個人の特殊な目的を追求しながら実現する個人のことである。より高いもの、より高い原理、これは世界精神の関心であり、目的である。

例えば、世界史的個人たるカエサルは自分の地位、名誉、安全を確保しようとして彼の敵達と戦い、勝利した。すなわち、カエサルが彼の敵達と闘ったのは自分の関心・目的のためであって、それ以外ではなかった。けれども、彼の敵達は地方の支配権を握っていたために、彼の勝利はとりもなおさずローマ帝国全体の統一を意味した。カエサルはこのことによって自分の直接的な関心を超える原理を実現することになった。彼はこうして独裁を実現したが、それはローマ史と世界史における必然的な運命であったのだ。つまり、彼はその時代の要求を充足したのであった。そして、これこそが世界精神の目的であった。ヘーゲルの見るところでは、一定の時代の要求と趨勢こそがその時代と世界の真理であり、この真理とはこれから生まれでようとしている時代なのである。

このように、ヘーゲルでは、諸個人が彼らの特殊な目的を追求しながら彼らが意図せずに実現してしまう事柄は歴史の神である世界精神の所行として捉えかえされた。ここに思考の転倒がある。諸個人が彼らの情熱に充たされて自らの幸福を追求して行為し、その結果彼らが彼らの意図のうちになかった事態を産出してしまうということは、それ自体はなんら思考の転倒ではない。その事態の産出が諸個人とは異なる存在者、ヘーゲルでは主体＝実体の、すなわち神の事行として捉えられる時に思考の転倒が起こるのである。このときに、諸個人の行為、彼らの関心と目的、情熱は世界精神が歴史において己を実現するための手段となっているのであって、この転倒はウェーバーが研究したプロテスタンティズムの宗教的世界像におけるかの転倒と同じ論理を持っている。ここには、二重の転倒が認められる。第一に、歴史の真実の主体、ヘーゲルでは主体＝実体が思考によって定立されていること。第二に、諸個人の行為の結果がその定立された存在の事行として捉えられることである。もとより、ヘーゲルを離れてみれば、思考のこのような転倒は様々な形態をとりうる。定立される存在が主体＝実体としての神ではなく、真実の世界であることもあるし、物質としての特定個人の身体であることもある。あるいはまた特定個人が歴史的使命を担うものとして、存在から遣わされたものだとされることもある。

ヘーゲルの場合、この思考の転倒は神＝絶対者の人間における自己認識という仕方でも現われてくる。ヘーゲルの体系では、芸術、宗教、哲学は絶対精神のうちに含められ、神は芸術にあっては形象と直感の形で把握され、宗教にあっては神は表象の形で認識される。宗教にあって、誰が神を表象の形態で認識するのか。諸個人がである。ところが、ヘーゲルによれば、神はただ自己自身を知っている限りにおいてのみ神であるから、神に対する人間・諸個人の認識は実のところ神の人間の知という形態をとった自己認識である。人間が神について知を持つということは神が人間のなかで自分の知を持つということである。神についての人間の知は神の中での人間の自己知にまで進んでいく。(10)ここで思考は転倒する。つまり、人間が神を知ることは、神が人間の中で、人間の神についての知という形態で自己を知ることである。というのは、神はただ己を知る限りにおいてのみ神であるから。哲学は神に対する概念的認識である。すなわち、芸術と宗教の概念が思惟によって認識されたものである。しかし、ここでも思考のあの転倒が起こっている。神に対する人間の概念的認識、すなわち哲学は、それは宗教や芸術と並んで絶対精神の一つであるが、人間の神に対する概念的認識という形態をとった人間のうちでの神の自己認識である。だから、概念は人間の思考のうちに現われた神の形態である。神は人間のうちで概念という形態において自己を現わすのある。しかるに、神とは、換言すれば、主体＝実体とは、『歴史哲学』の中で「理性が世界を支配している」と言われたその理性のことであり、そして理性とは無限の力、内容を動かすもので、自ら展開して自らの活動の素材を産み出すものであるから、ヘーゲル哲学は概念が自らその諸規定を展開するという、悪名高き概念の自己運動として展開される。概念の自己運動とは内容が自ら様々な思惟諸規定へと展開し、この展開を通して概念が自己知に到るという過程である。つまり概念は人間の思考のうちに出現した神の姿であり、概念が自ら展開して自己知に到るということが神が自己知に到るということである。

思考のこのような転倒は、近代世界の転倒した存立構造を自らが転倒することによって忠実かつ正直に反映したものである。後に、マルクスは思考の転倒を再転倒させて、世界精神からその神秘的外皮をはぎ取り、世界精神の現実的形態が資本であることを明らかにした。世界精神とは神として表象された資本の姿だったのであり、人間達から彼らを働かせながらその労働を吸収して自己増殖する資本の変装された姿だったのである。近代世界の経済学的解剖が解明する近代世界の転倒は労働過程のうちに解読される。生産過程はこれを労働過程として見れば、労働主体が彼の身体的・精神的諸能力を発揮して労働生産物を産出する過程である。ところが、資本制的生産様式のもとでは、こうした労働過程は価値増殖過程へと転化する。労働過程から見れば、生産手段を労働主体が使用しているのに、価値増殖過程という点から見れば、生産手段が労働主体を使い、自らを使わせながら彼の労働を吸収するのである。資本はこのようにして自らを増殖していく。諸個人が資本の増殖欲求にとらわれ、資本の増殖のための手段となっていること、ここに近代世界及び近代世界以降の転倒した存立構造が見出される。そして、私見では、こうした世界の転倒した存立構造が世界の合理化の推進力学なのである。

アドルノは、ヘーゲルの世界精神は自然史のイデオロギーであると語った(11)。この「自然史」の概念はルカーチの「第二の自然」、すなわち「物化し、死んだ生活世界」の概念に関係するが、人間の歴史を一つの自然史へと変換させ、この自然史を一層推進させる力学は、以上のような世界の転倒構造に他ならない。

三　新自由主義と多国籍企業

二〇世紀初頭にいわゆるテイラー主義的生産方式が開発され、大量生産が可能になった。この生産方式にあっては、労働者達は工場に集められて全体が生産に向けて組織化される。これは労働者の規律化された、そして管理された全体システムであって、ここでは労働者達の身体の規律化が追求される。こうした組織された全体システムのあり方はこの時代以降政党を含めて様々な社会集団の原基的構造になる。

ところで山之内靖は第二次世界大戦後に、西欧、アメリカや日本社会の基本的構造が戦時体制において確立されたと主張し、戦時体制（総力戦体制）と戦後の社会体制の連続性を主張している[12]。戦時体制において社会階層の多くがウルトラナショナリズムに取り込まれたが、ここにおいて労働者階級と資本家階級という二項対立は消失する。このような社会構造は第二次世界大戦後フォード主義的蓄積体制並びにケインズ主義的介入国家の確立において継承されたのだった[13]。戦後の社会システムにあっては、階級闘争はいわば平和化され、労働者の労働と消費はシステム全体の維持のための機能に変換される。戦時体制論は階級社会からシステム社会への移行を論定する。ハーバーマスが階級妥協、つまりは階級闘争の平和化を論定し、ルーマンのシステム論を援用しつつ、経済システムから階級闘争の次元を抜き去り、システムと生活世界の縫い目に社会抗争の次元を設定したのは、以上のごとき戦後社会国家のあり方に応答してのことであった。

しかしながら、新自由主義の出現、並びに新自由主義的グローバリゼーションの進展とともに、事態は変化する。新自由主義は戦後福祉国家を攻撃し、このことによって戦後社会国家において成立した階級妥協の成立条件を解体する。すると、社会抗争の次元がハーバーマスのいう意味でのシステムと生活世界の縫い目に制限されるということもなくなる。新自由主義時代にあって、少なくとも可能性の点において状況は変化する。というのは、ハーバーマス理論にあっては抑圧され、消失してしまった社会抗争のポテンシャルが解放される可能性があるからである。というのは、今や経済システムそれ自体がその運動において社会的分裂を生み出すからである。[14] 階級社会からそれへと移行すると論定されたシステム社会は今や内的に変容し始める。

以下では、新自由主義並びに新自由主義的グローバリゼーションの運動が産出するシステム（ここで、「システム」と言っても、それはハーバーマスにおけるように、生活世界と対置された意味でのシステムではない。それは同時にシステムであるとともに生活世界でもある。）の本質的規定を把握するように試みる。私は新自由主義的グローバリゼーションを①金融のグローバリゼーションと②企業の多国籍化と③貿易の自由化を軸とするものと見なすが、以下では、私は新自由主義と企業の多国籍化の関連に焦点を合わせる。（ちょうど初期マルクスが国民経済学に対して、それは私的所有の本質を捉えないとして批判し、私的所有の運動をその本質において捉える、すなわち概念把握しようと試みたように、現代のグローバリゼーション過程をその本質において捉え、その本質の展開過程として捉えなくてはならない。）

世界の惨状

新自由主義的グローバリゼーションとして展開する世界経済、この進行しつつある世界経済は、「商品交易と社会的労働の活動圏」としての、そしてトランスナショナル化されたものとしての市民社会であるが、それはとりわけ一九九〇年代アメリカのクリントン政権時代に強力に推し進められた。このシステムがその運動過程において産出する事態を見てみよう。もとより、グローバリゼーションは世界経済システムの展開としてのみ、伸展するのではなく、世界の政治・軍事システム、さらに文化システムとの相互連動において展開する。運動という点から見れば、ここには、グローバリゼーションの技術的基礎の確立のもとで国境を越えた交流があり、構造の再編過程がある。企業の多国籍的展開とともに、販売拠点と生産拠点との間を結ぶ情報の流れがあり、これとともに富みの分配のあり方や権力の配置が変化する。その過程で追求されている目的という点から見れば、自由貿易の自由の追求、投資の自由の追求であり、公営企業の民営化であり、財とサービス貿易の拡大並びに金融市場での規制緩和、銀行・保険会社、投資ディーラー短期収益の追求である。これは先に述べた運動をその追求目的という点から具体的に見たものである。こうした運動がその過程において生み出す結果という点からみれば、寡占の一層の進行とともに、意思決定の少数者への集中、生物多様性の破壊、コミュニテイの基本的ニーズの軽視と増大する不公正である。

さまざま事態が生起した。いくつかの現象を挙げてみよう。ここ二〇年間で、法人税がＯＥＣＤ諸国すべてで低下した。一九九五年北米自由貿易協定ＮＡＦＴＡが実行し始めたが、これによってアメリカ企業はメキシコの低賃金地帯へと移動し、アメリカの何十万もの雇用が失われた。その雇用のほとんどは高賃金の製造職であり、これが低賃金で未組織のサービス部門の職に変わった。地域経済の空洞化が生じる。企業の海外移転で地域経済は空洞化してしまう。「北」の豊かな国々においても貧富の格差が拡大している。これは現在進行中である。それ故、新自由主義的グローバリゼーションは各国の市民生活とますます軋轢を深めている。

東欧諸国、バルト諸国、ウクライナではどのような事態が生じたか。新古典派的な市場経済移行政策が採られたが、その結果、大不況、所得格差、地域格差が拡大した。またＥＵ及びＮＡＴＯ加盟早期実現を目標とし、国民国家建設が優先された。これによって民族紛争が激化し、国有企業は民営化し、社会福祉が削減された。様々な産業でＥＵ諸国の企業が進出し、国内産業が衰退した。一九九二年一月、EUはクロアチアとスロベニアの独立を承認し、一九九二年四月にはボスニアの独立を承認した。一九九三年にはチェコスロバキアが解体した。これは豊かなチェコが貧しいスロバキアを分離しようとしたものであり、このようにしてEU加盟のために国境線を引き直そうとしたのである。これがために民族紛争が生じた。(15)

これらの現象を貫いて生じているのは、第一に、企業の多国籍化、すなわち世界展開であるが、これとともに貧富の甚だしい格差である。これら二つが連動して生起しているのである。国連開発計画一九九六年、一九九七年の報告書によれば、一九七〇―八五年、世界のGNPは四〇パーセント増加したが、貧しい人びとのそれは一七パーセントであった。一九六五―八〇年に二億の人びとが所得低下を被った。一九八七―九三年の間に、一日一ドル以下の所得の人が一億人増加し、一三億人になった。一〇〇以上の国で、住民一人あたりの所得は一五年前よりも低くなった。一六億人が一九九〇年代初めよりも悪い暮らしをしている。OECD諸国ではどうか。一九九六年に失業者は三七〇〇万人であり、一九七〇年代はじめの三倍である。旧東ヨーロッパ諸国では、市場経済への移行とともに、一九八五年から一九九四年の間に所得不足層は四パーセントから三二パーセントになり、貧しい人びとは一四〇〇万人から一億一九〇〇万人へ増加した。発展途上国では、国家収入の四分の一から三分の一が債務支払いに当てられている。(16)

イギリスでは、マーガレット・サッチャーの改革によって、公共部門において一七〇万の職が減少した。

所得格差が増大している。しかし、所得格差の増大だけが起こっているのではない。その結果、生じるのは例えば「ザンビアの国内のいたるところ、人は静かに、しかし膨大な数で死んでいく」という事態である。「ルサカで一番大きな病院UTHのすし詰めの病室では、薄い毛布の下で人々がやせ衰えた身体を震わせている。豆やトウモロコシといった病院の乏しい食事を補うために病人に食べ物を持ってくる家族で病院はごったがえしている。他の病室では、子供たちが小さいベッドに一列になって横たわり、結核、マラリア、肺炎といった予防可能な病気でゆっくりと死んでいく。……病棟の反対側にあるこざっぱりした病室は、ベッドの半分が空だった。ここは、一〇万クワチャ（四〇ドル）の預託金を支払うことができる家族だけが、わずかによりましな生きるチャンスを手に入れられる有料病室なのだ。……他方、スラム街のミシシでは、五人のうち四人が失業していた。……売却された国営企業の半数が現在破産しており、何千人もの人々が失業状態である。五人の子供を抱える寡婦エスナート・バンダのような人々は、それでも必死に生きている。彼女は、ミシシ近くの市場で野菜を売り、日に約二〇〇〇クワチャ（〇・八ドル）を稼ぐ。一番下の子供が結核に罹っているが、来る日も来る日も、子供たちには一日一食の食事しか与えることができない。ザンビアの児童人口の四〇％は慢性的な栄養失調に苦しんでいるが、彼女の子供たちもこの中に含まれる。[17]」

富の移動・収奪

これらの数字が意味していることは、第一に、少数の富める者と多くの貧しい者の生成であり、第二に、富める者はますます富み、貧しい者はますます貧しくなるという事態である。この現象は何もいわゆる「北」と「南」の諸国の間だけで起こっているのではない。お金は豊かな国から貧しい国に流れているのではない。全く逆である。[18]スティグリッツは次のように述べている。「豊かな国は、金利や為替レートが変動するリスクに貧しい国よりもずっと耐えられるから、そのリスクを負うのは当然で、特に貧しい国へ融資している場合はなおさらだと思われていた。……当然、そのリスクは耐える力のない人から力のある人に移されると思われていた。しかし実際には、しばしば貧しい国がそれを負担させられている。[19]」富の移動のメカニズムが世界的規模で作動するとき、富の移動は世界的規模で生じる。新自由主義は相手を富ませ、このことによって自らも富むという賢明さを持ち合わせていない。というのは、新自由主義の本質は富の収奪にあるからだ。(スティグリッツはＩＭＦの惨憺たる失敗について多々報告している。しかし、それは失敗だったのか。ＩＭＦのイデオロギーの客観的機能からすれば、それは紛れもない成功だったのであり、ＩＭＦはその機能を立派に果たしたのである。これはＩＭＦが陰謀をたくらんだということではない。)

企業の多国籍化とフォード主義的蓄積体制との矛盾とその突破

グローバリゼーションは多国籍企業の展開と貿易の自由化を含んでいるが、関税障壁の撤廃の方向へとそれは動く。ある意味で国境をなくす貿易ということだ。しかし、ここには欺瞞があった。アメリカは他国の国境をなくせといいながら、自国の国境はこれを保持せんとした。国境は現に存在するが、貿易と資本輸出、金融に関して国境をなくすということである。①金融市場の自由化。①資本輸出の自由化。③貿易の自由化。これは要するに強い者が勝つ世界である。しかしアメリカ企業が勝つとは限らない。

アメリカを見てみよう。アメリカでは一九六五年頃から資本の利潤率の低下が見られた。その要因については、詳しくはここでは立ち入らず、それを所与とする。ここではただ、フォード主義のもとでの労働者の賃金上昇が資本の利潤率を圧縮するという点だけに言及しておこう。資本利潤率の低下は戦後のフォード主義的蓄積体制が危機に陥ったことを意味している。これ以降アメリカ企業の多国籍化が急速に進展していく。企業の多国籍化は資本の利潤率低下への応答であった。資本の利潤率低下に対抗して利潤率を回復するには、もう一つ輸出を強化するという方策がある。ところが、戦後の経済成長によって、日本や西ドイツなどがアメリカの製造業に対して強力なライバルとして登場し、アメリカ企業には輸出強化はままならなかった。むしろ、一九七〇年代初頭には貿易黒字が貿易赤字に転換してしまった。それ故に、アメリカ企業の多国籍化が進展したのである。

企業の多国籍化はフォード主義的蓄積体制と矛盾する。第一に、企業の多国籍化は職を輸出することによって、国内産業を空洞化させる。職の輸出は国内の労働者にとっては誠に不都合である。だから、労働者達は企業の多国籍化に抵抗せざるを得ない。それというのも、職の輸出は待遇の低下及び解雇を意味するからである。強い労働組合があれば、労働者は労働組合に結集して抵抗することになり、あるいはそのための法整備を要求する。ところが、そうした事態は多国籍化せんとする企業からすれば誠に不都合である。というのは、企業の多国籍化のためには労働者を自由に再配置し、あるいは解雇出来なくてはならないからである。強い労働組合の存在は多国籍化する企業にとって障害になる。

第二に、企業の多国籍化は資本の利潤率低下に応答し、その改善を目的とするものであるから、生産性上昇と賃金上昇の連動は、それが利潤率を圧縮するために、多国籍企業にとっては障害となる。賃金水準は低下されなくてはならないのである。賃金水準の低下は多国籍企業が世界市場で他の多国籍企業と激しい競争に巻き込まれるや一層要請されることになる。

一九七〇年代には、アメリカ企業の多国籍化と、アメリカではニューディール連合ということになるが、フォード主義的蓄積体制を基盤とする国内経済との矛盾・葛藤が見られた。この矛盾・葛藤はその都度妥協として政治的に解決されるのである。ところが、企業の多国籍化が一層伸展するや、とりわけ一九八〇年代に至ると、その政治的決着は突破され、破壊される。フォード主義的蓄積体制が破壊され、新自由主義的蓄積体制が登場するのである。新自由主義と企業の多国籍化はフォード主義的蓄積体制のもとでの資本の利潤率の低下、従ってフォード主義的蓄積体制の危機から生まれたものだが、企業の一層の多国籍化は翻ってフォード主義的蓄積体制の崩壊の促進と新自由主義的蓄積体制の生成とをもたらした。してみれば、企業の多国籍化と新自由主義的蓄積体制はフォード主義的蓄積体制の危機から生み出されたものだということになる。それ故に、企業の多国籍化と新自由主義的蓄積体制はフォード主義的蓄積体制の危機という同じ胎内から生まれたものである。これら両者は、こうして、相互に適合し、親和的であり、絶えず連動して運動する。一方で、新自由主義的蓄積体制は企業の多国籍的展開と世界市場の制覇の目論見にとってその可能性の条件となり、他方で、企業の多国籍的展開はその母国に新自由主義的蓄積体制を生み出す。

企業の多国籍的展開と新自由主義的蓄積体制の連動が現在のグローバリゼーションの本質である。グローバリゼーションの展開はこうしてその本質の展開として概念把握される。『経済学・哲学草稿』のマルクスが疎外された労働論において、労働者の生産物からの疎外、労働の自己疎外、類からの疎外、人間の人間からの疎外という展開を通して、私的所有の主体的本質が疎外された労働であり、疎外された労働から私的所有はその展開として、その産物として生じるということを示そうとしたように、グローバリゼーションの中で伸展する世界の構造再編はかの本質、すなわち、企業の多国籍化と新自由主義的蓄積体制の連動の展開の結果に他ならない。この本質の展開が世界を変換し、世界をこれまでの仕方とは別の仕方で構造化し、別の世界を産出する。もとより、こうした運動は第二次世界大戦後に形成されたブレトン・ウッズ国際通貨体制のもとでの世界資本主義システムの内的変容として、そして同時にその世界資本主義システムとの対立・それの解体の過程として生じる。この過程の中でブレトン・ウッズ体制の一環として形成された国際機関もその役割・機能を変化させる。グローバリゼーションは世界経済システム、世界政治システム及び世界文化システム間の相互連動において進行する。けれども、グローバリゼーションが企業の多国籍的展開と新自由主義の連動を本質として展開する限り、即ちグローバリゼーションが新自由主義的グローバリゼーションとして展開する限り、それは企業の多国籍化と新自由主義に照応する世界システムを産出するのである。

文化システムの変容

新自由主義は、部族社会から国家によって規制された社会への移行とともに生じた世界宗教ほど長期間にわたって存続できるとはとても思えないが、一種の世界宗教になった。それは多くの信者、スポークスマン、学者、理論家、エコノミストを動員するそれ自身の宣伝機構を備えている。規制緩和、規制撤廃、公企業の民営化が世界中で、とりわけ先進資本主義諸国で叫ばれた。それは、独断的な教義、独自の聖職者、独自の立法機関、そして独自の地獄を持つ。[20] 地獄とは不信心者や異教徒がそこへと転落すべく定められているところである。新自由主義的蓄積体制の構築と企業の世界展開を推し進めるには人々に対する強力な動機づけ、イデオロギーを必要とするのであり、新自由主義という「世界宗教」はそのために世界文化システムの内に生み出された。

ところが、新自由主義的蓄積体制を基礎とする国家体制がとりわけ先進資本主義諸国で形成されてくるや、それは深刻な国内分裂を生み出し、貧富の格差は拡大し、中間層が没落していく。社会は上層と下層に分解し、下層へと排除された者達にあっては、暴力への水位が高まるという事態が進行する。このときに登場するのがネオ・ナショナリズムである。[21] ネオ・ナショナリズムは新たな国民統合を希求するのであるが、しかしネオ・ナショナリズムは国民分裂、実体としての国民分裂には何ら手をつけず、それをそのままにしながら国民統合を唱えるために、それ自身において虚偽性を内包せざるをえず、国民分裂が進行すればするほど、そのイデオロギー性、虚偽性は強化されざるをえない。むしろ、ネオ・ナショナリズムは深刻な国民分裂からその栄養分を吸収しているのである。この点で、現代のネオ・ナショナリズムは、第一次世界大戦後の国家の総動員国家化とは歴史的位相と意味合いを異にしている。この国家の総動員国家化はそれなりの社会保障水準の向上によって行なわれたのであり、それはイデオロギー的・精神的統合のみならず、実質的な国民統合を伴っていた。ところが、現代のネオ・ナショナリズムは一層進展する国民分裂を基盤として登場しており、その限り、ネオ・ナショナリズムは新自由主義と補完関係にあり共犯関係にある。そして、先に規定した意味においては、ネオ・ナショナリズムの登場は日本だけの現象ではない。

エマニュエル・トッドは、アメリカ、とりわけブッシュ政権下のアメリカの精神的状況を次のように分析している。(22) ある主体があらゆるところに悪を見出し、それを糾弾し始めたとする。この主体に関して何を言うことが出来るだろうか。トッドは精神分析学的にことを行なおうとする。それは、トッドによれば投影である。すなわち、自分の中にあるものを他者に投影するということである。自分の中にあるものが他者の内に投影されているが故に、他者の内に見出されるものは自分自身の姿に他ならない。この主体が見出すものはかくて自分自身である。それ故、アメリカがあらゆるところに悪を見出し、それを糾弾するとすれば、その悪とは実はアメリカ自身が抱える問題である。つまり、それはアメリカ社会についてあることを語っているのである。アメリカ自身が抱える問題とは、耐え難い水準に達した不平等の増大など、社会の分裂・分子化の現象である。この分裂が外に悪を投影させるのであるが、これによってアメリカは全体として善として定立されるわけである。社会の分裂・分子化を推進しているものは新自由主義なのであり、それ故、新自由主義の伸展とこれによって産出される社会分裂が善と悪の単純な二元論と悪の外への投影、これによるアメリカ社会全体の善としての幻想的定立を生み出すのである。こうして、この善の定立は幻想的なイデオロギー的国民統合の試みであることになり、従ってその機能はネオ・ナショナリズムと同じである。トッドはアメリカは宗教に逃避していると言う。この宗教とは、キリスト教原理主義としての福音主義派である。霊的体験から突然宗教心に目覚めた人が多いと言われる。人間は神によって作られたというのである。福音主義派はアメリカ南部で貧しい白人に浸透した。(23) 全米の信者は七〇〇〇万人前後、キリスト教右派の政治団体「キリスト教徒連合」の会員数は二〇〇万人であるという。地上の貧しさが天上の天国を生み出すようなものである。ところがこの天上の天国は善として今やアメリカ社会として地上化され、悪が外に投影される。深刻な社会分裂は観念上で善と悪の二元論として姿を変装して現われ、それが内と外に配分されることによって、内の統合をもたらす。

国民国家と多国籍企業

第二次世界大戦後、多くの殖民地が独立し、それぞれ国民国家になった。現在の世界政治システムは国民国家群から編成されている。

「世界市場の命令と投資計画を世界規模で行う企業とに対してケインズ的対外経済政策を有効に保護するためには、国民国家は当初から狭すぎる枠組であることが判明していた。[24]」我々の時代は多国籍企業の時代である。すなわち、我々の時代の世界経済システムの基本をなしているのは、多国籍企業の世界展開である。「……そうしたコミュニケーションの諸形式は政治は国民国家の伝統的な限界内で行われるという普及した見解を打倒しつつある。[25]」確かに、多国籍企業の時代に、一国民国家の国家権力はそれだけでは国境を越える資本の運動を制御する能力を持たないことになる。しかし、このことは国民国家が消滅することも、従って国民経済が消滅することも、意味しない。むしろ、それは国民国家の変換を生み出す。企業の多国籍展開と新自由主義とは内的に連動しているために、企業の国境を越えた多国籍的展開は国民国家の新自由主義的国家への国家改造を伴う。企業が国境を越えて運動する多国籍企業時代にあっても、多国籍企業は母国の国家権力と自らを切断することは出来ない。まず、近代ヨーロッパにおいて国民国家が形成され、この国民国家内部で経済システムと政治システムが分割された。経済システムはそれ自身では政治権力を生み出すことは出来ない。国家の主権が最終的に国民に由来するとすれば、国家の主権は経済システムとは別の由来を持っている。この事情は現在においても変わらない。それ故、多国籍企業はその世界展開のためにどうしても、母国の国家権力に頼らざるをえないのである。例えば、規制緩和一つとってみても、経済システムに属する企業は国家の公権力に対するその旨の提言を行なうことはできても、実際に規制緩和という政策を実行することは出来ない。次のようなときにはじめて、国民経済というものが必要なくなり、消滅することになるであろう。すなわち、「国民国家と同様に、国民国家によって統括された市場経済である国民経済も、決して永遠不変のものではない。すべての国民的な障壁が除去され、グローバルな生産と生活を規制・調整するグローバルで民主主義的な統治システムが成立するならば、国民経済も消滅するであろう。[26]」けれども、現在のグローバリゼーションにおいては、むしろ逆に、新自由主義という妖怪の徘徊によって、民主主義の後退がもたらされる。ともあれ、多国籍企業は母国の国民国家から自らを解き放ち、自らを切断することは出来ない。多国籍企業とは「いわゆる世界的な規模での商品、生産、技術などの標準化、共通化を志向し、単一世界市場・資本主義市場の形成を目指す企業形態であり、同時に国籍を有する、すなわち国民経済の枠組みを利用する企業形態である。[27]」多国籍企業はアメリカ、ヨーロッパ、日本、韓国などに広がり、それら諸国を母国とする。その活動領域は先進諸国内部から発展途上国へと、東欧、中国にまでも広がっている。冷戦終結後、その活動領域は拡大した。これすなわち活動領域の外延的拡張であった。ヨーロッパ先進資本主義諸国を母国とする多国籍企業の展開がＥＵの設立を促す要因でもあった。すなわち、欧州統一市場の形成は欧州の多国籍企業の要求でもあるのである。[28]

各国民国家は企業の多国籍化とともに、それに適合した形態に自らを改造する運動を始める。むしろ、国民国家の政治システムは中央集権的権力の強化を推し進めながら、新自由主義的国家へと自らを改造しようとするのであり、それは教育、医療、社会福祉、労働の領域のみならず、法の領域にも及ぶ。いわゆる構造改革が目指すのは国家の新自由主義的国家への改造である。

だが、多国籍企業の時代には、資本の運動が一国民国家の制御の枠を超えるという点からして、多国間での調整の必要性、及び国際機関が必要になる。かく国民国家は今やこうした国際機関の決定を国内体制へと翻訳する機能を果たすようになる。

一九四四年七月、アメリカ、ニューイングランドのブレトン・ウッズで、四四カ国が参加して、グローバル経済のための新しいルールが作られた。アメリカドルが世界基軸通貨とされ、固定相場制が採用された。これにはグローバル経済を調整することを目的とする国際機関の設立が含まれていた。IMF、世界銀行、GATTである。IMFは固定相場制を監視する役割を持ち、世界銀行は荒廃した諸国の復興という役割を受け持った。ところがこのブレトン・ウッズ国際通貨体制は今や崩壊した。IMFや世界銀行はその役割を変え、第三世界の債務諸国に構造調整を強制する機関へと変質した。構造調整は新自由主義的な社会・経済システムの第三世界版であり、その本質は第三世界諸国の国民からの富の収奪にある。先に見た「ザンビアの国内のいたるところ、人は、静かに、しかし膨大な数で死んでいく」という事態はIMFがザンビアに押しつけた構造調整の結果である。一九九三年、モロッコのマラケシュで、WTOが創設された。IMF、世界銀行、WTOは今や新自由主義的グローバリゼーションを推進する国際機関である。しかし、これらの制度を設計し、作り上げたのはアメリカであった。IMFや世界銀行はアメリカ財務省の代理人にすぎなかった。(29)

四　後期資本主義

アドルノが自らの前に見ていた資本主義社会を彼は後期資本主義と呼んだ。もはや自由資本主義の時代ではなかった。資本は今や独占化され、少数者の手に帰している。客観的な市場の法則はもはや存在せず、社長の意志決定が価値法則を、ひいては資本主義の運命を執行している。そして彼らは世界史のエンジニアを気取っているのだ。[30] 独占化とともに資本は社会全体の表現となり、そして諸個人と彼らの活動は一つにはそうした独占と一つには国家の管理の客体に化する。彼らと彼らの活動はしかし、単に独占と国家の管理の客体になるだけではない。一方では、経済制度がますます人々の日常生活の中へと浸透するが、他方では彼ら諸個人は生産者と消費者の機能を果たすものへと還元される。[31] 後期資本主義ではまた福祉も進展する。ここでは、労働者を維持しなくてはならないということが支配階級の関心事である。ハーバーマスは「後期資本主義」という概念を継承し、それによって組織されかつ国家によって規制された資本主義を意味している。第二次世界大戦後、ブレトン・ウッズ国際通貨体制のもとで（西側資本主義諸国と日本で）経済成長が生じたが、ハーバーマスにおいて「後期資本主義」はとりわけこの経済成長において生じた資本主義の形態を指示している。自由資本主義は後期資本主義へと転換した。後期資本主義においては、企業の集中過程が見られ、[32] 財貨・資本・労働市場が組織される。さらに国家が市場機能の欠陥に介入する。以上の事態は自由資本主義ないし競争的資本主義の終焉を意味するが、市場メカニズムが効力を失ったわけではない。ただ、市場メカニズムは国家の調整によって補完されるのである。

ハーバーマスは『後期資本主義における正統化の問題』の中で、後期資本主義はそれが内包する経済危機を長期にわたって押さえ込むことができるだろうかという問いに対し、「私には今のところ、後期資本主義の自己変容の見通しに関する問いを的確な議論によって決定する可能性が全くみえない」[33] と言っている。当時はまさしくそのようであったのであろう。今から回顧してみれば、一九七〇年代は、資本の蓄積率の低下というフォーディズムの危機に対していかに対処すべきかの模索の時期であった。経済危機はしかし長期にわたって押さえ込まれるということはなかったし、それは結局後期資本主義を解体する力学を発揮することになった。一九七〇年代遅くから一九八〇年代初頭に新自由主義が登場して、戦後福祉国家（つまりは後期資本主義）を攻撃し、それを解体しはじめ、一九九〇年代には新自由主義的グローバリゼーションが展開することになった。この運動において現出する資本主義（これを新自由主義的なグローバル資本主義と呼ぼう）は言われるところの後期資本主義を解体するのであり、それ故ここには非連続性がある。すなわち、ハーバーマスが言う後期資本主義と新自由主義的なグローバル資本主義との間には明らかな断絶がある。「後期」という語はあるものの生成・発展・衰退・消滅の過程において、前期に対するものとして、終わり、或いは終わりの近くに位置するという含意がある。一年を前期と後期に分ければ、後期は前期に対して一年の後半分を意味し、そして後期が終わればその一年は終わる。「後期資本主義」という語は資本主義の残り半分を含意し、それ故その後には資本主義はもはやないということを含意するであろう。ところが言われるところの後期資本主義にはその後があった。してみると、後期資本主義は後期ではなかったことになる。

ここでもしハーバーマスの言う後期資本主義のみならず新自由主義的なグローバル資本主義をも含めて「後期資本主義」と呼ぶとすれば、「後期資本主義」という概念によって先に言及した断絶の契機、非連続性は捉えられないことになり、かつこのことは再び後期資本主義の後には資本主義はもうないということを含意してしまう。けれども、新自由主義的なグローバル資本主義の後にはもはや資本主義はないのか、それとも新たな形態の資本主義が生じるのかは未定である。それ故、私は「後期資本主義」という概念を棄却したい。

資本主義はいくつかの段階を経て展開するとしても、前期―後期という大きな時間枠では、それぞれの段階の特性と種差を捉えることはできない。それ故、そうした種差を捉える概念が必要である。この種差が資本主義のパラダイム転換を露わにすることになる。

私は、社会制度というものを一つの行為類型（例えば道具的行為）の制度化としてではなく、行為類型の複合体の制度化として捉えた（が、これはハーバーマスのシステムと生活世界の区別を棄却することになる。）つまり、制度というのは複数の行為類型の複合体である。政治システムも経済システムもその他の生活世界領域も、たとえ制度化されていなくとも、行為類型の複合体としてある。制度化されたものとしての行為類型の複合体はそれぞれ独特の制度化の様式を持っている。制度化のこの様式は、例えば、政治システムと経済システムについてみれば、一方が経済的という性格を、他方は政治的という性格を持つという意味で区別されるが、それだけではなく、経済システムについて言えば、その制度化された歴史的変換においてある制度化の様式は別の制度化の様式によって置換されるのであり、ある制度化の様式とそれにとって代わる制度化の様式の間にも種差がある。ここで、話を時間軸にそう制度化の様式の変換に限れば、資本主義経済の変換を把握するためには、そうした種差を捉えなくてはならず、それ故に、そうした種差を捉える概念が必要である。

ここで注目されるのがレギュラシオン学派が言うところの「蓄積様式」と「調整様式」の概念である。[34] A・リピエッツによれば、蓄積様式とは「長期における生産諸条件（労働生産性、機械化の程度、相異なる産業諸部門の相対的重要性）と生産物を社会的に利用するうえでの諸条件（家計の消費、投資、政府支出、外国貿易）とが、長期にわたって連動して変化することを表現する論理であり、マクロ経済的な諸法則である。[35]」調整様式とは「諸個人の相互に矛盾した対立的な諸行動を蓄積体制の全体的原理に適合させるように作用するさまざまなメカニズムの組合わせである。[36]」

さて、以下では、以上のごとき蓄積様式・調整様式として、フォード主義的なそれと新自由主義的なそれに立ち入ってみたい。

第二次世界大戦後、ブレトン・ウッズ国際通貨体制のもとで生じた資本主義（ハーバーマスが言う後期資本主義）はフォーディズムと呼ばれる。フォード主義的蓄積体制の基本は生産性の上昇と賃金上昇の連動にある。これは生産性の上昇に伴って賃金を上昇させる制度的メカニズムであって、これによって労働者が大量に消費者となって現われるとともに、各国民経済の上昇的循環がもたらされた。資本蓄積はこうした国民経済の上昇的循環を通して実現された。フォード主義的調整様式の基本は資本家と労働者の間の階級闘争の平和化、即ち階級妥協である。階級闘争は賃金交渉へ転化し、これが人々の行動をフォード主義的蓄積体制に適合させるのである。ハーバーマスの『後期資本主義における正統化の問題』では、介入主義的国家は資本の蓄積条件を整備するとともに、経済危機に反応する対処行動を取るが、さらに国家は社会補償制度を確立する。レギュラシオン学派の「蓄積体制」・「調整様式」という概念からすれば、国家は資本の蓄積条件を整備・維持し、資本蓄積の危機に応答した経済への介入を行なうということによって蓄積様式を維持するとともに、上に述べたように社会保障制度を確立することによって蓄積体制を補完し、社会保障制度は階級妥協を存続させるという仕方で調整機能をも果たす。

これに対して、新自由主義的蓄積体制にあっては、生産性の上昇と賃金上昇の連動はある仕方で解体される。フォード主義的蓄積体制では、生産性の上昇と賃金上昇の連動は、社会保障制度と相まって富の分配のメカニズムでもあった。このメカニズムは新自由主義的蓄積体制では解体され、富の分配の逆流が起こる。成果主義賃金の導入などによって賃金水準は総体として低下し、このことによって資本の蓄積条件の改善が図られる。新自由主義的蓄積条件の本質は下層から上層へ、そして家計から大企業へ向かっての富の移動を実現するメカニズムにある。これによって階級妥協を成立させていた条件が消えていく。新自由主義的蓄積体制を維持する調整様式は例えば労働組合の弱体化と階級の断片化という否定的なものである。国家は新自由主義的蓄積体制を生みだし維持するために、積極的に経済及び法制度の改変を行ない、社会保障制度を後退させ、このことによって自らを新自由主義国家として改造する。我々の基本的捉えかたからすれば、新自由主義国家とは、上層へ向かって富の移転を実現するメカニズムの制度化である。これがまた、このメカニズムの作動において上層と下層を産出する。

五　全体性概念

新自由主義的グローバリゼーションの進展とともに、全体性の概念も変容し、それとともに全体性に対する批判のあり方も変容せざるを得ない。アドルノはかつてもはや哲学は全体性の問いには関わらない、と語った。哲学はもはや全体性を自らのうちから産出するように試みはしない。むしろ、哲学はアドルノによれば全体性への問いを打ち砕くという仕方で、全体性の問いに関わる(37)。このようにアドルノが言うとき、その発言の背後にはある社会状況があった。それこそが全体性の支配である。しかしながら、新自由主義的グローバリゼーションとともにアドルノが捉えたような社会の全体性に亀裂が走り、内的に分裂し始め、全体性に対する批判のあり方も変容せざるを得ない。

啓蒙と全体性

アドルノとホルクハイマーによれば、啓蒙は全体的であり、その前進過程において全体性を産出する。この全体性にあっては全てはあらかじめ全体によって規定されている。神話は既に啓蒙であったが、その神話は一つの全体性であった。「全体性」の概念は一切の事物、出来事が全体によってあらかじめ決定されているということを含意しているが、このことによってあらゆる出来事、事物が全体性のうちに取り込まれる。神話は世界の循環、運命、支配を真理の姿として映し出すが、これが意味するのは事実的なものの永遠性である。[38] 啓蒙はそうした神話を脱したはずであるが、啓蒙はその前進過程においてそれが脱した神話と同じ全体性の支配へと落ち込んでいく。ヘーゲルは、歴史における全体性を絶対者へと高め、こうすることによって神話へと転落してしまったが、[39] このような神話への転落は何もヘーゲル哲学にだけ生起するわけではない。それは啓蒙それ自身に生起するのである。

啓蒙は認識の体系性を思考する。体系とは一つの原理に基づく認識の連関であり、諸々の判断が体系に組織化されるが、この体系において包摂が支配する。体系においては一般的なものから特殊なものが導出されるが、これは特殊なものの一般的原理への包摂に他ならない。認識のこのような体系は自然支配を有効にするためのものであり、それ故、その基礎には自己保存の原理が存している。啓蒙にとって、体系の外があってはならない。というのは、それは啓蒙にとって不安の種であるからだ。全ては体系の内に取り込まれなければならない。

しかし、啓蒙にあっては、認識の体系性だけが生じるのではない。社会が全体性として生成する。アドルノが言う後期資本主義において、全体性が支配する。経済機構が一切を包括するのだ。一切はこの全包括的な経済機構の維持と存続のための機能を果たすものへと変換される。「個々人は、即物的に彼らから期待される慣習的な反応と機能様式の結び目にまで収縮する。」[40] してみれば、これはまさしく機能社会であるが、それは同時に産業社会でもある。産業社会の全体機構が個人の心をあらかじめ規定している。「今は産業が心を事物化する。それは経済機構は、全体的計画化の成立よりも前に、すでに自動的に、人間の行動を決定する価値を商品に付与する。」[41] 後期資本主義にあっては、理性も変質してしまう。理性は一切を包括する全体的な経済機構の補助手段に変質する。

さらに、啓蒙の前進過程が生み出す機能的に全体化された社会は同時に支配の体系でもあり、この体系にあって人間の人間に対する支配、即ち社会的支配と人間の自然に対する支配、即ち自然支配は相互に絡み合っている。[42]

その帰結によって観念論は、カントの形而上学的な留保に暴力を加えているのだ。純粋な首尾一貫した思考はたえまなく自らを絶対者と化そうとする。[43]

カントによる英知的領域の救出は、よく言われる、プロテスタント的信仰の擁護のためだけではなく、啓蒙の弁証法が理性それ自体の廃棄にゆきつこうとする地点にあって、この啓蒙の弁証法の過程に介入しようとする試みであったのだ。[44]

アドルノは、カントによる英知界の設定を啓蒙の過程、全面化し、全体化する啓蒙の弁証法の過程に対する形而上学的留保として、すなわち抵抗の試みとして解釈する。というのも、アドルノからしてみれば、カントは形而上学的諸理念に固執しているのであるが、それにも拘らずカントは、いつか絶対者が実現されるかもしれないという希望から、だから絶対者は存在するのだと命題への移行を禁止したからであり、そして肯定的なものの積極的措定をやってしまえば、それは啓蒙の全体化する過程に取り込まれてしまうことを意味するからである。こうしたアドルノの議論の前提であるのは、形而上学的諸理念の肯定的、積極的定立は直ちに啓蒙の全体化する過程の一契機に成り下がる、ということである。この前提を反省的に主題化し、その際その全体の妥当性が問題化されるならば、ここでのアドルノの議論全体の妥当性が問われることになるであろうが、アドルノは、その前提を反省することなく、カントの英知界の意味を解釈する。アドルノのこの解釈においては、啓蒙の全面化する過程に対する抵抗は肯定的なものへの移行を禁じるという仕方で行なわれることになる。「カントは肯定的なものへの移行を侮蔑した」[45]。そしてアドルノの否定弁証法がまた、一切を取り込んで運動する歴史および社会の全体化する運動への批判と抵抗の試みなのであり、全体性概念に対する批判である。アドルノの否定弁証法にあっては、「英知的なもの」という概念は、存在しないがかといって単に存在しないのでもない何ものかの概念である。これこそが形而上学の可能性であり、形而上学の有する超越の契機である。この超越の契機は、啓蒙の全体化する過程のまっただ中で事物が光らせている超越の反照である。「人間と事物に注いでいる光のうちで、超越の反照を光らせていないものはひとつとしてない。代替のきく交換世界に対する抵抗にあっては、世界の色彩が無と化すことを欲しない瞳の抵抗こそ抹消不可能なものである。仮象のうちには仮象なきものが約束されているのである。」[46]

ところが、アドルノによれば、カントに続くドイツ観念論の哲学は、カントの形而上学的留保を無効にし、かの超越の契機を精神の内在に取り込み、このことによって形而上学の有する超越の契機を抹消した。精神は全体化し、すべてがその精神の、従って全体性としての精神の運動の中に取り込まれ、精神の内在の内に取り込まれてしまう。哲学は今や全体性概念に屈服する訳である。歴史と社会は精神という全体性の運動になる。アドルノの否定弁証法は全体性概念に対する批判、つまり、歴史と社会を何らかの全体性の運動として把握することへの批判であり、同時に全体化する歴史と社会の運動に対する抵抗と批判でもある。もし歴史と社会の運動が、あるいは人間社会の歴史的運動がアドルノやホルクハイマーが言うところの啓蒙の過程、しかも全体化する啓蒙の過程であるとするならば、全体性概念による歴史と社会の理解もそれ自身の妥当性を有するということになろう。けれども、この妥当性の承認は同時に全体性の運動への屈服であることになろう。すなわち、すべての事柄が精神の歴史的な自己産出としての精神の労働の内に回収されてしまうことになる。

ところで、カントの実践理性に対するアドルノのメタ批判[47]は、カントの実践理性の現実的な歴史的基盤をまったく抜きにして行なわれている。カントが目の前にしていたのは、論議と対話という人間行為であり、カントの実践哲学の実際の経験基盤は、ハーバーマスが『公共性の構造転換』で「発見」した市民的公共性に他ならない。（ハーバーマス『公共性の構造転換』）カントにとって、啓蒙とは、特権的な知識人が無知なる大衆を啓蒙するなどといったことを意味するのではなくて、人間の未成年状態からの解放であるが、それは公衆の自己啓蒙である。こうした、カントの実践哲学の歴史的地盤をまったく看過してしまえば、カントの実践哲学は彼が意図したものとはまるで別物になってしまう。アドルノは、近代市民階級は生産を促進する限りで科学化と同盟するが、自由が既に内面性に引きこもっていたとはいえ、やはり自由は存在するのだという信念を科学が損なう限り、それに恐怖を覚えると述べ、これが『純粋理性批判』で論じられたアンチノミーの教義の背景であると言う[48]。けれども、カントの時代に自由が既に内面に引きこもっていたということはなく、むしろ自由は、そこで支配一般が解消する秩序として自己了解された市民的公共性という形態で、己を展開しつつあったのである。

アドルノは科学を、つまりはまたカントの理論理性を市民社会の産物であるとし、その歴史的社会的基盤を解読している。すなわち、ちょうど生産関係において商品が機械から飛び出してくるように、カントの『純粋理性批判』においては、現象が認識のメカニズムから飛び出してくる。さらに、最終生産物たる商品は交換価値を持つが、最終生産物のこのあり方は、カントにおいて対象が主観的に形成されるにも拘らず、客観性を有するものとして受容されるという、対象のあり方と同じである[49]。もしこのような解読を実践理性に施せば、その歴史的基盤は近代に生成した市民的公共性であるということになるであろうし、英知界と感性界のカントの二分法は、労働ないし生産の論理には還元されることのできない対話、一般にはコミュニケーション的行為の領域の理論的確保の試みであると解釈されることになろう。ところが、アドルノはカントの実践理性の歴史的基盤を完全に抜きにしているために、アドルノのカント読解にあっては、自然支配を遂行する理論理性に実践理性が還元・同化されてしまう傾向が生じる。アドルノはマルクスについて次のように言う。

マルクスは実践理性の優位というテーゼをカントおよびドイツ観念論から受け継ぎ、それを先鋭化して、世界をたんに解釈するのではなく変革せよという要求に変えた。これによって彼は、原市民的なものである絶対的自然支配という綱領を是認した。ここに見て取れるのは、同一性原理の現実的なモデルである。(50)

ここで、マルクスが言う世界を変革する実践はアドルノによって絶対的自然支配を意味するものと解釈され、カントの実践理性が自然支配と同じ文脈におかれてしまっている。ところが、実践理性の優位というテーゼの歴史的基盤は、諸個人のどんな目的的ないしは利己的行為も公共的討議において己の妥当性を証さなくてはならないということを意味するのである。

しかしながら、アドルノの場合、全体性に対する批判と抵抗はもっぱら仮象のうちなる仮象なきものとして、世界の色彩が無と化すことを欲しない瞳の抵抗としてのみ現われる。

「全体性」概念の変容

新自由主義並びに新自由主義的グローバリゼーションとともに、アドルノが見た社会の全体性は変容する。全体性に内的に亀裂が生じ、経済機構が世界の分割と分裂を自らの内から産出するようになる。フォーディズムの時代に成立していた富の分配メカニズムは解体され、その代わりに、富の移動ないし収奪を実現するメカニズムが作動する。すると、産業社会であり機能的な全体社会でもあるとされた社会は上層と下層へと分解していく。中間層が解体してその一部が上層へと上昇するとともに他は下層へと下降する。階級妥協、即ち階級闘争の平和化を成立させた条件は少なくとも弱化する。上層は一層上層へと上昇し、下層は一層下層へと下降し、このことによって社会的全体性は二極へと分裂してしまう。アドルノは全体性の支配を語ったが、その全体性は今や二極への分解傾向を示すのである。社会から排除された貧困化した社会集団が生じ、彼らは彼ら自身の努力を通じて社会的位置を改善することはできなくなる。貧富の格差が、そしてますます大きくなる格差が社会の定義的特徴になる。

新自由主義的グローバリゼーションにあっては、賃金水準は総体として低下するが、如何に低賃金であっても、職にありつけるだけましだという話になる。日本においてかつては企業的同一性が支配した。これは労働者の企業統合の形態である。終身雇用、年功賃金はその制度的基盤であったし、良い学校、良い会社、良い家族はこの企業統合を支える生活の基本的な指針でもあった。これが解体しはじめる。企業統合の解体、これは企業統合の強制的解体であり、初めから一定の諸個人が排除される。日本の高度成長とともに出現した労働者の企業統合に対してかつては大いに批判が行なわれたものであったが、この批判、労働者諸個人の企業統合への批判、企業同一性への統合への批判が語ったこと、すなわち企業統合の解体と労働者の自律性の獲得は今や皮肉な仕方で実現された。正規であることから排除された非正規社員の増大、あるいは非正規社員からさえ排除された諸個人は、かの企業同一性への吸収から解除されて「自律性」を獲得する。低賃金あるいは無収入というかたちで。

労働者の企業統合、すなわち企業同一性への統合はそれが強制的同一性であっても、やはり同一性であった。そして、排除された者たちは別の仕方で強制的に統合される。しかし、統合されるといっても、それは企業統合から排除されたものとしてである。彼らにおいては、仕事上では労働に対して管理が行なわれるが、しかしそれは労働者の企業統合を前提としてはいないのだ。アドルノは全体的に管理された世界について語ったが、ここでは管理と統合的同一性とはある仕方で分離する。排除された部分については管理は企業統合を前提としてはいない。それはいついかなる時にもやめてもらって構わない使い捨ての部分となる。

アドルノの言う全体社会では、いわば概念的同一性が支配する。概念は特殊を自らの内へ包摂することによって特殊を概念の同一性へと同化する。全体性あるいは全体的社会はいわばこうした概念であって、諸個人は全体社会へと包摂されることによって特殊性を失い、全体社会の同一性へと包摂される。諸個人はその際、管理されるとともに、全体性の維持と存続・展開のための機能を果たす。それ故に、全体性は管理された全体性であるとともに機能的連関の全体性である。してみれば、アドルノにあっては、全体社会のいわば概念的同一性が管理された全体性、並びに機能的連関の全体性と同外延的であり、それらは相互に融合している。けれども、新自由主義的グローバリゼーションとともに社会の同一性には亀裂が走り、その同一性は解体して分裂が生み出される。ここで企業同一性（企業統合）について言えば、企業統合から排除された部分は、先ほど述べたように、いついかなる時にもやめてもらってかまわない部分も、労働する限り、仕事をする限り、管理の客体になる。つまり、同一性から排除された部分にも管理が及ぶという意味で、さらに、そうした部分は企業の存続と維持にとって機能的意義を有しているという意味で、概念的同一性への包摂を旨とする同一性の支配と管理された全体及び機能的連関の全体とは乖離してしまう。

管理された全体性に対する抵抗は、アドルノにおいて、人間と事物に注ぐ光の内での超越の反証の光としてのみ、抹消不可能とされる瞳の抵抗として、そしてそうしたものとしてのみ現われる。けれども、新自由主義的グローバリゼーションの進展とともにそれに対する世界規模の批判と抵抗の運動は現実の運動として生じており、もはやそうした瞳の抵抗としてのみあるのではない。世界規模での富の移動が実現する中で、世界の二極分裂を生み出す経済機構とそれを推進する新自由主義諸国家並びに国際機関それ自身が問題として現われ、「別の世界」を産出しようとする運動が世界規模で生じる。

全体性の支配に対する批判がアドルノにおいてかの瞳の抵抗としてのみ現われたのは、アドルノの思考自身が機能的循環の論理を内化してしまったからであった。けれども、世界大で生起している批判と別の世界を産出しようとする運動は現実においてその機能的循環の論理を突破している。この突破は実は新自由主義的グローバリゼーションの運動が既に行なっていたものでもあった。新自由主義はアドルノやハーバーマスが言う後期資本主義、すなわち、以下に立ち入るが、そこで支配した機能的循環の論理であるオートポイエシスを断ち切ることによって、フォーディズムとケインズ主義的な介入主義的国家の構成論理を突破することによって、それまでとは別の世界を産出してきたからである。かくて、新自由主義的グローバリゼーションとそれを批判し、新自由主義的グローバリゼーションが産出する世界とは別の世界を産出しようとする運動との間の世界大での抗争が生じる。

なるほど、アドルノの後期資本主義並びに国家資本主義の概念はグローバル化された資本主義を分析するにはもはや十分ではない。しかし、それにしても、アドルノの全体性の概念はそうではないのではないか。その法則が意識された計画化を導くことができる包括的な社会的連関としての全体性ではなく、社会的主体がその社会性においてまさしく否定される強制的連関としての全体性がグローバル資本主義において現実的となるのではないか。[51] しかし、この観点は、新自由主義的グローバリゼーションとともに、全体性が内部から分解し始める事態を捉えない。新自由主義的グローバリゼーションとともに、強制連関としての全体性が単に世界化するというわけではないのである。ある意味で全体性は分解するのであって、この分解は（アドルノの意味での）全体性が絶えず孕んでいる緊張及び抗争と同じものではない。

六　神話的な力

システムの主体化

ルーマンは意識哲学における意識たる主体、つまり綜合の働きを有する意識をシステムによって置換する。ルーマンによれば、自己準拠、再帰、再帰性といった概念はこれまでその立脚地として意識や主体か考えられていたが、それらは今や実在するシステムによってとって代えられる。ルーマンのシステム論では、自己準拠と言われる自己は意識や主体からシステムになる。(52) ハーバーマスの言い方では、ルーマンのシステム論では、システムがデカルトからカントに到るまで展開されてきた認識主観にとって代わるのである。(53) 従って、ルーマンはいわば主体を消去するのであり、システムは主体なき過程となる。けれども、私の見るところ、システムが意識哲学の意識や主体にとって代わるということによって、システムはそれがとって代わった主体の痕跡をやはり保持している。ルーマンでは、意識が心理システムの基底であるのに対して意味は社会システムの基底であり、意味とは諸可能性からの可能性の選択（複合性の縮減）に他ならないが、そうした意味を加工するのは、人間的主体ではなくて、システムであるからである。意味を加工するのはシステムであると語ることによって、システムが主体の位置に着く。私見では、人間主体をシステムによって置換したことの代償はシステムそれ自身の主体化である。システムとはいわば主体なき主体となる。システムを産出するのは、ルーマンにあっては、人間諸主体ではない。すると、何がシステムを産出するのか。それを産出するのが人間主体ではないとすれば、それはシステムそれ自身である他はない。それ故、システムの産出はシステム自身の自己産出になる。

オートポイエシス

では、システムの自己産出はどの様に行なわれるのか。ルーマンの場合、この点に関係するのが「自己準拠」ないし「オートポイエシス」の概念である。システムの自己準拠について、ルーマンは次のように述べている。

あるシステムを自己準拠的システムと言い表すことができるのは、そのシステムが、そのシステムを成り立たせている諸要素をしかるべき機能を果たしている統一体としてそのシステム自体で構成しており、と同時に、こうした諸要素の間のすべての諸関係が、こうしたシステムによる要素の自己構成を手がかりとして作り上げられており、したがって、こうした方法により、そのシステムは自らの自己構成を継続的に再生産している場合である。この意味で、自己準拠的システムのオペレーションは、不可避的に自己接触によっておこなわれており、こうしたシステムには、環境接触のための形式として自己接触以外の形式はない。(54)

システムは諸要素から成り立っており、諸要素はシステムに対して何らかの機能を果たしているのであるが、このようなしかるべき機能を果たしている諸要素は当のシステム自身によって構成されている。それ故、システムの諸要素はシステム自身による構成である。システムはその諸要素を自己構成することによって、このことを通して自らを再生産する。こうして、システムの諸要素の機能はシステム自身によって一定の変動幅において構成されている。さらに、それぞれ要素は他の諸要素に関係し、他の諸要素を通じて自己に再帰するという仕方で相互に組み合っている。

このような諸要素の間の諸関係がまたシステムそれ自身によって構成される。諸要素の間の関係には複合性があるが、諸要素の間の関係はそうした複合性からの選択であり、この選択はシステム自身の選択である。このように、システムはその諸要素とそれらの間の関係を自己構成することを通じて自らを再生産する。このようなシステムは自己準拠システムと呼ばれるが、オートポイエシスとはシステムの諸要素（しかるべき機能を果たす統一体）の再生産の統一(55)であり、してみれば、オートポイエシス的システムにあっては、システムの諸要素が如何なる振る舞いをするにせよ、それは一定の変動幅においてシステム自身によって規定されていることになる。そしてこのことを通してシステムの諸要素はシステムの再生産に寄与しているのである。ルーマンによれば、心理システムも生体システムも社会システムもこのようなオートポイエシスである。オートポイエシス的システムはまさしくオートポイエシス的システムであるということによって閉鎖システムである。すなわち、それはそれ自身の内で閉鎖しているシステムである。(56)

ここで私はホルクハイマーとアドルノの『啓蒙の弁証法』を想起する。啓蒙は全体性であった、或いは啓蒙はその前進過程において全体性を産出する。全体性にあって、規格化された行動様式が個人に押しつけられる。個人は全体のための機能を果たすものへと還元される。全体性は体系であり、個々の要素はアドルノとホルクハイマーによればこの体系に包摂される。しかし、包摂されるだけではない。包摂されることによって個々の要素は全体性を再生産するための機能を果たすものとなる。全体性は全体的な機能的全体性でもある。個人は特定の社会的機能に縛り付けられる。ここにおいて理性は一切を包括する経済機構の補助手段になり、超越論的主観さえも廃止され、それは一種の自動機械によって置換される。主観性は意識から抹殺され、主体は抹消されてしまう。「個々人は、即物的に彼らから期待される慣習的な反応と機能様式の結び目にまで収縮してしまう」(57)のであった。全体性にとって一定の機能を果たす諸個人の行為は既に全体性によって規定されている。諸個人の行為はこのようにしていつも既にあらかじめ決定され、出し抜かれ、先を越されている。感覚はいつも概念装置によって規定されているのである。「日の下に新しきものなし」というのは啓蒙のさめた知恵であった。

反抗するものも体制に取り込まれる。反抗者は反抗するということにおいて体制の存続のための機能を果たすのである。個々人の主体性の抹消、すなわち個々人の機能的連関の結び目への還元、これを通して全体性は再生産される。してみれば、アドルノとホルクハイマーが言う全体性とはルーマンのシステム論におけるオートポイエシス的システムに他ならない。全体性の運動はオートポイエシスである。

全体性における個々の主体の抹消は、ルーマンのシステム論では、一つには、意識哲学の意識ないし主体のシステムによる置換において現われている。このことによってシステムが一種の主体となって現われ、自己運動をするものとして現われ、一つには社会システムに対して人間がシステムの環境に置かれるという点に現われている。その際、一切がシステムへと変換されるから、この場合、人間は心理システムと生体システムとして現われる。心理システムと生体システムは社会システムの環境に属している。これらはいずれもオートポイエシス的システムであり、それ故閉鎖システムである。この場合、ルーマンによれば、生体活動によるオートポイエシスと意識によるオートポイエシスは社会システム形成の前提条件をなす。しかし、他方では、社会システム（のオートポイエシス）によって心理システムと生体システムのオートポイエシスは可能になっている。それぞれのオートポイエシス的システムは閉鎖システムであるが、しかしまさしく閉鎖システムであるということによって、その環境に開かれているのであり、このことによって例えば心理システムは社会システムに接続している。心理システムに見出されるオートポイエシスは、「ある構造を受け入れたり、それに適応したり、それを変化させたりまたはそれを放棄したりしているのだが、そうした構造のいずれにおいても、かかるオートポイエシスは、社会システムに接続している」[58]。同じく、社会システムは心理システムに接続してもいる。これが相互浸透である。しかし、ここで、社会システムと心理システムを視野に置くとすれば、それぞれのシステムは、それらのシステムが相互に接続しているとしても、オートポイエシスとして閉鎖システムをなしている。それで、社会システムは、環境との差異において考えられたシステムとしての生体それ自身が主体なき過程であるように、主体なき過程になる。

しかし、人間を、それを生体システムと心理システムとして把握するという点はこれを置くとしても、社会システムの環境に、システム－環境差異に基づいて環境のうちに位置づけることは妥当なのか。これはある意味で人間を社会システムの外に置くことを意味しよう。というのは、あるシステムにとって環境はそのシステムではないからである。社会システムは行為システムであり、そして行為を遂行するのは人間、個々の人間である。「行為は人間の行為であるし、同時にまた、たぶん社会システムの建築用石材である。人間の行為がなければ、社会システムはありえないし、逆に人間は社会システムのなかでのみ行為する能力を獲得できる。[59]」こうした議論（異論）に対して、ルーマンは、このような考えは誤りではないとしても、単純すぎると言う。これに対してルーマンが持ち出すのは再びオートポイエシスの概念である。ルーマンによれば、社会システムは実体として表象された建築用石材からなるのではない。システムの諸要素は、この場合には行為は自己準拠システムの概念に基づいて理解されなければならない。ここでルーマンは行為は社会システムの建築用石材であるということを否定しているのである。人間の行為は社会システムの建築用石材ではない、ということだ。これは実体化された石材の考えに対する批判である。このルーマンの批判は正当であるが、しかしこの正当性は、行為遂行の主体を行為からいわば切り離して、システムの環境に置くことを何ら正当化するものではない。もし実体的な建築用素材から社会が構成されているとすれば、社会システムは単に行為の集合として、或いは行為遂行する個々の人間主体の集合として表象されよう。こうした表象を棄却することは再び行為遂行の主体たる個々の人間を行為から取り外して、人間をシステムの環境に割り当てることを何ら正当化しない。つまり、人間の行為を人間と行為の二つに分け、行為をシステムに、人間をその環境に割り当てることを何ら正当化しない。もしも人間諸個人を実体化されたものとし、そうした人間達を取り集めて集合とするならば、そうした集合は社会の部分として表象されることになるかもしれない。けれども、何らかの意味で人間諸個人を社会システムに含めて考える場合、必ずしもこうした集合を考える必要はない。行為の遂行者である人間諸個人はまさしく行為遂行者であるということによって、社会システムに属してもいるのである。

近代以降の転倒した世界においては、社会（システム）を人間行為者は彼らの行為において彼らから自立したものとして産出する。このとき、社会システムは人間たちにはあたかも彼らから自立したものとして、彼らの外部にあるものとして現われ、経験される。人間たちをシステム－環境差異の思考図式に基づいて環境に割り当てることはこうした社会システムの物象化的存立に照応してしまうのである。

ともあれ、ルーマンのシステム論においては、システムはオートポイエシス的システムとして、システムはある種主体化されている。システムの運動はシステムの自立的な運動となり、システムの再生産は自己再生産となる。この場合、「自己」というのはシステムのことである。オートポイエシスが、システムの諸要素はそれが如何なるものであれ、システムにとって一定の機能を果たすのであり、諸要素はそうしたものとしてシステムによって生み出されており、システムは諸要素のそうした産出を通して己を再生産するというのは機能的循環の論理である。これは階級妥協が成立し、労働者の労働と消費のみならずその闘争さえもがシステム全体にとって機能的意義を有するようになったフォーディズム時代の社会構造に対応している。(60)

ところで、このオートポイエシス、すなわち機能的循環の論理こそが戦時体制のみならず、第二次世界大戦後のフォード主義的蓄積体制を基礎とする社会国家において成立したものである。これは生活世界の物象化でもあって、この物象化とは神話的力に他ならない。そして、この場合、神話的力とは反復の力のことである。けれども、この反復の力としての神話的力は、新自由主義及び新自由主義的グローバリゼーションの運動によって解体され、突破された。というのは、新自由主義の潮流はフォーディズムそのものを攻撃することによって、反復の力としての神話的力の存在基盤を解体するからである。

新たに生成する新自由主義的蓄積体制のもとでは、神話的力は変容してしまう。神話的力は富の移動を実現するかのメカニズムへと自己脱皮を遂げるのであって、このメカニズムの作動によって世界の分裂、世界人口の極化が産出される。

システムの自立的運動の表象は新自由主義的グローバリゼーションの時代に、このグローバリゼーション過程にそのまま適用すれば、それは新自由主義的グローバリゼーションを正統化するイデオロギーを生み出すことになる。例えば、オートポイエシスの概念をそれにそのまま適用すれば、新自由主義的グローバリゼーションの過程はシステムの自立的な運動として表象されることになり、人間達はただそれに適合しなくてはならない過程として現われる。それ故その過程は不可避で必然的で人間主体には関係ない運動という表象が生み出されよう。

七　エイジェンシー

M・B・スティーガーはグローバリゼーションのイデオロギー的次元として次の五つを挙げている。

①グローバリゼーションは、市場の自由化及びグローバルな統合に寄与する。
②グローバリゼーションは不可逆的で、非可逆的である。
③グローバリゼーションを統括している者はいない、誰のせいでもない。
④グローバリゼーションは誰にとっても利益がある。
⑤グローバリゼーションは世界に民主主義をいっそう広める。(61)

グローバリゼーションのイデオロギーとは、より限定をつけるなら、それは新自由主義的グローバリゼーションのイデオロギーとなるが、ここに挙げられた新自由主義的グローバリゼーションのイデオロギーの五つの次元のうち、ここでは特に、②と③の次元を取り上げる。③の次元からすれば、新自由主義的グローバリゼーションの進展過程はそれを統括している主体ないし主体群は存在しないがゆえに、そして同時に誰のせいでもないが故に、それを推進している主体ないし主体群は存在しない過程である。これはM・B・スティーガーの言い方では、統治者不在のグローバリゼーションである。(62)だから、それはいわば自動的な過程なのであり、そうしたものとして主体なき過程になる。新自由主義的グローバリゼーションは人間諸主体の前で彼らの関与なく自動的に展開するのであり、そして否応なく彼らを巻き込んでいく過程として現われる。もし新自由主義的グローバリゼーションを推進している主体群が存在するならば、主体群の行為を変更することによってその過程を変更させ、押しとどめることもできよう。けれども、このイデオロギーにあっては、そうした主体ないし主体群は存在しない。こうして、新自由主義的グローバリゼーションは一種の自然的過程、自然史となって映現する。

しかも、イデオロギーの次元②からすれば、この過程は不可逆的であり、非可逆的である。かくて、新自由主義的グローバリゼーションの進展過程は後戻りすることがあり得ない自然法則性、自然必然性を持つ過程として表象される。この表象は、主体なき過程としての、あるいは主体なき主体としての「オートポイエシス的システム」の概念を無造作に新自由主義的グローバリゼーションの過程に適用したものになっている。

新自由主義的グローバリゼーションは不可避的な過程であり、政治にできることはただその後についていくことができるだけだという政治家の主張は、イデオロギーの次元②＋③の一形態である。

しかしながら、実際には、新自由主義的グローバリゼーションを推進した主体群が存在したのであり、様々な政治家、学者、ジャーナリストのみならず、投資銀行や多国籍企業、国内企業、などの同盟があったのである。[63]その他にＩＭＦや世界銀行といった国際機関、とりわけ国家（アメリカ国家と特にその財務省）がその主導的役割を担った。これら主体群が推進した新自由主義的グローバリゼーションの運動において、フォーディズム時代の、フォード主義的蓄積体制を基本とする社会編成の論理が打ち破られた。この社会編成は階級妥協の成立、従って階級闘争の平和化を組み込んでいたのであり、この事態が階級社会からシステム社会への移行を論定させた歴史的・現実的基盤であった。[64]このシステム社会においてルーマンのシステム論がいうところのオートポイエシスが成立した。これは機能的循環の論理であった。こうした機能的循環の内部で、これはルーマンのシステム論が決して論定することができず、また論定する意志もないことであるが、一九六五年頃以降資本の蓄積率の低下という形で資本主義的経済システムの危機が進行した。先に言及した新自由主義的グローバリゼーションを推進した主体群はフォード主義的蓄積体制を基礎として運動するオートポイエシスを断ち切り、新自由主義的な蓄積体制と調整様式を創設し、制度化しようとしたのである。この過程は決して主体なき過程ではなく、（主体化された）システムの自己運動などではなかったし、これらの主体群はシステムの環境の内に存在したのでは決してなかった。もし、新自由主義的グローバリゼーションが主体なき過程として、システムの自己運動として表象されるならば、新自由主義的グローバリゼーション過程を推進した主体群を人々の視野の内から放逐し、その過程を誰のせいでもない過程として現象させる。

ルーマンの「オートポイエシス的システム」の概念では、システムを構成する諸要素は実体としてあらかじめ与えられているのではなく、システムにとってしかるべき機能を果たす機能統一体として、システムそれ自身によって産出されるのであった。このことを念頭においていえば、新自由主義的グローバリゼーションを推進した主体群は、既存のシステムを構成する諸要素の機能統一体がシステムそれ自身によって産出されているという事態を遮断し、そうした諸要素を既存のシステムと矛盾し、対立する別のものによって置換しようとし、このことを通してシステムそれ自身を変換しようとしたのであり、既存のシステムのオートポイエシスを打破しようとしたのである。この過程は決してシステムの主体なき自己創設なのではない。

新自由主義的グローバリゼーションの過程はもとよりコミュニケーションの過程的運動を含んでおり、この過程的運動の中でイデオロギーも産出される。先に言及されたイデオロギーの次元①+②はそうしたイデオロギーであり、こうしたイデオロギーが生み出されるのは、新自由主義的グローバリゼーションが多く人を自らに引きつけ、動員する必要があるからである。このイデオロギーの眼差しのもとでは、新自由主義的グローバリゼーションは一つの自然的な過程として、自然史として現われた。けれども、そのイデオロギーは仮象であり、仮象は実在とは違っている。それ故、新自由主義的グローバリゼーションの自然史としての表象は仮象であり、実在ではない。新自由主義的グローバリゼーションはそうした過程に関する仮象を、一種の自然過程であるという表象を生み出しつつ進行する。こうした表象は次のような効果を持っている。すなわち、広範な分野の人々が、グローバリゼーションは単に自然な経過をたどっているにすぎない自律的な不可抗力であるというグローバリズムのイメージをいったん受け入れてしまうと、抵抗運動を組織するのは極めて難しくなる。(65) このように、新自由主義的グローバリゼーションはそれ自身の実在を隠蔽する仮象を内に含んで進展するが、そのようなものとして、つまりそれが含む仮象としてではなく、その仮象を含む実在として、別の意味で（人間の）自然史になる。新自由主義的グローバリゼーションを正当化するイデオロギーは推進の主体性を隠蔽する。実際には主体群の運動がある。こうした主体群の運動として、それは自然史になる。というのは、それは無反省的に資本蓄積の衝動に突き動かされているからである。

八　市民社会と市民的公共性

市民社会の生成

ここでは、ハーバーマスが『公共性の構造転換』の中で提出した市民社会と公共性の配置を組み直すよう試みる。まず、ハーバーマスの議論を見よう。

一三世紀末から遠隔地交易が発展し、これが商品と情報の流通を中世ヨーロッパ社会に作り出していき、これが新しい社会秩序の諸要素を生み出すのである。初期金融・商業資本主義は、上部イタリアから西北ヨーロッパに広がり、オランダの諸港湾都市を発展させ、こうした商品と金融の流通運動によって、流通の交差点に定期市が作られる。この定期市は金融資本技術の発達とともに取引所として確立される。商品と情報の流れは閉じた家産経済をはみ出し、広範囲に及ぶ水平的な経済的依存関係の網の目を作り出す。ところが、これはヨーロッパ中世封建社会の閉じた家産経済に基礎を置く身分的従属関係に矛盾するのであり、それ故、水平的な経済的依存関係の発展は中世封建社会の身分的従属関係を掘り崩す力学を発揮する。とはいえ、当初は、交易体系の発達が内包する新しい社会秩序の諸要素は古い支配秩序を解体するというよりは、その古い支配秩序に統合される。すなわち、市場はギルド並びにツンフトの統制下にあるとともに、新しい精神である市民的人文主義も貴族的宮廷文化に統合される。けれども、時代が重商主義局面に至るや、商品と情報流通の網の目、すなわち水平的な経済依存関係の網の目はある革命的力学を発揮する。一六世紀以来、特権を与えられた貿易商社は新しい地域に市場を開拓するが、これは強力な政治力と軍事力を必要としたのであり、それがために今や民族的領邦的国家権力が生じてくる。「『国』(Nation) とよばれるもの——官僚的諸制度と増大する財政需要をそなえた近代国家——そのものは、こうした過程の中ではじめて形成されるのであり、その財政需要がまた逆に重商主義政策へ加速的な反作用を及ぼしていく。[66]」国家とはここに、恒常的に国家活動が行なわれ、常備軍を有し、その活動を租税によって賄う公権力の勢力圏である。ハーバーマスはこの勢力圏を「生活圏」と呼んでいる。それは一つの生活圏なのである。[67]国家活動が常態化し、公権力が強化されると、国家、すなわち絶対主義国家は国民に対して対立するようになり、ここに、公権力の領域とそれから排除された人々、すなわち私人の領域という、近代特有の構造が成立してくる。私人とはさしあたって欠如態であって、国家機構の圏から排除されている人々、公務や公職を持たない人々のことである。それ故、その概念からすれば、国家機構を構成する人々ではない、公務や公職を持たないあらゆる人々が私人であるということになる。私人(ないしは民間人)とは、第一に、このように欠如態において規定され、またそのように己を理解する人々であるが、第二に、欠如態という規定において公権力の受け手であり、その意味で公衆 (publicum) として規定される。してみればこの場合、公衆とは単に公権力の抽象的な相手方という意味を持つにすぎず、それ故、私人たち、あるいは公権力の抽象的な相手方、公権力の受け手という意味での公衆は、市民社会を構成するとは未だ言えないものである。

ところが、国内産業が発達してマニュファクチュア資本が商業資本に対して優位を持つようになると、重商主義段階にあっては、国王によって特権を認められた商社は外国貿易において独占的地位を占めていたが、今や国家の行政措置は資本主義的生産様式の生成と発展を眼目として遂行されるようになる。商品流通を眼目にした私的経済活動が活発化し、政府の対応物としての市民社会が形成される。この市民社会とは、私有化された経済活動の圏であり、商品流通と社会的労働の活動圏である。そして、これとともに、かの私人たち、すなわち公衆の中に、新しい層が出現してくる。「近代国家の装置と一緒に、『ブルジョワ』(die Bürgerlichen) という新しい層が成立し、これが『公衆』の中で中心的な位置を占める。[68]」その中核は行政管理、主に法律家であるが、これに、医師や牧師や、将校や「学者」が加わる。さらに、この層には「資本家」、貿易商、銀行家、出版業者、製造業者などが属する。こうしたブルジョワ層が新しい市民社会の中心的な担い手となるわけである。ブルジョワ層は私人たちの全体ではなく、その一部であり、旧来の職業身分に属する手工業者や小売商、都市下層民などはそこから排除されている。こうしてみると、ハーバーマスの理解では、市民社会とは商品流通と社会的労働の領域、活動圏であり、ブルジョワたる私人たちは、従って公権力の受け手でもある公衆は市民社会の中心的な担い手であるわけである。

このブルジョワである公衆は国家の公権力との対抗軸において己を公衆として自覚し、ここに公論を形成して国家に対して己の要求をつきつける批判的論議の場としての市民的公共性が生成してくる。ハーバーマスによれば、「この市民的公共性は、市民社会の私有圏への公共的関心がもはや単に政府によって保護されるだけではなく、臣民自身によってみずらの関心事として考慮に入れられるにつれて、発展していく[69]」のであり、「国家に対立して現れた社会は、一方では、公権力から私的領域を判然と区別しながら、他方では、生活の再生産を私的家権の枠外の公共的関心事へと引きあげたのであるから、不断の行政的接触のおこなわれる地帯は、論議する公衆の批判を挑発するという意味においても、ひとつの『批判的な』危険地帯となるのである。[70]」市民的公共性の生成とともに、公権力の単に抽象的な相手方にすぎなかった公衆は、市民的公共性を担う公衆としての、公権力に対する現実的な相手方としての自覚を持ってくる。すなわち、私人たちの一部であるブルジョワは己を市民的公共性の公衆として自らを形成することになる。ハーバーマスは、国家の公権力の勢力圏を「生活圏」と呼んだように、この市民的公共性をも一つの生活圏と呼んでいる。すなわちそれは公衆として集合した私人たちの生活圏に他ならない。

ところで、ハーバーマスの理解では、後に見るように、こうした市民的公共性は文芸的公共性の機能転化として生じたのであるが、それら公共性の担い手はブルジョワ層、しかも財産と教養ある市民層（ブルジョワ）であり、この教養層は、小家族的内部空間から、すなわち小家族の親密領域から出てくるのである。さて、こうしてみると、ここに国家の公権力の領域、商品流通と社会的労働の領域、市民的公共性という領域、小家族の内部空間という親密領域という諸社会領域が分化してきたことが分かる。

国家の公権力の領域、商品流通と社会的労働の領域、市民的公共性、小家族の内部空間の相互関係

ハーバーマスは、一八世紀において市民的公共性が位置する社会的配置を次のように図化している。

私的（民間）領域	
市民社会（商品交易と社会的労働の領域）	政治的公共性
小家族的内部空間（市民的知識層）	文芸的公共性（クラブ・新聞）　文化市場「都市」

- 公権力の領域
  - 国家（「内務行政」の領域）
  - 宮廷（貴族的宮廷的社交界）

生活領域はまず大きく公権力の領域と私的領域に分けられる。私的領域には商品流通と社会的労働の領域である市民社会と小家族が属し、さらに市民的公共性が属している。市民的公共性が私的領域に含められるのは、それが民間人の領域であるからである。私的領域の内で、市民社会と小家族は私生活圏と呼ばれる。すなわち、私生活圏は市民社会と小家族を包括する。それ故、私生活圏という点を考慮に入れるならば、私的領域の構図は以下のようになる。

- 私的（民間）領域
  - 私生活圏
    - 市民社会
    - 小家族
  - （市民的）公共性

さらにハーバーマスは「市民社会」概念を広義二つの意味に区分している。「市民社会」の広い意味では、市民社会は商品交易と社会的労働の領域および小家族とその親密領域の両者を含み、狭い意味では「市民社会」は商品交易と社会的労働の領域だけを意味する。従って、「市民社会」概念に関しては、次の図が得られる。

市民社会（広義）
- 市民社会（狭義）＝商品交易と社会的労働の領域
- 小家族とその親密圏

ところがここで一つの問題が生じる。ハーバーマスは『公共性の構造転換』に「市民社会（ブルジョワ社会）の一つのカテゴリーの探求（Untersuchungen zu einer Kategorie der bürgerlichen Gesellschaft）という副題を付けている。ここに言われる「市民社会」はどのような意味を持っていなければならないであろうか。まず市民社会（ブルジョワ社会）＝公共性ではない。というのは、市民社会は市民的公共性という生活圏と区別されているからである。それ故、副題に見られる「市民社会（ブルジョワ社会）」は市民的公共性をその一部として含んでいるのでなければならない。換言すれば、市民的公共性は市民社会を織り成す一つのカテゴリーでなくてはならない。すると、副題に見られる「市民社会」は上述の広義二つの意味での「市民社会」よりもさらに広義の意味を持っているということになる。かくて、ハーバーマスの『公共性の構造転換』においては、「市民社会」三つの意味を持っていることになる。すなわち、

（1）狭義の市民社会＝商品交易と社会的労働の領域

（2）広義の市民社会＝商品交易と社会的労働の領域＋小家族及びその親密圏

（3）さらに広義の市民社会＝商品交易と社会的労働の領域＋小家族及びその親密圏＋市民的公共性

ここでさしあたって注意されるのは、商品交易と社会的労働の領域が三つの意味の市民社会すべてに現われているということである。これはヘーゲル＝マルクスの「市民社会」概念の継承の上に立っているものである。ハーバーマスが狭義の市民社会を、もっぱら市民（ブルジョワ）諸個人からなるものとしているのではなく、商品交易と社会的労働の領域としているのは、なるほどヘーゲルが市民社会を、司法活動と福祉行政並びに職業団体を含むものとしているとしても、まずもって欲求の体系として、すなわちシステムとして、「個々人の労働によって、そしてまた他の一切の人々の労働と欲求の満足によって、欲求を媒介し、個々人の欲求を満足させる」[71]欲求の体系としていたことの延長線上にある。すなわち、それは市民社会を一つのシステム、システム領域として捉えるという点においてである。

さて、以上見たように、ハーバーマスの『公共性の構造転換』にあっては、「市民社会」概念は多義的に使用されているのであるが、問題はなぜこの概念が多義的になってしまうのかという点にある。それはハーバーマスが時空軸における市民社会の生成の運動をそれぞれの段階においていわば垂直的に切り取って「市民社会（ブルジョワ社会）」概念を作り上げているからである。それで、市民社会の生成の歴史的運動という点から、ハーバーマスの議論を再構成してみたい。

まず、ハーバーマスが公権力の勢力圏も市民的公共性も「生活圏」と呼んでいたことを想起しよう。私生活圏が狭義の市民社会と小家族両者を包括していることからすれば、ハーバーマスにとって狭義の市民社会、すなわち商品交易と社会的労働の領域のみならず、小家族もまた生活圏であることになる。ハーバーマスは一九八一年の『コミュニケーション的行為の理論』において、システムと生活世界による社会把握を試みた。システムと生活世界の関係に関するハーバーマスの説明には、方法論的説明と進化論的説明があるが、進化論的説明によると、伝統的社会ではシステムと生活世界が未分化であり、部族社会では社会システムは生活世界と同様の広がりを有していたが、社会の近代社会への移行とともに、生活世界から政治システムと経済システムが分化する。ところが、『公共性の構造転換』には、潜在的にではあるが、生活世界とシステムの分化とは違った構想が見出される。商品交易と社会的労働の領域と小家族のみならず、公権力の勢力圏も市民的公共性も生活圏であるとすれば、ここで「生活世界」という語を使用するなら、伝統的社会から近代社会への推移とともに生起したのは、生活世界と（政治及び経済）システムとの分化というより、生活世界の諸生活圏への分化であるということになる。すなわち、中世ヨーロッパ封建社会の胎内に、商品交易と社会的労働の領域という生活圏が生成・成長するとともに、国家の公権力の勢力圏という生活圏が生じ、また同時に経済は家産という形で狭い家族内に閉じこめられていたあり方を突破し、これによってまた小家族とその親密圏という生活圏が生じる。そして、商品交易と社会的労働の領域という生活圏と国家の公権力の勢力圏という生活圏の間に、両者の不断の接触が行なわれる批判的論議の場としての、つまり公論が形成される場としての、一つの生活圏である市民的公共性が生まれてくる。それぞれの生活圏が（社会）空間をなす限りでは、近代において生起したのは、もとより、相互作用と相互関係があるが、生活世界の諸空間、諸生活空間への分化である、

ところで、ハーバーマスの言う狭義の市民社会である商品交易と社会的労働の領域という生活圏は、その中核的担い手が近代市民階級をなすdie Bürgerlichenであるとはいえ、どちらかといえば、システムという点から、あるいは一つの空間（領域）という点から見られているという側面が強い。けれども、こうであれば、社会諸形態を産出するのが人間諸個人（ここでは、近代市民階級を構成するブルジョワ諸個人）の活動と行為である限り、近代市民社会生成の運動の動的生活はまだ十分には捉えられない。そこで、ハーバーマスの言う広義の市民社会を①その担い手である諸個人と②彼らの活動・行為において産出され・日々維持され・成長・発展するシステムという二つの側面の統一として明示的に捉え返そう。広義の市民社会は、この場合、その担い手という側面から切り取られると、諸個人、近

代市民たるブルジョワからなるものとして表象され、システムという面から切り取られると商品交易と社会的労働の領域というシステムとして表象される。近代市民社会をもっぱら諸個人からなるものとして表象することともっぱらシステムとして表象することはいずれも一面的であり、現実の市民社会は両者の動的な統一としてある。以上の両側面の統一としてハーバーマスの広義の「市民社会」概念を明示的に捉え返すと、事態の運動は次のように再構成されよう。財産と教養を持つ市民諸個人は、家族の親密圏から出て狭義の市民社会である商品交易と社会的労働という生活圏を生成しつつ、そこにおいて活動する。彼らがこの生活圏の中核的な担い手である。彼らはさて国家の公権力との対抗軸において自分たちの要求を公論という形で国家の公権力に突きつけ、市民的公共性という生活圏を形成する。こうして、狭義の市民社会はその運動において市民的公共性をその胎内から産出し、自らが産出したこのものを同時に自らの内に包括する。同じブルジョワ諸個人が一方では商品交易と社会的労働の領域である生活圏において生活し、つまり活動し、市民的公共性の担い手して、すなわち公論の担い手として活動する、すなわち生活する。ハーバーマスの広義の「市民社会」とさらに広義の「市民社会」は、生成する市民社会の運動の、論理的に見て初発の段階とそれが市民的公共性という生活圏を産出しつつそれを自己の内に包括する段階とをそれぞれ切り取ったものに他ならない。

行為といい、活動といい、論議といい、それらは人間が遂行する運動である。私は、ここでは「市民的公共性」をあくまで運動体として捉えておくことにする。行為や活動、(批判的)論議、対話は、その遂行においてそれ自身がそのうちに存在し、その場であるところの空間を産出する。市民的公共性は、それが産出する空間という面から捉えられると、花田達郎氏の用語を用いると[72]、公共圏として把握されることになる。(つまり、私は「市民的公共性」と「公共圏」を同義としては用いていない。)

狭義の市民社会はその生成の運動において、それ自身の内から市民的公共性を生みだし、これが狭義の市民社会の一層の発展の要求を理性の名において絶対主義国家に突きつけたのである。

二つの意味での市民社会

ここに試みられたハーバーマスの議論の再構成において、最広義の市民社会は広義の市民社会と市民的公共性を含んでいる。私は、これを参考にしながらも、ここでは、「市民社会」概念を次のように定式化したい。狭義の市民社会、すなわち、商品交易と社会的労働の活動権を「市民社会Ⅰ（bürgerliche Gesellschaft）」と呼ぼう。これは福祉行政とポリツァイを別にすれば、ヘーゲルの言う市民社会に相当する。この市民社会Ⅰにおいて活動する諸個人は、その市民社会Ⅰにおけるその構造上の位置に従って、あるいはそれに従わないでも、様々な人間集団を構成する。そうした集団から構成される社会を「市民社会Ⅱ（Zivilgesellschaft）」と呼び、市民社会Ⅰと区別する。（なお、親密圏たる家族は市民社会には含めないことにする。）市民社会Ⅱは市民社会Ⅰから派生する。

市民社会Ⅰは（新自由主義的）グローバリゼーションとともに、トランスナショナル化し、国民国家の国境を越えて展開するようになり、東アジア諸国や中国、そしてインドといった諸国はそうしたトランスナショナル化された市民社会に己を開き、それを自らのうちに引き入れることによって経済成長を計るようになり、かくて、中国やインドは（新自由主義的）グローバリゼーションの新たなエンジンとして登場した。このような市民社会Ⅰのトランスナショナル化とともに、市民社会Ⅱは市民社会Ⅰから派生するものとして、新自由主義的グローバリゼーションを推進しようとする諸勢力とそれを批判し、それが産出した世界とは別の世界を産出しようとする諸勢力との抗争の場となる。それ故、市民社会Ⅱはハーバーマスが語った市民社会（Zivilgesellschaft）とは意味が異なっている。ハーバーマスは市民社会（Zivilgesellschaft）について次のように述べた。

近代を特徴づけるものとしてヘーゲルやマルクス以来慣例となっている「市民社会 societas civilis」から「市民社会 bürgerliche Gesellschaft」への翻訳とは異なり、市民社会という語には、労働市場・資本市場・財貨市場をつうじて制御される経済の領域という意味はもはや含まれていない。いずれにしても、《市民社会》の制度的な核心をなすのは、自由な意思にもとづく非国家的・非経済的な結合関係である。もっぱら順不同にいくつかの例を挙げれば、教会、文化的なサークル、学術団体をはじめとして、独立したメディア、スポーツ団体、レクレーション団体、弁論クラブ、市民フォーラム、市民運動があり、さらに同業組合、政党、労働組織、オールタナティブな施設にまで及ぶ(73)。

見られるように、ハーバーマスにあっては、市民社会（Zivilgesellschaft）は国家と経済からいわば社会空間的に外にある様々な団体の集まりであり、それ故に、それはもはや国家的、経済的意味を持っていない。それは「公共圏の枠内で一般的関心を引く問題のために問題解決討議を制度化する、連帯的結合に関する制度(74)」である。ここでは、対立・抗争は主題化されていない。これに対して、私は市民社会Ⅱを（国家形態と）市民社会Ⅰのあり方を巡る抗争の場として捉える。それは（新自由主義的）グローバリゼーションを推進しようとする諸勢力とそれを批判し、それによって産出された市民社会Ⅰに対して別の市民社会Ⅰ、従ってまた別の世界を産出しようとする運動との抗争・対抗の場である。

公共性

市民社会Ⅱは様々な人間集団、アソシエーションからなるが、単にそうした集団の集合につきるわけではない。それらは運動体であり、それらは何かをするのである。市民社会IIは主に諸アソシエーションという側面から見られたものであり、それが運動ないし運動体という面から見られるとき、それは公共性である。それ故に、公共性もまた対立し抗争する運動方向を内包するものになる。公共性の運動も国境を超えてトランスナショナルな運動を展開する。

市民的公共性

ただ、私は、「市民的公共性」概念を、近代の市民的公共性の現代的変換として、新自由主義的グローバリゼーションが生み出した世界とは別の世界を産出しようとする運動にのみ結びつけたい。というのは、この意味での公共性のみが例えばハンナ・アーレントの言う公共空間の概念に通じているとともに、あるところでの人権侵害が世界の至る所で感じられる（カント）という観念を体現しており、新自由主義の運動が（社会的）連帯を解体するのに対して、その意味での市民的公共性が社会的連帯を体現しているからである。

自律は（社会的）連帯を前提とし、連帯は自律を前提とする。言い換えれば、自律は連帯を己の不可欠の契機とし、連帯は自律を己の不可欠の契機とするのであって、そもそも自律なしに連帯はなく、連帯なしに自律はない。諸個人たる人間が人間であるのは、人間が人と人の間であるのと同じく、諸個人の諸個人としての自律は連帯を基礎としてのみ成り立つ。ところが、新自由主義は自律と連帯の相互浸透を破壊し、両者を分断することによって、すなわち自律をそれ自身として立てることによって、（社会的）連帯を解体する。新自由主義が称揚し想定する自律した個人とは絶えざる競争に打ち勝ち、競争に打ち勝つことによって己を維持する「強い」個人であり、これは連帯を捨象しているために、新自由主義の運動は社会的連帯を解体する。競争に打ち勝つ「強い」個人が社会的上層を形成し、敗者は社会的下層を形成するのであるから、新自由主義は社会の分裂を促進することになる。

ところが、新自由主義が称揚する「強い」個人はいつ何時競争に負けて社会の下層へ転落しないとも限らないという、可能性・危険に晒されている。神話的世界から離脱したオデュッセイスが再び神話的世界に舞い戻ってしまうことへの不安からますます強い自我を形成し、先へ先へと啓蒙の過程を前進していかざるを得ないように、新自由主義が称揚する強い個人は敗北と社会的下層への転落への潜在的不安を抱えざるを得ず、それ故ますます競争における勝利者であり続けようとするが、こうした運動は社会をますます上層と下層へと分断していくことになる。

市民的公共性の運動もまたトランスナショナルに展開する。市民的公共性の運動は今日、新自由主義的グローバリゼーションに対する批判、反抗として、同時に世界市民的公共性という質を持つ。ローカルに運動する公共性はそれ自身において世界性を内包せざるを得ない。すなわち、ローカルな公共性はそれ自身において世界性を帯びるということによって、世界市民的公共性の一環である。ローカルな公共性の運動を担っているのは、様々な個人や団体であり、これらの諸個人あるいは団体の代表者は世界のある地域に集合して集会を開いたり、新自由主義的グローバリゼーションを推進する国際機関への抗議行動を行なう。例えば、一九九四年北米自由貿易協定の発行とともに活動を開始したサパティスタ民族解放軍の呼びかけで、一九九六年メキシコのチアパス州の密林中で、世界の多くの諸国から三〇〇〇人が集まって集会を開いたし、一九九九年六月はG8サミットに対し、一一月にはシアトルにおいてWTO閣僚会議に対し、大規模な抗議行動がもたれた[75]。さらに、それはローカルな公共性の運動を担う世界的、あるいはリージョナルな連絡組織を作り上げる。世界社会フォーラム、アジア社会フォーラム、欧州社会フォーラムなどはその例である。

市民的公共性、ひいては世界市民的公共性の運動における公共性はハイデガーが語っている公共性とは全く意味が違っている。かつて、ハイデガーは世界の暗黒化について語った。世界の暗黒化とは神々の逃亡であり、大地の破壊であり、人間の大衆化であり、凡庸な人間の優位である。『形而上学入門』において、世界とはいつも精神的世界であるとされている。してみれば、世界の暗黒化とは精神的世界の荒廃を、世界の意味喪失を意味する。

一九世紀前半にドイツ観念論の崩壊が生じたのであるが、精神の無力化はその一九世紀前半におけるヨーロッパの精神的状況から生じたとハイデガーは言う。現存在はこの時代に深みのない世界へと滑り込み始めた(76)。学としてのハイデガーの哲学はこうした時代状況の中に潜在する思考のあり方を典型的な形で定式化したのである。ハイデガーはこの思考法を物神化された民族と結びつけ、ギリシアにおける第一の始まりに対して第二の新たな始まりを構想するという壮大な存在の物語として展開した。時代状況の中に潜在する思考のあり方をそれとして典型的な仕方で定式化したということ、生活世界を覆った時代的状況に潜在する思考のあり方を典型的な仕方で定式化し、ハイデガーの思考がそうした時代状況に潜在する思考の典型的な体現となったということ、私見では、この点にハイデガーの思考が持った時代的適合性の根拠がある。

レーヴィットはハイデガーの思考が持った時代的適合性について語っている。ハイデガーの思索は広範な影響を持ったが、それは何故であったのか。レーヴィットはハイデガーを「乏しき時代の思索者」と呼ぶ。乏しき時代とは時代の困窮を言っている。それは生活世界が意味を喪失してくる状況である。この状況は「神々が逃げ去ってもはやなく、来るべきものがまだ立ち現れていない(77)」という二重の欠乏の時代である。こうした状況にあって、ハイデガーは、救いも故郷もなくなった人間の現存在のためにまったきものと故郷を求めているのである。レーヴィットによれば、第一次世界大戦後の一九二〇年代は、価値哲学と文化哲学が説く永遠の諸価値が擦り切れ、理性と伝統的形而上学に対するディルタイの批判が好評を博していた時代であった。ハイデガーの思考にはこうした時代の相貌が写っている。そしてハイデガーにおいては、公共性はこうした荒廃した生活世界として現われた。ハイデガーが目の前にしていたのは、実のところ大衆社会統合の進展であり、その中での生活世界の標準化・均質化としての生活世界の衰退であった。ハイデガーにあっては、公共性は市民たちの批判的論議の場、その活動圏とは全く違った意味で現われる。ハイデガーによれば、公共性とは単に標準化と均質化、人間の本来性喪失の状況、つまりは世間でしかない。公共性は衰退した世界、衰退した世界としての、衰退した生活世界を表しており、そこで進行するのは生の、人間的生の苦境である。こうした生の苦境にあって、ハイデガーは、全くまれな瞬間である歴史的瞬間における決断から歴史を構想するが、これが本来的歴史である。けれども、この構想は生、人間的生の衰弱のさなかにあって思考がやってしまう捏造であり、それは思考の病の産物である。ハイデガーは、大衆社会といわれるものに典型的な一つの思考パターンを、それに批判的に距離を取ることなく、定式化したのである。こうして、ハイデガーにあっては、公共性は一切のものが均質化される場として現われた。公共性は、ハーバーマスが『公共性の構造転換』で主題化した（近代の市民的）公共性から見事なまでに意味転化を遂げている。それはむしろアドルノとホルクハイマーが「文化産業」という概念によって捉えようとした人間の生活のあり方になるのである。

私は、ここで、以上のようなハイデガー的意味での公共性に対抗して、（市民的公共性の意味での）「公共性」概念を定式化する際に、ハンナ・アーレントの「公共空間」の概念を手がかりとしてみたい。アーレントはレジスタンスに加わった人々が自ら見出した宝（公共空間）について次のように述べている。

かれらは、「レジスタンスに加わった」人が『自ら見いだし』、『闇雲に〔自分自身を〕追い求めてあからさまな不満足に陥る』のに終止符を打ったこと、また、もはや自らを『不誠実』で『口やかましく人生を疑う役者』とは考えず『ありのまま』でいられることに気づいた。社会がその成員に割り振り、同時に個人が社会に心理的に反応する際に自ら作り上げる一切の仮面をかなぐりすて、このようにありのままになったとき、生まれて初めてかれらのもとに自由が幻のように立ち昇った。自由が出現したのは、彼らが暴政や暴政に優る悪に抵抗した――連合国軍の全体についてはそういえる――からではなく、彼らが『挑戦者』となり、自らイニシアティヴをとり、そのことによってそれと知ることもあるいは気づくこともなしに、自由が姿を現すことができる公的空間をかれらの間に創造し始めたからである。(78)

アーレントによれば、アメリカ革命やフランス革命の時期のはじめに、後に忘れられてしまったが、この自由には名前があったのである。自由なる空間、すなわち自由がそこにおいて出現する公的空間とはどのようなものであったのか。「彼ら」が挑戦者となり、「彼ら」が自らイニシアティヴをとり、「彼ら」が何事かを始めるのである。この何かを始めるということにおいて、「彼ら」は意図することなく、自由が可能となる空間（彼らの間）を生み出した。自由なる空間としての公的空間を生み出すということは「彼ら」の意図でなかったが、「彼ら」は自らイニシアティヴをとって何かを始め、そのことを通じて彼らが彼らであることができる自由なる空間を創造した。その「何か」は単に論議・討議に還元される訳ではない。

私は、「公共性」概念を以上のアーレントの「公共空間」の概念を基礎にして次のように定式化しよう。公共性とは人々がイニシアティヴを取って何かを始めるときに、産出される人と人との間としての空間であり、それは単に討議だけではなく、討議と実践のフィードバックとしての運動体である。討議と実践の結合体としてのこの運動体はその運動においてそれ自身の空間を、すなわち公共圏を産出する。運動体それ自身が公共圏として絶えず自らを産出し、再生産する。市民的公共性の一環としての環境運動は、他の一切の運動がそうであるように、問題の（生活世界内での）経験及びその認識から始まる。

註

（1）トーマス・マッカーシー「不純理性批判――フーコーとフランクフルト学派」、『批判理論』、岩波講座　現代思想八、岩波書店、一九九四年、一六五頁参照。

（2）Cf. D. Cook, *Adorno, Habermas, and the Search for a Rational Society*, Routledge, 2004, p. 5.

（3）J. Habermas, TkH, Band 1, S. 280.（ユルゲン・ハーバーマス『コミュニケイション的行為の理論』（上）河上倫逸ほか訳、未來社、二八二頁。）なお、ハーバーマスは神義論の問題に社会学的な解釈を加えている。ハーバーマスは次のように述べている。「個々人の苦難の新しい価値的位置づけや個々人の救済要求の出現は、無意味なるものの倫理的意味づけという問題を地域的神話の枠を超えた宗教的思想から生じせしめる訳だが、それらは突如として無から生じるのではなく、部族社会の中で確立していた正義の観念が新しい階級社会の現実と衝突したるをもって始まる学習過程の所産である。つまり、世界宗教は例外なく、高度に発展した文化の中で発展してきたのであって、親族を中核とした社会体系とは無縁の新しい生産様式とそれに対応した経済的収奪の形態が成立した、国家により組織された社会の枠内で、発展したのである。」（J. Habermas, TkH, Band 1, S. 281. 河上ほか、前掲訳、二八三頁。）

（4）マックス・ヴェーバー『宗教社会学論選』大塚久雄・生松敬三訳、みすず書房、一九七二年、四八頁。

（5）同上、五八頁。

（6）ジョッセフ・E・スティグリッツ『世界を不幸にしたグローバリズムの正体』鈴木主税訳、徳間書店、二〇〇二年参照。

（7）ウェーバーは『経済と社会』の「中間考察」で各々の生活秩序（経済、政治、芸術など）の固有法則性について語っている。これは各生活秩序の固有論理のことであって、生活秩序の合理化の進展の推進力学ではない。

（8）Vgl. M. Horkheimer/Th. W. Adorno, DA, S. 40.（マックス・ホルクハイマー・テオドール・W・アドルノ『啓蒙の弁証法』徳永恂訳、岩波書店、一九九〇年、四三頁。）

（9）Cf. D. Cook, *op. cit.*, p. 27.

（10）G. W. F. Hegel, *Enzyklopädie der philosohischen Wissenschaften*, Werk in zwanzig Bänden, 10. Suhrkamp, § 188.

（11）Th. W. Adorno, ND, S. 350.（テオドール・W・アドルノ『否定弁証法』木田元ほか訳、作品社、一九九六年、四三三頁。）

（12）山之内靖「総力戦体制からグローバリゼーションへ」『総力戦体制からグローバリゼーションへ』山之内靖・酒井直樹編、平凡社、二〇〇三年参照。

（13）西欧では、いわゆる福祉国家が建設され、日本では労働者の企業主義的統合の性格が強かった。

（14）Ｊ・シトンは、ハーバーマスが提起するよりも社会抗争のより多くのポテンシャルなチャンネルがある、と述べている。J. Sitton, *Habermas and Comteporary Society*, palgrave, 2003, p. 125.

（15）詳しくはウェイン・エルウッド『グローバリゼーションとはなにか』渡辺雅男・姉歯暁訳、こぶし書房、二〇〇三年、徳重昌平・日高克平『グローバリゼーションと多国籍企業』中央大学出版部、二〇〇三年、スティグリッツ、前掲書、同『世界に格差をバラ撒いたグローバリズムを正す』楡井浩一訳、徳間書店、二〇〇六年、同『人間が幸福になる経済とは何か世界が九〇年代の失敗から学んだこと』鈴木主税訳、徳間書店、二〇〇三年を参照。なお、スティグリッツは、『世界を不幸にしたグローバリズムの正体』でＩＭＦの構造調整政策の誤りを詳細に述べている。ブレトン・ウッズ国際通貨体制のもとで、ＩＭＦは固定相場制を監視し、通貨の交換性を高め、最後の貸し手たる役割を担うものとして設立された。しかし、新自由主義的グローバリゼーションとともに、ＩＭＦは新自由主義的グローバリゼーションを推進する国際機関に変質した。この機能転換からすれば、ＩＭＦのラテンアメリカ諸国、東欧諸国や東アジア諸国に対する構造調整政策の押しつけの誤りは文字通り正しかったことになる。

(16) フランソワ・ポレ「いくつかの基本統計」フランソワ・ウタール・フランソワ・ポレ共編『別のダボス　新自由主義グローバル化との闘い』三輪昌男訳、柘植書房新社、二〇〇二年参照。

(17) 渡辺・姉歯、前掲訳、六〇—一頁。

(18) スティグリッツ『人間が幸福になる経済とは何か』二七七頁参照。

(19) 同上、二七七—八頁。

(20) スーザン・ジョージは次のように述べた。「かつて、小さな、人気のない、ほとんど影響力を持たないセクトであった新自由主義が、独断的な教義、独自の聖職者、独自の立法機関、そしてたぶんすべてのなかの最も重要なものとして、独自の地獄——明らかにされた真理にあえて異を唱える異教徒や不信心者に対する——を持つ世界の大宗教になった。」スーザン・ジョージ「新自由主義小史——エリート経済学の二〇年と、構造転換の機会の出現」ウタール・ポレ共編、前掲訳、二七—八頁。

(21) 渡辺治『日本の大国化とネオ・ナショナリズムの形成　天皇制ナショナリズムの模索と隘路』桜井書店、二〇〇一年参照。

(22) エマニュエル・トッド「目標を失ったアメリカ——エマニュエル・トッド、最新インタビュー」『環』voll 18、2004 Summer。

(23) 毎日新聞取材班『民主帝国　アメリカの実像に迫る』毎日新聞社、二〇〇三年、四四頁。

(24) J. Habermas, "Die Krise des Wohlfahrtsstaates und die Erschöpfung utopisscher Energien", *Die Neue Unübersichtlichkeit*, edition suhrkamp SV, 1985, S. 149.（ユルゲン・ハーバーマス「福祉国家の危機とユートピア的エネルギーの枯渇」『新たなる不透明性』、川上倫逸監訳、上村隆広・城達也・吉田純訳、松籟社、一九九五年所収、二〇四頁。）

(25) J. Bohman, "The Globalization of the Public Sphere: Cosmopolitan Publicity", *Jürgen Habermas*, voll 2, ed., David M. Rasmussen & James Swindal, SAGE Publications, 2002, p. 337.

(26) 徳重・日高編著、前掲書、一〇頁。
(27) 同上、三一頁。
(28) 同上、三九頁
(29) チャルマーズ・ジョンソン『アメリカ帝国の悲劇』村上和久訳、文藝春秋、二〇〇四年、三四四―五頁参照。
(30) Vgl. M. Horkheimer/Th. W. Adorno: DA. S. 44.（『啓蒙の弁証法』徳永恂訳、岩波書店、一九九〇年、四九頁。）
(31) D・クックは、アドルノは社会を①ダイナミック及び②機能的両者として記述していると言っている。ダイナミックとしてというのは、社会経済的制度の日常生活への増大する浸透を意味し、機能的なものとしてというのは、社会・経済的役割、生産者及び消費者としての我々の役割を意味している。D. Cook, *op. cit.*, p. 24.
(32) ハーバーマスは『後期資本主義における正統化の問題』で、企業の集中過程として、民族的法人と多国籍企業の成立を挙げているが、『後期資本主義における正統化の問題』が出版されたのは一九七三年であり、このときには企業の多国籍化はまだ（十分に）世界形成力学を発揮していなかった。
(33) J. Habermas, *Legitimationsproblem im Spätkapitalismus*, edition suhrkamp SV, 1973, S. 60.（ユルゲン・ハーバーマス『晩期資本主義における正統化の諸問題』細谷貞雄訳、岩波書店、一九七九年、六三頁。）
(34) レギュラシオン学派について、詳しくは、山田鋭夫『レギュラシオン・アプローチ 二一世紀の経済学』藤原書店、一九九一年参照。
(35) アラン・リピエッツ『勇気ある選択 ポストフォーディズム・民主主義・エコロジー』若森章孝訳、藤原書店、一九九〇年、二一頁。
(36) 同上、二二頁。
(37) Vgl. Th. W. Adorno, "Die Aktualität der Philosophie", *Gesammelte Schriften 1 Philosophische Frühschriften*, Suhrkamp, Band 1,

1973.

(38) Vgl. M. Horkheimer/Th. W. Adorno, DA, S. 33.（徳永、前掲訳、三四頁。）

(39) Vgl. M. Horkheimer/Th. W. Adorno, DA, S. 31.（同上、三一頁。）

(40) M. Horkheimer/Th. W. Adorno, DA, S. 34.（同上、三六頁。）

(41) M. Horkheimer/Th. W. Adorno, DA, S. 34.（同上、三六頁。）

(42) アドルノは、社会的権力ないし社会的支配を自然支配の論理に同化し、このことによって間主観性としてある固有に社会的なものがアドルノにあっては消失してしまう、というホネットの批判に対して、S・ジャービスは、アドルノは社会的支配と自然支配を融合しているのではなく、両者の間の不可分の絡み合いを語っているのだ、と言っている。Cf. S. Jarvis, *Adorno A Critical Introduction*, Polity Press, 1998, p, 35.

(43) Th. W. Adorno, ND, S. 375.（木田ほか、前掲訳、四六九頁。）

(44) Th. W. Adorno, ND, S. 377–8.（同上、四七三頁。）

(45) Th. W. Adorno, ND, S. 378.（同上、四七四頁。）

(46) Th. W. Adorno, ND, S. 396–7.（同上、四九九頁。）

(47) Th. W. Adorno, NDの第三部「いくつかのモデル　Ⅰ・自由――実践理性批判へ歛めた批判」。

(48) Th. W. Adorno, ND, S. 214.（木田ほか、前掲訳、二六〇頁。）

(49) Th. W. Adorno, ND, S. 379–80.（同上、四七六頁。）

(50) Th. W. Adorno, ND, S. 242.（同上、二九六頁。）

(51) C. Gorg, "Zwisschen Tauschgesellschaft und Wertgesetz, Adornos Gesellschaftskritik und die heutige Globalisierungs-diskussion", *Vereinigung Freier Individuen Kritik der Tauschgesellschaft und gesellschaftliches Gesamtsubjekt bei Theodor W.*

Adorno, VAS-Verlag, 2004. S. 225.

(52) Vgl. N. Luhmann, SS, S. 57–8.（N・ルーマン『社会システム理論』（上）佐藤勉監訳、恒星社厚生閣、一九九三年、五〇頁。）

(53) Vgl. J. Habrermas, PDM. S. 426–7.（ユルゲン・ハーバーマス『近代の哲学的ディスクルス』Ⅱ、三島憲一ほか訳、岩波書店、一九九〇年、六二八頁。）

(54) N. Luhmann, SS, S. 59.（佐藤、前掲訳、五二頁。）

(55) Vgl. N. Luhmann, SS, S. 61.（同上、五五頁。）

(56) 閉鎖システムであるということは環境に対して開かれてないということではない。

(57) M. Horkheimer/Th. W. Adorno, DA, S. 34.（徳永、前掲訳、三六頁。）

(58) Vgl. N. Luhmann, SS, S. 299.（佐藤、前掲訳、三四九頁。）

(59) N. Luhmann, SS, S. 292.（同上、三三九頁。）

(60) この意味では、ルーマンのシステム論は、一九八一年のハーバーマスの『コミュニケイション的行為の理論』で提出された社会理論と同じく、フォーディズム時代の社会構造の産物であった。

(61) M・B・スティーガー『グローバリゼーション』櫻井公人・高島正晴訳、岩波書店、二〇〇五年、一一八―四四頁。

(62) 同上、一三一頁。

(63) アレックス・カリニコス『アンチ資本主義宣言　グローバリゼーションに挑む』渡辺雅男・渡辺景子訳、こぶし書房、二〇〇四年、四四頁。

(64) 階級が存在しなくなったというのではない。そうではなく、階級が匿名化して生活世界の地平からは見えなくなったのである。

(65) 櫻井・高島、前掲訳、一三三頁。

(66) J. Habermas, SO, S. 31.（ユルゲン・ハーバーマス『公共性の構造転換』細谷貞雄訳、未來社、一九七三年、二九頁。）

(67)『公共性の構造転換』では、ハーバーマスはまだこのような言い方をしていた。

(68) J. Habermas, SO, S. 37.（細谷、前掲訳、三四頁。）

(69) J. Habermas, SO, S. 38.（同上、三五頁。）

(70) J. Habermas, SO, S. 39.（同上、三六頁。）

(71) G. W. F. Hegel, *Grundlinien des Rechts oder Naturrecht und Staatswissenschaft im Grundrisse*. Suhrkamp, 1970, § 188.

(72) 花田達郎『公共圏という名の社会空間　公共圏　メディア　市民社会』木鐸社、一九九六年。

(73) ハーバーマス「一九九〇年新版への序文」、『公共性の構造転換』細谷貞雄訳、未來社、一九九四年、第二版、xxxvii。

(74) J. Habermas, *Faktizität und Geltung Beitrage zur Diskurstheorie des Rechts und des demokratischen Rechtsstaates*, Suhrkamp, 1992, S. 443-4.（ユルゲン・ハーバーマス『事実性と妥当性　法と民主的法治国家の討議理論に関する研究』（下）、河上倫逸・耳野健二訳、未來社、二〇〇三年、九七頁。）

(75) 山口響「反戦平和・反自由主義的グローバリズムの『グローバル』な運動」渡辺治・和田進編『平和秩序形成の課題』大月書店、二〇〇四年、三八九頁以下参照。

(76) ハイデガー『形而上学入門』岩田靖夫・ハルトムート・ブフナー訳、創文社、二〇〇〇年、五〇頁以下。

(77) K・レヴィット『ハイデガー　乏しき時代の思索者』杉田泰一・岡崎英輔訳、未來社、一九六八年、一七頁。

(78) H. Arendt, *Between Past and Future*, Penguin Books, 1977, p. 4.（H・アーレント『過去と未来の間』引田隆也・齋藤純一訳、みすず書房、一九九四年、二―三頁。）

あとがき

本書の最初の草稿が書かれてからずいぶんと時間がたってしまった。以前の著書『市民的公共性の理念』(青弓社、一九八六年)を書いた時、私が念頭に置いていた日本社会の原基的構造は、なるほど、アメリカのレーガン政権、イギリスのサッチャー政権、そして日本の中曽根政権の新自由主義的政策について頭の中で知ってはいたものの、戦後高度経済成長の中で形成されたそれであった。けれども、私は、『市民的公共性の理念』を書いてから程なくして、その原基的構造が崩れていくだろうこと、新自由主義が世界を席巻するであろうことに思い立った。私は「そうか、そういうことになるか」という言葉が頭の中に浮かんだことは今でも覚えている。その経緯についてはもう思い出すことはできないが、今から振り返れば、それには時代的背景があったのであろう。プラザ合意によってドル安が容認されたのは一九八五年であり、以後日本企業は急速に多国籍化していったのである。

そういうわけで、私は、新自由主義が席巻することになるであろう世界を扱うことができるであろう社会理論の基礎を探求し始めた。はじめに検討したのは、ハーバーマスが『コミュニケーション的行為の理論』(一九八一年)で提出した社会理論であるが、それはハーバーマスの理論が新自由主義的な世界を扱うには十分ではなくなるだろうということを予測してのことであった。その結果を私は論文という形で発表した。(「『システム』と『生活世界』概念による社会の二層的把握の妥当性」、『札幌大学教養部紀要』第三五号、一九八九年。これは本書の第一章になった。）以後、最初の草稿を仕上げるまでに数年かかった。最初の草稿が最終的に仕上げられたのは、一九九二年になって直後のことだったと記憶する。しかし、この草稿は以後、最初はワープロのフロッピーの中で、ついでコンピュータの外部記憶装置の中でいわば眠ったままであった。

二〇〇八年の夏に、私は、その後の事態の進展に鑑み、最初の草稿の改訂を試みた。最初の草稿の構成は次のようであった。

第一章　システムと生活世界――ハーバーマスの社会理論の概念的基礎
第二章　産出のパラダイム
第三章　言語のパラダイム
第四章　言語のパラダイムの整備
第五章　言語のパラダイムの意義
第六章　言語のパラダイムの限界
第七章　言語のパラダイムと産出のパラダイムとの統合
第八章　生活世界の物象化あるい物象化された生活世界の生成
第九章　世界市民的公共性

このうち、私は第五章を取り外し（これは単純に長すぎるという理由による）、第八章の後半部（ここで、私は戦後日本の高度経済成長の過程を追跡した）以降すべてを削除し、代わりに本書の第八章、第九章、第一〇章を付け加えた。これによって、とりわけ後半部はほとんど文章が変わってしまった。

ここで本書の内容を若干繰り返すなら、本書において階級社会からシステム移行が言及されたが、私の見るところ、ベンヤミンやアドルノ、そしてハーバーマスの思考にはシステム社会の相貌が反映している。システム社会において支配したのは、ルーマンのシステム論が「オートポイエシス」概念によって捉えたような反復の力の支配であった。ベンヤミンはこの反復の力を神話的力ないし神話的暴力として捉え、それに神的力を対置したのであったし、その反復の力に休止をもたらそうとしたのであった。アドルノはシステム社会を「全体性」概念によって捉えた。全体性は客観性であるとともに機能連関をなし、それは諸個人から自立した運動を展開する。アドルノは世界精神は自然史のイデオロギーであると語ったが、アドルノが語る世界精神にはフォーディズム時代の相貌が認められる。しかしながら、一種自然過程への硬化した人間の歴史、即ち自然史はアドルノ時代で停止したのではなかった。それは新自由主義及び新自由主義的グローバリゼーションとともに新たな展開を見せた。新自由主義的潮流はベンヤミンがそれに休止をもたらそうとしたあの反復の力、神話的力を打ち破り、フォーディズムに基づく戦後社会国家を解体しようとしたのである。それがために、人類はそれまでとは違った世界に入り込んでしまった。ベンヤミンやアドルノ、『コミュニケーション的行為の理論』のハーバーマスが生きていた世界がずれだしたのである。本書はこのズレを念頭に置いている。もとより、新自由主義がフォーディズム時代のシステムに支配していた神話的力を打ち破ったと言っても、神話的力が消滅したのではない。それはむしろ変容したのである。今度は、その反復の力はその反復の一歩ごとに、ますます強力に、世界に分断と分裂を、格差を、そしてまた自らの崩壊の諸条件を生み出した。かくて今日新自由主義及び新自由主義的グローバリゼーションがもたらした世界は破局に直面している。

なお、本書は、先に述べた、最初の草稿の改訂の時期と『グローバリゼーション・新たなる不透明性・批判理論』(共同文化社、二〇〇九年)執筆の時期が重なったために、この『グローバリゼーション・新たなる不透明性・批判理論』といわば姉妹編という形になった。この書は本書で提出された（ハーバーマスのとは異なる）「生活世界」概念を前提にしている。この「生活世界」概念をもとに、さらに、ハーバーマスの『事実性と妥当性』を検討するのが順番というものであろうが、本書ではこの点に立ち入る余裕はなかった。

私的なことになるが、本書となった改訂された草稿は、もしかしたら、最初の草稿と同じように再びコンピュータの外部記憶装置の中で眠り続けることになったかもしれない。けれども、父が亡くなり、私は何かしら背中を押されているという感覚に襲われた。それで、私は梓出版社の本谷貴志氏に出版をお願いしたのである。

最後になるが、出版を引き受けてくれた本谷貴志氏に心よりお礼申し上げる。

二〇〇九年八月　　　　横田榮一

著 者 紹 介

横 田 榮 一（よこた　えいいち）

1949年生

1980年　北海道大学大学院文学研究科博士課程満期退学

現　在　北海商科大学教授

主要業績

『グローバリゼーション・新たなる不透明性・批判理論』共同文化社，2009年

「言語と計算」日本科学哲学界編・野本和幸責任編集『分析哲学の起源 フレーゲ・ラッセル』勁草書房，2008年

G・フレーゲ『算術の基本法則』野本和幸編，フレーゲ著作集3，勁草書房，2000年

P・F・ストローソン『意味の限界 『純粋理性批判』論考』共訳，勁草書房，1987年

『市民的公共性の理念』青弓社，1986年

ハーバーマス理論の変換

2010年7月10日　第1刷発行　《検印省略》

著　者© 横 田 榮 一

発行者 本 谷 髙 哲

制　作 シ ナ ノ

東京都豊島区池袋4-32-8

発行所 梓 出 版 社

千葉県松戸市新松戸7-65

電話・FAX 047（344）8118

乱丁・落丁本はお取り替えいたします。

ISBN 978-4-87262-228-7　C3036